사법 통역의 이론과 실제

경찰 통역에서 난민 통역까지

이화여자대학교출판문화원

► 이화 통역번역학 총서 ◄

사법통역의 이론과 실제

경찰 통역에서 난민 통역까지

이지은 지음

이화여자대학교출판문화원

항상 딸을 위해 기도하시는 사랑하는 부모님께 이 책을 바친다.

들어가는 말

국제화가 심화됨에 따라 무역, 산업, 방문, 유학, 이민을 포함해 다양한 민간 분야에서의 교류가 막대한 규모로 이루어지고 있다. 엄청난 숫자의 사람과 물자 및 서비스의 이동은 법률적인 문제를 동반할 수밖에 없다. 이에 따라 기업이나 정부는 외국 기업 또는 다국적 기업을 상대로 법률적인 분쟁이나 소송에 관련될 수 있으며, 실제로 엄청난 금액이 걸린 기업 간 송사에 관한 뉴스를 심심치 않게 접할 수 있다. 기업 간 국제 소송에는 막대한 규모의 언어 서비스, 즉 통역과 번역이 필요하다. 정부와 기업뿐 아니라 개인들에게도 법률과 관련된 통역 및 번역이 필요한 경우가 있다. 오늘날과 같은 글로벌 시대에는 누구나 어디서든 범죄의 피해자가 될 수 있고, 형사뿐 아니라 민사나 가사사건에도 관련될 수 있다. 언어가 통하지 않는 낯선 곳에서 법률적인 문제에 휘말리게 될 때 가장 절실하게 필요한 것은 통역 서비스이다. 사법 절차에서 언어 장벽은 인권 침해와 신체적, 재산적, 정신적 피해를 초래할 수 있다. 누구나 기본적 인권을 존중받고 법률적인 권리를 제대로 행사할 수 있어야 한다는 점에서 신뢰할 수 있는 통역 서비스는 공정하고 투명한 법률 절차만큼 중요하다고 할 수 있다.

한국 내 외국인 방문자 및 체류자와 이주민 숫자가 늘면서 외국인 사건이 많아졌고, 출입국 난민 심사에서부터 수사기관의 수사와 신문, 법원 절차에 이르기까지 통역이 필요한 사건 수도 늘어났다.[1] 외국인뿐 아니라 한국어 구사가 자유롭지 못한 청각장애인 중에서도 사법 통역이 필요한 이들이 있다. 이들의 법률적인 권리와 공평한 사법 제도 접근을 보장하기 위해서는 정확한 의사전달을 가능하게 하는 양질의 통역 서비스가 필수적이다. 나라마다 편차는 있지만 상당수의 국가에서 사법 통역의 중요성을 인식하고 사법 통역인력을 위한 교육 및 자격 인증제도를 갖추고 있다. 미국, 스웨덴 등을 포함한 선진국에서는 사법 통역시험을 통한 인증제도가 있으며 사법 통역 전문인력을 교육시키는 체계적인 교육 프로그램이 있지만 아직 현재 국내의 사법 통역 통역인력에 대한 자격 검증이나 교육은 미비한 상황이다. 사법 절차상 외국인이나 청각장애인 사건을 처리할 때 통역을 제공하는 관행이 어느 정도 자리를 잡아가고 있지만 통역인력의 전문성이나 통역 서비스의 품질에 대한 신뢰를 얻기에는 부족하다. 현실적으로 한국어를 이해하거나 구사하지 못하는 당사자나 관련자들이 언어적으로 불이익을 받지 않고 법률 절차에 참여할 수 있도록 보장할 만한 품질의 통역이 제공되는지 의문이다.

사법 통역 서비스의 품질을 제고하기 위해서는 여러 노력이 필요하겠으나 무엇보다 사법 통역에 종사하는 전문인력을 확보하는 것이 급선무이다. 사법 통역을 믿고 맡길 만한 전문인력의 교육과 사법 통역사 인증을 위한 제도가 필요하다. 해외 선진 다문화 사회와 비교해볼 때 국내에서는 사법 통역 전문인력에 대한 인식이 부족하고 사법 통역에 대한 보수나 처우가 열악하여 전문인력을 유치하기가 현실적으로 어렵다. 이러한 상황에서 사법 통역의 품질을 높이고 전문인력을 위한 교육을 실시하는 것이 매우 시급함에도 불구하고 실제 교육 기회는 많지 않다. 특히 상당수의 이주민 언어의 경우 체계적인 사법 통역 교육은 물론 일반적인 차원에서의 통역 교육의 기회도 대단히 부족하다. 이에 필자는 사법 통역에 대한 이

---

1 검찰 통계에 의하면 2014년 처리한 외국인 사건은 총 37,615건으로 전년 대비 10% 증가했다. 같은 해 전국 법원에서 처리한 외국인 형사사건 역시 꾸준히 증가세를 보여왔으며 외국인 피고인 숫자는 총 3,789명이었다. 최근년도 난민 신청자는 눈에 띄게 증가하고 있다. 법무부 통계에 의하면 2015년 난민 신청자는 5,711명을 기록했으며 서울행정법원에 접수된 난민사건은 총 1,076건을 기록했다. 가사사건 중 외국인 비중은 매우 높다. 한국인과 외국인 부부 즉 다문화가정의 이혼은 대략 전체 이혼 사건의 10% 가까이 차지하며 재판상 이혼의 20%를 넘는 수준이다(정용신 2015). 국적으로 보면 난민사건을 제외한 형사사건과 가사사건 외국인 당사자 중 중국 국적자나 동포가 압도적으로 많다.

해를 도모하고 사법 통역 기술 향상에 도움을 주기 위한 참고서가 필요하다고 생각해 이 책을 쓰게 되었다. 그간 실무와 강의 및 연구 경험을 바탕으로 통역을 공부하는 학습자, 앞으로 사법 분야에서 통역하고자 하는 사람, 그리고 이미 사법 통역을 하고 있지만 자기 계발과 훈련을 희망하는 이들에게 실질적인 도움이 되었으면 한다.

이 책은 사법 통역에 관한 기초 이론 소개와 실무 교재를 겸하고 있다. 이 책의 구성을 소개하자면 1부에서는 사법 통역을 위해 통역사가 알아두어야 할 한국의 사법제도에 관한 기초적인 이론과 주요 법률 용어를 안내한다. 기초 법률지식에 이어서 사법 통역과 관련된 통역 기술과 직업윤리, 통역사의 역할 문제 등을 이론적으로 살펴보며 참고 자료를 함께 제시하여 가이드북이자 학습서 역할을 하도록 했다. 사법 통역의 기초 이론을 바탕으로 실전에 대비한 훈련법을 제시하고 있는 2부에서는 사법 통역 실무에서 주로 다루는 내용으로 통역을 연습할 수 있는 참고 자료를 제공했다. 가장 대표적인 사법 통역 분야로 통역 수요가 높은 형사 분야 사법 통역에 초점을 맞추면서도 그밖의 다양한 실무 분야를 준비할 수 있도록 했고, 가능한 한 다양한 표현과 주제를 포함하여 사법 통역 상황을 연습할 수 있는 스크립트를 제시했다. 보다 심화된 이론을 다룬 3부는 사법 통역과 관련된 연구를 소개함으로써 실무 현장에서 통역사가 주의해야 할 부분과 원칙을 상기하고자 했다. 앞서 설명한 통역사의 역할과 사법 통역의 원칙을 다시금 새겨볼 수 있도록 국내외 주요 사법 통역 연구결과를 정리했다. 연구 자료는 원래 사건에 대한 정보를 알 수 없도록 모두 익명화하고 장소, 시간 등을 바꾸었다. 책의 마지막 부분에는 용어 정리에 활용할 수 있도록 색인(찾아보기)을 제공하여 주요 용어를 한눈에 확인할 수 있도록 했다. 각자 통역 언어로 해당하는 용어를 정리함으로써 색인을 주요 법률 용어집으로 만들면 유용할 것이다.

끝으로 이 책이 나오기까지 많은 도움을 주신 여러 분들께 고마움을 표한다. 바쁘신 가운데에도 법률 자문을 아끼지 않으신 장진훈 부장판사님과 김상준 변호사님, 귀한 시간을 내어 사법 통역 전문가 기초과정에서 열강해주신 조균석 교수님, 이윤성 교수님, 장준철 변호사님, 이현곤 변호사님, 홍준표 판사님, 정용신 판사님, 법무부 박재현 사무관님, 유엔난민기구 한국대표부의 채현영 선생님, 김다애 간사님, 가사소송에 대해 이해할 수 있도록 도와주신 서울가정법원의 박신영 판사님, 장진영 판사님과 신순영 판사님, 공익변호사로 고생 많으신 배의철 변호사님과 고지운 변호사님과 온(溫)세상의 김재련 대표변호사님, 그리고 사법 통역인 교육에 관심을 갖고 도와주신 허승 판사님과 김인호 경정님께 심심한 감사의 인사를 드린다. 책에 법률적으로 부정확한 내용이 있다면 이는 전적으로 필자의 무지로 인한 것이다. 또한 조교로 수고해준 이라미 통역사와 이봄이랑 번역사에게 고맙고, 부족한 원고를 정성껏 편집하여 출판해주신 이화여자대학교출판문화원 관계자께도 감사드린다. 아무쪼록 국내 사법 통역 현장에서 성실하게 애쓰고 있는 여러분과 사법 통역에 관심 있는 분들이 사법 통역의 기본 원칙을 익히고, 사법 통역에 대한 올바른 이해를 바탕으로 모범적인 실무 관행을 정립하는 데 이 책이 도움이 되기 바란다.

2017년 3월

이지은

차례

1부

사법 통역에 대한 이해

1부에서는 사법 통역의 기초 이론을 소개하기 위해 먼저 사법 통역의 의미와 사법 통역을 제공해야 하는 법적 근거를 간략히 설명한 후 사법 통역이 이루어지는 형사 · 민사 · 가사사건과 난민심사 등 네 가지 주요 분야의 개요를 실무 차원에서 소개한다. 또한 사법 통역의 규범이자 원칙이라 할 수 있는 정확성, 중립성을 포함해 통역사로서의 직무 윤리를 설명한 다음 사법 통역사의 지위와 처우, 통역사의 역할과 애로 사항을 살펴볼 수 있도록 했다. 마지막으로 통역사의 역할에 대한 이해를 돕기 위해 사법 통역사의 윤리적 딜레마에 해당하는 상황을 제시함으로써 사법 통역 원칙에 입각한 적절한 결정을 고민해보도록 했다.

1장
사법 통역의 개념과 법적 근거

먼저 이 책에서 말하는 사법 통역이 무엇을 뜻하는지를 짚고 넘어가자. 사법 통역은 각종 법률 영역 및 사법기관에서 이루어지는 통역 전반을 가리키는 포괄적인 용어이다. 법정 통역이나 법원 통역이라는 용어는 법원 소송 관련 절차 내지 재판 단계에서 이루어지는 통역에 국한되며, 경찰 통역이나 검찰 통역 역시 특정 수사기관에 관련된 제한적 범위의 통역을 뜻하는 데 비해 사법 통역은 출입국심사와 난민심사 통역에서부터 법률 상담과 접견 등 법률대리인과 의사소통, 수사단계 통역과 재판, 선고 후 교정 단계에 이르기까지 광범위한 법률적인 절차 및 사안과 관련된 통역 서비스를 가리킨다(이지은, 2012a; 안성훈 · 이지은, 2012). 사법 통역은 외국어뿐 아니라 수화(수어)도 포함한다.

이같이 사법 통역의 영역은 매우 넓지만 이 책에서 중점적으로 다루는 사법 통역은 형사, 난민, 가사사건으로 주로 이주민과 관련된 통역이다. 이러한 통역 서비스를 '커뮤니티 통역(community interpreting)' 또는 '공공서비스 통역(public service interpreting)'이라고 부르는데, 모든 사법 통역이 커뮤니티 통역에 해당하는 것은 아니다. 커뮤니티 통역은 통역을 필요로 하는 일방이 이주민이나 장애인과 같이 소수집단에 속하고, 대화 상대방인 행정 및 사법기관의 직원 또는 각종 공공서비스 제공자에 비해 사회경제적 지위가 다소 열세라는 특성이 있다(이지은, 2015a). 한편 민사소송이나 상사분쟁, 특허 관련 송사는 당사자들이 보다 대등한 지위라는 점에서 커뮤니티 통역보다는 비즈니스 통역 또는 국제회의 통역에 가깝다고 볼 수 있다.[1]

먼저 사법 통역의 법적 근거에 대해 간단히 살펴보자. 공정하고 투명한 사법 절차에 따라 심판을 받는 것은 기본적 인권에 해당한다. 세계인권선언(Universal Declaration of Human Rights) 제2조는 "모든 사람에게는 인종, 피부색, 성별, 언어, 종교, 정치적 입장이나 여타의 견해, 국적이나 사회적 출신, 재산, 출생이나 여타의 신분과 같은 모든 유형의 차별로부터 벗어나서, 이 선언에 규정된 모든 권리와 자유를 누릴 자격이 있다."고 규정하고 있다. 한국 헌법재판소 역시 1991. 7. 22. 선고 89헌가106 결정에서 세계인권선언을 존중하도록 노력하여야 할 국가의 임무를 설시한 바 있으며, 적법하고 공정한 형사 절차에 따라 형벌권이 행사되는 것을 기본적 인권이자 헌법적 권리로 간주한다(최철, 2009). 국제법적으로 형사 절차에서 피의자/피고인과 난민 인정 절차에서 난민은 적절한 통역을 제공받을 권리가 보장된다. 시민적 및 정치적 권리에 관한 국제규약(ICCPR) 제14조와 유엔아동권리협약 제40조는 명시적으로 통역사의 무료 조력을 받을 권리를 보장하고 있다. ICCPR 제14조 제3항 제f호는 형사 피의자 및 피고인이 법원에서 사용하는 언어를 이해하거나 구사하지 못할 경우에 무료로 통역사의 조력을 받을 수 있다고 명시적으로 규정했다. 이 원칙은 형사 절차에 국한되지 않은 것으로 해석되고 있다(이지은 외, 2014: 9-10). 통역 제공은 보편적인 인권과 공정한 재판을 받을 법률적 권리로 인정되지만 국내법 체계 내에서 국제법이 어떻게 적용되고 실행되는가의 문제는 가입국의 관할 사항이다(Lee, 2015a). 이 때문에 나라마다 다른 시스템이 운영되고 수준 차이가 있는 실정이다.

---

1 통역을 분류하는 방식은 여러 가지가 있으나 통상적으로 국제회의 통역과 커뮤니티 통역 외에 기업 활동이나 통상과 관련된 비즈니스 통역, 정부기관 통역, 외교 통역, 뉴스나 방송프로그램과 관련된 방송통역(번역에 더빙을 하는 경우와 구분), 군사 통역 등으로 구분한다.

ICCPR의 제14조에 명시된 통역을 제공받을 권리는 또한 한국 헌법 제12조에 의거한 적정절차의 원칙에도 해당된다.[2] 하지만 형사피의자 및 피고인이 사법 통역을 제공받을 권리를 명문화한 국내법은 없으며 다만 형사소송법 및 난민법을 포함하여 35개 법률에 통역 관련 조문들이 간단한 통역 제공의 원칙을 담고 있다. 예를 들면 형사소송법 제180조 "국어에 통하지 아니하는 자의 진술에는 통역인으로 하여금 통역하게 하여야 한다." 규정과 관련된 재판예규가 있을 뿐 실무상 적정절차의 관점에서 통역이 제공되고 있다. 한편 2013년 발효된 난민법 제14조에는 "법무부 장관은 난민 신청자가 한국어로 충분한 의사표현을 할 수 없는 경우에는 면접 과정에서 대통령령으로 정하는 일정한 자격을 갖춘 통역인으로 하여금 통역하게 하여야 한다."라는 규정이 있다.[3]

위에서 설명한 것과 같이 사법 통역은 언어가 통하지 않는 당사자의 인권 및 형사피의자 및 피고인의 방어권과 직결되며 기본권 보장과 관련되어 사법 절차적 정의 구현의 중요한 부분을 차지한다. 이는 당사자의 인권 문제이기도 하지만 사법 행정과 공정성의 차원에서도 당위성이 있다(이지은, 2012a: 16). 이러한 사실에 비추어볼 때 신속 · 정확하지 않은 통역으로 공판 절차를 비효율적으로 진행하는 것은 국제화 시대 사법 선진화에도 역행하는 것이며 비전문가에게 사법 통역을 맡김으로써 발생할 수 있는 재심신청이나 항소는 명백한 행정력 낭비이자 비용 낭비이다(이지은, 2012b). 현재로서는 국내에 사법 통역사 자격 인증제도가 없어서 언어 능력과 통역 기술이 검증되지 않은 비전문가가 중요한 법률적인 문제를 다루는 사법 통역을 하는 경우가 다반사이다. 하지만 아무리 선의를 가지고 성실히 업무에 임한다 하더라도 통역 기술을 갖추지 못한 사람이 전문성을 요하는 사법 통역을 하게 되면 오히려 피해를 주거나 불이익을 끼칠 수도 있다는 점을 기억해야 한다. 이에 대해서는 앞으로 통역 사례를 들어 상세하게 설명하겠다.

---

2 적정절차란 자신의 생명, 자유, 재산을 사전 공지나 이의제기의 기회 없이 공권력으로부터 헌법적으로 침해받지 않는 것을 의미하며, 적법성과 공정성이 핵심 개념이다(박용철 2010: 100-101).

3 단순한 통역 제공에 그치지 않고 통역 품질과 직결된 통역인의 자격에 관한 문구가 있는 것은 진일보이다. 그러나 이 책을 쓰고 있는 현재까지도 난민법과 난민법 시행령이 입법 취지를 살리기에는 난민인정절차 관련 통역인 선정 및 교육 체계가 미비하다(이지은 외, 2014).

2장

사법 통역 분야별 개요

2장에서는 법률 분야에 대한 이해를 돕기 위해 사법 통역 수요가 높은 사법 절차에 초점을 맞추어 실무 차원의 기본적인 법률 지식을 소개하겠다. 사법 통역을 하기 위해 법률 지식을 얼마나 갖추어야 할까? 물론 해박한 법률 지식을 갖추면 좋겠지만 사법 통역을 하기 위해 법률 전문가가 될 필요는 없다. 전문 통역사로 활동하기 위해서는 통역할 분야에 대한 이해를 어느 정도 갖춰야 하듯 사법 통역을 잘 하기 위해서도 기초적인 법률 지식이 있으면 좋다. 하지만 분명히 해둘 것은 사법 통역을 하기 위해 가장 중요한 것은 통역 기술이며, 법률 지식은 부차적이라는 점이다. 우선 기본적인 사법제도와 절차, 주요 법률 개념과 용어를 익히고, 통역 업무를 해가면서 사전 준비와 사후 리뷰를 통해 법률적인 지식을 쌓아가면 된다. 이를 위해 평소 사회면을 포함하여 법률 관련 기사를 눈여겨보고 잘 모르는 용어나 표현에 대해 조사하는 습관부터 기르는 것이 바람직하다. 필자가 학생이었던 시절 들었던 '통역사에게 불필요한 지식은 없다'는 교수님의 말씀은 정말 맞는 말이다. 통역을 잘하기 위해서는 최신 뉴스를 챙겨보고 상식뿐 아니라 정치, 경제, 문화, 과학, 역사 등을 비롯하여 사회 전반에 걸친 폭넓은 배경지식을 쌓아야 한다.

사법 통역 실무와 관련된 법률제도를 구체적으로 설명하기에 앞서 큰 틀을 간단히 짚어보겠다. 법계(法系)는 크게 대륙법계와 영미법계로 구분한다. 한국은 기본적으로 성문법(成文法) 체제를 갖춘 대륙법계 국가지만 영미법계의 제도를 많이 채택하고 있다.[1] 법원(法源) 존재 형식에 따라 성문법과 관습법으로 구분하기도 한다. 문서 형식으로 제정된 법, 즉 법전이 존재하는 것이 성문법 체계이며 이에 대비되는 개념이 불문법으로 법전화하지 않은 관습법, 판례법 등이 중요하다. 영국, 미국, 호주, 캐나다 등이 대표적인 영미법계 국가이다. 물론 불문법 국가라고 해서 법전이 없는 것은 아니다.

형사소송절차상 대륙법계와 영미법계의 큰 차이는 유럽대륙의 소송구조가 대부분 '직권주의제'인 반면 영미법계는 '당사자주의'와 '배심제도'를 특징으로 한다는 것이다. 직권주의는 법원이 실체적 진실을 발견하기 위해 직권으로 증거를 수집, 조사하며 사건을 심리한다(건국대 법학연구소, 2006: 30).[2] 한국은 당사자주의를 채택하고 있는데 이는 당사자 사이의 공방에 의해 심리가 진행되고,[3] 법원은 제3자의 입장에서 주장과 입증 내용을 검토, 판단하는 소송구조이다(건국대 법학연구소, 2006: 29). 당사자주의 재판에는 직권주의 재판에 없는 반대신문이 있다. 영미당사자주의에서는 구술증거가 매우 중요하며 주신문과 반대신문을 통해 양 당사자가 진실을 밝히는 데 비해 대륙법계는 직권주의로 법원이 직접 신문을 하고 쌍방이 추가 질문을 하는 방식을 취한다. 당사자주의가 실체적인 진실 발견에 적합한 구조로 여겨지나 심리가 비효율적으로 진행되거나 소송 결과가 당사자의 소송 수행 능력에 좌우될 수 있는 취약점이 있다(건국대 법학연구소, 2006: 30). 또한 영미법계의 특징인 배심재판은 비법률가(즉, 일반인 배심원)들이 증거를 듣고 평결을 내리는 제도로 법률 전문가가 아닌 일반인이 사실 판정을 올바로 할 수 있도록 증거법이 발달했다(건국대 법학연구소, 2006; 23).

1 국법체계로 헌법이 최고법이며 기본법으로, 그 아래에 법률, 명령, 규칙, 예규가 있다.

2 직권주의에서는 서증(書證)이 많은 관계로 사법 통역 시 통역사가 시역(문장구역)을 많이 하는 편이다(Morris 2015: 92, 6장 4절의 '시역' 참조).

3 민사소송에서는 원고와 피고, 형사소송에서는 검사와 피고인이 당사자이다.

한국의 국민참여재판제도는 일종의 배심제도로 일반 시민의 판단을 받아볼 수 있도록 한 제도지만 영미의 배심재판과는 차이가 있다. 국민참여재판에는 일반시민을 대표하는 배심원들이 해당 사건과 관련된 사실의 인정, 법령의 적용, 양형에 관한 의견을 판사에게 전달한다. 배심원들이 의견을 모으는 과정을 '평의'라고 하며, 그 결과 내린 결정을 '평결'이라 한다. 영미 배심재판에서는 배심원의 평결이 곧 판결과 같은 효력을 가지고 판사가 형을 정하지만, 한국의 국민참여재판은 권고적 효력을 가진다. 법원이 배심원의 유무죄 평결을 존중해야 하는 것으로 정당한 이유가 있으면 평결과 다른 판결을 내릴 수도 있다. 배심원들은 만장일치로 의견을 모으는 것이 원칙이나 다수결로도 평결을 내릴 수 있다.[4] 외국인 형사사건도 그동안 여러 건이 국민참여재판으로 진행됐다. 국민참여재판은 다투는 사건이 많아 당사자주의 재판의 특성이 잘 드러나며, 이 때문에 구술심리에 대한 통역의 정확성과 충실성이 더욱 중요하다.

법을 구분하는 방법은 여러 가지지만 크게 공법(公法)과 사법(私法)으로 나눌 수 있다. 전자는 국가, 공공단체 상호 간 또는 국가, 공공단체와 개인 간의 법률관계를 규율하는 법으로 헌법, 행정법, 형법 등이 해당하며 후자는 민법, 상법과 같이 개인 사이의 법률관계를 규율하는 법이다(장준철, 2015).

이제부터는 통역사가 알아두어야 할 사법 통역 실무와 관련된 한국의 형사 절차에 관한 기초적인 내용을 소개한다. 여기에 나오는 주요 법률 용어는 법제처 국가법령정보센터(www.law.go.kr)의 법령용어검색 기능을 활용해 찾아볼 수 있으며 독자의 편의를 위해 각주에 간단한 설명을 제시했다.

1. 수사기관 통역

수사는 "범인을 발견, 확보하고 증거를 수집, 보전하며 범죄의 혐의 유무를 명

4 만장일치가 되지 않는 경우에는 배심원 4분의 3 이상이 찬성할 때 평결이 성립된다.

백히 하여 공소 제기 및 유지를 결정하는 수사기관의 일체 활동"을 뜻한다.[5] 고소[6], 고발[7], 진정[8], 신고, 또는 자수가 있으면 수사가 시작되며, 수사기관이 사건을 수리하여 정식으로 수사를 개시하는 것을 '입건'이라 한다. 이때 수사기관 사건부에 기재하게 되며 입건되어 수사 대상이 된 사람을 피의자라 한다.[9] 입건 이전의 단계에서는 '내사'를 할 수 있다. 즉 내사는 범죄의 혐의 유무를 확인하기 위해 입건 전의 단계에서 하는 수사기관의 조사 활동으로 범죄 인지 이전 단계에 해당한다. 이와 같이 내사 단계에 있는 사건을 '내사사건', 수사기관이 범죄 인지를 함으로써 형사입건이 된 사건을 '형사사건'이라 칭한다.

수사기관이란 형사사건에 대해 수사하는 경찰과 검찰을 가리킨다. 사법경찰관리[10]와 검사가 수사기관이라 보면 된다. 수사 단계에서 범죄 신고자나 관련자가 외국인이거나 한국어를 구사하지 못할 경우 외국어 또는 수화 통역이 필요하다. 통역은 조사나 신문(訊問) 단계는 물론이고 때로는 범죄 현장 급습이나 단속, 체포, 현장 검증에도 필요하기 때문에 현장을 포함한 다양한 장소에서 통역하는 경우도 있다. 신고가 접수된 경우, 신고자인 고소 · 고발인을 불러 고소 또는 고발 사건에 대해 자세한 내용을 듣게 되는데, 이 과정에서 '진술 조서'를 작성한다. 통상 무슨

---

5 검찰청 홈페이지(www.spo.go.kr) 온라인 민원실 참조.

6 고소는 단순한 범죄(피해) 신고와 다르다. 피해자를 포함한 고소권자만 수사기관에 범죄사실에 대해 고소를 할 수 있다. 경찰서에서 접수하는 고소장에는 고소인과 피고소인의 인적사항, 그리고 고소취지(무슨 죄로 고소하니 처벌해달라는 처벌의사 포함)와 범죄사실, 고소이유(피고소인의 범행 경위, 정황, 고소하게 된 사유 등 범죄사실을 뒷받침하는 내용) 등을 기입한다(부록 I 참조). 이때 피고소인의 죄명과 처벌의사를 밝힌다. 범죄사실에 대한 신고와 처벌을 요청하는 형사소송 절차로서, 고소 취소는 1심 판결 전까지 가능하다. 대리인에 의한 고소는 미성년자의 친권자 등 법정대리인이 고소하는 경우와 변호사에 의한 고소대리로 구분된다. 피고소인에 대해서도 고소인과 같이 인적사항을 기재해야 하는데 이를 알 수 없는 경우에는 피고소인의 성별, 인상착의 등을 최대한 구체적으로 기재하면 된다.

7 고발은 고소와 달리 제3자도 할 수 있다. 신고인이 자진하여 허위 사실을 신고하는 것은 무고죄에 해당한다.

8 진정은 수사개시의 단서(원인)이기는 하나 형사소송 절차라기보다는 범죄사실에 대해 신고하고 수사를 요청하는 행위다. 일정한 사정을 진술하여 유리한 조치를 취해줄 것을 바라는 의사표시를 말한다.

9 대한법률구조공단(www.klac.or.kr) 법률정보 참조.

10 '사법경찰관'은 수사관, 경무관, 경정, 총경, 경감, 경위 등을 말하며, '사법경찰리'는 경사, 경장, 순경 등을 말한다.

내용인지 진술하도록 해서 들은 다음에 문답형식을 통한 진술을 받고 진술 조서라는 문건으로 기록을 남긴다. '진술서'는 작성자가 민간인, 즉 직접 작성한 문건이며 진술 조서(7장 2절의 '참고인 진술 조서' 참조)는 작성자가 진술자를 대신한 경찰관리라는 차이가 있다. 모든 조서는 궁극적으로 법정에서 증거로 사용되는 목적을 가지고 작성된다. 진술 조서는 한국어로 작성해야 한다는 원칙 때문에 통역을 거쳐 진술한 경우에는 본인이 진술한 대로 조서가 기재되었는지 통역을 통해 조서 기재 내용을 확인하고 날인해야 한다.

고소인 조사가 끝난 후 피고소인/피의자[11]에 대한 수사를 하는데, 검사의 사법경찰관리에 대한 수사지휘 및 사법경찰관리의 수사준칙에 관한 규정[12] 제20조(피의자에 대한 조사사항)에 따라 피의자에게 이름, 나이, 주민등록번호, 등록기준지, 주거, 직업, 전과, 기소유예나 선고유예 등의 처분을 받은 사실 유무, 피의자의 훈장, 기장, 포장, 연금의 유무, 병역관계 등을 확인하며, 외국인일 때에는 국적, 출생지, 입국연월일, 입국목적, 외국인등록번호를 확인한다. 피의자가 자수한 경우에는 그 동기와 경위를 물으며 그 밖에 일반적으로 피의자의 환경, 교육, 경력, 가족 상황, 재산 정도, 생활 수준 및 종교, 범죄의 동기 · 원인 · 성질 · 일시 · 장소 · 방법 및 결과를 조사한다. 또한 피해자의 주거, 직업, 성명, 나이에 대해 조사하며 피의자와 피해자가 친족관계이거나 그 밖의 특수관계인 경우에는 죄의 성립 여부를, 형의 경중(輕重)이 있는 사건에 대해서는 그에 대해 조사한다. 또한 피의자가 처벌 받을 경우 그 가정에 미치는 영향, 범죄가 피해자 및 사회에 미치는 영향, 피해의 상태, 손해액, 피해 회복의 여부 및 처벌 희망의 유무와 피의자에게 이익이 될 만한 사항까지 조사한다.

수사기관에서 피의자 신문을 하면서 '피의자 신문 조서(약칭: 피신조서)'를 작성하는데, 수사 단계에서 신문은 정보(증거)를 수집하여 법률문건으로 만드는 중요

---

11 경찰이 혐의를 두고 수사하면 피의자(혐의를 받는 사람)가 된다. 피고소인이 모두 피의자가 되는 것은 아니기 때문에 피의자가 피고소인은 될 수 있지만 피고소인이 반드시 피의자는 아니다.

12 형사소송법 관련 시행령에 해당하는 규정으로 국가법령정보센터 홈페이지(www.law.go.kr) 검색창에 입력하여 확인 가능하다. 서식 6, 7, 159-166 등은 통역하면서 흔히 접하는 문건에 해당한다.

한 목적을 띤다. 한국어를 못하는 피의자를 신문할 경우에는 통역을 거쳐 신문 조서를 작성하며, 통역을 통해 피의자가 조서 내용을 확인하게 한다(7장 2절의 '피의자 신문 조서' 참조).[13] 만약 수정할 사항이 있으면 수정을 요청한 후 날인하는 절차를 거친다. 특히 검찰 피의자 신문 조서는 형사재판에서 중요한 증거이기 때문에 피의자의 신문 조서 확인과 통역사의 역할이 매우 중요하다.

고소인과 피고소인/피의자의 진술이 서로 엇갈릴 경우 두 사람 또는 참고인(수사 절차에서 증인)까지 같이 불러서 조사를 진행하기도 하는데, 이를 '대질조사'라 하며, 법정에서도 마찬가지 상황에서 대질신문을 하기도 한다. 피의자를 체포할 때와 신문을 하기 전 반드시 피의자에게 '진술거부권'과 '변호인 선임권'을 고지해야 한다(헌법 제12조 2항). 진술거부권은 진술이나 자백을 강요받지 않도록 피의자를 보호하는 중요하는 법률적인 권리이다. 경찰이 체포 시점에서 고지하게 되어 있는 미란다 원칙은 현재 영어를 포함한 십여 개 언어로 번역되어 있지만 번역문이 모든 언어로 준비되어 있지 않으므로 필요에 따라 통역해야 한다. 또한 중요한 사건일 경우 피의자와 참고인 신문을 영상 녹화하는데(형사소송법 제244조의 2와 제221조), 이에 대한 사전 고지 또한 통역해주고, 이에 대한 동의를 구해야 한다.[14]

경찰 수사가 끝나면 사건이 검찰로 넘어간다. 경찰이 수사를 끝내고 사건을 검찰로 보내는 것을 '송치'한다고 하는데, 이때 사건에 관한 경찰 의견서를 작성하여 검찰로 보낸다. 경찰이 수사한 결과를 토대로 유죄 인정 여부에 대한 의견을 제시하는데, 유죄 의견일 경우 '기소의견'으로[15], 무죄 의견일 경우 '혐의 없음' 또는 '죄가 안 됨' 의견으로 송치한다. 피의자가 수사기관에 출석하지 못해 조사를 못할 경우에는 '기소중지' 의견으로, 중요한 참고인이 수사기관에 출석하지 않아 조사를 하지 못하는 상황에는 '참고인중지' 의견으로, 공소시효가 이미 끝났을

---

13 피의자 신문 조서는 진술 조서와 격이 다르다. 진술 청취는 격식이 없지만 신문은 법적으로 정해진 절차와 격식을 따라야 한다.

14 피의자 신문 조서의 진정성립(조서에 기재된 내용과 피의자의 구술진술의 일치성)을 확인하도록 하는 등 피의자 권리 보호 차원에서 2007년 형사소송법 개정으로 영상 녹화제도가 도입되었다.

15 기소란 검사가 범죄를 저질렀다고 의심받는 사람을 재판에 회부하는 것이다(서울 고등법원 2012a: 17).

경우 등 피의자를 처벌할 수 없을 때는 '공소권 없음' 의견으로 검찰에 송치한다. 검사는 경찰로부터 사건을 송치 받으면, 다시 한번 고소인, 피의자, 참고인 등을 검찰청으로 불러서 수사를 할 수도 있고, 경찰 수사 결과를 토대로 바로 처분을 내릴 수도 있다.

검사는 수사의 주체로서 수사권, 수사지휘권, 수사종결권을 갖는다. 검사의 처분은 크게 '기소처분', '불기소처분'으로 나눌 수 있다. 기소처분은 정식 재판을 신청하느냐의 여부에 따라 '구(求)공판' 처분과 '구(求)약식' 처분으로 나눈다. 전자는 법원에 피의자에 대한 정식 형사재판을 청구하는 것이고, 후자는 피의자에 대한 정식 형사재판을 청구하지 않고 벌금형을 선고할 수 있도록 청구하는 것이다. 구약식 결정이 내려지면 피의자는 법원에 출석하지 않고 벌금만 내면 된다. 벌금 고지를 받은 피의자는 벌금이 과다하거나 억울하다고 여기면 7일 내에 법원에 정식재판을 청구할 수 있다. 불기소처분은 다음과 같이 몇 가지로 구분할 수 있다. 고소 · 고발인이 제기한 혐의사실이 증거가 없어 유죄를 인정할 수 없을 때에는 '혐의 없음' 처분에 해당하고, 고소 사실 자체가 범죄가 되지 않을 때에는 '죄가 안 됨' 처분을, 고소 사실이 사실이라 하더라도 공소시효가 지나버린 경우에는 '공소권 없음' 처분을 내린다. 또한 피고소인이 수사기관에 출석하지 않고 그 행방을 알 수 없을 때에는 '기소중지', 그리고 죄가 인정되나 처벌할 필요가 없을 때는 '기소유예' 처분에 해당한다. 검찰의 불기소 처분에 대해 고소 · 고발인이 불복하여 법원에 불기소처분에 대한 판단을 받고자 하면 '재정신청'을 해야 한다. 법원이 재정신청을 받아들이면 검사는 기소해야 한다.

수사 도중 피의자를 구속하거나 체포할 필요가 있을 때에는 법원에 피의자에 대한 '구속영장' 또는 '체포영장'을 청구한다.[17] 법원은 영장실질심사기일을 지정하여 피의자를 법원에 출석시킨다. 대개 영장실질심사(구속전 피의자 심문)는 구속

16 대검찰청 홈페이지 온라인민원실 사건처리결과안내 참조.

17 형사소송법에 따르면 피의자에 대한 수사는 불구속 상태에서 하는 것을 원칙으로 하지만 죄를 범했다고 의심할 만한 상당한 이유가 있을 때(즉, 피의자가 ① 일정한 주거가 없거나 ② 증거를 인멸할 염려가 있거나 ③ 도주의 우려가 있을 때)에는 구속 수사를 할 수 있다.

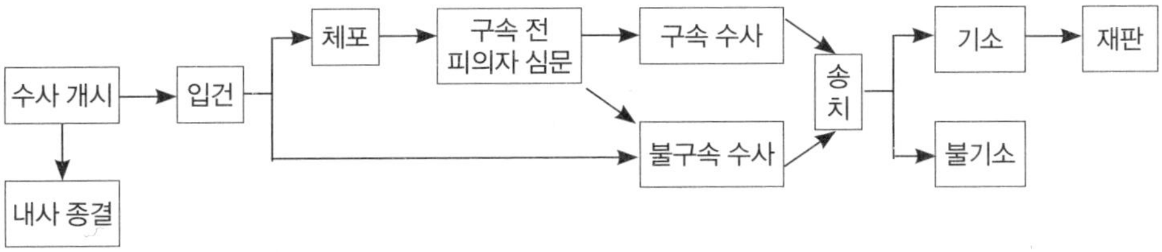

[그림 1] 형사사건 처리 절차[16]

영장이 청구된 후 바로 이루어진다(그림 1 참조). 법원이 체포, 구속을 결정하면 영장을 발부하고, 피의자는 구치소 또는 경찰서 유치장 등에 갇힌다. 영장이 발부되었을 때 구속된 피의자나 변호인의 신청이 있으면 구속이 위법하거나 부당한 점이 없는지 법원이 심사하는 절차를 갖는데 이를 '구속적부(適否)심사'라 한다.

1) 주요 범죄와 법률 용어

외국인 범죄에 관한 단순통계자료 외에 연구가 그리 많지 않다. 외국인이 많아져서 외국인 범죄가 증가했다고 말할 수는 없으며 형사사범을 중심으로 본 지난 10년 간 외국인 범죄 발생 추세는 단순 증가세라고 말하기에 무리가 있다(한국형사정책연구원, 2016). 하지만 양적을 보았을 때 외국인 범죄 가운데 강력범죄의 증가세는 다른 범죄에 비해 두드러지는 것이 사실이다. 2014년 기준 전체 형법범 가운데 강력범죄가 절반을 넘었고, 그 다음으로 재산범죄와 위조범죄 비율이 높았다(한국형사정책연구원, 2016: 144). 대검찰청의 범죄 유형 통계자료에서 사용한 형법범죄분류체계를 참조한 범죄 유형을 소개하면 아래 표1과 같다.[18] 법률 용어사전 등을 통해 각종 범죄에 대해 자세히 살펴볼 수 있으므로 여기서는 폭력, 절도, 강도, 살인, 성폭행 등 주요 범죄에 대해서 간단히 살펴보겠다.[19]

18 대검찰청 홈페이지 정보마당 통계자료 2015 범죄분석 참조.
19 사이버경찰청 홈페이지(www.police.go.kr) 정보마당 경찰자료실 참조.

표 1. 주요 범죄 유형

중분류	소분류	세분류
재산범죄	절도	절도, 불법사용, 침입절도
	장물	장물
	사기	사기, 컴퓨터등사용사기, 부당이득, 편의시설부정이용, 전기통신금융사기피해금환급에관한특별법위반
	횡령	횡령
	배임	배임, 배임수재, 배임증재
	손괴	손괴, 손괴치상, 손괴치사
강력범죄(흉악)	살인	살인(기수), 살인(미수,예비,음모,방조)
	강도	강도, 강도상해, 강도치상, 강도강간/강제추행, 강도살인, 강도치사
	방화[20]	일반방화, 방화치상, 방화치사
	성폭력	강간, 강제추행, 간음, 강간등, 강간등살인, 강간등상해, 강간등치상, 강간등치사, 특수강도강간등, 카메라등이용촬영, 성적목적의장소침입, 통신매체이용음란, 공중밀집장소추행
강력범죄(폭력)	폭행	폭행, 폭행치상, 폭행치사
	상해	상해, 상해치사, 협박
	공갈[21]	공갈
	약취와유인	약취/유인, 수수/은닉, 부녀매매, 국외이송, 인신매매, 약취유인, 상해/치상/살인/치사
	체포와감금	체포,체포치상,체포치사,감금,감금치상,감금치사
	폭력행위등(손괴,강요, 주거침입등)	폭력행위등(손괴,강요, 주거침입등)
	폭력행위등(단체구성,활동)	폭력행위등(단체등의 구성, 활동)

20 방화의 죄를 현주건조물등에의 방화죄, 현주건조물방화치상죄, 현주건조물방화치사죄, 공용건조물등에의 방화죄, 일반건조물등에의 방화죄, 자기소유일반건조물등에의 방화죄, 일반물건에의 방화죄, 자기소유일반물건에의 방화죄, 연소죄, 진화방해죄 등으로 다시 구분할 수 있다.

21 쉽게 말해 공갈은 말로 협박하여 돈이나 금품을 뺏는 것으로 강도죄의 폭행, 협박과 다르다.

위조범죄	통화	통화
	유가증권/인지/우표	유가증권/인지/우표
	문서	문서[22]
	인장	인장
공무원범죄	직무유기	직무유기
	직권남용	직권남용
	수뢰	수뢰
	증뢰	증뢰
풍속범죄	도박과복표	도박, 복표
	신앙	신앙
	기타음란행위	공연음란
과실범죄	과실치사상	과실치사, 과실치상
	업무상과실치사상	업무상과실치사, 업무상과실치상
	실화	실화

□ 폭행 · 상해죄

폭력은 폭행죄와 상해죄로 구분할 수 있다. 폭행은 모든 종류의 불법적인 유형력(有形力)의 행사를 말한다. 반드시 상해를 입혀야 폭행죄가 성립하는 것은 아니다. 예를 들면 남의 사적 공간에 근접하여 소리를 지르거나 욕을 하는 것, 남의 수염을 자른다거나 얼굴에 담배 연기를 뿜거나 물을 끼얹는 것도 폭행에 해당된다. 형법이 정한 폭행죄는 단순폭행죄, 존속[23]폭행죄, 폭행치사상죄가 있으며, 폭력행위 등 처벌에 관한 법률에 해당하는 폭행죄는 상습폭행죄, 상습존속폭행죄, 특수

22 문서 관련 범죄는 공문서와 사문서와 관련된 범죄로 나뉜다. 공문서를 위조하는 것이 공문서 위조, 공문서의 기재 내용을 함부로 바꾸거나 불법으로 변경하면 변조가 되고 이를 사용하는 것을 행사라고 보면 된다. 예를 들어 여권을 발급받기 위한 신청서류에 허위 사실을 기재하여 허위 내용의 여권을 발급받으면 여권불실 기재가 성립된다. 주민등록증을 위조하여 자신의 신분을 속여 공무원으로부터 사업자 등록증을 발부받았다면 공정증서원본불실기재죄에 해당한다.

23 존속은 부모 또는 부모와 동등 항렬에 속하는 혈족을 가리키며 부모, 조부모는 직계존속이다. 존속에 대비되는 개념이 비속으로 자기 자손 또는 그와 같은 항렬에 속하는 혈족을 가리키며 자식과 손자, 손녀는 직계비속이다.

폭행죄 및 상습특수폭행죄 등이 있다. 특수폭행죄는 여럿이 위력(威力)을 보이거나 위험한 물건[24]을 휴대하여 폭행죄 또는 존속폭행죄를 범한 경우를 말한다. 폭행치사는 폭행을 가해 사람을 죽게 했을 때, 폭행치상은 폭행의 결과 사람을 다치게 했을 때에 해당한다.

상해죄는 신체의 생리적 기능에 장해를 입힌 범죄이다. 형법이 정한 상해죄에는 단순상해죄, 존속상해죄, 중상해죄, 존속중상해죄, 상해치사죄, 존속상해치사죄가 있으며, 폭력행위 등 처벌에 관한 법률에는 상습상해죄, 집단상해 등의 죄, 상습적 집단상습 등의 죄가 있다. 중상해는 생명의 위험을 발생하게 하거나 불구 또는 불치나 난치의 질병에 이르게 한 경우에 해당한다. 상해치사는 다른 사람을 상해하여 사망에 이르게 했을 때 적용되는 범죄이다.[25]

□ **절도**[26]

절도란 폭행이나 협박에 의하지 않고 다른 사람의 점유를 침해하여 재물을 절취하는 행위를 말한다. 절도는 단순절도, 야간주거침입절도, 특수절도로 구분할 수 있다. 단순절도와 달리 '야간'에 '주거침입'이라는 요소가 추가되는 죄가 야간주거침입절도이고, 여기에 추가적으로 문호나 장벽 기타구조물을 손괴하여 절취하는 것은 특수절도에 해당한다. 예를 들어 길에서 술 취한 사람이 비틀거리며 걸어가는 것을 보고 부축하는 척하면서 지갑을 훔친 경우는 단순절도에 해당한다. 소매치기나 들치기도 절도죄에 속한다. 남의 주머니나 가방을 면도칼로 찢고 돈을 훔치는 것이 소매치기라면 주인이 졸고 있을 때 슬쩍 핸드백을 훔치거나 옷가게에서 물건을 고르는 척하다가 옷가지를 훔친 경우는 들치기다. 귀금속상에 물건을 살 것처럼 들어가 종업원에게 다이아 반지를 보여 달라고 하여 종업원의 관심을 딴 데로 돌려 가짜 반지와 진짜 반지를 슬쩍 바꿔치기하여 훔친 경우도 절도죄

---

24 판례에 의하면 흉기가 아니라도 가위나, 유리병, 공구 등 해를 가하기 위해 사용될 수 있는 일체의 물건은 위험한 물건에 해당될 수 있다(대법원 2000. 9. 6. 2002도2812 판결).

25 《연합뉴스》 2016년 2월 19일 기사 〈큰딸 어머니 살인죄 적용 검찰 몫으로 넘어가〉

26 사이버경찰청 홈페이지 정보마당 경찰자료실 참조.

에 해당하는데, 이는 속칭 네다바이 수법이다. 이 역시 소매치기, 들치기와 마찬가지로 법률 용어는 아니다. 금품을 훔치기 위하여 야간에 휴대폰 가게 창문을 뜯어내거나 깨고 침입하여 휴대폰을 훔쳐 도주한 경우에는 특수절도죄가 성립한다.

※ 점유이탈물 횡령

절도는 형법상 타인의 재물을 절취하는 행위를 말하며 남의 물건을 줍거나 습득해서 가지는 것은 절도가 아닌 점유이탈물 횡령이다. 쉽게 말해 남이 흘린 돈이나 카드를 가지면 점유이탈물 횡령죄에 해당한다. 남의 카드를 가지고 쓰면 사기죄에 해당한다.

ㅁ 강도[27]

강도는 폭행이나 협박이 있다는 점에서 절도와 다르며, 형법에는 단순강도, 특수강도, 준강도, 인질강도, 강도상해, 강도살인, 상습강도, 강도예비 · 음모죄 등이 있다.

대낮에 주택에 침입하여 혼자 있는 주부를 협박하여 금품을 강취하거나 인적이 드문 골목에서 행인을 밀어 쓰러뜨린 후 가방을 빼앗아 도주한 경우, 손님으로 가장하여 택시에 승차한 후 목적지에 도착하여 택시기사의 멱살을 잡고 반항을 못하게 하여 현금을 빼앗아 도주한 경우 모두 단순강도에 해당한다. 야간주거침입이거나 흉기가 사용되거나 두 명 이상이 합동으로 강도짓을 하면 특수강도가 된다. 예를 들어, 야간에 남의 집에 칼을 들고 침입하여 칼로 협박하여 돈을 빼앗거나 택시강도가 운전사를 칼로 위협하여 현금을 빼앗거나 택시를 빼앗아 도주한 경우에는 특수강도죄에 해당한다. 인질강도는 사람을 체포 · 감금 · 약취 또는 유인하여 이를 인질로 삼아 재물 또는 재산상의 이익을 취득하거나 제3자로 하여금 이익을 취득하게 하는 범죄이다.[28] 예를 들어 아동을 유괴하여 부모에게 금품을 요구하거나

---

27 사이버경찰청 홈페이지 정보마당 경찰자료실 참조.

28 약취와 유인에는 미성년자의 약취유인죄 영리등을 위한 약취유인 매매등죄, 국외이송을 위한 약취유인 매매등죄, 국외이송을 위한 약취유인 매매등죄의 예비음모죄, 결혼을 위한 약취유인죄, 약취유인 매매된 자의 수수 또는 은닉죄 등이 있다.

금품을 빼앗은 경우는 인질강도죄에 해당한다.

강도가 사람을 다치게 하면 강도상해죄가 된다. 야간에 귀가 중인 행인의 머리를 쇠파이프로 때려 상처를 입히고 지갑을 빼앗은 경우 또는 남의 집에 침입하여 귀금속을 훔친 후 집주인에게 발각되자 집주인을 칼로 찔러 상해를 입힌 경우에는 강도상해죄가 성립한다. 다시 택시강도의 예를 들면 택시운전사를 칼로 위협하고 돈을 요구했는데 택시운전사가 저항하자 칼로 찌르고 돈을 빼앗은 경우에는 강도상해죄가 성립한다. 만약 강도가 강간을 하면 강도강간죄가 성립하며, 사람을 살해하면 강도살인죄, 치사하게 하면 강도치사죄가 된다. 강도살인과 강도치사의 차이는 강도가 집주인에게 들켜 집주인을 목졸라 살해한 경우가 살해라면 집주인을 때리고 도주했으나 집주인이 넘어지면서 뇌진탕으로 병원치료 중 사망한 경우라면 강도치사죄에 해당한다.

강도는 선박이나 해상에서 일어날 수도 있다. 2012년 소말리아 해적 재판에서 다룬 주요 범죄가 해상강도죄였다. 정박 중인 화물선에 올라가 당직 항해사를 위협하고 돈을 빼앗고 고가의 화물을 빼앗은 경우도 해상강도에 해당한다. 한편 준강도는 절도 중에 폭행이나 협박이 이뤄질 경우를 말한다. 쉬운 예를 들자면 단순히 물건을 훔치러 빈집에 들어갔다 집주인에게 발각되자 도망하려고 집주인을 때리고 입을 막아 신고하지 못하게 하고 도주한 경우 준강도죄가 성립된다.[29]

※ 예비와 미수의 차이

미수는 범죄행위에 착수했지만 이를 끝내지 못했거나 결과가 발생하지 아니한 때에 해당하며 범죄행위를 완료한 기수범에 비해 미수범의 형은 감경될 수 있다.[30] 이에 비해 범죄를 실행하지 않았으면 예비 또는 음모에 해당한다. 예를 들어 강도 목적으로 흉기를 소지하고 침입할 집의 뒷문에서 집안의 동정을 살피다가 앰뷸런스 사이렌 소리에 놀라 도주한 경우는 강도 예비이다. 강도 예비는 강도짓을 실행하지 않은 것인

29 준(準)은 준강도, 준강간 등 자주 사용되는 법률적 표현이므로 어떻게 통번역할지 알아두어야 한다.
30 법률상 감경요인이 아니라도 법관의 재량에 의한 형의 감경이 가능한데 이를 '작량감경'이라 한다.

반면 강도 미수는 강도짓을 하다 실패하는 것이다. 대형마트 주차장에서 쇼핑을 마친 여성의 차를 따라가 금품을 뺏으려고 승용차 뒷좌석에 타서 여성을 흉기로 위협했으나 피해여성이 소리치며 도망간 경우는 강도 미수이다. 이와 같이 범죄의 예비음모를 지나 착수했지만 의도한 결과가 발생하지 않았거나 의도한 결과에 미달했을 때에 미수라 할 수 있다.[31]

ㅁ 살인

살인은 고의로 사람을 살해하는 범죄이다.[32] 예를 들어, 남편의 불륜 사실을 알고 남편이 잠든 사이 칼로 가슴 등을 찔러 살해한 경우에는 살인죄가 성립한다. 그렇지만 정당방위와 같은 위법성조각(면제)사유도 있다. 2015년 9월 자신의 집에 침입하여 동거녀이자 예비신부를 흉기로 찌른 휴가 군인과 격투를 벌이다 흉기를 빼앗아 살해한 남성에게 경찰이 정당방위를 인정하여 불기소의견으로 검찰에 송치한 바 있다.[33] 하지만 남편으로부터 상습적으로 폭행당하고 우울증에 빠져 심신미약[34]상태였던 부인이 남편을 노끈으로 목 졸라 살해한 사건에서는 여성의 정당방위가 인정되지 않았다.[35] 한편 말다툼을 하다 흉기로 가슴을 찔렀고, 도주하는 상대방을 쫓아가 다시 가슴 등을 찔러 상해를 입힌 경우에는 살인미수죄가 성립한다. 존속살해죄는 보통살해죄보다 형량이 더 높다.

영아살해죄는 산모가 분만 중이나 분만 직후에 영아를 살해하는 죄로 출산으

---

31 《뉴시스》 2015년 12월 14일 기사 〈건물에 숨어있다 귀가하는 여성 상대 강도미수 실형〉

32 살인은 살인죄, 존속살해죄, 영아살해죄, 촉탁 승낙에 의한 살인등죄, 위계 등에 의한 촉탁살인 등죄, 살인죄의 예비음모죄 등으로 구분할 수 있다.

33 《한국일보》 2015년 12월 9일 기사 〈살해범 죽인 공릉동 살인사건은 정당방위〉

34 네이버국어사전에 의하면 심신미약은 마음이나 정신의 장애로 인하여 사물을 변별할 능력이나 의사를 결정할 능력이 미약한 상태를 가리킨다. 이는 정신의학적 개념이 아니라 법률적 개념이다. 형법 제10조에 의하면 심신미약은 형의 감경사유가 될 수 있기 때문에 음주 상태에서 행한 범죄에 대해 심신미약을 호소하여 형을 감경 받고자 하는 피고인들이 많다.

35 범행 후 자수했으며 자녀들이 선처를 호소하고 범행에 대해 반성한 점을 참작하여 피고인에게 징역 2년을 선고한 사례가 있다. 《조선일보》 2014년 5월 13일 기사 〈가정폭력 못 견뎌 남편 살해한 아내 정당방위 안돼〉

로 심신의 균형이 상실된 산모의 상태를 인정해 책임을 감경하는 것이다.[36] 예를 들어 미혼모가 임신하여 영아를 분만하게 되자 수치심에 분만한 영아를 질식시켜 살해한 경우는 영아살해죄에 해당한다. 만일 영아를 죽인 뒤, 그 사체를 인근 야산에 몰래 묻었다면 추가로 사체유기죄가 성립한다. 일례로 자신이 출산한 영아를 비닐봉지에 담아 야산에 유기해 숨지게 한 여성에게 아동학대 범죄의 처벌 등에 관한 특례법 위반상 아동학대 치사죄를 적용하고 구속기소한 바 있다.[37] 한편 촉탁(승낙)살해죄는 쉽게 말해 죽여달라는 부탁을 받아들여 살해하는 것이다. 형법은 자살을 범죄로 보지 않지만 자살관여죄와 촉탁 · 승낙살해죄는 인정하고 있다. 예를 들어 유서를 써놓고 자기를 제발 죽여달라고 애원하는 애인의 청을 들어 목을 졸라 살해한 경우 촉탁살해죄가 성립한다.[38]

'교사(敎唆)'는 사람을 꾀거나 부추겨 나쁜 짓을 하게 한다는 의미로 자살교사, 살인교사, 위증교사 등 여러 가지 범죄행위에 사용될 수 있는 용어이다. 자살교사 · 방조라 하면 자살을 권유하는 상황이라 볼 수 있다. 예를 들어 불구가 된 딸의 처지를 안타까워하여 딸에게 자살을 권유하여 딸이 독극물을 마셔 숨지게 한 경우에는 자살교사죄가 성립된다. 한편 부모의 결혼 반대에 부닥친 애인이 함께 자살하기로 약속하고 동반자살을 시도했다 혼자 살아나면 자살방조죄가 성립한다. 또한 10대 동거녀가 임신하자 이를 은폐할 목적으로 산모에게 출산 후 살해하자고 권고했고 산모가 이를 받아들여 출산한 영아를 질식시켜 살해한 경우에는 영아살해 및 영아살해교사죄가 성립한다.

※ 미필적 고의

예컨대 내가 칼로 저 사람을 찌르면 죽는다는 사실을 알고, 그러한 결과를 의욕적으로 발생시키는 경우에 살인의 고의를 인정할 수 있다. 이와 달리 어떤 사실에 대한 인식도 없고 의욕도 없었지만 결과적으로 그러한 결과가 발생한 경우를 가리켜 '과실'

---

36 《뉴시스》 2013년 4월 5일 기사 〈미혼모 영아살해 사회적 책임 있다〉

37 《연합뉴스》 2015년 1월 29일 기사 〈출산 아이 비닐봉지 버려 살해한 미혼모 구속 기소〉

38 《중앙일보》 2016년 3월 29일 기사 〈"죽여달라"는 연인 살해한 30대 男, 국민참여 재판서 '징역 5년'〉

이라 칭한다. 미필적 고의는 인식은 했으나 의욕이 불확정적인 상태, 즉 범죄사실의 발생을 적극 의도하지 않았지만 자기 행위로 어떤 범죄 결과가 발생할 가능성을 알고도 하는 것을 말한다. 2015년 4월 9일 고등군사법원은 윤일병 사망사건 가해자들에게 "피고인들은 폭행 과정에서 피해자가 죽을 수도 있다는 점을 알았고 이를 용인했다고 인정하기에 충분하다고 판단해 살인죄에 대해 유죄를 선고한다"고 밝혔다.[39] 윤일병이 사망 당일 온몸에 멍이 들었고 위중한 상태라는 것을 가해자들이 충분히 알았고, 사망 직전 윤일병의 눈동자가 정상적이지 않을 정도로 매우 위중했으나 가해자들이 꾀병을 부린다며 거듭 폭행한 점 등을 주목하여 살인의 미필적 고의를 인정한 것이다. 1심에서는 미필적 고의를 인정하지 않고 살인죄 대신 상해치사죄를 적용한 바 있다. 다만 피해자의 사망이 확실하다고 여겨지는 경우나 일부 악질적인 케이스 외에는 미필적 고의가 인정되더라도 확정적 고의보다는 형량이 낮은 편이다.

※부작위 살인죄

계획적인 범죄 과정에서 발생한 사건에 한해서만 인정되며 2015년 세월호사건 재판에서 선장에게 부작위 살인죄가 적용되었다.[40]

※ 위계(僞計)

위계는 목적 혹은 수단을 상대방에게 알리지 아니함으로써 또는 상대방의 착오를 이용하여 그 목적을 달성하는 것을 말한다. 위계 등에 의한 촉탁살인죄는 상대를 속이거나 잘 모르는 것을 이용하여 죽게 만드는 것이다. 예를 들어 같이 죽자고 속인 다음 상대방만 자살한 경우나 배우자의 불륜 사실을 알고 자살하지 않으면 자식들에게 알리고 자기가 죽인다며 협박하여 결국 자살하게 만든 경우 위력(상대방 의사의 자유를 억압할 수 있는 힘)에 의한 촉탁살인죄가 성립한다.

---

39 《연합뉴스》 2015년 4월 9일 기사 〈윤일병 사건 가해자에 '미필적 고의 살인' 인정〉

40 《뉴시스》 2015년 11월 12일 기사 〈'부작위 살인' 세월호 확정판결이 남긴 것은…"더 이상의 재난사고 책임 회피는 없다"〉

□ **성범죄**[41]

성폭력 범죄는 피해자의 의사에 반해 성적 자기결정권을 침해하는 성폭행, 성추행, 성희롱 등 모든 유형의 성범죄를 포괄하는 명칭이다. 강간, 성추행이 대표적 성범죄이며 그 밖에 사람의 심신상실[42] 또는 항거불능의 상태를 이용한 준강간 · 준강제추행, 위계 또는 위력에 의한 아동 · 청소년이나 장애인 간음 · 추행, 업무상 위계 또는 위력에 의한 간음 · 추행 등이 있다. 일반적으로 성폭행은 강간과 강간미수를 가리킨다. 강간은 폭행 · 협박을 통해 상대방의 의사에 반하여 강제로 간음하는 행위를 말하며 성기나 신체 일부, 도구를 상대방의 신체에 삽입하는 범죄를 말한다. 유사강간은 폭행 또는 협박으로 상대방의 성기가 아닌 신체 일부(구강, 항문 등) 내부에 성기를 넣거나 상대방의 성기에 성기를 제외한 신체 일부 또는 도구를 넣는 범죄행위를 가리킨다.[43] 강간과 강제추행은 성기삽입 여부에 따라 구분된다. 성추행은 강제추행으로 폭력과 협박이 개입된다는 점에서 성희롱과 다르다. 성희롱은 형법이 아닌 남녀고용평등법과 남녀차별금지법에 규정되어 형사처벌 대상이 아니다. 하지만 희롱을 넘어서 성범죄에 해당하거나 모욕죄나 강요죄에 해당하면 형사고소고발 대상이 된다.

현행법은 성범죄를 규율함에 있어 형법상의 성범죄 이외에도 성폭력 범죄의 처벌 등에 관한 특례법(약칭 성폭력처벌법), 성매매알선 등 행위의 처벌에 관한 법률(약칭 성매매처벌법), 아동 · 청소년의 성보호에 관한 법률(약칭 청소년성보호법) 등 다양한 특별법을 두어 특히 죄질이 중한 유형의 성범죄를 가중처벌하고 있다. 예를 들어 폭행 또는 협박으로 사람을 강간한 경우 형법상의 강간죄(형법 제297조)로 처벌(3년 이상의 유기징역)되나, 흉기나 그 밖의 위험한 물건을 지닌 채 또는 2명 이상이 합동하여 강간한 경우 성폭력처벌법 제4조 제1항(특수강간 등)에 따라

---

41 사이버경찰청 홈페이지 정보마당 경찰자료실 참조.

42 심신상실은 심신의 장애로 인하여 사물을 변별할 능력이 없거나 의사를 결정할 능력이 없는, 심신미약보다 중한 상태를 가리키는 법률적 개념이며, 형법 제10조에 의해 심신상실자는 처벌하지 않는다.

43 《노컷뉴스》 2013년 7월 3일 기사 〈여성 납치해 유사성행위…첫 '유사강간' 적용〉
《뉴시스》 2015년 5월 20일 기사 〈'잠든 척' 저항하지 않았다면…유사강간 · 강제추행 '무죄'〉

무기 또는 5년 이상의 징역으로 가중처벌된다. 성폭력처벌법은 이외에도 특수강도강간, 친족관계에 의한 강간 · 강제추행(이하 강간 등), 장애인에 대한 강간 등, 13세 미만의 미성년자에 대한 강간 등, 공중밀집장소에서의 추행, 카메라 등을 이용한 촬영, 성적 목적을 위한 공공장소 침입행위, 통신매체를 이용한 음란행위 등을 처벌하고 있다.

한편 성매매, 성매매 알선행위 및 성매매 목적의 인신매매 등을 근절하기 위해 성매매알선 등 행위의 처벌에 관한 법률(약칭 성매매처벌법)을 두어 성매매 알선 등 행위를 한 사람과 성을 파는 행위를 할 사람을 모집한 사람, 성을 파는 행위를 하도록 직업을 소개 · 알선한 사람, 그리고 성매매를 한 사람을 처벌하고, 폭행이나 협박으로 성을 파는 행위를 하게 한 사람, 위계 또는 이에 준하는 방법으로 성을 파는 사람을 곤경에 빠뜨려 성을 파는 행위를 하게 한 사람, 친족관계 · 고용관계 등 다른 사람을 보호 · 감독하는 것을 이용하여 성을 파는 행위를 하게 한 사람, 위계 또는 위력으로 성교행위 등 음란한 내용을 표현하는 영상물 등을 촬영한 사람 등을 중하게 처벌하고 있다. 특히 외국인여성이 성매매 피해자인 경우를 고려하여 성매매처벌법 제11조는 외국인여성에 대한 특례를 두고, 외국인여성이 성매매 관련 범죄를 신고한 경우나 외국인 여성을 성매매피해자로 수사하는 경우 해당 사건이 처리될 때까지 강제퇴거나 보호구금을 하지 않도록 규정하고 있다.

2) 교통사고 용어

교통사고 유형은 차대사람, 차대차, 차량단독, 철길건널목사고 등으로 구분한다. 차대사람사고는 보행자가 제1당사자 또는 제2당사자가 된 사고(차가 사람을 친 경우), 차대차사고는 당해사고의 제1당사자와 제2당사자 모두 차량인 사고(차와 차가 부딪힌 경우), 차량단독사고는 상대방 없이 제1당사자만 있는 경우(사람이나 다른 차와 접촉 없이 추락, 전도, 도로 외 이탈한 경우 등)와 제2당사자가 주차차량, 물건 및 기타 도로시설물 등인 경우를 말한다. 부상자나 사망자가 있다면 도로 및 차량과 관련된 용어뿐 아니라 상해진단과 관련된 의료용어도 사용될 수 있다. 경찰청 훈령 제701호 교통사고조사규칙에 나온 내용 등을 참고하여 몇 가지 기본적인 용어를 다음과 같이 정리해보았다.

- 교통약자: 장애인, 고령자, 임산부, 영유아를 동반한 사람, 어린이 등 일상생활에서 이동에 불편을 느끼는 사람
- 경상: 의사의 진단결과가 5일 이상 3주 미만의 치료를 요하는 부상
- 무보험차량: 보험에 가입하지 않은 차량
- 부상: 5일 미만의 치료를 요하는 부상
- 뺑소니: 교통사고를 야기한 차의 운전자가 피해자를 구호하는 등의 조치를 취하지 아니하고 도주한 것
- 사망: 당해 교통사고가 주원인이 되어 72시간 내에 사망한 경우
- 사상자 구호: 사망하거나 다친 사람을 돌보는 것
- 손괴(損壞): 차나 물건의 효용을 해하는 것으로 쉽게 말해 남의 물건을 파괴하거나 훼손하여 손해를 끼치는 것
- 스키드마크(skid mark): 급제동으로 타이어 회전이 정지된 상태에서 노면에 미끄러지면서 나타난 타이어의 마모 흔적 또는 활주 흔적
- 실황조사서: 교통조사관이 사고 접수 후 현장에 나가 실시한 조사를 토대로 작성하는 보고서
- 운전 중 방송 등 영상물을 수신하거나 재생하는 장치 표시 및 조작 금지: 운전 중 DMB나 내비게이션 조작 금지
- 요마크(yaw mark): 급핸들 등으로 인하여 차의 바퀴가 돌면서 차축과 평행하게 옆으로 미끄러진 타이어의 마모 흔적
- 음주운전: 도로교통법상 음주운전은 혈중 알코올농도가 0.05퍼센트 이상인 경우(음주측정 불응도 포함)
- 전도: 차가 운행 중 도로상에 넘어져 차체의 측면이 지면에 접한 상태
- 전복: 차가 운행 중 도로상 또는 도로 이외의 장소에 뒤집혀진 상태
- 접촉: 차가 추월, 교행 등을 하려다가 차의 좌우측면을 서로 스친 것

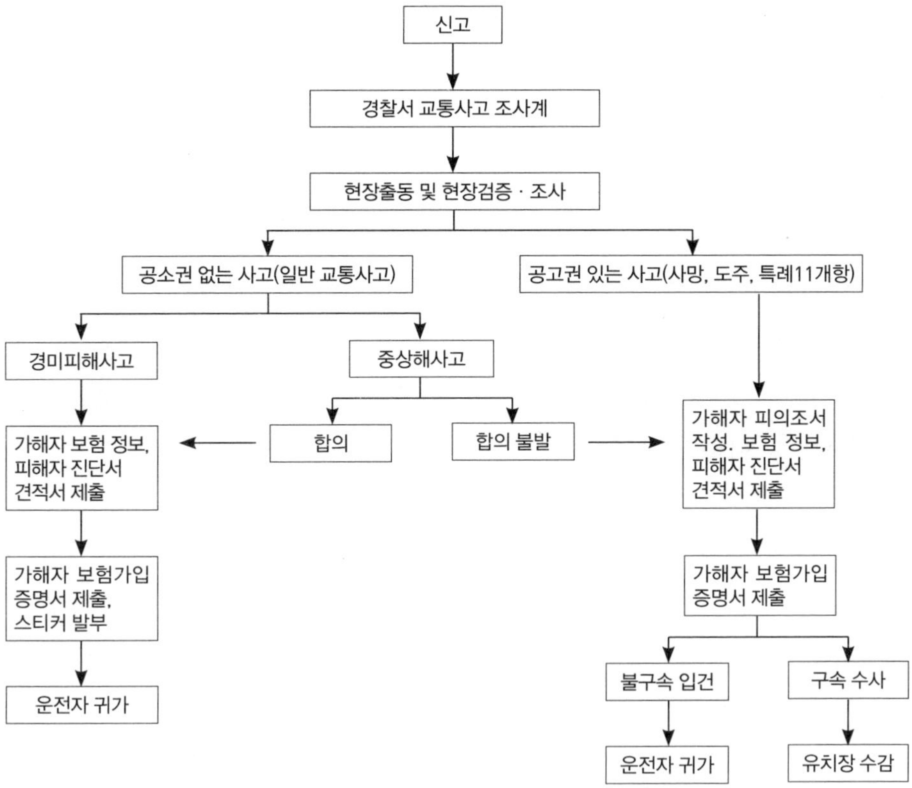

[그림 2] 교통사고 처리 흐름도

- 중상: 의사의 진단결과가 3주 이상(보통은 6~8주 이상)의 치료를 요하는 경우
- 추돌: 2대 이상의 차가 동일 방향으로 주행 중 뒷차가 앞차의 후면을 충격한 것
- 추락: 차가 높은 곳에서 떨어진 것
- 충돌: 차의 정면으로 다른 차의 정면 또는 측면을 충격한 것

이 밖에 안전거리 확보, 전후방주시, 급제동, 속도위반, 신호위반, 앞지르기, 끼어들기, 급제동, 중앙선 침범, 진로변경, 교차로 꼬리물기, 승용차, 승합차 등을 포함한 기본적인 도로 교통과 교통법규 관련 어휘와 표현도 익혀야 한다. 또한 교통사고와 관련하여 제한속도, 교통량, 도로폭, 가해자, 피해자, 목격자, 입회인, 혈흔, 유류품, 초동조치, 사고 차량 번호, 차종 등을 포함한 차량의 소속 및 등록

번호, 명칭 및 연식 · 형식 · 용도 · 사용 정도, 도색, 승차 정원, 적재량, 제동장치, 조향기, 전조등, 경음기, 충동부위와 파손부위, 운행기록, 영상기록장치, 도로 포장 여부, 자갈 · 건조 · 습기 · 적설 · 결빙 · 요철 등 노면상황과 도로 파괴부분, 노상 방치물, 노변 장애물 등 도로의 위험요소, 피해상황, 운전자의 질병, 피로, 졸음, 음주, 약물중독 등 사고당시의 신체상태 등이 거론될 수 있다. 법률 용어가 그렇듯이 교통사고를 처리하는 절차에서도 선행차량후미(先行車輛後尾)와 같은 한자어를 많이 사용하므로 익혀둘 필요가 있다.

3) 상해 및 의학 용어

폭행상해건의 경우 범죄사실을 뒷받침하는 증거자료 가운데 폭행으로 인한 상해 내용을 담은 진단서 등의 의료기록이 포함되기 마련이다. 예를 들어 피해자가 경영하는 식당에서 음식값 문제로 말다툼을 하다가 피해자로부터 욕설을 듣자 피고인이 화가 나서 오른 주먹으로 피해자의 얼굴을 2회 때린 상해사건이 있다. 이 사건 수사기록에도 피고인이 피해자에게 약 3주간의 치료가 필요한 '상구순부열창' 등을 가했다는 범죄사실이 기재된다. 이와 같이 형사 절차에서 흔히 언급되는 상해, 증상, 진단명을 알아야 정확한 통역이 가능하다.

42쪽에 예시한 상해진단서는 2016년 1월 18일 새벽 1시 40분경 술집 화장실에서 소변을 보고 나오는 피해자와 서로 어깨가 부딪치자 피고인이 욕을 하고 오른손바닥으로 피해자의 얼굴과 머리부위를 4회 때리고, 머리채를 잡아끌어낸 후 발로 피해자의 얼굴을 2회 차는 등 폭력을 행사한 사건의 피해자가 약 2주간의 치료를 요하는 상해를 입었다는 사실을 증명하기 위해 제출한 진단서이다(7장 2절의 '참고인 진술 조서' 참조). 상해진단서는 법원에 제출할 증거자료에 포함되며, 양식은 조금씩 병원마다 다르지만 기본 항목은 유사하다.

일반적으로 단순폭행이 아닌 경우 상해나 사망에 관한 의학 용어가 자주 등장한다. 다음 폭행치사사건의 예에서도 '뇌출혈'과 '뇌지주막하출혈'과 같은 용어가 사망원인으로 언급된다.

피고인은 2015. 4. 29. 20:30경 전남 화순군 도곡면 대곡리 46에 있는 방기만(40세)의 집에서 속칭 '고스톱'이라는 도박을 하던 중 판돈 문제로 말다툼을 하다가 화가 나서 오른 주먹으로 피해자의 얼굴을 1회 때리고 발을 걸어 넘어뜨려 피해자의 집 마루에 있던 탁자 모서리에 머리를 부딪치게 하는 등 폭행을 가했다. 피해자는 그로 인하여 뇌출혈을 일으켜 2015. 4. 31. 02:00경 전남 화순군 화순읍 서양로 32에 있는 전남대학교 의과대학병원에서 치료를 받다가 뇌지주막하출혈로 사망했다.

주먹, 발 등의 신체를 이용한 폭행으로 상해를 입기도 하지만 흉기에 의해 상해를 입을 수도 있다. 흉기는 둔기(鈍器)와 예기(銳器)로 구분할 수 있다. 둔기는 예리한 날이나 뾰족하고 예리한 부분이 없는 고체로, 돌, 곤봉, 막대기 등을 둔기라 할 수 있다. 둔기에 의한 손상(blunt force injuries)에는 찰과상(표피박탈/abrasion, excoriation), 피부밑 출혈(subcutaneous hemorrhage), 좌상(contusion), 열창(laceration), 내장파열(rupture of organs), 골절(fracture), 두개강내 손상(intracranial injury) 등이 있다. 예기는 뾰족하거나 예리한 날이 있는 물건을 말한다. 예기에 의한 손상(sharp force injuries)에는 절창(incision wound, cutting wound), 할창(chopping wound), 자창(stabbing wound), 익창(impaling wound) 등이 있다. 면도칼 등의 예기에 의해서는 베인 상처가, 절창, 도끼, 식도, 낫 등에 의해서는 할창이 생긴다. 자창은 끝이 뾰족하고 예리하고 가는 흉기로 찔러서 생기며 칼 외에도 송곳 같이 날이 없는 것도 예기가 된다. 사망원인은 자살, 타살, 사고사, 불상으로 구분하는데 사망사건의 경우 부검결과에 대한 보고서도 재판에서 다룬다. 이러한 신체손상에 관한 의학적인 내용이 흔히 상해나 사망사건에서 빈번하게 언급되기 때문에 사법통역을 하기 위해서는 기본적인 의학 용어를 알고 있어야 한다. 의학 용어는 영어가 많아 비영어권 통역사가 익히기 어려울 수 있다.

상 해 진 단 서

병록번호: 9-134-1
연 번 호: 2009-01-1　주민등록번호: *******-1400000　　동반자:

<table>
<tr><td colspan="2">환자의 주소</td><td colspan="7">대구 동구 효목동 158-2
전화:</td></tr>
<tr><td colspan="2">환자의 성명</td><td>김용만</td><td>성별</td><td>남자</td><td>생년월일</td><td>1995.1.28</td><td>나이</td><td>만 20세</td></tr>
<tr><td rowspan="2">병명</td><td rowspan="2">□ 임상적 추정
□ 최종진단</td><td colspan="6" rowspan="2">우측 눈꺼풀 및 눈주위 영역의 타박상
머리덮개의 얕은 손상</td><td>한국질병
분류번호</td></tr>
<tr><td>S00.1
S00.0</td></tr>
<tr><td colspan="2">상해연월일</td><td colspan="3">2016년 1월 18일</td><td>초진년월일</td><td colspan="3">2016년 1월 19일</td></tr>
<tr><td colspan="2">상해의원인</td><td colspan="7">외력에 의함(환자의 진술에 의함).</td></tr>
<tr><td rowspan="2">증상</td><td>상해 부위</td><td colspan="7">우측 안면부. 후두부</td></tr>
<tr><td>상해 정도</td><td colspan="7">후두부의 통증
우측 안구 주변의 통증, 부종, 멍든 자국(약 5센티 정도).</td></tr>
<tr><td rowspan="6">상해에
대한
소견</td><td>치료경과의견</td><td colspan="7">추후 재판정 요함.</td></tr>
<tr><td>외과적수술여부</td><td colspan="7">필요없음.</td></tr>
<tr><td>입원여부</td><td colspan="7">필요없음.</td></tr>
<tr><td>통상활동
가능여부</td><td colspan="7">진단기간 중 약간의 활동 장애가 예상됨.</td></tr>
<tr><td>식사가능여부</td><td colspan="7">정상적인 식사가 가능함.</td></tr>
<tr><td>치료요하는기간</td><td colspan="7">2016년 1월 19일부터 2016년 1월 31일까지 (13일간)</td></tr>
<tr><td rowspan="2">향후
치료에
대한 의견</td><td>향후치료의견</td><td colspan="7">병발증 발생 가능함.</td></tr>
<tr><td>병발증 발생 가능 여부</td><td colspan="7">병발증 발생 가능함.</td></tr>
<tr><td colspan="2">기타</td><td colspan="7">단, 타과적 진단은 타과 전문의 진료가 필요함.</td></tr>
<tr><td colspan="9">위와 같이 진단함.

발행일 2016년 1월 19일
병의원주소 대구광역시 동구 효목동 402-7 가양크리닉2층
병의원명 튼튼정형외과의원
전화번호 053)123-3114
FAX번호 053)123-3141

면허 번호 제 54575 호 전문의 이정호 (인)</td></tr>
</table>

2. 변호사 접견 및 면담 통역

형사피고인을 방어하는 역할을 하는 변호사를 변호인이라 칭한다. 크게 피고인이 선임하는 사선변호인과 국가에서 피고인을 위해 선정해주는 국선변호인이 있다. 대한민국 헌법은 변호인의 조력을 받을 권리를 기본적 인권으로 보장하고 있으며, 접견은 피의자의 권리에 해당한다(주호노, 2014). 변호인이나 가족은 구속된 피의자 · 피고인 · 수형자(受刑者)와 면회하고 서류나 물건을 주고받을 수 있다. 이를 '접견교통권'이라 한다. 변호인과의 대화 내용에 대해 완전한 비밀이 보장되고 어떠한 제한이나 간섭 없이 자유롭게 대화할 수 있어야 한다. 수사기관 내에서나 구치소 등지에서 변호인 접견이 이루어지는 경우에는 외부의 청취나 녹취를 당하지 않고 자유로운 대화가 가능해야 한다. 변호인은 접견을 통해 자신이 대리하는 당사자의 입장과 사실관계를 확인하고 소송을 위한 자료를 확보하게 되는데, 자신의 변호인과 언어가 통하지 않는 경우, 변호인 접견에 통역이 필요하다. 미선임 단계의 변호사도 접견신청서만 내면 언제든 경찰서 유치장 접견이 가능하나 구치소 접견은 실제 공무원 근무 시간에 이루어지는 편이다. 사안에 따라 소송준비에 필요한 구치소 접견 시간이 길어질 수도 있다.

불구속 피의자/피고인의 경우 변호사 사무실에서, 구속 피고인의 경우 구치소에서 접견 및 면담 통역을 해야 한다. 접견 통역을 위한 구치소나 교도소 방문 시 통역사는 민원창구에서 신청서를 작성하고 신분증을 제출한 후 교도관의 동행하에 접견실 출입이 가능하다. 영장실질심사법정의 경우 접견실이 별도로 있지만 일반 형사법정의 경우 피의자대기실에서 변호인 접견이 이루어지고 있다.

법률 전문가의 법률 상담은 민사, 가사, 형사 등 법률 전 분야에 걸쳐 이루어지며 외국인 근로자의 경우 노무와 출입국 관련 법률 상담, 그리고 다문화가정과 이주여성을 위한 출입국 및 가정법률 상담이 가장 빈번하게 이루어진다. 이 서비스는 정부 및 공공기관이 제공하는 서비스와 민간 서비스로 구분되는데, 상담 문의가 집중되는 분야별에서 필요한 언어로 지원 서비스가 제공되고 있다. 이주민들과 장애인에게 무상으로 법률지원을 제공하는 공익변호사들과 NGO 단체들도 적지 않다. 공공기관 서비스로는 대표적으로 한국산업인력공단의 외국인력상담센터와 외국인력지원센터가 있으며, 주로 외국인 근로자들을 대상으로 전화 및 면대면 상담을 통한 정보 제공 및 통역 서비스를 제공하고 있다. 또한 각 지역의 다문화가족지원센터나 서울이주여성상담센터에서도 해당 분야 전문가 또는 관련 기관과 3자 통화 또는 면대면으로 법률 상담을 직간접적으로 제공하고 있으며, 전문 통역사는 아니지만 이중언어를 구사할 수 있는 직원들이 언어 지원을 하고 있다. 다만 이들 언어 지원 인력들은 통번역 전문가가 아니기 때문에 이들이 제공하는 언어 지원 서비스는 사법 통역과 구분된다고 할 수 있다. 그렇지만 실제로 이러한 다문화 언어 인력이 사법 통역을 담당하는 경우도 적지 않아 현실적으로 보완이 시급하다. 또한 그 역할 경계 구분이 예민한 문제이다. 예를 들어 이주민지원단체 활동가가 이주여성으로부터 가정폭력 전화상담을 받으면 상황에 따라 경찰에 신고를 접수하고, 상황에 대한 진술 조서 작성에 일부 참여하게 될 수도 있다. 하지만 가급적 전문 통역사를 활용하여 피해여성의 권익을 보호하면서도 중립적인 역할을 수행하면서 정확한 통역이 이루어지도록 해야 한다.

3. 법원 통역

법원 통역에 관련된 법률절차를 설명하기에 앞서 법원조직에 대해 간단히 설명하자면, 헌법에 따라 법원은 최고법원인 대법원과 각급 법원으로 구성된다.[44] 서울, 부산, 대구, 대전, 광주에 총 5개 고등법원이 있으며 1심 판결에 대한 항소사건, 1심 결정 · 명령에 대한 항고사건, 선거소송 등을 심판한다. 지방법원은 전국에 18개가 있으며 관할구역 내에 지원과 소년부지원, 시 · 군법원 및 등기소를 둘 수 있다. 서울특별시에는 서울중앙지방법원 외에 서울동부지방법원지원, 서울북부지방법원지원, 서울서부지방법원, 서울남부지방법원지원 등의 지원이 있다.

44 법원 홈페이지(www.scourt.go.kr) 사법부 소개 참조.

시 · 군지역 주민의 편의를 위해 소액사건, 즉결사건, 화해 · 독촉[45] 및 조정사건 등의 심판을 담당하는 시 · 군법원도 전국적으로 100여 개 있다. 특수법원으로는 특허법원, 가정법원, 행정법원이 있다. 대전에 있는 특허법원은 고등법원급으로 특허심판원의 심결에 대한 불복의 소를 관할한다. 가정법원은 가사사건과 소년사건 등을 전문적으로 다루기 위해 별도로 세워진 특수법원이다. 서울, 부산, 대전, 대구, 광주 가정법원이 있으며 가정법원이 없는 지역에서는 지방법원하에 가정지원을 두고 있거나 가정부가 있어서 가사사건을 다룬다. 행정법원은 행정기관의 위법한 처분, 공권력의 행사 · 불행사 등으로 인한 국민의 권익 침해를 구제하고 공법(公法)상의 권리관계 또는 법적용에 관한 다툼을 해결하는 소송을 담당한다. 서울행정법원이 서울특별시를 관할하며, 행정법원이 없는 지역에서는 해당 지방법원 본원이 관할한다. 난민지위인정과 관련된 법무부 처분 및 결정에 대한 소송은 행정소송으로 난민 신청자들의 소송접수 증가에 따른 통역 수요가 높다.

법원의 사건번호는 연도와 사건부호, 접수번호로 이루어져 있다. 사건번호 '2016고단123'을 예로 들자면 '2016'은 해당 소송이 제기된 연도, '고단'은 형사단독사건을 의미하는 사건부호이며 마지막 숫자 '123'은 접수된 순서를 의미한다. 고단이 아닌 '고합'이라면 이는 단독재판부가 아닌 세 명의 법관으로 구성된 합의부 담당사건을 가리킨다. 사건부호 앞자리 글자에 심급 구분도 표시된다. 보통 'ㄱ'은 1심, 'ㄴ'은 2심, 'ㄷ'은 최종심을 뜻한다. 형사사건의 경우 1심에서 3심까지 사건부호 앞 글자가 '고, 노, 도' 순으로 구성되며 민사사건은 '가, 나, 다', 행정사건은 '구, 누, 두' 순이다.[46]

1) 형사법정

앞서 수사 단계 통역과 관련하여 기소에 대해 간단히 설명했는데, 검사의 공소

45 독촉(지급명령)제도에서는 법원이 채무자에게 지급명령을 하고, 채무자가 2주 내에 이의신청을 하지 않으면 확정판결과 같은 효력을 인정받는다.

46 ≪중앙일보≫ 2014년 3월 13일 기사 〈[뉴스 클립] 재판 사건번호에 숨겨진 비밀〉

제기 이후부터는 법원 통역으로 간주된다. 검사는 관할법원에 '공소장(부록II 참조)'을 제출함으로써 공소를 제기한다. 공소장에는 피고인의 성명, 죄명, 공소사실, 적용법조 등이 기재되어 있고, 피고인측도 재판기일 전에 '공소장 부본'[47]이 송달되어 본인이 무슨 죄로 언제 어디서 재판을 받는지 통보받게 된다. 통상적으로 한국어를 모르는 외국인 피고인의 경우 공소장 번역본이 제공된다. 형사 절차상 기소 후 재판을 받는 단계에서는 피의자에서 피고인으로 법적 신분이 바뀐다.

재판은 법원이 원고와 피고 혹은 검사와 피고인의 주장을 듣고 그에 대한 법적 판단을 내리는 것이다. '공판'은 기소된 사건에 대한 재판을 위해 심리하는 절차를 의미한다. 형사소송법이 정한 바에 따라 형사재판절차가 진행된다. 형사재판은 사건의 경중에 따라 판사 1인이 단독으로 재판하는 '단독심'과 판사 3인이 구성된 합의부에서 하는 '합의심'으로 나뉜다. 1심 합의부 재판부는 피고인이 '국민참여재판'을 원하는지의 여부를 확인해야 한다. 국민참여재판을 희망하는 경우에는 법원은 주장과 증거를 정리하고 심리계획을 세우기 위해 반드시 공판준비절차를 밟아야 한다. 그러나 일반재판의 경우, 특별히 쟁점이 복잡하거나 증거관계가 복잡하지 않으면 공판준비절차를 생략하고 제1회 공판기일을 정할 수 있다.[48] 공판기일이 정해지면 피고인을 소환하여 재판을 하게 된다. 실무관행상 공소장 부본 송달과 제1공판기일 지정이 동시에 이루어지는 경우가 많다. 사건에 따라 다르지만 보통 제1공판기일 이후 증거조사와 변론[49]종결까지 몇 기일에 걸쳐 재판절차가 나누어 진행되는 것이 일반적이다. 형사사건에서는 유죄에 대한 증명 책임, 즉 입증 책임이 검사에게 있다. 다시 말해 피고인은 자신의 무죄를 증명할 책임이 없다. 무죄 추정의 원칙에 따라 유죄 판결을 받기 전까지 피고인은 무죄로 추정되

47 부본은 또 하나의 원본으로 사본과 다르다.

48 재판장이 공판준비절차에 회부하는 경우에도 재판준비기일을 별도로 가질 수 있고 서면방식만도 가능하다. 공판준비절차에서는 검사의 증거제출과 피고인의 반박이 이루어진다. 피고인은 검사가 증거조사를 신청한 증거의 채부에 관한 의견을 밝히고 상대방의 주장과 증거신청에 대해 필요한 의견을 밝히는 한편 필요한 증거에 대해 신청할 수 있다.

49 당사자가 자신에게 유리한 주장을 하고 이를 입증하기 위해 증거신청을 하는 소송행위를 변론이라 한다.

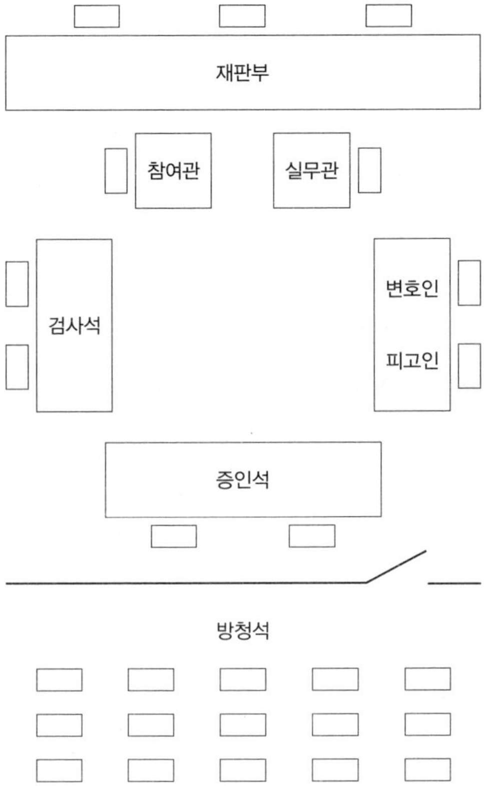

[그림 3] 형사법정

며, 유죄 판결을 위해서는 합리적 의심의 여지가 없는 증명이 필요하다.

형사법정(그림3 참조)의 공판 절차는 진술거부권 고지, 인정신문, 모두진술,[50] 재판장의 쟁점 정리 및 검사와 변호인의 증거관계에 대한 진술, 증거조사, 피고인신문, 검사 의견진술, 피고인측의 최후변론 순서를 밟는다(그림4 참조).

사건이 호명되고 피고인이 피고인석에 서게 되면 재판장의 진술거부권 고지가 있다. 재판장은 피고인에게 불리한 진술을 거부할 수 있고 이익이 되는 사실을 말할 수 있다고 알려준다. 이어서 피고인의 성명과 연령, 등록기준지, 주거와 직업 등을 물어 재판정에 있는 피고인이 사건 피고인 맞는지를 확인하는 '인정신문'이

50 모두(冒頭)란 첫머리라는 뜻이다.

시작된다. 인정신문이 끝나면 판사의 지휘에 따라 공소내용에 대한 검사의 모두진술이 있다. 검사는 모두진술에서 공소장에 기재된 공소사실과 죄명, 적용법조를 낭독하는데, 재판장이 필요하다고 인정하는 경우 공소 요지만 진술할 수도 있다. 검사의 모두진술이 끝난 뒤에 재판부는 피고인에게 공소사실을 인정하는지 여부에 대해 진술할 기회를 준다. 피고인이 공판정에서 공소사실에 대하여 인정, 자백한 경우는 '간이공판 절차'를 밟는다. 검사 및 피고인의 모두진술까지 끝나면 사건 관련 증거에 대한 조사가 이루어진다. 재판장은 피고인의 모두진술이 끝난 다음에 피고인측에 쟁점의 정리를 위하여 필요한 질문을 할 수 있고, 증거조사에 앞서 검사와 변호인에게 공소사실 등의 증명과 관련된 주장 및 입증계획 등을 진술하게 한다. 쟁점 및 증거관계 등의 정리 절차가 끝난 후에는 증거조사를 실시하게 되는데 먼저 검사가 신청한 증거를 조사한 다음 피고인측이 신청한 증거를 조사한다. 한국은 재판에서 사실인정은 증거에 의하여 한다는 증거재판주의를 채택하고 있다. 증거는 증인, 물건, 서류가 될 수 있다. 이를 각각 인증(人證), 물증(物證), 서증(書證)이라 부른다.

간단한 사건인 경우에는 증거조사가 한 기일 만에 끝나기도 하지만 증인이 많고 복잡한 사건인 경우에는 여러 차례 속행이 된다.[51] 소송법상 집중심리주의를 따라 법원이 공판기일에 사건을 집중적으로 심리하고 공판기일을 연장할 때 지연하지 않고 계속 심리해가도록 하고 있지만 정해진 기일에 증인 소환이 원활하지 않거나 증인이 불참한 경우 다시 속행기일을 잡아 재판을 하면서 동일 사건의 공판이 여러 달에 걸쳐 이루어지기도 한다. 검사, 피고인 또는 변호인은 증거조사에 관하여 이의신청을 할 수 있으며, 이에 대한 결정은 법원이 한다. 피고인은 공소사실에 대해 인정여부를 밝힌 다음 검사가 제시하는 증거서류에 대해서도 의견을 밝혀야 한다. 이를 '증거인부'라고 한다. 피고인이 공소사실을 인정하면 증거에 대해 '모두 동의'한다고 할 수도 있고, 양형상 불리한 증거에 대해서는 공소사실을

51 법정 밖에 게시되는 공판일정을 보면 신건, 속행, 선고로 구분된다. 신건은 말 그대로 새로운 사건에 대한 공판이 개시되는 것, 속행은 이전 기일에 이어 재판이 다시 열린다는 것을 의미한다. 선고는 선고 사건이다.

인정하면서도 일부 증거를 '부동의' 할 수도 있다.

증거조사와 관련해서 증거 능력과 증명력 등 몇 가지 중요한 개념을 알아둘 필요가 있다. 증거 능력은 증거조사의 대상이 될 법률적 자격을 뜻한다. 바꿔 말해 증거로서 허용할 수 있는가의 문제이다. 적법한 절차와 방식에 따라 작성된 조서가 아니라면 증거로 인정할 수 없다. 그래서 진정성립(문서나 사실이 맞다고 확인해 주는 것)과 임의성 확인이 필수적이다. 공판 증거조사에서 피의자 신문 조서에 기재된 서명 날인이 피고인의 것인지, 본인의 진술이 맞는지 확인하는 절차를 가진다. 피고인의 서명 날인 여부를 확인하는 것은 '형식적 진정성립' 이며 피신조서에 기재된 문답 내용이 피고인이 수사를 받을 때 진술한 내용인지 확인하는 것이 '실질적 진정성립' 이다. 피의자 신문 조서의 성립이 인정되더라도 피의자가 고문이나 폭행, 협박 없이 자의로 진술한 경우에만 '임의성'[52]이 인정되며, 자의로 진술된 것이 아닌 경우에는 '임의성 부인' 이 된다. 임의성은 진정성과 함께 검사 작성 피의자 신문 조서의 증거 능력의 전제 요건이다. 증명력(또는 증거력)은 증거의 실질적인 가치를 말하며 법관의 자유로운 판단에 맡겨진다.

법정신문은 주신문과 반대신문, 재주신문과 재반대신문 순서로 진행된다. 형사소송과 민사소송 모두 증인을 신청한 당사자가 먼저 신문하게 되어있는데 이를 주신문이라 하며, 주신문이 끝나면 상대방측에서 증인을 신문할 수 있는데 이를 반대신문이라 한다. 주신문에서는 증명할 사항이 주로 다뤄지며 질문자가 원하는 답변을 내포하거나 암시하는 방식으로 진술에 영향을 미치는 유도신문은 원칙적으로 금지된다. 반대신문은 주신문에 나타난 사항에 대해 신문하면서 증언의 모순이나 허점 등을 집중적으로 공략하여 자기편에 유리하게 신문을 진행하는 목적을 띤다. 이러한 반대신문의 특성상 유도신문이 허용된다.[53] 재판장은 필요에 따라 신문 중간 또는 말미에 신문을 할 수 있다. 이를 각각 개입신문, 보충신문이라 한다.

---

52 진술의 임의성은 아무런 제약이나 영향을 받지 않고 진술자가 자신의 뜻대로 진술했음을 뜻한다.

53 2007년 형사소송법 개정 이후 공판중심주의가 확립되었고 구술증거의 중요성이 대두되었지만 필자의 관찰로는 영미 당사자주의 재판에 비하면 일반 형사사건의 주신문과 반대신문의 신문 기법이 크게 대조되는 것 같지 않다.

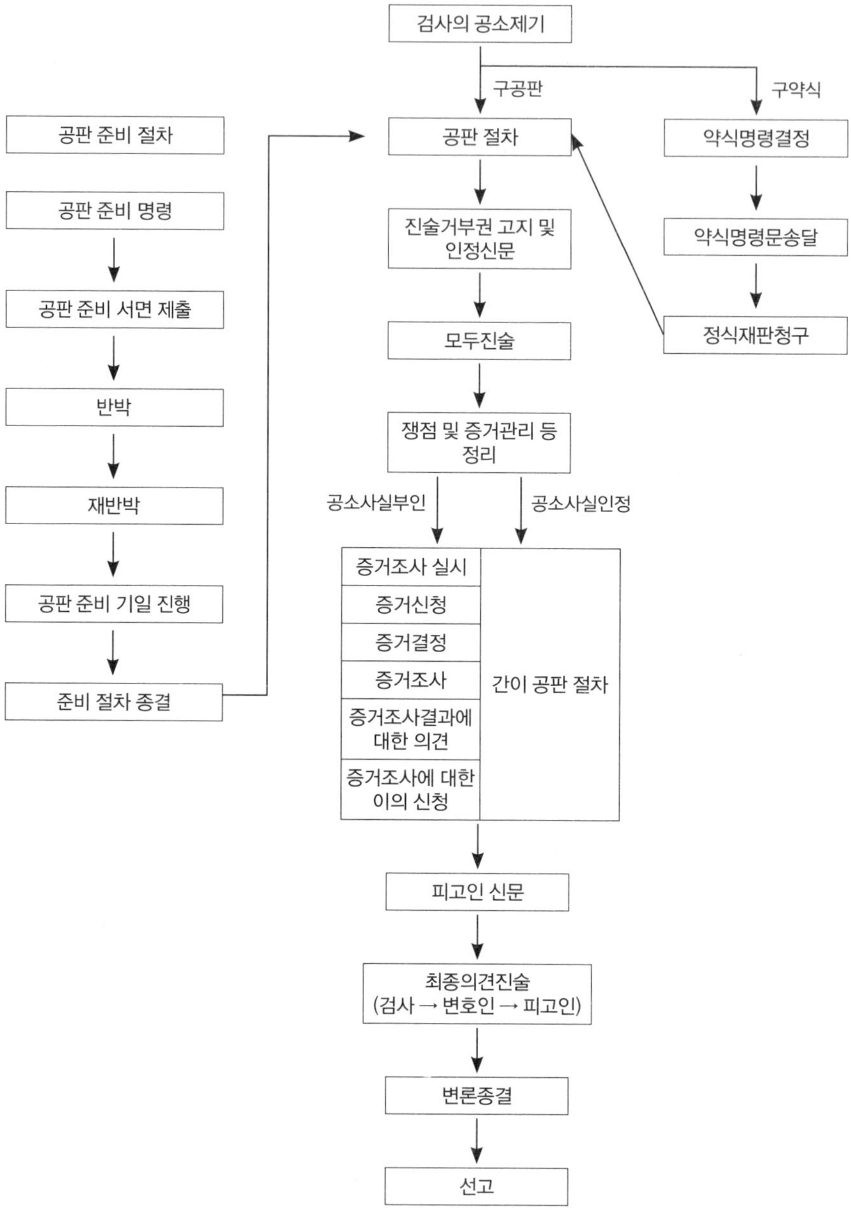

[그림 4] 형사소송절차 흐름도[54]

증거조사 종료 후에 검사와 변호인은 차례로 피고인에게 공소사실 및 정상에 관하여 필요한 사항을 신문한다. 필요한 경우 재판장도 피고인을 신문할 수 있으며, 피고인 신문을 생략할 수도 있다. 피고인 신문과 증거조사가 끝난 다음에 재판장은 사실과 법률적용에 관하여 검사로 하여금 의견을 진술하게 하는데 이를 '구형'이라고 한다. 검사의 의견진술 후 피고인과 변호인은 최종 의견을 진술할 기회를 가진다. 관행상 검사는 처벌(과형科刑)에 관한 의견진술만 간략히 하는 편이며 변호인의 최종변론도 때로 효율적 진행과 시간 제약을 이유로 변론요지서로 대체되어 간략히 요지만 진술하기도 한다.

공판 절차가 끝나면 재판장은 변론을 종결한 날 또는 별도로 선고기일로 정한 날에 판결을 선고하게 된다. 형사 판결의 종류에는 유죄 판결, 무죄 판결, 면소(免訴) 판결[55], 공소기각 판결[56]이 있다. 유죄가 인정되어 형을 선고할 경우에도 실형 선고를 하거나, 형의 집행을 유예(집행유예)하거나, 선고를 유예하거나,[57] 형을 면제하는 판결을 할 수 있다.[58]

판결 선고 후 재판장은 상소할 기간과 상소할 법원을 고지한다. 검사나 피고인은 법원의 판결에 대하여 불복이 있으면 선고일로부터 7일 이내에 원심법원에 상소할 수 있다. 7일이 경과하면 형이 확정된다.

형사재판은 3심제로 2번 상소할 수 있다. 1심판결에 대해서 상소하는 것을 '항소'라 하며, 2심 판결에 대한 상소는 '상고'라 한다. 경미한 사건의 경우 제1심을 지방법원 단독판사가 처리하며, 항소심은 해당 지방법원 합의부에서 담당한다. 2심 판결에 불복하면 고등법원에 상고하여 처리하게 된다. 보다 중한 사건은 지방

---

54 법원 홈페이지 법원의 직무 형사재판 참조.

55 실체적 소송조건이 결여되어 공소가 부적당하다고 판단하여 소송을 종결시키는 판결이다. 《한겨레》 2016년 2월 17일 기사 〈'무리한 기소' 결국…민변 변호사들 면소 판결〉 참조.

56 공소기각 판결은 형식적 소송조건에 흠결이 있는 경우에 소송을 종결시키는 판결이다. 피고인에 대한 재판권이 없다거나 공소제기 절차가 위법할 때 또는 이미 동일 사건에 대해 공소가 제기되었을 때에 해당한다. 보다 자세한 법률정보는 《법률신문》 2014년 10월 31일 〈[이창현 교수의 형사교실] 공소기각의 판결 사유〉를 참조하기 바란다.

57 선고유예는 가벼운 범죄에 대해 형의 선고를 일정기간 유예하고, 무사히 그 기간을 넘기면 면소된 것으로 간주하는 유죄판결 중 가장 가벼운 처벌이다.

58 2013년 6월 대전지법이 임신 4~12주 태아 63~140명을 낙태한 혐의로 기소된 의사 4명에 대해 1, 2심에서 모두 징역 6월에 자격정지 1년 형의 선고를 유예하거나 형을 면제하는 판결을 내렸다. 《노컷뉴스》 2016년 2월 1일 기사 〈"임신부 결정보다 생명이 중요" 낙태 의사 징역형〉

법원합의부에서 1심을 맡으며, 여기서 판결에 이의가 있으면 고등법원에서 항소심을, 여기서 다시 불복하면 대법원에서 상고심을 담당하게 된다. 제1심법원이 지방법원 단독심이었다면 항소법원은 지방법원 합의부이며, 제1심법원이 지방법원 합의부라면 고등법원에 항소하지만 항소장은 원심법원인 지방법원에 접수해야 한다. 합의심 재판은 1심재판의 옳고 그름을 판단하는 절차로서 항소법원은 항소인(검사 또는 피고인)이 주장하는 항소이유가 타당한지를 중심으로 판단한다. 1심 재판에서는 사실심리와 증거조사가 폭넓게 이루어지지만 항소심 재판에서는 새로운 증거 신청이나 사실조사에 제약이 따른다(서울고등법원, 2012: 4). 재심은 확정판결에 중대한 오류가 있을 경우 당사자의 청구에 의해 그 판결의 옳고 그름을 재심하는 절차로, 재심 사유에 해당하는 경우에만 제기할 수 있다.

ㅁ 형벌

형법 제41조에는 사형에서부터 징역, 금고, 구류, 벌금, 과료몰수, 자격상실, 벌금, 구류, 과료, 몰수까지 형벌의 종류가 정해져 있다. 사형은 범죄자의 생명을 박탈하는 가장 중한 형벌로 아직 사형제가 폐지되지는 않았지만 실제로 1997년 이후에는 사형 집행이 없었다. 징역형에는 무기(종신형)와 유기(1개월 이상 30년 이하)가 있다. 징역은 형무소에서 강제노동(정역)을 하는 것이며 징역형보다 가벼운 금고형에는 노역이 없다. 하지만 금고수형자도 신청하면 작업을 할 수 있다. 징역과 금고는 신체의 자유를 구속한다는 의미에서 자유형에 해당한다. 구류는 금고와 같으나 기간이 1일 이상 30일 미만의 단기 형벌이다. 주로 경범죄에 적용하며 경찰서 유치장에 구금되는 경우가 많다.[59]

자격과 관련된 자격형에는 자격상실과 자격정지가 있는데, 일정한 자격이 상실되는 자격상실이 더 무거운 형벌이다. 형법에 따르면 자격이 상실되는 경우는 사형, 무기징역 또는 무기금고의 판결을 받은 경우로 상실되는 자격의 유형 · 종류는 공무원이 되는 자격, 공법상 선거권과 피선거권, 법률로 요건을 정한 공법상의

59 대한법률구조공단 홈페이지 '법률정보 법률상담사례' 참조.

업무에 관한 자격 등 몇 가지로 정해져 있다. 자격정지는 일정한 기간 자격을 정지시키는 형벌로 유기징역 또는 유기금고의 판결을 받은 사람은 그 형의 집행이 종료하거나 면제될 때까지 일정 자격이 정지된다. 자격정지는 판결 선고 시 단독으로 과할 수도 있고, 다른 형에 병과할 수도 있다.

벌금형은 범죄를 저지른 사람에 대해 일정액의 금전을 박탈하는 형벌로 과료 및 몰수와 더불어 재산형에 해당한다. 벌금은 5만 원 이상이지만 감경할 경우 5만 원 미만이 될 수 있다. 벌금은 판결 확정일로부터 30일 이내에 납입해야 하며, 벌금을 내지 않으면 1일 이상 3년 이하 노역장에 유치하여 작업에 복무하게 하는데 이를 '환형유치'라 한다. 과료는 벌금액이 2천 원 이상 5만 원 미만인 경우로, 판결 확정일로부터 30일 이내에 납입하여야 한다. 납입하지 아니한 자는 1일 이상 30일 미만의 기간 동안 노역장에 유치하여 작업에 복무하게 된다.

몰수는 다른 형에 부가하여 과하는 형벌로서 범죄행위와 관련된 물건을 박탈하여 국고에 귀속시키는 것이다. 몰수가 불가능한 경우 그 가액(價額)을 추징한다.

※ 양형

형법은 범인의 연령, 성행, 지능과 환경, 피해자와의 관계, 범행의 동기, 수단과 결과, 범행 뒤의 정황을 참작하여 형을 정하도록 규정하고 있다. 그런데 범죄의 정상에 참작할 만한 원인이 있을 때에는 작량하여 형을 감경할 수 있는 반면 가중처벌을 하는 경우도 있다. 양형기준이 있지만 재판장이 이를 따라야 할 구속력은 없다.

※ 가중처벌

특정범죄에 대해 가중처벌을 받는 경우도 있지만 같은 범죄를 다시 저지른 누범(累犯)일 경우 가중처벌 받게 된다. 형법 제35조에 '금고 이상의 형을 받아 그 집행을 종료하거나 면제를 받은 후 3년 내에 금고 이상에 해당하는 죄를 범한 자는 누범으로 처벌한다'는 규정이 있다. 과거에 징역형이나 금고형을 받아서 그 집행이 끝났거나 면제를 받은 후 3년 내에 다시 금고 이상의 형에 해당하는 죄를 저지르면 원래 법에 정해놓은 형보다 무겁게 형량을 언도하는 것이다. 유기징역 최고형이 30년이지만 가중처벌로 50년까지 가능하도록 했다. 누범은 집행유예를 받기 어렵다. 법원은 출소 후 단기간 내에 특히 종전 범행과 동종(同種)의 범행을 저지른 때에는 죄질이 좋지 않다고 판단하여 법정형에 벌금형이 있는 경우에도 징역형으로 누범으로 처벌한다.[60]

ㅁ 형사조정제도

형사조정제도란 검찰청 소속의 형사조정위원회에서 고소사건 당사자들이 피의자와 화해에 이르도록 조정하는 절차를 말하며 형사조정의 대상은 사기나 횡령 등 재산범죄, 명예훼손 등 사적 분쟁사건 등의 고소장이 접수된 사건이다(장진영, 2011). 검찰에 송치된 사건의 고소인과 피고소인 모두의 동의가 있어야 조정에 회부할 수 있다.

ㅁ 소송구조와 법률구조

법원은 형사소송 비용을 유죄 피고인에게 부담시킬 수 있다(판결 001고정871, 2010노1125, 2009노3764). 민사소송 비용은 패소한 측이 부담해야 한다. 소송 비용을 지출할 경제적 능력이 부족한 경우 법원이 신청 또는 직권으로 재판에 필요한 일정한 비용의 납입을 유예 또는 면제시켜주는 소송구조제도가 있다. 다만 신청인의 무자력과 승소 가능성이라는 두 가지 요건이 필요하다. 소송구조는 민사·형사·행정·가사 소송의 본안사건은 물론이고 독촉사건, 가압류·가처분신청도 대상이 된다. 이에 비해 법률구조는 법률구조공단과 같은 기관이 소송 비용을 지불할 경제 능력이 부족한 국민 또는 국내 거주 외국인에게 변호사나 공익법무관에 의한 소송대리, 그 밖에 법률 사무에 관한 지원을 제공하는 제도이다. 형사뿐 아니라 민사, 가사, 행정 등 법률로 정해진 범위 내에서 신청 가능하다.

ㅁ 사건 병합

수사 단계에서나 재판 단계에서 관련 사건일 경우 한 기관에서 처리하게 하는

60 《법률신문》 2014년 2월 6일 오피니언 〈누범(累犯)과 누범(淚犯)〉

것이다. 예를 들어 절도혐의로 창원지법에서 불구속재판을 받던 피고인이 서울에서 다시 절도범행을 하다가 체포 구속되어 서울남부지법에서 재판을 받는 경우이다. 하지만 심급이 다른 사건인 경우 병합이 불가하다.

2) 민사법정

형사소송이 국가의 질서를 유지하기 위해 형벌권을 행사할 것인지 여부를 판단하는 법률절차라면 민사소송은 개인 간의 관계에서 누구에게 어떤 법적 권리나 의무가 있는지를 확인하는 절차이며 주로 금전이행이나 권리의무관계에 관한 내용을 다룬다(장진영, 2011). 형사재판에서는 피고인이 범죄행위를 저질렀다는 사실을 합리적으로 의심할 여지가 없을 정도로 증명할 책임이 검사에게 있으며, 이를 기준으로 검사의 기소가 옳은지를 판단한다. 한편, 민사재판에서는 피고의 행위와 결과 사이에 상당한 인과관계가 있다고 판단할 수 있는 정도로 원고가 증명하면 된다. 민사소송은 판사가 심판자인 동시에 조사관의 기능을 수행할 수도 있다는 점에서 형사소송과 다르다. 같은 사건에 대해 형사소송과 민사소송이 같이 진행될 수도 있다. 말다툼을 하다가 가방으로 다른 사람을 쳤다면 폭행으로 형사고소할 수 있으며 치료비를 받아내기 위해 상대방을 대상으로 민사소송을 제기할 수 있다. 민사사건의 소송가액이 2억 원 이하인 사건은 지방법원의 단독사건이 되고, 2억 원을 초과하면 지방법원 합의부 사건이 된다. 민사법정(그림 5 참조)에서 외국인을 위한 통역이 필요한 경우는 형사사건에 비해 현저히 적으므로 이 책에서는 민사에 대해서 간략히만 다루도록 한다.

민사소송은 이행의 소, 확인의 소, 형성의 소 세 가지로 구분할 수 있다(건국대학교 법학연구소, 2006: 65). 이행의 소는 이행청구권의 확정과 피고에 대한 이행명령을 할 것을 요구하는 소로서 금전관계, 부동산관계 등을 다루는 대부분의 민사소송이 여기에 해당한다. 확인의 소는 권리, 법률관계 존재여부의 확정을 요구하는 소이며, 형성의 소는 법률관계의 변동을 요구하는 소로서 가사소송, 행정소송, 선거무효소송 등이 해당된다. 민사소송에서 소를 제기하는 사람이 원고이고 그 상대

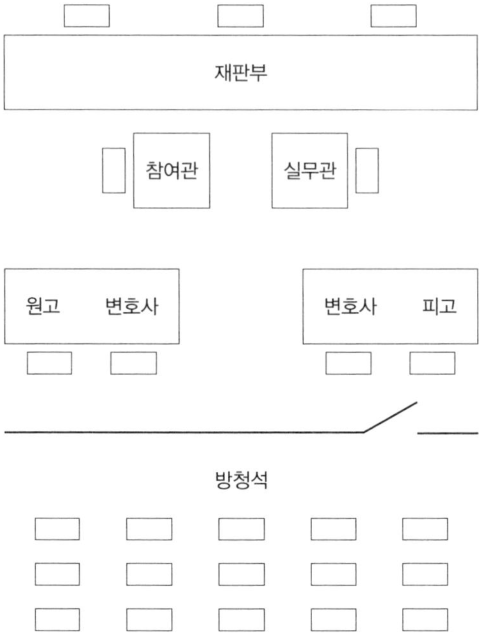

[그림 5] 민사 법정

방이 피고이다.

민사소송절차를 간단히 살펴보자(그림 6 참조). 소장[61]이 접수되면 특별한 형식적 하자가 없는 한 법원은 소장 부본을 즉시 상대방(피고)에게 송달하고 30일 이내에 '답변서' 또는 '준비서면'[62]을 제출하도록 '최고(催告)'한다. 소장에는 원고와 피고 당사자의 성명, 명칭 또는 상호와 주소, 주민등록번호, 대리인이 있는 경우 대리인의 성명과 주소, 전화번호, 팩스번호, 이메일 주소 등 연락처와 청구취지(청구를 구하는 내용, 범위 등), 청구원인(권리 또는 법률관계의 성립원인 사실)[63], 부속서류의 표시(소장에 첨부하는 증거서류 등) 등이 반드시 기재되어야 한다.

---

61 법제처 찾기쉬운 생활법령정보 홈페이지(www.oneclick.law.go.kr) 생활법령 나홀로 민사소송 참조.

62 준비서면은 당사자가 변론에서 진술할 내용을 미리 적어 법원에 제출하는 서면을 말한다. 답변서도 준비서면의 일종이다. 항소심의 경우 항소인의 준비서면을 송달받을 때 반박 준비서면을 제출하라는 법원의 준비명령을 받게 된다.

63 예를 들어 손해배상(산) 청구의 소에서 '근로자의 업무상 재해로 인한 손해배상청구'라고 원인을 명기하는 것을 뜻한다.

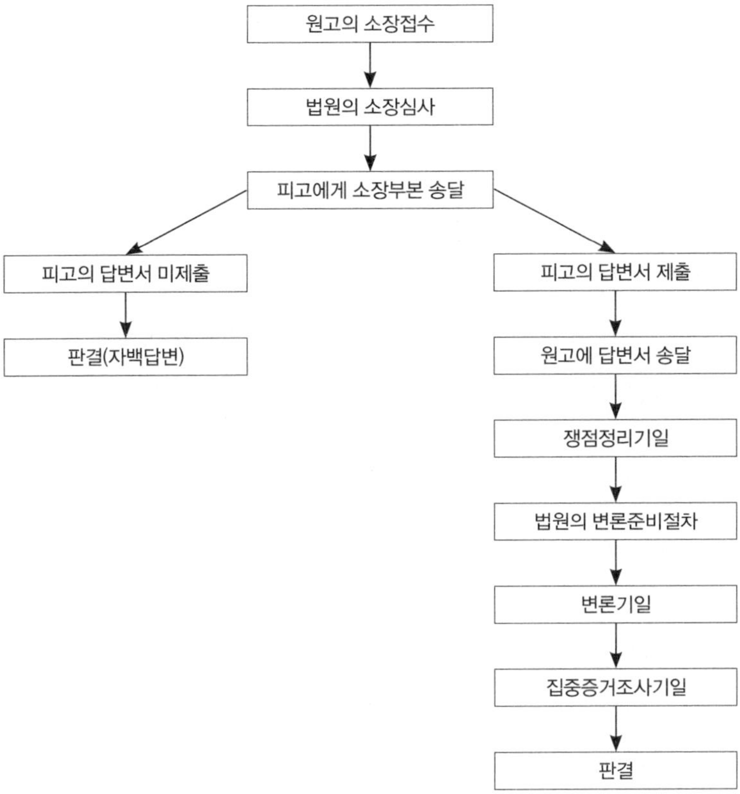

[그림 6] 민사소송절차 흐름도

소장이 송달불능이 되면 주소보정명령을 하고, 원고가 노력했음에도 계속 송달불능이면 법원은 공시송달[64] 처리 후 제1회 변론기일을 지정한다. 소장이 송달된 후 30일 이내에 피고의 답변서가 법원에 제출되지 않았거나 자백 취지의 답변서가 제출된 경우에는 일단 무변론판결 대상 사건으로 분류된다. 피고가 부인하는 취지의 답변서를 제출하여 다투는 경우에 법원은 기록을 검토하고 사건을 분류하여 심리방향을 결정한다.

피고가 답변서에서 적극적으로 다투는 경우나 양쪽 당사자의 주장내용이나 증

64 공시송달은 소장을 법원게시판에 게시하거나 관보 · 공보 또는 신문, 혹은 전자통신매체를 이용한 공시를 하는 것을 말한다.

거관계가 매우 복잡할 경우 담당 법관은 사건분류 단계 또는 제1회 변론기일 이후 단계에서 변론준비절차에 회부할 수 있다. 준비절차는 쟁점과 증거를 정리하고 앞으로의 심리계획을 수립하는 것으로 서면에 의해서나 준비기일에 의해 준비절차를 진행할 수 있다.

제1회 변론기일은 쌍방 당사자가 법관 앞에서 사건의 쟁점을 확인하고 상호 반박하는 기회를 가지는 것이다. 이를 통하여 양쪽 당사자가 서로 다투는 점이 무엇인지 미리 분명하게 밝혀지면 그 이후의 증거신청과 조사는 확인된 쟁점에 한정하여 집중적으로 이루어진다.

본 변론기일 등의 절차가 진행되는 과정에서 당사자들은 준비서면에 의한 주장의 제출과 더불어 그 주장을 뒷받침하는 증거신청 및 증거의 현출을 마쳐야 한다. 입증(증거제출)방법으로 서증, 인증, 기타 검증, 감정, 당사자 본인신문, 문서송부촉탁, 사실조회촉탁[65], 증거보전, 녹음녹취 등이 있다.

변론기일에 2회 쌍방불출석(약칭: 쌍불)하면 취하로 간주한다. 변론기일에 변론준비절차에서 정리된 결과에 따라서 바로 증거조사를 하게 된다. 증거조사기일에는 쌍방의 증인 및 당사자 신문 대상자를 신문하고, 변론이 종결(결심)되면 선고기일을 정해 판결을 선고한다. 당사자 쌍방이 다투는 사건에 대해서는 위와 같은 절차진행의 과정 중 어느 단계에서든 화해권고결정이나 조정제도를 활용하기도 한다.

소송대체적 분쟁해결 수단으로 화해, 조정, 중재가 있다. 먼저 '화해'는 재판 외 화해와 재판상 화해로 나뉜다. 재판상 화해는 화해조서와 같이 소송진행 과정에서 화해가 이루어지는 경우와 제소 전 화해가 이루어지는 경우가 있다. '조정'은 법관이나 조정위원회가 분쟁 당사자의 주장을 듣고 조정안을 제시하고 서로 양보와 타협으로 합의하여 신속하고 평화적으로 해결하는 제도이다. 민사조정이 성립하면 재판상 화해와 동일한 효력을 갖는다. '중재'는 제3자(중재인)의 판단을 따르

---

65 사실조회는 형사재판 증거조사절차에도 자주 사용되는 용어로 법원이 공공기관, 학교, 그 밖의 단체 · 개인 또는 외국의 공공기관에게 그 업무에 속하는 사항에 관해 필요한 조사 또는 보관 중인 문서의 등본 · 사본의 송부를 촉탁하는 것을 말한다. 예를 들면 통신사에 통화기록조회를, 카드사에 사용내역에 관한 사실조회를 할 수 있다.

기로 합의하고 선임된 중재인의 판단(중재판정)으로 분쟁을 해결하는 제도이다. 제3자인 중재인에게 해결을 맡겨서 중재인의 판정(확정판결과 동일 효력)을 따를 것을 합의하는 중재계약을 필요로 한다.

소송이 종결되는 사유로는 종국판결[66], 청구의 포기[67] 및 인낙[68], 화해권고결정, 소장각하명령[69], 소 취하[70]가 있다. 민사법원 판결의 종류에는 종국판결과 중간판결이 있다. 중간판결은 소송 진행 중 문제가 되었던 쟁점을 미리 판단하고 해결하여 종국판결을 준비하기 위해 행하는 판결을 말한다.

판결은 선고로 효력이 발생하며 패소한 당사자가 이의를 제기하지 않으면 판결이 확정된다. 판결에 불복하는 경우 판결서가 송달된 날부터 2주 이내에 법원에 항소장을 제출해야 한다. 형사소송절차와 마찬가지로 3심제로 항소, 상고를 할 수 있다. 1심 판결은 원고의 청구가 이유가 있는지 없는지에 대해 판단하는 것으로 '승소', '패소', '일부승소', '일부패소'의 판결이 내려진다(서울 고등법원, 2012b: 15). 항소심 판결은 1심 판결이 정당한지 판단하는 것이기 때문에 1심 판결과 달리 '항소각하'[71], '항소기각'[72], '취소 · 변경'[73] 형식으로 이루어진다.

민사소송 비용은 패소자가 부담하는 것으로 인지액, 송달료, 서기료, 당사자, 증인, 감정인, 통역인과 번역인에 대한 일당, 여비 등과 법관과 법원서기의 증거조사에 요하는 일당 · 여비와 숙박료, 그리고 감정, 통역, 번역과 측량에 관한 특별요금, 변호사 비용, 통신 비용 등이 포함된다.

---

66 종국판결은 소송 사건의 전부를 동시에 재판하는 '전부판결', 소송의 일부를 독립해서 재판하는 '일부판결', 재판을 누락한 청구의 일부에 대해서 재판하는 '추가판결' 세 가지로 구분한다.

67 청구 포기는 원고가 자기 청구가 이유 없음을 인정하는 의사표시이다.

68 포기의 반대 개념으로 보면 된다. 피고가 원고의 주장에 이유가 있다고 인정하는 진술을 말한다.

69 소장에 법률상 흠이 있어서 보정명령을 내렸는데 보정되지 않으면 소 청구를 각하하게 되며, 소송이 진행되지 않고 그 단계에서 종결되어버린다.

70 원고가 법원에 소송의 전부 또는 일부를 철회하면 소 취하가 된다.

71 항소가 부적법할 때 내려지는 판결이다. 예를 들면 항소법원을 잘못 택했거나 사망한 사람을 상대로 한 판결에 대하여 이루어진 항소 등이 여기에 해당한다(서울 고등법원 2012b: 15).

72 항소기각이란 1심 판결이 정당하다고 인정될 경우 내려지는 판결이다.

73 항소심에서 심리한 결과 1심 판결이 정당하지 않다고 인정될 때 1심 판결을 취소하거나 변경하는 판결이다.

민사소송은 당사자들의 비용 부담이 크기 때문에 소액사건일 경우 신속하고 간편하게 재판을 받을 수 있도록 한 소액심판제도가 있다. 2천만 원 이하의 임금, 물품대금, 대여금 등을 받고자 할 때, 다시 말해 소송가액(원고 청구금액)이 2천만 원을 넘지 않는 금전 지급을 목적으로 하는 청구에는 소액사건재판제도를 이용할 수 있다.[74] 민사소송에서는 변호사가 아니면 소송을 대리할 수 없는 데 비해 소액심판에서는 당사자의 배우자 · 직계혈족 또는 형제자매가 법원의 허가 없이도 대리인이 될 수 있다. 친족관계가 아닌 사람은 법원의 허가를 받고 소송대리인이 될 수 있다. 원고가 돈을 받아달라는 소장을 내면 법원은 돈을 줘야 할 사람에게 '이행 권고결정 등본'을 보내게 되며, 피고의 이의가 없으면 법원은 소송을 제기한 사람이 이긴 것으로 간주하고, 이는 판결과 같은 효력을 갖게 된다. 만일 피고의 이의가 있으면 정식재판이 열린다.

민사재판에서 증인은 자기나 자기 친족관계에 있는 사람이 공소제기되거나 유죄판결을 받을 염려가 있는 사항, 자기나 그들에게 치욕이 될 사항에 대해 증언을 거부할 수 있다. 다만 선서하고 허위 증언을 한 경우에는 위증죄로 처벌을 받을 수 있다.

3) 가사법정

가사사건은 민사 중에서도 가족 및 친족 간의 분쟁사건을 포함하여 신분관계 분쟁을 대상으로 한다. 가사재판은 단독판사 또는 합의부가 담당한다.[75] 가사사건은 가사소송사건과 가사비송(非訟)사건으로 나뉜다. 가사소송사건은 가족법상의 법률분쟁을 심리하는 절차를 통해 판결을 받고, 가사비송사건은 소송절차로 처리하지 않고 심판을 받는 것이다.[76] 가사소송사건 중 신분관계와 서류상 신분관계의

---

74 소장 접수 즉시 변론기일을 지정하여 1회로 심리를 마치고 즉시 선고한다. 판결서에 이유를 기재하지 않을 수 있다.

75 주로 위자료나 재산분할 금액에 따라 단독 재판이냐 합의부 재판이냐가 결정된다고 보면 된다.

76 가사비송사건은 법원이 후견적 입장에서 재량하여 처리하는 절차로서 법원의 직권으로 사실조사 및

불일치를 이유로 하는 확인의 소에 해당하는 가류 가사소송사건(혼인의 무효, 이혼의 무효, 인지의 무효, 친생자관계존부확인, 입양의 무효, 파양의 무효)은 조정대상이 아니다. 신분관계의 형성 또는 변경을 목적으로 하는 나류 가사소송사건(사실상혼인관계존부확인, 혼인의 취소, 이혼의 취소, 재판상 이혼, 부父의 결정, 친생부인, 인지의 취소, 인지에 대한 이의, 인지청구, 입양의 취소, 파양의 취소, 재판상 파양, 친양자 입양의 취소, 친양자의 파양)과 다류 가사소송사건(가류 또는 나류의 가사소송사건에 속하는 분쟁을 기초로 하는 재산상의 청구)은 조정대상이다. 여기에서는 주로 다문화가족과 관련 있는 혼인 및 자녀 문제만 간단히 설명하겠다.

대한민국 민법에 의해 이혼은 크게 협의상 이혼과 재판상 이혼으로 나뉜다. 전 세계에서 협의이혼을 인정하는 국가가 별로 없기 때문에 한국인과 외국인 부부는 사실상 대부분 재판상 이혼을 하게 된다. 다만 외국인의 본국에는 혼인신고가 되어 있지 않으나 우리나라에는 혼인신고가 되어 있는 경우에는 협의이혼을 하기도 한다. 가사소송법에 의해 이혼 등 소송에서 피고가 된 외국인의 주소, 거소 또는 마지막 주소가 국내에 없거나 이를 알 수 없는 사건들에 대하여는 모두 대법원 소재지 가정법원인 서울가정법원에 제기하도록 규정하고 있기 때문에 서울가정법원은 다른 어떤 법원보다 다문화가족의 이혼 소송을 많이 처리하고 있다.

재판상 이혼사유로는 배우자의 부정행위[77] · 유기, 배우자 또는 그 직계존속으로부터의 심히 부당한 대우 · 직계존속이 배우자로부터 심히 부당한 대우를 받았을 경우, 배우자의 생사가 3년 이상 불분명한 경우, 기타 혼인을 계속하기 어려운 중대한 사유가 있을 경우로 한정된다. 한국의 이혼소송은 유책주의(有責主義)로, 혼인파탄의 책임이 있는 유책배우자는 법적으로 이혼을 청구할 수 없다.[78] 반면 미국과 유럽 등지에서 채택하고 있는 파탄주의(破綻主義)는 현실적으로 혼인생활

증거조사를 하여 재판하며 행위 무능력, 실종, 성과 본, 친권, 상속 및 유언, 그리고 부부 관계, 친권, 부양, 상속 등을 다룬다.

77 이혼사유로서의 부정행위란 간통에 이르지 아니한 부부간 정조의무 위반을 통칭한다. 간통에 이르지 않았더라도 다른 증거자료(배우자와 부정행위 상대방의 카카오톡 대화 등)를 통해 이혼사유를 입증할 수 있다.

78 《한국일보》 2015년 9월 15일 기사 〈대법, 유책주의 유지. '쫓겨나는 이혼 막을 수단 부족'〉

을 유지할 수 없다면 이혼을 인정하는 것으로 재판상 이혼만 인정한다.

이혼소송에서 피고는 외국인인 경우가 대부분이다. 배우자가 대한민국에 입국하지 아니하거나 못한 경우[79]와 가출(동거하다가 가출하여 국내에 있는 경우, 동거하다가 가출하여 해외로 출국한 경우)이 주된 이혼사유이다(정용신, 2015). 외국인이 원고인 이혼소송의 경우 여성 결혼 이민자에 대한 각종 폭력과 경제적 갈등이 중요한 사유이다(김이선, 2010).[80] 특히 국제결혼에서는 의사소통의 어려움과 생활양식의 차이 또한 이혼 사유가 된다(김이선, 2010). 다문화가족의 경우 혼인의 목적이 부부간에 서로 다르다는 점과 문화적 차이에서 오는 갈등이 많다. 한국인 남편은 가사와 자녀출산을 위해 아내가 필요했지만 외국인 아내는 한국에 오기 위해서, 또는 직업을 갖고 국적을 취득하기 위해 결혼한 경우 부부간 갈등을 겪게 되며 한국인의 가부장적 의식구조와 관습, 성역할에 대한 문화 차이도 이혼에 작용한다(정용신, 2015). 뿐만 아니라 결혼 이민자의 가족 외부와의 관계, 사회적 관계도 갈등요인으로 작용한다.

부부가 서로 이혼 및 미성년자녀의 양육에 관한 사항(친권, 양육권, 양육비, 면접교섭)에 합의한 경우에는 협의이혼의사확인절차에 의하여 이혼할 수 있다. 그러나 협의가 이루어지지 않거나, 혼인관계 파탄에 책임 있는 상대방에게 '위자료'[81]를 청구하고자 하거나, '재산분할'[82]을 청구하고자 할 때 가정법원에 이혼을 청구할 수 있다.

---

79 종전에 대한민국에서 불법체류를 했거나 현지에서의 범법행위, 혼인 중임에도 새로이 혼인신고를 마친 경우, 기타 여러 사유로 사증의 발급이 거부된 경우, 한국 입국을 거절하거나 기타 스스로 이유 없이 대한민국에 입국하지 아니한 경우, 잠적 등으로 연락이 두절된 경우 등.

80 여성 결혼 이민자의 경우 이혼상담 사유로는 '기타 혼인을 계속하기 어려운 중대한 사유(알코올 중독, 배우자의 이혼강요, 경제갈등, 빚, 성격차이, 질병, 무시와 모욕 등)'가 34.0%로 가장 많았고, 다음으로 '가정폭력'(27.2%), '남편의 가출'(10.8%) 순으로 나타났다. 《연합뉴스》 2014년 5월 12일 기사 〈다문화가정 이혼 급증…주로 가난 때문인 듯〉

81 이혼소송의 한쪽이 혼인관계의 파탄에 책임이 있는 다른 쪽에게 자신이 입은 정신적 손해를 금전적으로 배상해달라고 구하는 것을 위자료 청구라 한다. 혼인관계 파탄에 책임이 있는 제3자(배우자와의 부정행위 상대방, 부당대우를 한 배우자의 직계존속 등)를 공동피고로 하여 위자료를 청구하는 경우도 다수 있다.

82 재산분할청구란 부부가 이혼을 하면서 혼인 중에 공동의 노력으로 형성, 유지한 부부공동재산의 분할을 구하는 것이다.

미성년자녀의 친권자는 부모이다. 양자의 경우 양부모가 친권자가 된다. 친권은 부모가 공동으로 행사하지만 이혼한 경우에는 부모 중 일방이 친권을 행사하게 된다. 친권은 양육권과 재산관리권을 포괄하는 개념이므로, 양육자가 따로 지정되지 않으면 친권자가 양육권을 가진다. 가정법원의 처분에 의하여 친권자와 양육자는 분리될 수 있고, 이러한 경우 친권자는 이에 배치되지 않는 범위 내에서만 친권행사가 가능하다. 친권자에 대한 협의가 이루어지지 않으면 가정법원이 직권으로 또는 당사자의 청구에 따라 친권자를 지정하게 되어 있다.

양육비는 부모분담이 원칙이며 어떠한 사정으로 부모 중 어느 한쪽만이 자녀를 양육하게 된 경우, 양육자는 상대방에게 양육비 중 적정 금액의 분담을 청구할 수 있다. 양육자로 지정되지 않았음에도 계속 양육하는 경우는 위법한 양육으로 양육비 청구가 불가능하다. 사실혼관계나 일시적인 정교관계로 출생한 혼외자에 대하여는 인지(認知)가 있기 전에는 양육비 청구가 불가하다.[83]

이혼한 부모 중 자녀를 양육하지 않는 경우를 '비양육친'이라 하는데 비양육친이 자녀를 만나고 연락을 유지할 수 있는 면접교섭권이 매우 중요하다. 다문화가족의 이혼 시 외국인 어머니가 친권자 및 양육자로 지정되는 경우에는 외국인 어머니에게 체류자격이 주어져서 별다른 문제가 없으나 이혼으로 인하여 출국조치되는 외국인 어머니의 경우에는 자녀 면접교섭이 실제적으로 어렵다.

재판을 통해 이혼하는 경우 이혼 절차에 대해 간략히 살펴보자. 원고가 소장(부록 III 참조)을 법원에 접수하면 소장 부본이 피고에게 송달된다. 피고의 주소를 알 수 없는 경우에는 일정한 요건(집행관을 통한 특별송달을 했음에도 수취인불명, 이사불명 등으로 송달이 되지 않거나, 주민등록이 말소된 경우 등)하에 공시송달을 한다. 소장부본이 송달되면 판사는 변론기일을 지정하여 통지한다. 변론기일에는 당사자들이 각자 주요사실을 주장하고 그에 대한 증거를 제출하며, 증인 신문 등 증거조사도 이루어진다.[84] 특별한 사정이 없는 한 변론기일에 본인이 출석하여야 한다.

83 양육비 청구를 돕기 위해 2015년 양육비이행관리원이 설립되었다.

84 이혼소송을 당한 피고가 혼인 파탄의 책임이 원고에게 있다며 반소할 수 있는데, 이때 각기 반소원고와 반소피고가 된다.

기일소환을 받은 자가 정당한 이유 없이 출석하지 않으면 과태료에 처하거나 구인할 수도 있다. 민사사건과 달리 이혼사건은 직권주의가 적용되므로 가정법원은 당사자가 주장하지 않은 사실이라도 판결의 기초로 삼을 수 있고, 직권으로 사실조사 및 증거조사를 하며, 언제든지 당사자 또는 법정대리인을 신문할 수 있다.[85]

법원은 변론기일의 진행에 앞서 또는 진행 중에 가사조사관에게 가사조사를 명할 수 있다. 가사조사관은 심리학, 사회학, 경제학, 교육학 기타 전문적인 지식을 활용하여 혼인관계 파탄의 원인 등 주요사실에 대한 사항뿐만 아니라 사건관계인의 학력, 경력, 생활상태, 재산상태와 성격, 건강 및 미성년 자녀의 양육환경을 포함한 가정환경 등에 대하여도 조사한다. 가사조사관은 조사를 바탕으로 가정법원에 조사보고서를 제출하게 되어 있다. 이혼사건의 경우 일반적인 조사사항으로는 크게 이혼 부분(파탄원인, 이혼에 관한 당사자 의사, 상담 필요 여부)과 친권 및 양육 부분(친권자 및 양육자의 결정, 양육환경, 양육비의 부담, 면접교섭 여부 및 방법, 면접교섭에 관한 부모 교육)의 두 가지가 있다. 가사조사관의 조사보고서에는 신청인/원고와 피신청인/피고의 인적사항(성별, 연령, 국적, 직업, 교육정도, 혼수별[86], 결연별[87], 동거기간, 별거기간, 사건 발생 원인, 발단의 먼 원인과 반대 원인, 재산정도, 재산청구액, 직계존속, 부양가족수)을 기재하고 당사자의 주장 소명자료, 결혼 전의 생활 내력과 결혼의 사정[88], 결혼 후의 생활내력[89]과 분쟁의 과정과 현상[90], 가정환경[91]과 경제상

85 상대방의 접근금지가 필요하다거나 생활비 또는 양육비를 지급받거나 면접교섭을 하고자 하는 등 급박한 필요가 있는 경우 '사전처분'을 신청할 수 있고, 법원이 직권으로 사전처분결정을 할 수 있다. 사전처분결정은 이를 고지 받은 후 7일 이내에 즉시항고를 할 수 있고, 사전처분결정이 확정되어야 효력이 발생한다.

86 초혼, 재혼, 삼혼 등 혼수를 기재한다.

87 연애, 중매, 절충, 강제, 비혼 여부를 기재한다.

88 결혼에 이르기까지 당사자의 성장과정, 교육관계, 직장, 이성과의 혼전관계를 포함하여 결혼과정, 양가의 결혼에 대한 태도, 결혼식 일시와 장소에 대한 내용이다.

89 결혼 후의 생활내력은 결혼 초기부터 분쟁에 이르기까지 생활사를 다룬다. 동거장소, 자녀출산, 성생활의 변화, 결혼생활에 대한 만족도 등이 포함된다.

90 분쟁이 일어나게 된 먼 원인부터 직접적인 계기, 이후 부부관계의 변화, 현재 당사자의 태도, 가족들의 태도 등을 포함한다.

91 당사자 각자의 가족환경에는 연령, 직업, 교육정도, 동거여부, 사망 당시 나이 등을 기재한다.

태[92], 심신상태[93]를 상세히 작성하게 되어 있으므로 이러한 내용을 묻고 답할 때 통역이 이루어진다.

가사사건에서는 조정의 중요성이 강조된다. '조정'이란 분쟁이 있을 경우 소송을 통한 판결에 의존하기보다 쌍방의 타협과 양보로 신속하고 효율적으로 분쟁을 해결하기 위하여 설치된 제도로, 가정 또는 친족 사이의 분쟁에 관해 가정법원이 행하는 조정이 가사조정이다. 조정전치주의에 따라 재판이혼을 하려는 자는 조정을 신청해야 한다. 조정기일에 판사 또는 조정위원의 권유에 따라 양 당사자가 원만히 합의한 경우에는 조정이 성립된다. 조정이 성립된 경우 법원은 당사자 사이에 합의된 조정조항을 적은 조정조서를 작성하여 양 당사자에게 송달하고, 이는 확정판결과 동일한 효력이 있다. 조정이 성립되지 않은 경우에는 '조정에 갈음하는 결정(강제조정)'을 할 수 있고, 양 당사자가 조정에 갈음하는 결정을 송달받은 때로부터 14일 이내에 이의신청을 하지 않으면 그 결정이 확정되어 확정판결과 동일한 효력을 가진다. 이의신청이 있을 시에는 소송으로 이행된다.

가사조정은 조정장 1인과 조정위원 2인 이상으로 조직되는 조정위원회가 담당한다. 일반적으로 사회적으로 덕망이 높은 사람이 조정위원을 담당하며 판사도 조정위원이 되어 직접 조정을 담당할 수 있다. 조정신청을 한 사람이 신청인(원고)이 되고 조정신청서를 받은 사람이 피신청인(피고)이 된다. 원고는 준비서면을 제출하고, 피고는 답변서를 제출한다. 조정기일소환장을 받고 불출석하면 가정법원에서 강제로 조정결정을 할 수 있으며, 강제조정결정서를 받고 14일 내에 이의신청서를 제출하면 조정절차는 종료되고 소송으로 가게 된다. 가사조정을 할 때에 당사자 주장의 진위 여부, 가정환경, 재산상태 등을 확인하며, 가사조사관이 관련 조사를 수행한다.

담당 재판부는 소송이 계속되는 동안 사건의 적정한 해결을 위하여 직권으로 화해권고결정을 할 수 있다. 법원이 당사자들의 주장을 검토하여 문서로 화해를

---

92 재산의 정도, 부동산, 수입, 생계비, 생계유지 방법에 대한 내용을 다룬다.

93 건강상태, 키, 몸무게, 혈액형 등 체격, 신체적 결함의 유무 등을 기재한다.

권고하는 결정이다. 당사자가 화해권고결정을 송달받고 2주 이내에 이의를 신청하지 않는 경우에는 화해권고결정이 확정되어 확정판결과 동일한 효력이 있다.

사건에 관한 심리가 끝나면 법원은 판결을 선고하는데 가사소송 역시 상소절차가 있다. 제1심 판결문을 송달받은 지 2주일 이내에 항소할 수 있고, 항소심 판결에 불복하면 항소심 판결을 송달받은 지 2주일 이내에 대법원에 상고할 수 있으며, 항소심 법원에 상고장을 제출하여야 한다.[94] 1심 판결을 선고받고 정해진 기간 내에 항소하지 않거나, 항소하여 항소기각 판결을 선고받고 상고하지 않거나, 항소기각 판결에 상고했지만 상고기각 판결을 선고받은 때에는 1심 판결이 확정된다. 일방의 소재를 알 수 없어 공시송달로 진행되어 판결이 선고된 경우 판결이 불완전하다고 할 수 있다. 판결이 확정된 후 피고가 이혼판결이 있었음을 알게 된 경우 피고는 '자신이 책임질 수 없는 사유'로 상소기간을 지키지 못했음을 소명하여 항소할 수 있기 때문이다. 이를 '추후보완항소(추완항소)'라고 한다.

사건이 판결의 선고나 조정 등으로 확정된 경우 가족관계등록부상의 신분관계를 정리해야 하는데 판결 등이 확정된 날부터 1개월 이내에 판결(또는 화해권고결정)등본, 송달증명서, 확정증명서를, 조정이 성립된 경우에도 1개월 이내에 조정조서등본을 첨부하여 등록기준지 또는 신고인의 주소지에서 신고해야 한다. 협의이혼은 신고로 효력이 발생하지만 재판 이혼은 판결 등으로 확정되었을 때 효력이 발생한다.

□ 혼인무효와 혼인취소

혼인은 함부로 무효로 하거나 취소할 수 없다. 민법 제815조에 따라 당사자 간에 혼인의 합의가 없을 때나 당사자 간에 법에서 정한 특정한 혈족관계가 있었던 때에는 혼인을 무효화할 수 있다.[95] 혼인취소는 민법 제816조에 정해진 사유가 있

94 이혼소송 판결선고일에 당사자는 직접 법원에 나오지 않아도 된다. 물론 소송결과에 불복하여 가정법원판결에 상소할 수 있다.

95 외국인 배우자와 혼인신고를 한 상태지만 실제로 혼인생활을 하지 못했다고 혼인무효를 청구하는 경우 당사자 간 혼인의 합의가 없다고 볼 수 없다. 이러한 혼인무효 청구에 대해 가정법원은 혼인무효는 기각하고 이혼청구를 받아들이는 편이다(정용신, 2015).

을 경우 가능하다.[96] 외국인 배우자가 내국인과 혼인신고 전 자국에서 혼인한 경력을 숨긴 사실이 드러난 경우 등에는 혼인이 취소되기도 한다(정용신, 2015).

ㅁ 인지청구와 입양

민법 제855조에 따라 생부나 생모는 혼인외 출생자가 자기 자식임을 인정할 수 있다. 이를 법률적으로 '인지'라고 한다. 부모의 혼인이 무효인 경우 혼인외 출생자로 본다. 코피노(한국 남성과 필리핀 여성 사이에 태어난 2세)와 같이 한국 남성이 외국 여성과의 사이에서 자녀를 낳고 입국해버린 경우 외국 여성이 국내에서 그 남성을 상대로 인지청구 및 친권자, 양육자 지정과 양육비 청구를 한다. 유명인들의 혼외자가 친자인지 및 양육비, 나아가 상속재산분할을 청구하는 기사를 접해본 적 있을 것이다. 다문화가족의 경우 전혼자녀(이전 혼인관계에서 출생한 자녀)와 같이 한국에서 살기 위해 입양 또는 친양자입양을 청구하는 건이 적지 않다.

민법 제867조는 미성년자 입양에 관해 가정법원의 허가를 받아야 한다고 명시했다. 가정법원은 미성년자의 복리를 위해 양육 상황, 입양 동기, 양육 능력 등을 고려하여 판단한다. 입양한 때부터 혼인 중의 자(子)로서의 신분을 얻게 되며 친생부모와의 관계는 친권 이외는 유지된다. 역시 가정법원의 허가를 받아야 하는 '친양자' 입양은 입양과는 다르다. 친양자는 완전한 친자로 인정하는 것으로, 친생부모의 동의하에 양아버지나 새아버지의 성과 본을 따서 친부 호적에서 아예 옮겨오는 것이다. 친양자 입양은 재판이 확정된 때부터 혼인 중의 자로서의 신분을 취득하며, 친생부모와의 관계는 종료된다.[97] 예를 들어 김씨 성이었던 아이가 어머니의 재혼남 양씨의 친양자가 되면 양씨 성을 따라 새로운 친족 관계가 형성되는 것이다.

---

96 배우자가 입국하지 않거나 입국 후 가출한 경우 외국인 배우자를 상대로 사기에 의한 혼인의 의사표시라고 주장하며 혼인취소청구를 하는 경우가 있는데 법원판례를 보면 혼인취소청구가 인용(認容)되지 않는 편이다. '인용판결'은 원고의 청구가 이유 있다고 인정하는 원고승소판결을 말한다.

97 법제처 찾기쉬운 생활법령정보 홈페이지 생활법령 '입양' 참조.

입양이 있으면 이를 뒤집는 파양도 있다. 재혼 가정에서 친자식 같이 키우겠다고 친양자 입양을 했다가 재혼 부부가 다시 이혼하면서 친양자 파양 청구를 하는 경우가 더러 있다. 전처의 전혼자녀에 대해 양육비도 지급해야 하고, 친양자로서 상속권도 있기 때문에 파양을 원하는 것이다.[98]

ㅁ 가정보호사건

가정보호사건에 대해 설명하기에 앞서 먼저 가정폭력사건 처리 과정에 대해 간단히 설명하여 이해를 돕고자 한다. 가정폭력 범죄 신고를 받으면 경찰이 출동하여 응급조치를 실시한 후 사건을 검찰에 송치한다. 신고를 받은 경찰은 현장에 가서 폭력행위를 제지하고 가정폭력행위자와 피해자를 분리하고 범죄수사를 한다. 피해자를 가정폭력 관련 상담소 또는 보호시설로 인도하고, 긴급조치가 필요하면 의료기관으로 인도한다. 응급조치에도 불구하고 가정폭력 범죄가 재발될 우려가 있고, 긴급을 요하여 법원의 임시조치 결정을 받을 수 없을 때에는 경찰이 긴급임시조치를 취할 수 있다. 검찰에 사건이 송치되면 검사는 피해자의 신속한 보호를 위해 필요한 경우 직권 또는 사법경찰관의 신청으로 법원에 피해자의 격리, 접근금지 등의 임시조치를 청구하며, 사건을 수사해서 기소할 것인지 가정보호사건으로 처리할 것인지를 결정한다.

검찰 수사가 종결되면 상담조건부 기소유예, 형사기소, 또는 가정보호사건처리 중에서 결정된다. 상담조건부 기소유예는 가정폭력 범죄사실은 인정되지만 형사처벌을 받을 정도가 아니며, 교정이 필요하다고 인정하는 경우에 내리는 처분이다. 형사기소는 형법에 따라 처벌을 받는 것이다. 가정보호사건으로 가정법원에 송치하는 경우는 피해자의 고소가 있어야 공소를 제기할 수 있는 가정폭력 범죄에서 피해자의 고소가 없거나 취소된 경우, 또는 피해자의 명시적인 의사에 반해 공소를 제기할 수 없는 가정폭력 범죄에서 피해자가 처벌을 희망하지 않는다

---

98 《한국일보》 2015년 8월 18일 기사 '재혼 후 이혼… 파양 당하는 아이들 늘고 있다'; 《조선일보》 2015년 6월 8일 기사 <李OO → 金OO → 李OO… 자꾸 姓 바뀌는 아이들>

는 의사표시를 명시적으로 했거나 처벌을 희망하는 의사표시를 철회한 경우에 해당한다.

가정보호사건에 대해 가정법원은 조사 · 심리를 통해 보호처분 여부 및 내용을 결정하며, 이와는 별도로 직권 또는 피해자의 신청에 의해 가정폭력 행위자에게 부양료, 손해배상금 등의 배상을 명령할 수 있다. 가정법원은 조사 · 심리가 필요하다고 인정하는 경우에는 기일을 정해 가정폭력 행위자와 피해자, 가정구성원이나 그 밖의 참고인을 소환할 수 있으며, 행위자가 정당한 이유 없이 소환에 응하지 않으면 동행영장을 발부할 수 있다. 가정법원은 가정보호사건의 원활한 조사 · 심리 또는 피해자 보호를 위해 필요하다고 인정하는 경우에는 가정폭력 범죄의 처벌 등에 관한 특례법에 따라 아래 중 하나의 임시조치를 할 수 있다.[99]

1. 피해자 또는 가정구성원의 주거 또는 점유하는 방실(房室)로부터의 퇴거 등 격리
2. 피해자 또는 가정구성원의 주거, 직장 등에서 100미터 이내의 접근금지
3. 피해자 또는 가정구성원에 대한 전기통신을 이용한 접근금지
4. 의료기관이나 그 밖의 요양소에의 위탁
5. 국가경찰관서의 유치장 또는 구치소에의 유치

또한 법원 심리 결과 보호처분이 필요하다고 인정하는 경우에는 법원은 다음의 어느 하나 또는 둘 이상에 해당하는 처분을 할 수 있다.

1. 가정폭력행위자가 피해자 또는 가정구성원에게 접근하는 행위의 제한
2. 가정폭력행위자가 피해자 또는 가정구성원에게 전기통신을 이용해서 접근하는 행위의 제한
3. 가정폭력행위자가 피해자의 친권자인 경우 피해자에 대한 친권 행사의 제한

99 법제처 찾기쉬운 생활법령정보 홈페이지 생활법령 '이혼' 참조

4. 사회봉사[100] · 수강명령[101]

5. 보호관찰[102]

6. 보호시설에의 위탁감호[103]

7. 의료기관에의 치료위탁

8. 상담소등에의 상담위탁

4. 난민 인정 절차 통역

난민지위 인정과 관련된 법률적 절차, 즉 법무부의 난민 면담(난민 인정 심사)과 법무부의 불인정 결정 등에 대한 행정소송, 그리고 이와 관련된 법률지원에 이르기까지 다양한 절차에서 통역 서비스가 필요하다. 최근 들어 난민문제가 중요한 국제문제로 대두되었고 국내에서도 난민 신청자가 크게 증가했다. 한국은 1992년 난민협약에 가입한 이후 1994년 난민 신청을 접수하기 시작했고, 2001년 최초로 난민 인정사례가 있었다. 2003년까지 두 자리 수에 머물렀던 난민 신청 건수가 최근 급증하여 2014년 2,896건, 2015년 5,711건을 기록했다.[104] 이와 같이

---

100 사회봉사명령은 유죄가 인정된 사람에 대하여 교도소 등에 구금하는 대신 정상 생활을 하면서 일정시간 무보수로 사회에 유익한 근로를 하게 하는 제도이다. 농어촌지원활동에서부터 소외계층지원, 복지시설지원 등 여러 가지 활동이 있다. 성폭력 범죄를 포함하여 형법이 정한 범죄로 집행유예를 선고받은 자는 500시간 이내, 그리고 가정폭력으로 보호처분을 받은 자는 200시간 이내의 사회봉사를 하게 되어 있다. 법무부 범죄예방정책국 홈페이지(www.cppb.go.kr) '보호관찰 주요업무' 참조.

101 수강명령은 유죄가 인정되거나 보호처분의 필요성이 인정된 사람에 대하여 일정시간 동안 범죄성 개선을 위한 치료와 교육을 받도록 명하는 제도이다. 법무부 범죄예방정책국 홈페이지 '보호관찰 주요업무' 참조.

102 구금하지 않고 일정한 의무를 조건으로 자유로운 사회생활을 허용하면서 보호관찰관이 직접 또는 민간자원 봉사자인 범죄예방위원의 협조를 받아 지도 감독 및 원호를 하거나, 사회봉사 수강명령을 집행함으로써 건전한 사회복귀를 촉진하고 재범을 방지하는 제도이다. 법무부 범죄예방정책국 홈페이지 '보호관찰 주요업무' 참조.

103 법제처 국가법령정보센터 홈페이지 '가정폭력방지 및 피해자보호 등에 관한 법률(약칭 가정폭력방지법)' 참조.

104 난민인권센터 홈페이지(www.nancen.org) 국내 난민현황 등 참조.

국내 난민 신청자가 급증하면서 난민 인정 절차에서 통역(이하 난민 통역)의 수요도 급증했으며, 난민 신청자의 출신국가와 언어도 다양해 해당 언어 통역인을 확보하는 데 어려움이 있다.[105]

난민법 제2조에서 정한 난민의 정의는 "인종, 종교, 국적, 특정 사회집단의 구성원인 신분 또는 정치적 견해를 이유로 박해를 받을 수 있다고 인정할 충분한 근거가 있는 공포로 인하여 국적국의 보호를 받을 수 없거나 보호받기를 원하지 아니하는 외국인 또는 그러한 공포로 인하여 대한민국에 입국하기 전에 거주한 국가(이하 "상주국"이라 한다)로 돌아갈 수 없거나 돌아가기를 원하지 아니하는 무국적자인 외국인"이다. 인도적 체류 허가는 난민지위 인정과 다르다. 난민법 제2조에 의하면 인도적 체류는 난민에 해당되지 않지만 고문 등의 비인도적인 처우나 처벌 또는 그 밖의 상황으로 인하여 생명이나 신체의 자유 등을 현저히 침해당할 수 있다고 인정할 만한 합리적인 근거가 있는 사람에게 허가해준다.[106]

한국에서 난민 신청은 출입국항에서 입국신청 때 하는 경우와 국내 체류 중에 하는 경우로 구분할 수 있다. 출입국항에서 난민 인정 신청을 한 사람은 난민 인정 심사의 전 단계인 회부 여부 결정 심사를 받게 되는데 출입국항 사무소장 등이 7일 이내에 난민 인정 심사에 회부할지 여부를 결정한다. 대한민국의 안전과 사회질서를 위해할 위험이 있거나 비협조로 신원확인이 불가한 사람, 거짓 서류를 제출하는 등 사실을 은폐한 신청자, 박해가능성이 없는 안전한 국가 출신자이거나 경제적 사유 등 명백한 이유 없는 난민 신청자 등 법이 정한 난민 인정의 제한사유에 해당하면 난민 인정 심사에 회부하지 않아도 된다(법무부, 2015). 한편 난민 인정 심사에 회부하기로 결정된 사람에 대해서는 난민 신청 접수증이 교부되고 회부가 결정된 시점부터 난민 신청자의 지위가 보장된다. 난민 신청자는 본인의 체류지를 관할

---

105 1994년 이후 누계 기준으로 난민 신청자 출신국가를 보면 파키스탄이 가장 많다. 그다음으로는 이집트, 중국, 나이지리아, 네팔, 시리아, 스리랑카, 우간다, 방글라데시, 미얀마, 카메룬, 가나 순이다. 난민인권센터 홈페이지 자료 참조.

106 2015년 9월 기준 시리아 내전으로 한국을 찾은 시리아 난민 신청자 중 570여 명에게 인도적 체류를 허가한 바 있다. 인도적 체류는 난민수준의 복지는 없지만 본국으로 송환되지 않고 취업이 가능하다. 《머니투데이》 2015년 9월 8일 기사 〈한국 찾은 시리아 난민 75% '인도적 체류' 허가받았다〉

하는 사무소, 출장소에서 기타(G-1) 체류자격으로 변경하거나 난민 인정심사를 받게 된다(법무부, 2015). 국내 체류 중인 외국인은 출입국관리사무소, 출장소, 또는 외국인보호소에 난민 인정 신청서[107]를 제출함으로써 난민 인정을 신청할 수 있다. 난민 인정 신청서 작성에 도움을 주거나 대신 작성해준 대리인이나 통역인이 있다면 신청자의 요청으로 신청서를 작성했으며, 신청자가 신청서의 질문을 이해하고 답변했고, 작성내용에 동의하고 위 서약에 서명했음을 확인하게 한다.

난민 인정자는 체류지를 관할하는 사무소, 출장소에서 거주(F-2) 체류자격으로 변경하거나 체류자격을 부여받아 난민 신청 사유가 소멸할 때까지 한국에서 체류할 수 있다. 난민 불인정 결정을 받은 난민 신청자는 체류지 관할 사무소장, 출장소장으로부터 '난민 불인정 결정 통지서'를 교부 받는다. 이를 송달 받은 날로부터 30일 이내에 이의신청을 할 수 있다. 유엔난민기구(UNHCR) 외에 유엔의 다른 기구나 기관으로부터 이미 보호를 받고 있거나, 국제법이 정하는 세계평화에 반하는 범죄, 전쟁범죄, 반인도주의범죄자, 한국 입국 전 중대한 비정치적 범죄를 지른 경우 등에는 난민 인정을 받을 수 없다. 법무부는 거짓 진술이나 허위 서류 제출 또는 사실을 은폐하여 난민 인정을 받은 경우 난민 인정을 취소할 수 있고 일정한 사유가 있으면 철회할 수도 있다. 법무부의 난민 불인정 결정과 난민 인정 취소 및 철회 결정에 대해 송달 받은 후 30일 이내 법무부장관에게 이의신청을 할 수 있다.[108] 법무부의 난민위원회에서 이의신청건을 심의하며 이의신청이 이유가 있으면 난민지위를 받게 되며, 이유 없다고 판단하면 이의신청이 기각된다. 기각

107 난민 인정 신청서 양식은 법무부 하이코리아 홈페이지(www.hikorea.go.kr)에서 찾을 수 있다. 난민 인정 신청서의 Part A에는 신청자 인적사항(성, 이름, 생년월일, 국적, 출생지, 자국 주소, 종교 및 종파, 모국어)을 기재하고 Part B에는 난민 인정 신청사항으로 신청 사유(인종, 종교, 국적, 정치적 견해, 특정사회집단의 구성원 신분 중 택일)를 표기해야 한다. 일련의 질문을 통해 신청자나 신청자의 가족, 친구, 동료가 부당한 처분 또는 박해를 받았는지, 신청자가 귀국하면 부당한 처분이나 박해를 받을 것이라고 생각하는지, 심문 또는 조사를 받은 적이 있는지, 신청자나 가족이 본국에서 체포, 구금 또는 구속된 적이 있는지, 본국에서 소속 또는 활동한 단체가 있는지, 외국정부에 난민 신청한 적이 있는지, 본국에 거주 중인 가족과 연락하고 있는지, 그리고 진술 및 박해의 입증자료를 제출할 수 있는지, 난민 신청에 대해 알게 된 경위 등에 대해 기재하게 한다. 신청서의 Part C에 신청사유를 상술할 수 있다.

108 난민불인정사유서는 불인정통지서와 함께 법무부가 발급해주지만 국문으로 되어 있다.

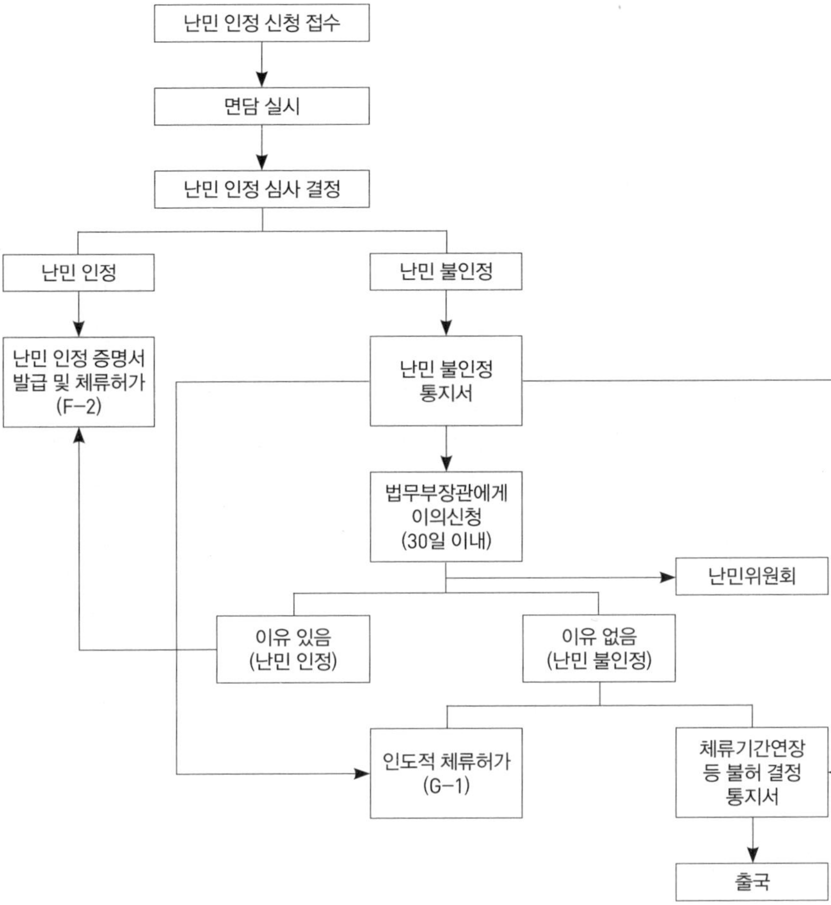

[그림 7] 난민 인정 절차(국내체류중 신청)[109]

결정처분을 안 날부터 90일 이내, 처분이 있은 날부터 1년 이내에 행정소송을 제기할 수 있으며 소송기간 동안 체류지 관할 사무소장, 출장소장으로부터 난민 신청자로서 체류기간연장 허가를 받을 수 있다. 난민지위불인정처분 취소소송은 법무부의 결정에 대한 불복이므로 행정법원에서 다루며, 간단히 난민소송 또는 난민재판이라고 부른다(그림 7 참조).

그 밖에 특기할 만한 난민법 조항을 살펴보면, 제8조 난민 인정 심사와 관련해

109 법무부(2015: 18)

서 난민 신청자는 같은 성(性)의 공무원을 면접관으로 요청할 수 있다. 이는 문화적 고려에 해당하는 것으로 특히 성적 수치심으로 인해 진술이 방해받지 않도록 보호하고자 하는 것이다. 또한 난민 인정 심사과정을 녹음 또는 녹화할 수 있다. 난민 신청자는 변호의 조력을 받을 권리가 있으며(제12조), 심사관은 난민 신청자의 신청이 있는 때에는 면접의 공정성에 지장을 초래하지 아니하는 범위에서 신뢰관계 있는 사람의 동석을 허용할 수 있다(제13조). 앞서 통역관련 법 규정에 대해 언급한 바 있는 난민법 제14조는 법무부장관은 난민 신청자가 한국어로 충분한 의사표현을 할 수 없는 경우에는 면접 과정에서 대통령령으로 정하는 일정한 자격을 갖춘 통역인으로 하여금 통역하게 하여야 한다고 규정하고 있다. 또한 난민시행령 제8조는 통역인의 자격에 대해 외국어에 능통하고 난민 통역 업무 수행에 적합하다고 인정되는 사람으로서 법무부장관이 정하는 교육과정을 마친 사람을 난민전문 통역인으로 정하고 이들이 난민 인정 심사과정에서 통역하게끔 명시하고 있다. 그렇지만 아직 난민 인정 절차에서 통역을 하는 난민전문 통역인 선발과정과 교육과정은 예산 확보의 어려움 등을 이유로 구체화되고 있지 않아 난민 인정 절차에서 통역인의 전문성을 확보하기에 어려움이 있다(이지은 외, 2014; Lee and Choi, 2015). 난민법 제15조는 난민 신청자가 난민면접조서에 기재된 내용을 이해하지 못하는 경우 난민면접을 종료한 후 통역 또는 번역을 통해 조서 기재 내용을 확인할 수 있도록 하고 있다.

난민 신청자는 증거 또는 진술 등으로 본인이 난민임을 스스로 입증해야 한다는 부담이 있다. 현실적으로 난민 신청자 가운데 난민지위를 인정받는 사람은 극소수에 불과하다.[110] 난민의 특성상 난민 신청자가 박해에 대한 충분한 객관적 증거자료를 갖추지 못한 경우가 많기 때문에 박해받은 사실이나 공포에 관한 신청자 본인의 진술이 매우 중요한 증거가 된다(김종철 외, 2008: 21). 난민재판에서도 진술 조서와 불일치하는 진술에 대해 난민 신청자의 신빙성이 부족한 것으로 보

110 2015년 난민 신청자 5,711명 중 11명이 법무부의 난민 인정을 받았다. 《헤럴드경제뉴스》 2016년 1월 29일자 기사 〈작년 난민 신청 외국인 사상 최대, 인정률은 1.8%… '엄격 심사'〉

는 경향이 있기 때문에 심사 첫 단계에서부터 진술 조서 확인까지 정확한 통역이 이루어지는 것이 중요하다. 통역사는 난민 신청자 진술의 진실 여부나 신빙성을 판단하기보다는 진술을 그대로 옮기는 데 집중해야 한다. 특히 난민 신청자의 통역을 할 때에는 언어적, 문화적 차이에 주의를 기울이며 통역을 해야 한다. 사회경제적 지위와 힘의 불균형 속에서 문화적 간극을 극복할 지식과 능력이 부족한 난민이 부당하게 불이익을 당하지 않도록 하기 위해 통역인이 적극적인 문화중재자의 역할을 해야 한다는 주장도 있다(Barsky, 1996 등). 그렇지만 난민 통역에서도 통역사의 중재적 역할은 '언어적 요소와 관련된 설명에 국한된 통역'이며 통역을 넘어선 중재는 부적절한 것으로 간주된다. 유엔난민기구의 난민 통역 교재도 통역사는 중재자가 아니라는 점과 정확하고 충실히 통역할 것을 명시하고 있다(UNHCR, 2009).

3장

사법 통역의 주요 원칙

국내에서 아직 사법 통역사는 전문직업화되지 않은 단계로, 사법기관에서는 '변호인', '소송대리인', '증인'과 같이 기능적 역할에 따라 '통역인' 또는 '통번역인'이란 호칭을 사용하고 있다. 이 책에서도 사법기관에서 활동하고 있는 통역인을 가리킬 때에는 '통역인'이란 표현을, 그리고 사법 통역을 수행하는 전문인력을 가리킬 때에는 '사법 통역사'를 사용했다.

올바른 직업 정체성이 있어야 사법 통역사로서 역할을 제대로 수행할 수 있다. 자신이 누구이며 무엇을 하는 사람인지에 관한 분명한 자기 인식과 직업을 수행하기 위해 필요한 기술을 가지고 업무에 활용할 수 있는 능력을 갖추어야 전문직업인이라 할 수 있다. 또한 전문직업인으로서 동료들과는 물론이고 서비스 이용자 및 공급자와 상호작용할 수 있는 대인관계 능력이 있어야 한다(Bancroft et al., 2015: 275).

사법 통역은 뛰어난 이중언어 능력을 요하지만 두 개 언어를 구사한다고 해서 전문적인 통역 능력을 갖추었다고 할 수는 없다. 다양한 상황에 필요한 적절한 통역 방식을 구사하여 정확한 메시지를 신속하게 다른 언어로 전달할 수 있는 능력이 통역 능력의 핵심이다. 사법 통역사의 언어 능력에 대한 기대수준은 높다. 사법 통역에서는 다루는 언어의 스펙트럼이 매우 넓다. 법률 전문가들의 언어에서부터 교육 수준과 사회경제적 지위가 낮은 일반인이나 범죄자의 말을 통역하는 등 통역하는 어역이 매우 다양하다.[1] 이와 같이 다양한 어역을 통역하기 위해서 사법 통역사는 여러 스타일의 언어를 섭렵해야 하며 다양한 발화속도를 소화할 수 있어야 한다.

사법 통역사의 경우 언어 및 통역능력 외에도 법률제도 및 주요 법률 용어, 법률담화[2]에 대한 기본적 이해와 투철한 직업윤리의식이 필요하다. 사법 통역사의 언어 능력이 일종의 권력이 되어 통역에 따라 일방에 유·불리하게 영향력을 행사할 수 있는 위치에 있기 때문에 높은 수준의 직업윤리와 책임의식이 요구되는 것이다.

직업윤리규범을 지키기 위해서는 교육을 통한 지식습득과 훈련, 그리고 의식적 노력이 수반되어야 한다. 국내 법원 통번역인들에게 제공되는 '법정 통역인 편람'(법원행정처, 2012: 6-7)에는 일반적 유의사항으로 양심에 따라 성실하게 통역할 것과 공정성, 비밀유지를 강조하며 사건관계인이나 가족에게 재판절차 이외의 장소에서 통역이 아닌 상담을 제공하는 것을 금하고 있다. 또한 당사자를 포함한 다른 사람의 대변인이 아닌 '통역인'의 역할을 강조하며 통역인이 이들 당사자의 입장이 되어 신문, 훈계, 주장, 판단 등을 하여서는 안 된다고 명시하고 있다. 통역 시에는 진술자의 동문서답이나 말실수, 불평, 법정 모욕적 언사, 불필요한 말 등도 그대로 통역하여야 하고, 잘못의 지적이나 정정은 판사나 당사자에게 맡겨야 한다고 안내하고 있다. 그렇지만 그동안 국내 사법 통역의 실태를 보여주는 연구결과를 보면 통역인들이나 통역인들과 일하는 사법기관 종사자들의 사법 통역

---

1 어역(register)은 사용하는 환경, 직업 등과 관련된 언어적 차이를 일컫는다(Irvine, 2001). 의료진이 사용하는 언어와 환자의 언어는 다르다. 군대 언어나 경찰 언어 모두 어역의 한 종류이다.

2 법률담화(legal discourse)는 사법분야에 종사하는 경찰, 검찰, 판사, 변호사 등이 사용하는 문어와 구어를 포괄한다. 예를 들어 경찰조서에서 상용되는 법률조문의 영향을 받은 표현이나 일자, 시간을 명시하는 관습으로 일자를 '2017.03.10.' 등과 같이 표시하는 것이나 의문문에 물음표 대신 마침표를 사용하는 것도 법률문건의 언어적 특징 중 하나이다.

에 대한 이해가 부족하여 이에 대한 교육이 절실히 필요함을 알 수 있다(이지은, 2011b, 2012a, 2014).

이제 사법 통역의 3대 원칙인 정확성, 중립성, 비밀유지를 포함한 직업윤리를 좀 더 자세히 설명하도록 하겠다. 여기에 소개하는 사법 통역의 원칙은 국제적으로 사법 통역에 적용되는 직업윤리이자 규범에 해당한다.

1. 통역의 정확성

사법 통역의 제1원칙은 정확성이다. 다른 사법 통역과 달리 법정 통역에서 통역사는 양심에 따라 성실히 통역하고 만일 거짓이 있으면 허위 통역의 벌을 받기로 맹세한다고 선서한 후 통역에 임한다. 부정확 · 부적합한 통역을 제공했거나 기밀을 유지하지 않았을 경우 법적인 책임을 지게 되며, 특히 고의로 허위 통역을 했을 때는 처벌받을 수 있다. 신문이 재판의 증거가 되고 범죄사실의 인정이나 양형의 기초가 되므로 정확하고 충실하게 통역해야 한다(서울중앙지방법원, 2006: 53). 사법 통역에서는 말한 내용뿐 아니라 어역과 스타일까지 최대한 정확히 '재생'해야 한다. 물론 연기자처럼 재연해야 한다는 의미는 아니지만 최대한 뉘앙스와 의미를 살려서 통역해야 한다는 뜻이다. 목소리 톤이라든가 강조 또는 반복해서 말한 내용, 사용한 어휘, 문법적 특징을 포함한 언어적 표현을 잘 보존하여 전달해야 한다. 아래 질문을 통역해야 한다고 가정해보자.

"전처와 최근에 연락한 적 있습니까?"

이 질문을 다른 언어로 '전처와 최근에 통화한 적 있습니까?'라고 통역하는 것은 정확한 통역일까? '연락'을 '통화'로 바꾼 것은 부정확한 통역이다. 연락을 취하는 방식은 인편이 될 수도 있고, 문자나 편지, 이메일 등 전화통화만이 아니기 때문이다. 만일 이 질문의 통역을 듣고 피의자가 통화한 적 없다고 답을 한다면 그가 연락을 하지 않았다고 말한 것으로 간주하기 쉽다. 만약 전 부인에게 문자를 보낸 사실을 경찰이 알고 있는 상황이라면 피의자가 이렇게 답할 때 거짓말하는 것으로 보일 수 있다. 이와 같이 사법 통역에서는 단어 하나하나가 정확하고 충실하게 전달되어야 하며, 의미가 축소 · 확대되거나 왜곡되지 않도록 주의를 기울여야 한다.

또한 의미가 모호하거나 이중적인 의미가 있을 경우 정확한 통역을 위해서 모호함과 중의성을 보존해서 통역해야 한다.[3] 만약 통역하기 곤란할 정도로 의미가 불분명할 때에는 이 사실을 알리고 확인해서 통역해야 한다. 반복되는 말도 빼지 말고 통역해야 한다. 신문에서는 여러 가지 이유로 비슷한 질문을 여러 차례 할 수 있다. 이때 통역사가 중복되는 질문이라고 임의로 빼거나 편집하여 통역해서는 안 된다. 말하는 사람이 틀리게 말한 것이 분명하다 해도 고치지 말고 오류 그대로 통역해야 한다.[4] 진술하다가 다시 고쳐서 말한 내용이 있다면 전체를 그대로 통역해야지 정정한 내용만 통역해서는 안 된다. 일반적인 통역과 사법 통역의 차이가 여기에 있다. 증인이 외국 화폐나 도량형을 사용했다면 그대로 통역하고 통화나 계량 단위 등을 일일이 환산해서 통역하지 않아도 된다. 요청이 있을 때에는 환산 기준을 제시해주면 되고 굳이 통역사가 환산까지 할 필요는 없다.[5]

통역할 때에는 화자가 말한 그대로 1인칭 화법으로 통역해야 한다. '…라는데요' 또는 '라고 말합니다' 식의 3인칭 화법이 아니라 그대로 통역해야 한다. 예를 들면, "제 이름은 안토니입니다."를 올바르게 통역하면 다른 언어(목표 언어)로도 "제

---

3 간단한 예로 '게'나 '개'처럼 발음이 비슷하다거나 혹은 '배'와 같이 과일, 선박, 신체 일부 등을 가리킬 수 있는 동음어의 경우 맥락 정보가 부족하면 부정확한 통역이 될 수 있다.

4 진술 오류에 대한 지적과 정정은 통역사의 역할이 아니므로 판사나 검사, 변호인에게 맡긴다(서울중앙지방법원, 2006: 66). 예를 들어 증인이 "2003년 월드컵 때 길거리 응원을 했다."고 말했다고 가정하자. 한일 월드컵이 2002년에 열린 것이 분명하지만 화자가 2003년이라고 말한 대로 2003년 월드컵으로 통역해야 한다. 만약 "2003년 아니 2002년 월드컵 때 길거리 응원을 했다."라고 말했다고 하자. 일반적인 통역이라면 그냥 '2002년 월드컵 때…'라고 통역해도 무방하나 사법 통역에서는 '2003년 아니 2002년 월드컵 때 길거리 응원을 했다.'라고 통역해야 한다는 뜻이다.

5 예를 들어 50평짜리 건물이라는 말을 통역할 때 '평'이라는 면적 기준이 외국인에게 생소하다면 한 평이 3.3제곱미터라는 정보는 통역사로서 말할 수 있지만 틀릴 수 있는 환산까지 할 필요는 없다는 뜻이다.

이름은 안토니입니다."이다. 역시 "이름이 무엇입니까?"라는 질문을 통역할 때에도 "이름이 뭐냐고 묻는데요."가 아니라 1인칭 화법 그대로 "이름이 무엇입니까?"로 통역해야 한다. 통역사와는 말이 통하지만 외국인 증인이나 피고인은 한국어를 모르기 때문에 판사나 검사, 변호사 등 신문하는 사람이 증인이나 피고인을 보지 않고 통역인에게 '…라고 물어봐주세요'라고 말하는 경우가 있다. 이런 경우 통역사가 그냥 1인칭 화법으로 바꾸어 통역하면 된다고 생각할 수 있지만 원래 직접화법으로 원발화 그대로 통역해야 하는 통역사 입장에서는 '라고 물어봐주세요'라는 부분은 빼고 통역해야 하므로 엄밀히 말해 모든 말을 그대로 통역해야 하는 정확성의 원칙을 위배하도록 만드는 셈이다. 신문을 하는 사람과 진술자와의 라포(rapport) 형성에도 1인칭 화법 즉, 'I(나) 메시지'가 효과적이므로 말이 통하지 않더라도 상대방을 보면서 직접 커뮤니케이션하려는 자세를 취하는 것이 바람직하다.

사법 통역에서는 어역과 말하는 스타일(발화 스타일)의 재생이 중요하다. 왜냐하면 어떻게 통역되는가에 따라 듣는 사람의 판단에 영향을 미칠 수 있고, 진술자의 의도와 태도를 자칫 왜곡할 수 있기 때문이다. 어눌한 촌부의 말을 식자 또는 지식인이 조리 있게 말하는 것처럼 통역해서는 안 되며, 딱딱하고 격식적인 표현을 쉽게 풀어서 비격식적인 표현으로 통역하는 것도 안 된다. 전문 용어가 나올 때에는 해당 언어의 대응어를 사용해서 통역해야 하고, 욕설이나 상스러운 표현 역시 그대로 통역해야 한다.

모의배심원들을 대상으로 한 실험연구에서 같은 말을 두 가지 다른 버전으로 통역하여 신뢰도를 각각 평가하게 했다. 논리적이고 문법에 맞게 통역한 버전과 어눌하고 다소 비문법적으로 통역한 버전을 모의배심원에게 들려주었을 때 격식을 갖추어 문법에 맞게 통역한 진술에 대한 모의배심원들의 신뢰도가 높게 나왔다(Berk-Seligson, 2002; Hale, 2004). 그러므로 어눌하고 비논리적인 말을 논리정연하게 통역하거나 논리적인 말을 비문법적이고 어눌하게 통역하는 것은 금물이다. 논리적이고 문법과 격식에 맞는 말이 그렇지 않은 말보다 설득력 있고 신빙성이 있다고 평가된다. 쉬운 예를 들어 '그 사람 중국인 같다.', '그 사람 중국인처럼 보인다.', '그 사람 중국인으로 생각된다.', '그 사람 아마 중국인일 것이다.'라는 말은 '그 사람은 중국인이다.'라는 말보다 확신의 정도가 낮다. '같다', '보인다', '생각된다', '아마' 등은 언어학적 용어로 헷지(hedge)에 해당한다. '울타리 표현'으로 번역되는 헷지는 자신의 주장이나 진술의 강도를 약화하는 언어적 장치인데 사람들이 확신이 부족하거나 의견이나 주장을 공손하게 표현할 때 사용한다. 헷지를 사용하지 않으면 헷지를 사용했을 때보다 단정적이다(Solan and Tiersma, 2005). 통역사가 이러한 뉘앙스의 차이를 간과하고 통역하면 원진술의 신빙성에 대한 청자의 판단에 영향을 미칠 수 있다.

마찬가지로 증인이나 피고인이 불손한 말투라면 그러한 말투를 살려서 통역해야 한다. 필자가 연구한 호주 법정 통역 사례에서 한국인 피고인이 반대신문을 하는 검사의 질문에 '몰랐다 내가 그걸 어떻게 아나.'라고 비협조적으로 답했지만 통역사는 이를 'I didn't know(몰랐습니다.)'라고 부정확하게 통역했다(Lee, 2009c). 영어로 통역할 때 반말은 못 살린다고 해도 'How would I know?(내가 어떻게 알 수 있겠어요?)' 등 반문하는 것으로 통역하면 충분히 피고인의 반항적 태도를 표현할 수 있다. 한편 국내 법정 통역에서 러시아어를 사용하는 피고인은 한국인 여성을 '그녀'라는 대명사를 사용하여 지칭했으나 통역사는 줄곧 한국어로는 '아무개 씨', '여성분' 등의 공손한 표현을 사용하여 피고인의 말을 통역했고, 피고인 자신을 가리키는 말도 일관되게 '저'를 사용하여 '예의 바르게' 통역한 사례를 볼 수 있었다(이지은, 2012a: 171). 이와 같이 통역사가 격식을 높이면 증인이나 피고인이 실제보다 더 정중하고 예의 바르게 보일 수 있다. 앞서 말한 바와 같이 어떻게 통역하는가에 따라 증인이나 피고인의 진술에 대한 평가 내지 판단에 영향을 미칠 수 있기 때문에 사법 통역에서는 중립적이고 정확한 통역이 강조된다.

청자가 이해하지 못할까봐 복잡하거나 어려운 표현을 사법 통역사가 쉬운 표현으로 바꿔서 통역해서도 안 된다. 중언부언이나 동문서답도 고민할 것 없이 말한 그대로 통역해야 한다. 일반적인 통역은 듣는 사람의 이해와 원활한 의사소통이 우선시되지만 사법 통역은 이보다 '정확한 원발화 재생과 전달'이 우선시된다.[6]

---

6 사법 통역에서는 어역을 바꿔가면서까지 상대를 이해시키거나 이해를 도우려고 노력할 필요는 없

통역에 의존하는 피고인이나 증인이 질문을 이해하지 못한다고 생각될 경우 신문을 하는 사람에게, 법정절차라면 재판부에 알리는 것이 맞다. 통역을 제대로 해주었지만 잘 이해하지 못했다면 통역사가 다른 말로 바꾸어 직접 설명하기보다는 이해하지 못하겠다고 말한 것을 한국어로 통역하여 신문하는 사람이 직접 질문을 바꾸어 말하거나 풀어서 말하도록 해야 한다.[7]

통역사가 잘못 알아들었을 경우에는 추측하지 말고 말한 사람에게 반복해줄 것을 요청해야 한다. 통역의 정확성을 기하기 위해 질문이나 진술 중 전문 용어 등 이해하지 못하는 표현이 있을 때에는 즉시 확인을 요청해야 하며, 체면 때문에 그냥 넘어가거나 대충 아는 내용만 통역하는 것은 절대 금물이다. 혹시라도 틀리게 통역한 것을 알게 되면 그 즉시 오류에 대해 밝히고 정정해야 한다. 통역사가 체면을 생각해서 오류를 바로잡지 않고 넘어가면 작은 오해가 나중에 큰 오해로 이어져 피해를 끼칠 수도 있기 때문이다(Lee, 2013). 오해의 소지가 있어서 통역사가 개입해야 할 경우에는 '통역사가 말씀드리고 싶은 것이 있습니다.' 또는 '이건 통역사 코멘트입니다만…'이라고 말하여 다른 사람의 말을 옮기는 것이 아니라 통역사의 말이라는 것을 명확히 해주는 것이 좋다. 마찬가지로 질문을 할 경우에도 '통역사가 질문이 있습니다.' 혹은 '통역사의 질문입니다만'이라는 식으로 통역사의 질문임을 밝히는 것이 좋다.

통역사는 정확하게 통역하기 위해 노력해야 한다. 그렇기 때문에 말소리가 너무 작아서 잘 들리지 않는다면 크게 말해달라고 요청해야 하고, 말이 너무 빨라서 통역하기 힘들다면 조금 천천히 말해달라고 요청해야 한다. 통역할 내용이 길어지면 기억에 부담이 되고 틀릴 수 있으므로 적절한 길이로 끊어서 통역할 기회를 달라고 요청해야 한다. 바로바로 통역하지 않고 기다리다가 정보량이 많아져

다. 복잡하고 어렵게 질문했으면 쉽게 풀지 말고 어려운 질문으로 통역하고 증인의 말이 앞뒤가 안 맞거나 중간에서 말을 그쳤다면 그대로 그것까지만 통역해야지 말이 되게 하거나 정리해서는 안 된다(Edwards, 1995: 66–67; Mikkelson, 1998: 22; Hale, 2004).

7 법률들은 전문 용어에 익숙하기 때문에 일반인이 이해하기 어렵다는 점을 잘 모를 수 있다. 통역사는 통역만 하고, 설명이나 다른 말로 표현하는 것은 법률가들에게 맡기는 것이 바람직하다.

서 틀리게 통역하는 것보다는 정확한 통역을 위해 중간중간 끊어서 통역하는 것이 낫다. 증인 신문 통역에서 증언을 한두 문장 단위로 끊어서 통역하면 내용과 스타일을 더욱 정확하고 충실하게 통역할 수 있고 집중으로 인한 피로감도 덜 수 있다. 하지만 통역할 단위가 너무 짧아도 효과적인 커뮤니케이션에 지장을 줄 수 있다. 말차례(turn)와 말차례 관리의 중요성에 대해서는 이후 다시 설명하겠다(6장 1절의 '대화통역'과 11장 2절의 '말차례 관리' 참조).

통역사라면 누구에게나 해당하는 이야기겠지만 자신의 능력을 넘어서는 일은 맡지 않는 것이 통역의 품질을 지킬 수 있는 현명한 선택이다. 또한 통역에 앞서 사전 자료를 제공 받아서 사건에 대해 이해하고 준비함으로써 보다 정확하고 신뢰할 수 있는 통역을 제공하는 것도 중요하다. 이를 위해 수사기관이나 법원은 통역사가 준비할 수 있도록 자료를 미리 제공해야 한다. 매우 전문적이거나 기술적인 내용을 다루는 사건을 맡아 전문 용어 확인이 필요할 경우에 대비해 사전이나 용어집 등을 휴대하여 참고하는 것도 통역의 정확성을 기하는 방법이 될 수 있다. 신문 중이라면 잠시 확인할 수 있는 시간을 재판부에 요청하여 정확하게 통역하도록 해야 한다.

사법 통역에서 요약은 허용되지 않는다(Mikkelson, 2000; Gonzalez et al., 2012). 요약통역은 통역사가 중요하다고 생각되는 것을 추리게 되기 때문에 말 그대로 빠짐없이 정확하게 통역해야 하는 원칙에 위배된다. 수사 단계에서나 공판에서 통역으로 인해 시간이 지체되지 않게 효율적으로 진행해야 한다는 부담을 가지고 요약통역을 해서는 안 된다. 통역의 정확성을 위해서는 물론이며 피의자/피고인의 언어적 참여 권리를 고려한다면 원칙적으로 모든 형사 절차상 대화에서 그들이 한국어를 이해하는 내국인과 같은 입장에 설 수 있도록 전 과정에 걸쳐 통역을 제공해야 한다. 하지만 실제 국내 법정에서 최후변론과 선고 내용 등을 요약 형태로 통역하도록 하는 경우도 있다.[8] 필자가 관찰한 바로는 통역인이 직접 요약하게 한 경우도 있었고, 변호인의 변론을 듣고 피고인에게 무죄취지로 변론했다고 통역

8 《한국경제》 2016년 5월 6일 기사 〈법원 찾는 외국인 느는데…시설은 여전히 '내국인 전용'〉

해주라며 재판장이 지시하는 경우도 있었다. 심지어 선고 내용을 법정 바깥에서 통역해주는 경우도 있었다. 이런 경우에 외국인은 자기가 충분히 변호인의 도움을 받았는지 신뢰하기 어려우며, 선고의 내용을 이해하기도 어렵다(이지은 · 장원경, 2016). 특히 법정 밖에서 통역하면 피고인이 재판장이나 변호인이 없는 상태에서 이해되지 않은 것을 통역사에게 물어보거나, 불필요한 대화를 조장할 수 있다. 재판에서는 재판장, 수사기관 신문에서는 수사관과 검사 등이 실제 지휘권을 갖기 때문에 통역사는 따를 수밖에 없지만 법조인들이 사법 통역의 원칙을 잘 모르고 통역을 시킬 때에는 통역사의 역할과 원칙에 대해 적절히 안내해줄 필요가 있다.

당연한 것이지만 신체적, 정신적 피로도 통역의 정확성을 위협한다. 통역은 집중력과 기억력을 요하기 때문에 장시간 통역을 하면 피로도가 가중된다. 신문을 통역하는 경우 한 시간 반을 넘기지 않고 중간 휴식을 갖는 것이 바람직하며, 장시간 정확한 통역을 위해서는 팀 통역을 하는 것이 좋다. 두 사람 이상의 통역사가 함께 있다면 통역을 직접 하지 않지 않을 때에도 통역을 하는 통역사를 지원하고, 필요에 따라서는 모니터링함으로써 통역의 품질을 제고할 수 있다.

2. 통역의 중립성

사법 통역은 그 어떤 통역보다 중립성이 중요하다. 통역사가 공평하고 중립적인 자세를 가져야 한다는 것은 편견이나 선입견을 갖고 업무를 수행하지 말아야 한다는 뜻이다. 의사가 모든 환자를 동등하게 치료해줘야 하고 판사가 개인적 편견을 배제하고 법에 따라 판결해야 하듯 사법 통역사도 업무에서 만나는 범죄 피의자와 피해자를 구분하지 않고 중립적으로 통역해야 한다. 만일 통역사가 중립성과 공정성을 지킬 수 없는 경우라면 통역 업무를 거절해야 한다. 이는 이해관계가 상충하는 사건을 맡지 않아야 한다는 뜻이다. 예를 들어 통역을 해줘야 하는 사람이 가족, 친지일 경우 또는 사업이나 금전적 이해관계가 있을 경우 중립성을 지키기 어렵기 때문에 이러한 사실을 알리고 통역 업무를 맡지 않아야 한다. 또한 통역사 자신이 다른 일로 피해자의 입장에 선 경우가 있었다면 동종 사건에 있어 중립성을 지키기 힘들 뿐더러 여러 가지 개인적인 문제를 겪을 수 있다. 가능하면 난민이 난민을 통역하는 것을 기피하는 것도 같은 이유에서다.

수사 단계에 통역한 통역사를 법정 통역에서 가급적 피하는 이유 역시 수사 단계에서 입수한 정보가 어떤 형식으로든 재판 단계의 통역에 영향을 미칠 수 있기 때문이다. 만약 해당 사건의 수사 단계에서 통역을 했는데 법원에서 통역 의뢰를 받는다면 이 사실을 법원에 알려야 한다. 하지만 통역사를 구할 수 없어 부득불 법원의 양해를 얻어 통역을 한다면 이전에 통역하면서 들은 내용을 무시하고 최대한 정확하게 법정에서 증언하는 내용만을 통역해야 한다. 통역사가 피고인이나 증인들이 이전 수사기관에서 한 진술을 기억하기 때문에 후에 그와 상충되거나 모순된 진술을 하면 통역사가 먼저 감지하고, 판단이 개입될 수 있다. 범죄자들이 거짓 주장을 하다 보면 착각을 해서 진술상 불일치하는 모순점이 드러나기도 하는데 통역사는 어떠한 필터링도 없이 들은 대로 전달하여 맡은 역할을 수행해야 한다.

또한 통역의 중립성에 영향을 미칠 수 있기 때문에 가급적이면 통역사가 같은 사건의 피해자와 가해자를 모두 통역하는 일도 피하는 것이 좋다. 피해자나 피의자 중 당사자 일방을 통역할 때에도 가급적이면 정서적 거리를 유지하고, 업무와 관계없는 불필요한 사담을 줄여서 상대편이 통역사의 중립성에 대해 의심할 만한 여지를 주지 말아야 한다. 개인적인 이야기를 나누다보면 곤란한 경우가 발생할 수 있다.

사법 통역사는 항상 자신의 역할에 대해 인식하면서 인간적인 감정을 자제해야 한다. 그래서 사법 통역사를 통번역기계에 비유하기도 한다. 물론 사람이 기계일 수는 없지만 그만큼 편견이나 감정을 절제하고 그대로 전달하는 통역이 필요하다는 뜻이다. 통역사가 개인적 감정을 드러내지 않고 중립성을 지키다보면 때로 몰인정하다고 오해받을 수도 있지만 통역사가 범죄 피해자나 난민에게 적극적으로 정서적 지지를 표현하는 것은 절대 피해야 한다. 예를 들어 통역사가 범죄 피해자인 증인의 손을 잡고 정서적 지지를 표시하며 통역하거나 반대로 답변을 제대로 하지 않아 답답하다고 증인을 윽박지르거나 채근해서도 안 된다. 사법 통역을 하다 보면 상반된 주장 가운데 누가 진실을 말하는지 알 수 없을 때가 있다. 한없이 불쌍해 보이는 성폭행 피해자가 자작극을 꾸몄을 수 있고 범인이 틀림없어 보이는 피의자가 억울한 누명을 썼을 수도 있다. 따라서 개인적 판단을 배제하고 충실하게 통역만 한다는 생각으로 임해야 사법 통역사로서 역할을 제대로 수행할 수 있다.

당연한 것이지만 통역사로서 의견을 섞어서 통역하거나 자신의 생각을 말하지 않도록 절대 주의해야 한다. 피의자나 난민 신청자가 거짓말을 반복하는 것 같아도 거짓말을 하는 것 같다, 이상하다는 등의 개인적 의견을 개진하는 것은 금물이다. 통역사의 의견을 물어도 의견 제시를 삼가야 한다. 마찬가지로 통역사가 피고인에게 예의를 지키라든지 거짓말하지 말라며 조언하는 것도 부적절하다. 또한 성실하게 답변하지 않고 신문을 받는 사람이 노코멘트로 일관한다든가, 엉뚱한 답을 한다든가 웃는 반응을 보일 때에 통역사가 답변을 제대로 하라고 말하거나 의견을 표해서도 안 된다. 원칙을 지키는 것이 매우 답답하게 느껴져도 통역에만 충실해야 하는 것이 사법 통역사의 직업적인 숙명이다.

중립성에 영향을 미칠 만한 행동이나 다른 사람에게 오해를 살 만한 행동은 자제해야 한다. 형사나 가사사건으로 만난 사건 관련자들의 차편 제공이나 식사 초대 등 개인적 호의나 청탁을 거절해야 하며, 통역료 외의 기타 사례는 거절하는 것이 직업윤리를 지키는 길이다. 수사 중이나 재판 중 휴식 시간에라도 불필요한 접촉은 피하는 것이 좋다. 이것이 대변자나 옹호자와 구별되는 통역사의 중립적인 역할이다. 끝으로 한쪽만 이해하는 언어로 이야기를 나눌 때는 항상 양쪽 모두 어떤 대화가 진행되는지 알 수 있도록 바로바로 통역해줌으로써 커뮤니케이션의 투명성을 지켜야 한다(11장 4절 '통역사의 편파성' 참조).

3. 비밀유지

분야를 막론하고 통역사는 업무와 관련해서 알게 된 사실을 허락 없이 공개하지 말아야 하며 업무상 기밀유지의 책임이 있다. 자기가 통역하는 사건의 당사자 이름이나 신분을 밝히는 것도 적절하지 못하며, 통역한 사건과 관련된 언론의 인터뷰도 거절해야 한다. 해외에서는 비밀유지를 위해 통역사에게 통역하면서 사용한 메모와 노트를 반납할 것을 요구하기도 한다.

4. 기타 직무 윤리

말이 잘 통하지 않는 타지에서 같은 나라 사람을 만나면 반갑고, 특히 법률적으로 어려운 처지에 있는 사람들은 의지하고 싶은 마음이 생기는 것이 인지상정이다. 그렇기 때문에 사건 관련자들이 자신과 말이 통하는 통역사에게 도움을 호소하는 경우가 많다. 사법 통역을 많이 하다 보면 어떠한 상황에서 어떤 처벌을 받는다거나 어떤 결정이 내려진다는 식의 법률적인 상식과 경험이 쌓인다. 그래서 인지 관련자나 그 가족들은 통역사의 경험에서 우러나온 정보나 조언을 듣고 싶어 한다. 하지만 통역사는 통역 경험이나 의견에 대한 질문이나 직접적으로 조언을 요청받는 경우 사법 통역사의 직무 윤리상 개인적 의견이나 조언을 제공하는 것이 어렵다고 밝혀야 한다.

통역을 위해 어느 정도 신뢰와 협조적인 관계를 구축하면 좋지만 불필요한 기대나 의존을 하게 만들어서는 안 된다. 형사사건 피고인이나 가족을 포함하여 관련자들에게 통역사의 연락처를 함부로 알려주는 것은 부적절하다. 이것은 혹시라도 있을지 모를 불필요한 청탁에 시달리지 않기 위해서이며 통역사 개인의 신변 안전을 위해서이기도 하다. 외부에서 개인적으로 사건 관계자를 따로 만나는 것도 옳지 않다. 재판 결과에 따라 통역료를 달리 산정해주겠다는 제안도 받아들여서는 안 된다. 통역사가 소속 에이전시를 통해서 통역을 했을 경우 이후 에이전시를 거치지 않고 직접적으로 연락을 주고받으며 통역 업무를 맡는 것 역시 프로페셔널답지 않은 처사다.

직업인으로서 기본적인 에티켓이지만 통역사는 약속 시간을 잘 지켜야 한다.

통역사로 인해 지체되지 않도록 통역 업무 개시 최소한 10~15분 전까지 도착하는 것이 좋다. 전문직업인으로서 품위유지를 해야 하며 사법 통역을 하러 갈 때는 단정한 복장을 갖추고 지나치게 화려한 장신구나 화장은 피하는 것이 좋다.

법정에서 통역할 때는 법정 매너에 유의해야 한다. 공판 절차 중 변호사나 검사, 피고인이 재판장에게 말할 때에는 일어서서 말해야 하며 법정에서는 모자를 쓰거나, 껌을 씹거나 다리를 꼬고 앉아서는 안 된다. 법정에 들어가기 전에 휴대폰 전원을 꺼놓거나 무음으로 해두는 것을 잊지 말아야 한다. 법원의 허락을 사전에 받지 않은 재판의 녹음, 녹화 등은 법에 저촉된다.

같은 직업인으로서 다른 통역사를 폄하하거나 비난하는 행동을 자제해야 한다. 하지만 오역과 부적절한 행동까지 용인해야 한다는 것은 아니다. 사안에 따라, 또는 장시간 통역해야 하는 경우 한 사람 이상이 통역을 할 수도 있고, 각 당사자 측에서 통역사를 한 명씩 고용한 경우에는 상대편 통역사나 동료 통역사의 통역에 대해 모니터링을 하게 될 수도 있다. 이때 오역 또는 오역 가능성에 대해 어떻게 알릴 것인지 사전에 적절한 커뮤니케이션 방식을 정해 놓으면 효율적인 진행에 도움이 된다. 신문이나 심리가 길어질 경우 통역 품질을 위해서도 2명 이상의 통역사가 교대로 통역하는 것이 바람직하다. 이때는 각자 신청한 증인에 대한 통역을 맡거나 신문자에 따라 통역을 교대할 수 있다.

정확하게 통역하기 위해 제스처(몸짓이나 손짓)까지 따라 해야 하는지 의문이 있을 수 있다. 이에 대해서는 따라 하는 것이 좋다는 의견과 오히려 통역사가 주의를 끌게 되므로 불필요하다는 상반된 의견이 있다. 통역사가 제스처까지 따라하면 오히려 우스꽝스럽게 보이거나 통역사에게 불필요하게 관심이 집중될 수도 있다. 하지만 몸짓이나 손동작 등이 문화적으로 다른 의미를 가져서 오해의 소지가 있거나 의미가 있을 때는 제스처의 의미에 대해 알릴 필요가 있다.[9] 외국인이

9 언어 · 문화권에 따라 같은 제스처가 다른 의미를 가질 수 있다. 엄지와 검지를 붙이면 우리에게는 'OK' 라는 손짓이지만 그리스나 러시아를 비롯한 다른 문화권에서는 무례한 표현이 된다. 주먹을 쥐고 엄지만 치켜들면 영미권이나 한국에서는 좋다는 표현이지만 상스러운 욕이 되는 문화권도 있다. 마찬가지로 검지를 귀 옆쪽 머리에 대고 돌리면 한국이나 영미권에서는 제정신이 아니라는 의미로 해석하

말을 하지 않고 고개를 끄덕인다든지 하여 비언어적으로 의사표현을 할 때 이를 '예'라고 말로 통역하는 것보다는 대답을 말로 하지 않았다고 알려주거나 끄덕이면서 긍정적으로 답했다고 말하여 신문을 하는 사람이 답변을 어떻게 처리할 것인지 결정하도록 하는 것이 바람직하다(Mulayim et al., 2015: 53). 한국 문화와 달리 어떤 문화권에서는 끄덕이는 것이 부정의 답이라면 이러한 사실을 알려주어야 오해를 방지할 수 있을 것이다.

통역사의 습관적이거나 무의적인 제스처가 원진술자의 제스처와 혼동되지 않게 해야 한다. 통역사가 원래 제스처를 많이 하는 편이라면 의식적으로 자제하면서 통역해야 한다. 통역사가 원진술자가 하지 않은 몸짓이나 손짓을 하는 것도 원래 없던 내용을 추가하는 셈이 되므로 주의해야 한다. 호주 법정에서 어떤 통역사가 증인의 말을 통역하면서 잘 이해하지 못하는 부분이 있었는데 이를 밝히지 않고 통역 직후에 어깨를 으쓱하며 잘 모르겠다는 몸짓과 함께 눈을 굴리며 믿을 수 없다는 표정을 짓는 모습을 본 적이 있다(Lee, 2009d). 이는 증인이 하지 않은 동작과 몸짓일 뿐더러 통역사가 증인의 진술을 이상하게 생각한다는 표시가 될 수 있어 보는 사람에 따라 통역사의 제스처를 다르게 해석할 수 있으므로 조심해야 한다.

일반적으로 통역사는 업무를 의뢰한 의뢰인에 대한 신의를 지켜야 하지만 사법통역은 이를 초월한 중립성이 요구된다. 그렇지 않으면 의뢰인에 따라 통역사의 역할과 중립성이 모호해진다. 사법 통역사가 자신을 고용한 사람에 대한 충성도를 중립성보다 앞세우면 경찰 통역을 할 때 보조수사관 또는 경찰의 보조자가 되고, 사선변호인을 선임한 형사피의자의 통역을 할 때는 피의자의 보조자가 되는 모순이 생긴다.

지만 네덜란드에서는 누가 전화했다는 뜻이 된다(de Jongh, 1992: 59). 타문화를 잘 알지 못하면 비언어적 커뮤니케이션을 자언어 및 문화를 기준으로 잘못 해석할 수 있다.

4장

사법 통역사의 지위와 역할

1. 사법 통역사의 지위와 보수

경찰, 검찰, 법원을 포함한 사법기관들은 통역인력풀을 지역 기관별로 확보하여 통역 수요에 따라 건별로 통역을 의뢰하며 기관별로 통역인력 운용에 차이가 있다(이지은, 2014, 2015b). 민사사건을 제외한 대부분의 사법 통역은 개인 자격으로 혹은 에이전시를 통해 사법기관이 직접 통역 업무를 맡긴다.[1] 국내 법원과 경찰에 등록된 통번역인은 수천 명이며,[2] 사법기관의 통번역인 명부에 올라가지 않은 통역인까지 고려할 때 사법 통역 경험자의 수는 적지 않다.

---

1 외국에서도 사법 통역사는 주로 프리랜서로 활동한다. 미국을 제외하면 통역사가 법원 상근직으로 근무하는 경우는 해외에서도 드물다. 통역사 또는 사법 통역사 인증제도가 있는 스웨덴, 호주, 뉴질랜드 등의 국가에서는 에이전시나 법원의 사법 통역사 명부에 등재된 통역사가 필요한 경우 사건별로 통역을 맡고 시간별, 반일 또는 전일제로 통역료를 지급받는다(이지은 외, 2014).

2 《연합뉴스》 2016년 2월 15일 기사 〈법정에 서는 외국인 늘고 다양…법정 통역 수준 어디까지〉는 2015년 기준 대법원에 등록된 통역인을 29개 언어 1,736명으로 보도했다. 이지은(2014)에 의하면 2014년 초 기준 경찰의 민간인 통역요원도 3,000명을 상회했다.

표 2. 통역료

기관	통역료
경찰	• 시간당 3만 원(소수 언어 시간당 3만 5천 원) • 일당 2만 원 • 일반적으로 1회 3~4시간 통역
검찰	• 시간당 2만 5천 원(초과시간 10분 단위로 1/n 방식으로 지급) • 일비 2만 5천 원 + 약간의 교통비(관내 통역이 아닐 경우 통역인 식비 지급) • 1회 3~4시간 통역이 일반적
법원	• 신건 30분 7만 원(속행 5만 원, 초과시간 30분 단위) • 교통비 포함 일비 6만 원 • 일반적으로 1회 1시간 이내 통역이나 공판 진행에 따라 대기시간이 있음(대기시간에 대한 통역료나 통역 취소된 경우 통역료 미지급)
법무부 난민과	• 30분당 2만 5천 원 • 일반적으로 1회 평균 3~4시간 통역

현재 사법 통역에 종사하는 인력에는 전문적인 교육을 통하여 통역 기술과 직무 능력을 갖춘 통역사도 있지만 전문 통역 교육 없이 외국어 전공이나 유학 및 해외 거주, 통역 경험 등을 인정받아 통역을 하게 된 사람이 더 많고, 특히 이주민 언어의 경우 한국어 능력과 국내 거주 경험을 토대로 통역을 시작하는 경우가 대부분이다(김진아, 2008; 이지은, 2012a, 2014). 같은 전문 통역 교육을 받은 통역사 간에도 통역 기량에 차이가 있듯, 통역 교육 경험 없이 사법 통역을 하는 경우 개별 실력 및 통역 수행 방식의 차이가 크다.[3] 사법 통역 서비스의 품질을 제고하고 사법현장에서 활동하는 통역사들의 전문성을 향상하기 위해 사법 통역에 대한 교육과 자격인증, 그리고 통역료 인상을 포함한 처우 개선이 필요하다.

사법 통역이 전문성을 인정받지 못하고 있다는 사실은 사법기관이 지급하는 통역료에서 단적으로 드러난다. 민사 또는 특허소송과 같은 일부 분야를 제외한 대부분의 사법 통역의 경우 사법기관에서 책정한 통역료를 받는다(2016년 기준 국가기관에서 지급하는 통역료 수준은 표2와 같다). 현행 요율은 비즈니스 통역이나 국제회의통역에 비해 훨씬 낮다. 사법 통역은 일종의 공공서비스 영역에 속하기 때문

3 전문 통역사가 아닌 통역인에 의한 국내 사법 통역 담화분석 연구결과가 이를 뒷받침하며(Lee, 2010, 2014, 2015b, 2015c; 이지은, 2011a, 2012a, 2013 등), 실제 법원에 등록된 통번역인들을 대상으로 한 판결선고 순차통역 평가에서는 수많은 오류가 발견되었다(이지은 · 장원경, 2015).

에 다른 국가에서도 그리 통역료가 높은 편은 아니지만 다른 분야 통역에 비해 매우 낮기 때문에 사법 통역분야에 전문인력을 유인하기 어렵다(임창호, 2008; 이지은, 2012a). 그마저도 당사자 불출석 등으로 통역을 하지 못하게 되거나 공판 진행의 지연으로 대기시간이 길어진 경우에 적절한 보상이 없어 개선이 필요하다.

한편 민사사건일 경우 클라이언트가 직접 통역사를 섭외하는 경우가 대부분이고 소송자들이 사례비를 직접 지급하므로 편차가 있지만 대체로 보수가 높다. 국내외 민사소송 통역에 참여하는 전문 통역사들은 국제회의 통역료에 상응하는 보수를 지급받는다. 대신 통역하는 내용이 일반적인 형사사건이나 난민사건보다 훨씬 기술적이거나 전문적이라는 특징이 있다.

2. 사법 통역사의 위치

커뮤니케이션 상황에서 통역사의 위치에 따라 대화의 구도와 상호작용도 영향을 받는다(Jacobsen, 2012; 이지은 · 장원경, 2016). 통역할 때는 모든 대화 참가자가 잘 보이고 잘 들리는 위치에 자리해야 한다. 사법 통역을 포함한 커뮤니티 통역은 면대면으로 대화통역이 이루어지는 특성상 통역사의 위치가 여러모로 중요하다.

사법 통역을 포함하여 중립성을 강조하는 커뮤니티 통역에서는 통역사 한 명이 쌍방을 통역하는 대화통역 상황이기 때문에 한쪽에 치우치지 않고 삼자가 삼각구도를 이루는 것이 효과적인 커뮤니케이션에 도움이 된다는 의견이 지배적이다(그림 8 참조). 편의상 통역이 필요한 사람을 '외국인', 인터뷰를 진행할 사법기관을 '면담자'로 표시했다. 통역사가 대화를 나누는 사람들로부터 동일한 거리에 떨어져 앉으면 양쪽 당사자의 말과 표정까지 볼 수 있기 때문에 언어적, 비언어적 정보를 쉽게 볼 수 있어 통역사로서 소통이 원활하다.

국내 수사기관에서는 통역인이 조사하는 사람을 마주하고 피의자나 증인과 같은 방향을 향해 나란히 앉아 통역하는 것이 일반적이다. 이때 옆 사람의 표정을 통역사가 잘 볼 수 없고, 옆에 앉은 사람과 가까운 느낌을 주어 피의자가 통역사

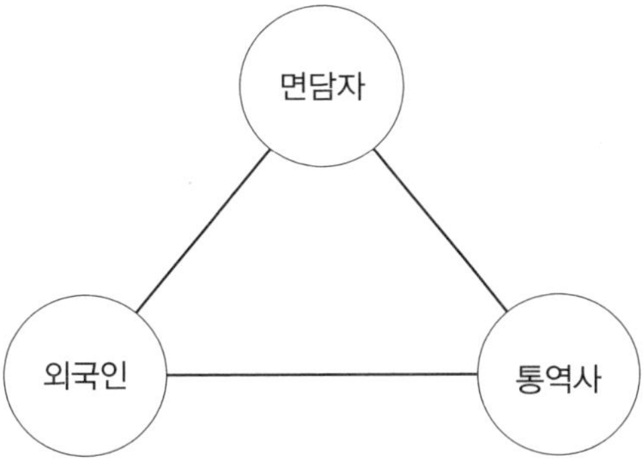

[그림 8] 바람직한 삼각구도 커뮤니케이션

에게 의존하게 만드는 경향이 없지 않다.

재판장, 피고인, 증인, 검사, 변호인 등과 같은 재판 참가자의 자리가 정해져 있는 법정에서 통역인의 위치는 고정되어 있지 않다. 대부분의 재판에서는 통역이 불필요하며 통역사가 모든 재판에 필요한 고정 인력이 아니기 때문에 재판정마다 통역사 자리에 차이가 있을 수 있다. 피고인을 위해 통역할 경우 피고인석 옆에 앉아서 통역하기도 하고 증인석에서 앉아 피고인 통역을 하기도 하며, 증인 신문을 통역할 경우 증인석 옆에서 통역을 하거나 피고인 옆에 앉아서 통역하기도 한다. 또한 선고기일에는 통역인이 증인석에 앉아서 통역하기도 하지만 선고를 받는 피고인 옆에 같이 서는 통역인도 있었다.

미국의 법정에서는 최대한 통역을 필요로 하는 사람과 가까이 자리하라고 권고한다. 떨어져 앉을 경우 즉각 통역하기 어려운 상황도 있을 수 있기 때문이고 귓속말로 통역을 할 필요도 있기 때문이다. 다만 피고인석 옆자리는 통역사에 대한 피고인의 심리적 의존도와 밀착도가 높아질 우려가 있으며(Morris, 1999: 10), 통역사에게 신체적 위협이 될 위험이 있다. 특히 강력사건의 경우 심리적으로나 신체적으로 통역사의 안전을 보호할 수 있는 방안을 강구할 필요가 있다. 일본의 법정에는 재판장 앞에 위치한 법원사무관 옆에 통역사석이 지정되어 있다(이지은·장원경, 2016: 267). 일본 형사법정에서는 통역사가 재판부 앞쪽에 방청석을 향해 앉도록 되어 있어 법원의 보조자라는 느낌을 주는 데에는 효과적이나 통역할 사람과 가깝지 않아 불편한 점도 있다. 통역사의 위치는 통역 커뮤니케이션에 여러 영향을 미칠 수 있기 때문에 법정에서도 통역사의 역할과 중립성을 상징하는 위치 선정이 필요하다.

3. 사법 통역사의 역할과 중재

사법 통역사의 가장 핵심적인 역할은 통역을 필요로 하는 사람과 사법기관 간의 언어 장벽을 해소함으로써 차별 없이 동등한 입장에 설 수 있도록 하는 것이다(Mikkelson, 2000: 2). 사법 통역사는 언어가 다른 법률절차 참가자들 간의 커뮤니케이션을 가능하게 해주는 전문가이다(Laster and Taylor, 1994; Gonzalez et al., 2012; Lee, 2009a 등). 사법 통역사의 역할은 언어가 통하지 않는 양자 간의 커뮤니케이션을 원활하게 하는 것이지, 통역이 필요한 사람을 도와주는 것이 아니다. 사법 통역은 관련 지식을 포함한 통역 능력과 직업윤리를 요구하는 전문적 일이다. 통역에 대해 잘 모르는 사람들은 통역이 코드 치환 같아서 대응되는 단어로 바꾸기만 하면 된다고 생각하곤 한다. 직역이 통할 때도 간혹 있지만 대부분 그렇지 않으며 오히려 직역이 오역에 가까울 때가 많다. 특히 관용적인 표현과 속담 등은 직역이 불가능하며 관습, 신념, 생활방식, 역사, 지리, 기후, 음식, 사회 문화와 밀접한 언어적 표현을 다른 언어로 통역하는 일은 쉽지 않다. 법률 전문가들은 사법 통역사가 해석과 법률적 판단을 배제한 채 문자 그대로 말을 다른 언어로 전달하는 역할에 충실하기를 기대하는 경향이 강하다(Morris, 1999; 2008, 2009; Lee, 2009a). 하지만 직역 또는 축어역(逐語譯)은 정확한 통역이 아니다. 오히려 의미가 왜곡될 수 있기 때문에 통역사는 항상 맥락 속에서 의미와 의도한 효과에 가장 가까운 표현을 선택하여 통역해야 한다. 통번역은 단어의 일대일 치환이 아니다.

단일 언어로 진행되는 절차와 달리 통역사가 참여할 때는 여러 가지 의미의 변화나 왜곡을 포함하여 통역사의 존재가 원하지 않는 영향을 미칠 수 있다. 이를 의식하는 법률 전문가들은 사법 절차에 참여하는 통역사의 역할에 대해 대체로 보수적인 의견이다(Morris, 1999; Lee, 2009a; 이지은, 2012a). 심지어 직접 커뮤니케이션이 불가능하기에 어쩔 수 없이 통역을 해야 한다며 통역을 필요악으로 간주하는 시각도 있다(Laster and Taylor, 1994).

법원과 변호사, 검사, 그리고 통역이 필요한 당사자들이 가지고 있는 통역사에 대한 기대는 조금씩 다를 수 있다.[4] 사법 통역사의 역할에 대한 서로 다른 기대는 통역 업무에 직접적인 영향을 미친다. 또한 사법 통역사 스스로 자신의 직업적인 역할에 대해 어떻게 인식하느냐도 중요하다. 특히 통역에 의존하는 이주민이나 청각장애인은 통역사들이 자신들의 권익을 대변하고 적극 도와주기를 바라는데, 사법 통역사가 한쪽의 기대만 충족시킨다면 통역사로서 중립성과 직업 정체성을 잃게 된다. 이러한 점에서 통역사의 역할에 대한 상충하는 기대는 통역사의 업무 수행에 고충이 될 수 있다. 사법 통역과 통역사의 역할에 대한 이해가 부족한 사람들과 일하는 것도 애로 사항에 속한다. 통역사가 원칙대로 통역하면 별로 달가워하지 않는다든지, 눈치껏 도와주기를 바라는 분위기와 무언의 압력은 사법 통역사에게 부담으로 작용한다. 따라서 가능하면 통역을 시작하기 전 쌍방 모두에게 통역사로서 모든 내용을 정확하고 빠짐없이 통역할 테니 통역되기를 원하지 않으면 말하지 말라고 미리 자신의 역할을 안내하고, 통역하는 도중 이해되지 않거나 불확실한 부분은 확인을 요청하겠다고 통역의 원칙을 알려주는 것이 적절하다.

언어와 문화는 서로 불가분의 관계를 가지며 언어 · 문화적 차이로 인해 통역사의 중재나 개입이 필요할 경우가 있다. 통역이 다른 언어 사용자들 간의 의사소통을 가능하게 한다는 데에는 이견이 없지만 사법 통역사의 문화중개 역할에 대해서는 의견 차이가 존재한다. 사법 통역사의 역할을 철저하게 언어적 전달자로 한정하는 입장에서는 통역사가 언어적인 요소만 전달하고 최대한 직역에 가깝게 통역하는 것을 정확한 통역이라고 간주하며, 손짓이나 표정, 목소리 톤 등 비언

4 예컨대 수화통역사의 경우 장애인 보호와 복지 차원에서 평등한 사법참여를 보장하는 데 부족함이 없도록 특별히 통역사의 중재 역할이 부각된다.

어적 표현은 통역 범주를 벗어난다고 여긴다. 이러한 관점은 감정과 판단이 배제된 기계적인 통역을 중립적이고 정확한 통역으로 보기 때문에 통역사가 설명하거나 확인을 할 필요가 없다고 본다. 그렇지만 이 경우 문화적 차이나 언어적 차이로 인한 오해를 해소하는 데 어려움이 따른다. 반면 사법 통역사의 문화중재를 적극적으로 지지하는 입장은 양쪽 문화를 이해하는 통역사의 적극적인 개입과 설명이 필요하다고 보며 특히 난민심사에서와 같이 취약한 집단을 대할 때 이러한 역할의 중요성을 강조한다. 그러나 문화중재를 지나치게 기피하거나 적극 장려하는 극단적인 입장 모두 문제가 있다. 앞서 언급한 대로 통역사가 기계적으로 언어적인 요소만 통역한다면 문화적 오해나 언어적 차이에서 오는 불충분한 소통이 문제가 될 수 있으며, 반대로 사법 통역사가 통역의 경계를 넘어서 변호 내지 옹호를 하거나 자기 의견을 개진한다면 통역의 정확성과 중립성이 훼손될 수 있다. 통역사가 난민과 이주민의 옹호자 역할을 해야 한다는 주장은 통역사의 직업 정체성에 정면으로 배치된다(이지은, 2015a; Bancroft et al., 2015).

사법 통역에서 오해의 소지가 있거나 언어적, 문화적 차이로 명쾌한 통역이 어려울 경우 통역사로서 이를 알리는 것이 적절한 문화중재와 개입이다. 통역하는 두 언어와 문화 사이의 차이가 크면 말만 옮겨서는 뜻이 전해지지 않을 때가 많다. 이해하기 쉽도록 몇 가지 예를 들어 설명하겠다.

문화 차이가 큰 대표적 사례가 이름과 친족관계이다. 중동이나 아프리카 지역에서 사용하는 이름은 매우 길지만 이름이 짧고 성과 이름의 구분이 없는 문화도 있다. 필자가 만난 인도네시아인 수산토는 수산토가 성이자 이름이다. 호주에 온 수산토는 출입국 관리의 '성이 무엇이냐?'는 질문란에 '수산토'라고 답하고, First Name(이름)과 Middle Name(중간이름)란에 각각 '수산토'라고 답했다. 그랬더니 호주인 관리가 자신을 호명하면서 풀네임(성명)을 '수산토 수산토 수산토'라고 불렀다고 한다. 그의 마을에서는 자기 부친도 수산토지만 마을 사람 누구도 헷갈리지 않는다며 성과 이름이 하나인 사람이 흔하다고 한다. 위 호주 관리가 수산토의 성명을 '수산토 수산토 수산토'로 공식문서에 기재하는 상황이 발생한다면 오해와 오류를 방지하기 위해 통역사가 이름과 관련해 문화 차이가 있다는 점을 알리고,

수산토의 성과 이름이 하나임을 밝힐 필요가 있다. 물론 그렇게 말한 후에는 수산토가 이해하는 언어로 그에게도 알려주어야 한다.

한국 문화와 관련된 예를 하나 더 들겠다. 호주에서 있었던 위증교사사건의 한국인 증인에게 반대신문 도중 피고인의 호주인 변호사가 한국인 아무개를 아는지 질문했다. 정황상 증인이 아는 사람인 것 같은데도 이 증인은 모른다고 했다. 한국 문화를 자세히 알 리 없는 호주인 변호사가 한국인의 이름 세 글자 중 하나를 공식적으로만 사용하는 중간이름으로 생각하고 물었던 것이다. 예를 들어 박정호(Jung Ho Park)라는 사람을 가리키며 'Ho(호)'를 생략한 채 "Do you know Jung Park?(정박을 아세요?)"라고 질문한 것이다. 그의 한국 이름 발음 또한 부정확했기 때문에 '중박'이라는 이름을 듣고 증인이 박정호라고 생각하지 못했을 수도 있다. 증인의 부인은 그를 더 비협조적인 증인으로 보이게 했지만 그가 의도적으로 모른다고 했는지, 정말 몰라서 모른다고 했는지 알 수 없다.

신문 중 통역사가 개입하기 곤란한 상황이라고 생각되면 휴정동안 변호사에게 알려줄 수 있고, 이를 다시 신문할지 여부를 변호사에게 판단하게 할 수 있다. 사안에 따라 이 증인이 모른다고 부인하는 것이 유리하다고 판단한다면 이러한 정보를 통역사로부터 듣고도 변호사가 별다른 반응을 하지 않을 수도 있다. 이렇듯 문화나 언어에 대한 정보는 재판이나 법률적인 문제와 얽혀 있기 때문에 통역사가 이를 밝히느냐의 여부가 미묘한 파장을 불러일으킬 수 있다.

이름만큼 문화적인 것이 친족관계이다. 한국이나 현대 서양사회에서는 사촌 간의 혼인이 금기시되지만 사회관습상 아직 허용되는 지역도 있다. 이러한 사실을 모른 채 영국의 난민심사관은 벵갈족 부부를 각각 신문하면서 아내와 남편 모두 동일한 사람을 자기 할아버지라고 부르는 것을 이상하게 여기고 난민 신청자의 진술에 모순이 있다고 판단했다(Good, 2007). 두 사람이 사촌지간이라 할아버지가 같다는 사실이 드러나기까지 시간이 걸렸는데, 때로는 이와 같은 문화적 오해가 뒤늦게 밝혀지는 경우도 있다.

호칭도 문화 차이를 잘 보여준다. 한국어는 형과 아우 구분이 확실하지만 영어는 위아래 구분 없이 'brother'를 사용한다. 필자가 법정에서 외국인 피고인을 통역하면서 'brother'를 형인지 아우인지 몰라서 '형 또는 아우' 라고 통역했다. 그러자 검사는 피고인이 수사기관에서 조사받을 때에는 같은 사람을 동생이라고 했는데 법정에서는 '형 또는 아우'라고 한다며 피고인의 말이 바뀐다고 주장하여 통역사로서 이는 영어 'brother'를 한국어로 통역하는 과정에서 생긴 문제라고 밝혀야 했다. 통역사가 이러한 사실을 밝히지 않으면 외국인 피고인은 신빙성이 부족해 보이거나 거짓말쟁이로 보이기 십상이다.

나이와 직급이 중요한 한국 문화에서는 윗사람과 아랫사람의 구분이 명확하다. 서양에서는 나이 차이가 많아도 친구(friend)가 될 수 있으나 아직도 많은 한국 사람들은 동갑일 때 친구라고 생각한다. 필자가 호주 법정에서 통역하면서 겪은 에피소드 중 하나는 '친구'라는 호칭과 관련된 일이다. 증인의 변호사가 증인의 가까운 선배를 당연히 친구 사이라 생각하고 증인에게 아무개와 친구 사이냐고 질문했다. 그런데 증인은 친구가 아니라 선배라고 답해 변호사를 당황하게 했다. 한국적 사고로는 선배가 친구는 아니라고 생각할 수 있지만 서구에서 그런 관계는 친구이기에 문화적 이해가 없으면 증인의 답변이 의아할 수 있다.

양쪽 문화에 대해 아는 사람의 중재와 개입 없이는 문화 차이를 알기 어렵다. 필자가 호주에서 경험한 민사사건에 한국인 간의 곗돈 문제와 관련된 채무변제소송이 있었다. 한국인들의 계는 현대 서양사회에서 찾아보기 힘들다. '계'를 영어로 단순히 'loan club'이라고 한다면 외국인이 쉽게 이해할 수 없을 것이다. 따라서 이에 대해 통역사가 직접 설명하기보다는 당사자의 입이나 변호사를 통해 설명이 이루어지도록 하는 것이 적절하다.

신체 부위를 부르는 언어 및 문화에도 차이가 있다. 타밀어는 발목, 발뒤꿈치, 무릎의 구분은 있지만 발과 다리를 모두 '칼(kal)'이라는 단어로 쓰는데 영국에서 난민 신청을 한 타밀어 사용자가 자신이 다쳤던 신체 부위를 말하면서 '칼'이라고 했다. 이를 어떤 통역사는 '발(foot)'로 통역하고, 이후에 통역해준 다른 통역사는 '다리(leg)'라고 통역함으로써 타밀어로는 같은 진술이 영어로 다르게 통역되어 진술의 불일치로 오해받은 사례가 있었다(Good, 2007: 181). 얼핏 보기엔 단순한 언어 또는 문화적 문제가 사법 통역 상황에서 복잡하게 꼬여 법률적 영향을 미칠 수 있다(11장 5절의 '이언어 · 문화 간 커뮤니케이션' 참조). 이렇듯 의미상 차이를 가져와 오해를 낳을 수 있는 언어적 문제는 통역할 때 유의해야 하고, 필요할 경우 통역사가 오해 가능성을 밝혀야 한다.

문화적 차이와 관련된 오해는 두 언어와 문화를 잘 아는 사람만 인지할 수 있다. 통역사가 오해를 방지하고 이해를 도모하기 위해 문화 차이에 대해 주의를 환기하는 것은 가능하다. 그렇지만 통역사가 언어 전문가 또는 문화 전문가의 역할을 할 수 있는지에 대해서는 통역사의 학력, 경력 등 자격에 따라 판단이 달라질 수 있다. 통역사의 상식 수준에서의 지식이 정확하다는 보장도 없고 개인의 주관과 편견이 개입될 수 있으므로 만일 재판에서 이슈가 되는 통역문제나 중요한 문화적인 측면에 관해 확인이 필요하다면 통역을 하고 있는 통역사가 아닌 다른 통역사나 해당 분야 전문가의 의견을 청취하는 것이 바람직하다. 만일 그러한 절차를 밟지 않고 재판부가 통역사에게 문화적 지식을 요구하면 '저는 통역사이지 문화 전문가가 아니기 때문에 적절한 답이 되지 않을 수 있다.'라고 원론적인 답변을 하고, 그래도 요청이 거듭된다면 '제가 틀릴 수도 있다.' 또는 '정답이 아닐 수도 있다.'라고 전제한 후 아는 한도에서 답변을 해야 한다. 이에 대해서는 이후에 다룰 사례 연구를 통해 통역사의 개입과 중재에 대해 다시 살펴보기로 하고 이제부터는 문화중재를 제외하고 일반적으로 사법 통역을 할 때 흔히 겪게 되는 어려움을 짚어보겠다.

5장

사법 통역의 어려움

1. 전문 용어

사법 통역을 할 때 통역사들이 가장 큰 어려움을 겪는 것은 전문 용어이다(이지은, 2012a: 104). 사법 통역에서는 법률 용어가 자주 사용되지만 그 외에도 사안에 따라 의학 용어를 포함한 다양한 분야의 전문 용어가 사용될 수 있다. 법률은 한 나라의 언어와 문화, 사회관습, 가치체계 등을 담고 있기 때문에 다른 언어 · 문화권에서 온 사람에게 법률적인 내용을 통역해주는 것은 단순한 언어적 전달 이상을 요할 때가 있다. 법률 용어의 경우 법문화와 체계가 다르기 때문에 대응어가 없는 경우가 많다. 직권주의 대륙법체계 국가에서 온 사람에게 당사자주의 재판에서의 신문은 매우 낯설고 혼란스러울 수 있으며, 당사자주의 재판제도를 운영하는 나라라고 해도 사법권마다 큰 차이가 있다.

한국인이라 해도 법률 전문가가 아닌 일반인에게 법률 용어는 상당히 이해하기 어렵다. 예를 들어 '배상'과 '보상'이 다르고, '각하'와 '기각'이 다르다.[1] 언어에 따라 이에 대응하는 외국어 표현은 같을 수도 있다. 한편 영미계 법원의 'magistrate'

는 예비심리를 담당하거나 주로 경범죄를 처리하는 판사로 법제도 차이로 한국어로 적절한 대응어를 찾기 어려워 치안판사 또는 예심판사라고 흔히 번역한다. 이렇게 비교적 알려진 단어도 있지만 그렇지 않은 단어도 있어 통역사의 발 빠른 임기응변이 필요한 경우도 있다. 만약 전문 용어를 통역하기 어렵다면 해당 용어를 사용한 전문가에게 쉬운 말로 설명해줄 것을 요청한 다음 통역하는 것이 안전하다.

2. 맥락 정보 부족

사건에 대한 정보 부족은 외부자인 통역사가 통역을 할 때 어려움을 가져올 수 있다(이지은, 2012a: 105). 사법 절차에 참여하는 다른 참가자보다 통역사가 알 수 있는 사건에 대한 정보는 제한되는데, 이때 마디 또는 문장 단위로 짧게 통역을 하면 오류를 범할 가능성이 있다. 특히 순차통역에 비해 비교적 짧은 단위의 정보를 통역하는 대화통역에서는 맥락(context) 정보가 빈약할 때 의미 해석에 제약이 생긴다(Hatim and Mason, 1997: 50; Lee, 2009b: 95, 106). 사건에 대한 정보를 미리 제공하면 통역사가 예단하게 되어 통역의 중립성을 침해할 가능성이 있다는 우려 때문에 통역사에게 사전에 충분한 정보를 제공하지 않는 경향이 있다.[2] 사법통역사 자격 제도가 없는 상황에서 비전문 통역인을 주로 접해온 법조인들이 통역사의 공정성 내지 중립성에 대해 우려하는 것에도 일리가 있지만 사전에 관련 정보를 제공 받는 것은 통역 업무에 있어 일반적인 관행이며 통역 품질을 위해 필

1 배상은 불법행위로 타인에게 손해를 끼친 경우, 보상은 적법행위로 인한 피해에 대한 것으로 그 원인 행위가 다르다. 소의 각하는 본안심리 전 소를 제기하는 것이 부적법한 경우로 법이 정한 절차에 따라 다시 제소할 수 있다. 이에 비해 청구의 기각은 본안심리를 해서 청구가 옳고 그름을 가린 뒤 내리는 판결로 항소/상고하지 않으면 판결로 확정된다. 쉽게 말해 기각판결은 원고가 졌다는 의미이며 인용판결은 반대로 원고가 이겼다는 의미이다.

2 설문조사에 참가한 한 검사는 사건에 대해 이해하고 들어가면 통역이 더 매끄럽게 진행되나 통역사의 중립성을 담보할 수 있는지 의문이 든다며 정확성과 공정성이 일종의 반비례 관계 같다는 의견을 제시했다(이지은, 2012a: 106).

요하다. 또한 통역사는 항상 업무와 관련해 알게 된 사실에 대해 기밀을 지키는 것이 기본적인 직업윤리임을 고려할 때 통역사의 공정성과 전문성에 대한 신뢰 부족 역시 현재 사법 통역사라는 직업이 전문화되어 있지 않은 구조적 문제에 기인하는 것으로 보인다.

사건 정보는 넓게 보면 맥락 정보에 해당한다. 맥락 정보의 부족은 때로 이해와 통역에 어려움을 야기할 수 있다. 예컨대 "배 참 좋다"라는 말을 맥락 없이 듣는다면 정확한 통역을 위해 '배'의 의미를 확인해야 한다. '배'는 적어도 세 가지 의미를 가진다. 과일가게나 과수원에서 탐스러운 배를 보고 말했을 때와 항구에서나 바다에서 선박을 보고 감탄할 때, 또는 보디빌더의 복근을 부러워하며 하는 말일 때 각각 다른 의미로 '배'를 옮겨야 하기 때문에 맥락 확인 없이는 정확한 통역이 불가능하다. 특히 한국어는 의미 파악에 맥락이 중요한 간접 커뮤니케이션을 선호하는 편이다. "그놈 참 빠르네."라는 말의 의미는 맥락에 따라 완전히 달라질 수 있다. 올림픽에서 100미터 금메달을 딴 육상선수를 보며 하는 말일 수도 있고, 매우 굼뜨거나 느린 사람을 보며 반어적으로 말한 것일 수도 있다. 하지만 이 경우에는 맥락에 따른 정확한 의미는 몰라도 말 그대로의 통역은 가능하다.

또한 "그 사람 언제 옵니까? 외국에 공부하러 가 있다면서요?"라는 문장을 외국어로 통역한다고 생각해보자. 언어마다 다르겠지만 별다른 맥락 정보 없이 영어로 통역해야 하는 상황에서 첫 번째 문장은 별 문제가 없으나 두 번째 문장을 통역하려면 주어에 해당하는 사람의 성별을 알아야 자연스러운 언어 표현이 가능하다. 일반적으로 영어에서는 두 번째부터는 인칭대명사로 지칭하기 때문에 보통명사 '사람(the person)'을 반복적으로 쓰면 어색하다.

한국어는 담화관습상 화자가 주어, 목적어 등을 생략하고 말할 때가 많다. 통역이 개입되지 않은 한국인 간의 대화에도 이러한 상황이 심심찮게 일어난다. 다음 대화를 살펴보자.

남: 이 사람 언제 옵니까?
여: 집 고친 후에 온대요.

여기서 집을 고치는 사람이 누구며, 누구의 집인지에 대한 맥락이 없어 여자의 말만으로는 의미가 불명확하다. 그래서 아래와 같은 다양한 해석이 가능하다. 여기에다 '온대요'는 이 말을 당사자에게 직접 듣지 않았을 가능성까지 더한다.

① 그는 자기 집을 고친 후 올 것이다.
② 그는 불특정인의 집을 고친 후에 올 것이다.
③ 내가 나의 집을 고친 후 그가 올 것이다.
④ 내가 불특정인의 집을 고친 후에 그가 올 것이다.

우리는 언어를 경제적으로 사용하기 때문에 일상 언어에서는 불확실성을 배제하기 위해 모든 의미를 명시적으로 밝히지 않는다. 이에 비해 법률 언어는 의미의 불확실성을 배제하기 위해 최대한 상술하는 편이다. 그래서 법률 언어가 더욱 복잡하고 기술적이나 법률 조문에서도 의미 해석의 문제는 발생한다. 의미 해석과 이해를 포함한 커뮤니케이션은 인간 언어의 영원한 숙제다. 하지만 다른 어떤 직업보다 통역사들이 이 언어적 의미의 불확실성과 모호성 문제를 자주 겪는다고 할 수 있다.

3. 방언

방언과 사투리 억양도 익숙하지 않은 사람에게는 통역할 때 어려움으로 작용한다. 외지 사람이 제주도 방언이나 경상도 사투리를 이해하기 힘든 것처럼 스페인어, 아랍어, 중국어 등은 같은 언어라고 해도 지역별로 큰 차이가 있다. 영어만 하더라도 미국식 영어와 영국식, 호주식 영어의 차이가 있다. 미국에서 'thong'은 앞뒤 트이고 납작한 슬리퍼, 속칭 '쪼리'를 가리키지만 호주, 영국 등 다른 영어 사용 국가에선 '끈 팬티'를 가리킨다. 'plunger'도 어떤 지역에서는 화장실 변기 뚫는 고무마개를, 다른 지역에선 커피나 차를 내리는 투명한 유리그릇을 뜻한다. 스페인어 동사 'coger'는 영어의 'take'라 보면 되는데, 아르헨티나에서는 '성교하다'는 뜻으로 사용하여 혼동을 일으킬 수 있다. 아랍어도 모로코에서부터 이라크까지 이란을 제외한 중동지역에서 사용되지만 문어는 비슷해도 발음, 통사, 의미의 차이가 크다. 그러므로 지역별 언어의 차이에 대해서도 유의하여 같은 언어를 사용하는 통역사를 섭외해야 하며 외국인과 통역사가 서로 이해할 수 있는지 확인이 필요하다. 아랍어 통역이 필요한데 페르시아어 통역사를 불렀다든지 통역사가 사용하는 언어가 해당 언어가 아닐 경우에는 이러한 언어적 차이를 밝히고 해당 언어와 방언을 구사하는 통역사가 통역하도록 해야 한다.

4. 논리 결여 및 발화 오류

앞서 사법 통역은 원진술의 특징을 최대한 보존해야 한다고 강조했다. 법률 용어를 포함하여 전문적인 내용도 사법 통역사에게 스트레스 요인이 될 수 있지만 일반인, 특히 교육 수준이 낮은 사람들의 말을 통역하는 것도 쉽지 않다. 애매모호하거나 비논리적인 진술도 매우 통역하기 어렵다(Hale, 2004; Lee, 2009b; 이지은, 2012a: 105). 증인 또는 피고인의 말이 문법에 맞지 않고 논리적으로도 앞뒤가 안 맞아 횡설수설할 때 정확하게 이를 재생하여 통역하기란 어렵다. 사법 통역을 위해서는 문법적으로 틀리거나 비논리적인 말, 더듬거리는 말 등 다양한 스타일의 말을 충실하게 통역하는 훈련을 해야 한다. 준비한 원고를 읽는 것이 아닌 즉흥적인 발화에는 구어적 특성, 다시 말해 휴지(pause)를 비롯하여 이미 말한 것을 다시 고쳐서 말하기(self-correction)와 같은 발화 오류(linguistic disfluency)가 나타날 수 있다. 때문에 자신의 발화 오류를 줄이고 최대한 매끄럽고 자연스러운 전달을 목표로 노력해야 한다. 사법 통역에 나타난 발화 오류는 정확한 통역의 산물이어야 하며 통역사의 언어적, 인지적 문제로 나타난 오류여서는 안 된다.

5. 이의제기

당사자주의 재판에서는 증인 신문 동안 양당사자의 법정대리인 즉 변호사 간에 공방이 치열할 때가 있다. 자기편에 불리한 증언을 피하기 위해 신문 동안 이의를 제기하여 질문이나 진술 또는 증언에 제동을 걸 수 있다. 때로 답변을 통역할 때 이의가 들어와 중단해야 하는 경우가 있다. 이러할 때 통역사는 증인에게 중단하는 즉시 통역을 해주어 이의에 대해 설명해주는 것이 바람직하다. 예를 들어 증인이 사용한 표현에 대한 이의제기라면 이의에 대해 통역을 해주지 않으면 같은 표현을 계속 사용하여 문제가 반복되는 경우가 발생할 수 있다. 증인이 이미 답을 다 해버린 상태에서 통역 중 이의제기가 들어왔다면 곧바로 통역하지 말고 재판장의 지시를 기다린 후 지시에 따라 통역해야 한다(Colin and Morris, 1996: 83). 재판장이 이의제기를 받아들이지 않으면 통역사는 즉시 하던 통역을 재개해야 한다. 한국법정에서 참관한 필자의 경험에 따르면 반대편의 이의제기로 증인 신문이 중단되는 일은 첨예하게 다투는 주요 사건의 재판에서나 볼 수 있었다. 또한 영미 당사자주의 재판과 달리 한국 법정에서는 재판장이 증인 신문에 개입하거나 보충질문을 하는 경우도 흔한 편이다. 재판장의 보충신문은 물론이며 재판장이 증인이나 변호인에게 하는 말을 포함하여 절차에 관한 진행발언도 신속하게 통역해줌으로써 통역에 의존하는 증인이나 피고인이 언어적으로 소외되지 않도록 해야 한다.

6. 의성어

사건 당시 상황에 대한 목격담을 증인의 입을 통해 듣고자 할 때 의성어를 사용하는 경우가 있다. 국민참여재판이었던 2012년 소말리아 해적재판에서는 총성에 대한 묘사가 다양하게 이루어졌다. 총기류에 따라 총소리가 다를 수 있다. 선원들이 당시 총소리를 묘사하는 증인신문 과정에서 사용된 '탁탁탁', '드르륵', '다라

락', '타다닥', '탁탁', '탕탕탕'과 같은 의성어를 어떻게 통역하는 것이 좋을지 고민해볼 만하다. 만일 외국인 증인에게 들은 소리에 대해 "'탕탕' 소리를 들었습니까? '탁탁' 소리를 들었습니까?"라고 질문했다면 이 의성어는 한국어이기 때문에 해당 언어 사용자가 이해할 만한 의성어로 바꾸어야 한다. 국내에서 총기 사고 관련 사법 통역을 할 일은 많지 않겠지만 총소리뿐만 아니라 '딸랑 딸랑', '꾸르륵', '찰싹', '쿵쿵', '쾅', '찰카닥', '또각또각', '쉿', '으악' 같은 다양한 소리를 통역하게 될 수 있다. 한국어 의성어를 똑같은 소리로 옮겼을 때 다른 언어에서는 같은 의미가 아닌 경우가 많기 때문에 통역에 주의해야 한다.

7. 스트레스

쌍방의 이해가 첨예하게 대립되는 사법 통역의 특성상 중간에 위치한 통역사 역시 상당한 긴장과 스트레스에 노출된다. 특히 통역 언어를 이해하는 변호사가 시비를 걸 수 있고, 상대편 통역사가 통역의 정확성에 대해 지적할 수도 있다. 민사소송의 경우 쌍방이 각자 통역사를 두고 상대방 통역에 대해 모니터링하는 체크통역사를 활용하는 경우가 많은데, 사소한 오류에 대해서도 즉각적으로 정정을 받기 때문에 통역사의 부담이 크다(Lee, 2015b). 오류 지적이나 코멘트를 받았을 때 자신의 통역을 수정 또는 정정하는 것이 맞다면 즉시 이를 인정하고 수용해야 하며, 행여나 불필요한 시비라고 판단되더라도 불쾌하게만 생각하지 말고 프로답게 대응해야 한다.

높은 정확성을 요하거나 기술적이고 전문적인 내용을 다루는 통역뿐 아니라 사건이 잔혹하거나 엽기적인 경우에도 통역사는 심한 스트레스를 받을 수 있다. 특히 살인, 성폭력 등 잔혹한 강력사건 행위의 내용을 듣고 통역하면서 범죄 피해자의 고통을 직간접적으로 경험하기 때문이다. 난민 통역의 경우도 난민이 겪은 트라우마의 간접 경험이 통역사에게 트라우마가 될 수 있다. 사법 통역사는 이런 부분도 감당할 강단이 있어야 한다고 하지만 통역사가 간접적으로 겪는 트라우마에 대한 관심과 주의가 필요하다(Lor, 2012; Muller, 2013; Lai et al., 2015). 통역 전문가들은 강력사건을 맡은 통역사는 디브리핑(debriefing)을 통해 심리적 부담과 정신적 피해를 방지할 기회가 필요하다고 강조한다. 아직 국내에서 사법 통역이라는 업무가 전문 직업화되지 않아 직업 스트레스나 업무로 인한 위험에 대한 체계적인 대처방법이 딱히 없지만 앞으로 해외에서와 같이 사법통역사협회가 결성되면 이러한 직업적인 어려움에 대한 공동의 노력도 가능해질 것이다.

8. 윤리적 딜레마

지금까지 통역사의 역할을 포함하여 사법 통역의 주요 원칙에 대해 설명했다. 구체적인 윤리적 딜레마에 처한 상황에서 통역사가 어떻게 처신해야 할지 고민해보자는 의미에서 몇 가지 상황을 제시하고 통역사의 역할 행동에 대한 질문을 던졌다. 사법 통역의 기본적인 원칙과 직업윤리기준에 입각해서 자신의 생각을 먼저 정리해본 다음 아래 코멘트와 비교, 검토해보기 바란다. 구체적인 맥락에 따라 상황이 조금씩 다르므로 흑백논리로 정답이 정해져 있는 것은 아니다.

▫ 상황 1

경찰서에 가서 상해죄로 증인 통역을 하게 되었다. 피고인과 같은 국적의 여성이 가해자를 지목할 수 있도록 대질시키는 자리였는데, 남자가 낮은 목소리로 여자를 위협하는 말을 하는 걸 듣게 되었다. 경찰관들은 낮은 소리라 못 들은 것 같지만 통역사는 가까이 앉아 있어 들을 수 있었다. 과연 이 말을 통역해야 할 것인가?

사법 통역 규범상 정확하고 중립적인 통역은 모든 말을 빼지 않고 정확하게 전달하는 것이다. 그리고 이 자리는 대질신문 상황이기 때문에 통역사는 모든 말을 다 통역해야 한다. 하지만 혹시라도 피고인이 한국어를 어느 정도 이해하는 상황이라면 통역사로서 심리적 부담감이 크다. 사안은 조금 다르지만 필자는 호주에서 경찰 통역을 하며 비슷한 상황을 경험했다. 교통사고로 조사 받는 한국인 운전자였는데 자신의 혐의사실을 부인했다. 그는 일행으로 보이는 다른 한국 사람들과 함께 경찰서에 왔는데, 그중에는 피의자의 알리바이를 제시할 증인도 있었다. 조사과정에서 이 한국인 피의자는 자신이 사고 차량과 관련 없고, 당시 어디에 누구와 함께 있었다며 알리바이를 제시했다. 잠시 후 인터뷰가 끝나고 문제의 차량을 살펴보러 순경과 함께 바깥으로 나가면서 피의자는 같이 온 한국인 일행에게 '형님한테 전화 받고 갔다고 했어.'라며 자신이 경찰에게 한 말을 전했다. 약간 불량해 보이던 일행들 앞에서 바로 통역을 할 엄두가 나지 않아 필자는 그 자리를 벗어나 바깥으로 나오자마자 피의자와 약간 거리를 두고 순경에게 낮은 목소리로 피의자가 그런 내용의 말을 일행에게 했다고 얼른 통역해줬다. 알리바이를 맞추는 피의자의 말을 통역해주지 않는다면 한국어를 모르는 경찰관을 우롱하는 피고인을 돕는 것과 같다. 이와 같이 즉각적으로 통역하기 어려운 상황이라면 가장 빠른 적절한 시점에 경찰관에게 통역해주는 지혜를 발휘하는 것이 최선이라 본다.

□ **상황 2**

> 마약 관련 문제로 잡혀온 피의자를 통역하는 중에 같은 나라 사람이라고 통역사를 믿은 까닭인지 '자기가 한 거지만 절대 인정 안 하고 경찰에게 엿 먹일 것'이라고 경찰이 알지 못하는 외국어로 말했다. 경찰관이 무슨 말인지 궁금한 듯 통역사를 쳐다본다. 이때 이 말을 통역해주어야 하는가? 만약 경찰관이 잠시 자리를 비운 사이에 통역사와 둘만 있는 상황에서 이런 말을 들었다면 상황이 달라질까?

상황 1과 어느 정도 유사성이 있는 상황이지만 통역사에게 한 말이라는 점에서 조금 차이가 있다. 먼저 통역이 시작되는 시점에 대해 잠시 생각해보자. 경찰서에 도착한 순간부터 통역사로서 역할을 수행해야 하는가? 아니면 공식적으로 신문이 시작되면 통역이 시작되는 것인가? 조서작성이 시작되기 전이면 공식적이지 않기 때문에 통역할 필요가 없는 것인가? 등등 여러 가지 질문을 던져볼 수 있다.

통역하지 않을 것이라고 생각해서 피의자나 증인이 경찰관이 모르는 언어로 통역사에게 어떤 말을 할 수 있지만 통역을 이미 시작한 상황이라면 통역하지 않는 것은 원칙에 어긋난다. 그렇지만 피의자가 해코지를 할 것 같아 불안하다면 잠시 화장실에 가거나 휴식 시간을 요청하는 기지를 발휘할 수 있다. 일단 안전이 위협받는 난처한 상황을 피하기 위해서라도 통역사는 처음 만나 통역을 시작하기 전에 모든 말을 빠짐없이 정확하게 옮기는 것이 자신의 역할이니 상대방이 알기 원치 않는 말은 하지 말라고 하는 것이 가장 바람직하다.

경찰관이 없는 자리에서 통역사와 피의자가 일대일로 있는 상황은 절대 피하는 것이 안전하다. 혼자 남은 통역사에게 피의자가 도와달라고 호소하거나 비밀을 털어놓는 등 애매한 대화를 나누게 될 수 있기 때문이다. 조서 확인 과정도 마찬가지다. 통역사로서 신문 담당 경찰관에게 항상 동석해달라고 요청할 수 있다.

ㅁ 상황 3

> 국선변호인과 불구속 피고인 간의 면담 통역 상황이다. 변호사가 잠시 전화를 받는 도중 피고인이 통역사에게 변호사가 자기에게 도움이 안 되고 마음에 안 든다고 말했다. 이 말이 끝나자마자 변호인이 통화를 끝냈다면, 방금 피고인이 말한 내용을 통역해야 할까?

위에서 말한 바와 같이 사법 통역에서는 모든 말을 빠짐없이 정확하게 전달해야 한다. 이상 세 가지 상황 모두 자신들의 말이 통역되기를 피의자나 피고인이 원하지 않고 통역하기 곤란한 내용이라는 공통점이 있다. 상황 1은 피의자가 같은 언어를 사용하는 사람에게 언어적 위협을 가한 상황이고, 상황 2는 사건조사와 관련되어서 경찰조사에 협조하지 않겠다고 말한 상황이며, 상황 3은 자신의 변호인에 대한 단순한 불만 표시이다. 처음 두 가지 상황은 경찰 신문이지만 상황 3은 변호인과 피고인이 같은 편이다. 물론 이때에도 원칙에 따라 통역하는 것이 바람직하다. 만약 사전에 설명하지 않았다면 한 번 정도는 피고인에게 "지금 하신 말씀 통역해드려요? 저는 모든 말씀을 다 통역해야 하니 통역 안 했으면 하는 말은 하지 마시기 바랍니다."라고 주의를 환기하고 넘어갈 수도 있다. 하지만 계속해서 이러한 발언을 한다면 통역사로서 그대로 통역하는 수밖에 없다.

□ 상황 4

외국인 피의자가 자신이 범인이라고 자백했다. 그런데 통역사는 전에 피의자가 정신과에서 정신분열증으로 치료받을 때 통역해준 적이 있어 피의자가 정신질환으로 인한 환청 · 환시에 시달려서 범죄를 저질렀거나 자신의 유죄를 인정하는 것일 수 있다는 생각이 든다. 경찰관이나 변호인은 아직 피의자의 정신질환에 대해 파악하지 못한 상태로 보인다. 통역사가 피의자의 정신병력에 대해 경찰이나 변호인에게 알려야 할까?

통역사는 통역하면서 알게 된 사실을 비밀에 부쳐야 한다. 이는 사법 통역뿐 아니라 모든 통역에 적용되는 기밀유지 규범에 해당한다. 다시 말해 통역한 사람의 사생활에 관한 내용, 특히 의료기록이나 질병에 관해서 본인의 허락 없이 함부로 공개해서는 안 되기 때문에 이런 경우 통역사는 중요한 정보지만 공개할 수 없다고 본다. 자신의 클라이언트에게 유리한 내용을 증거로 조사 수집하는 것은 변호인의 책임이자 역할이다. 통역사가 말하면 손쉽게 해결할 수 있는 상황에서도 아는 것을 말하거나 함부로 개입하지 말아야 하는 것이 사법 통역사의 윤리적 딜레마이다.

□ 상황 5

외국 국적의 여성과 한국인 남편 간의 가정폭력 사건을 통역하게 되었다. 하지만 통역하는 동안 여성이 비자를 받기 위해 브로커를 통해 남자에게 돈을 주고 결혼한 상태임을 알게 되었다. 여성은 통역사에게 절대 말하지 말아달라며 남자가 잠자리를 요구한 것을 거부하여 싸움이 일어났는데 일이 잘못되면 자기는 출국 당한다며 결혼 관계에 대해서 덮어달라고 부탁했다.

이 역시 통역사로서 알고 싶지 않은 사실을 알게 되어 곤란한 상황이다. 이 여성이 수사기관에서 진술을 하는 상황이거나 보호시설 직원과 함께 있는 자리에서 한 말이라면 빠뜨리지 않고 모두 정확하게 통역해야 하는 원칙을 따를 수밖에 없다. 만약 공식 면담과 통역이 끝난 상황에서 외국 여성이 자신에게만 말하여 이 사실을 알게 되었다면 통역사로서 이에 대해 반드시 알려야 하는 것은 아니므로 지혜로운 대응이 필요하다.

□ 상황 6[3]

> 미국에 사는 한국인이 자신이 차 사이에 끼어 넘어져 다쳤다고 배상을 청구한 소액심판사건이다. 미국인 피고는 원고의 주장을 믿기 어렵고 원고가 자신에게 여러 차례 전화를 걸어 괴롭게 했다고 주장했다. 피고는 원고가 차 사이에 끼어 넘어졌다면 피고의 차에 넘어지면서 남았을 만한 손자국이 없고 원고의 키가 작아 부딪친 부분이 허벅지 높이일 텐데 부상 부위가 무릎 바로 위라는 이유 등을 조목조목 들어 고소 내용을 반박했다. 통역사는 피고가 피해자인 원고를 오히려 자해 공갈범처럼 주장하는 것을 보고 변호사가 없는 한국 여성을 도와주어야 되겠다는 생각으로 피고의 주장을 반박하면서 원고가 말한 그대로 통역하지 않고 원고에게 유리하게 통역해주었다. 손자국이 남지 않은 것은 원고가 넘어질 때 자기 차 쪽을 향해서 있어서, 피고의 차가 아니라 자기 차를 짚었기 때문이며 원고가 그날 하이힐을 신고 있어서 무릎 바로 위에 상처가 난 것이라고 없는 내용까지 덧붙여 '변호'한 것이다. 이날 통역을 마친 후에 통역사는 원고가 낮은 슬리퍼를 신고 있었다는 사실을 알게 되었다. 이 통역사의 행동에 어떤 윤리적 문제가 있는지 생각해보자.

위 상황은 여러 가지로 사법 통역 규범에 어긋난다. 우선 통역사는 어느 편도 들어서는 안 되며 중립을 지켜야 한다는 중립성 원칙과 말 그대로 통역해야 한다는 정확성의 원칙에 위배된다. 통역사도 사람인지라 얘기를 듣다보면 누가 맞고 누가 틀린지 나름대로 판단할 수는 있다. 그러나 이런 선입견과 판단은 사법 통역사에게 금물이다. 통역의 공정성과 정확성에 영향을 미치기 때문이다. 통역사는 피고가 억울한 피해를 입고 보상을 못 받아서는 안 된다는 생각과 원고의 진정성을 의심하는 피고에 대한 얄미운 감정이 작용하여 통역사로서 해서는 안 되는 대변인 역할을 한 것이다. 통역사가 약한 사람에 대한 동정심에 억울한 사람의 편을 들어 변호사의 역할을 하는 것은 직업윤리에 위배된다. 가정폭력이나 다른 범죄 피해여성 또는 불

3 미국에서 한국계 여성이 미국인 여성을 상대로 교통사고 피해 배상금을 청구한 소액소송건을 담당한 통역사의 실수담이다(주준희, 2004: 195-198).

쌍한 난민을 돕는다고 생각해서 하지도 않은 말을 지어내거나 유리한 쪽으로 통역해서는 안 된다. 어느 편도 들지 않아야 하는 입장이기 때문에 유무죄나 옳고 그름의 판단은 하지 않고 통역만 충실히 하는 것이 통역사로서 바람직하다.

▫ 상황 7

난민 면담을 하면서 난민 신청자의 진술을 통역하는 상황이다. 통역사는 난민 신청자가 말하는 국적이 사실과 다를 수 있다는 점을 알게 되었다. 자신이 한국인임을 주장하는 사람이 한국 내 거주지 주소를 '경기도 토정동 15호'라고 답한다고 생각해보자. 한국 사람이라면 누구나 이 주소가 이상하다고 의심을 할 수밖에 없다. 신청자가 자신의 말을 잘 이해하지 못하는 것 같고 어눌한 말투에 생경한 단어를 사용하여 한국 사람 같지 않다는 생각이 든다. 이때 난민 신청자가 국적을 속이는 것 같다고 통역사가 의견을 말하는 것이 옳은가?

원칙적으로 통역사는 다른 사람의 말에 자기 의견을 보태어 통역하거나 자기 의견을 밝혀서는 안 된다. 일반적인 사법 통역규범은 물론 유엔난민기구의 통역 안내서에서도 원진술자가 말한 내용에 자기 의견을 보태서 통역하는 것을 금하고 있다. 통역사가 이 사람이 국적을 속이는 것 같다는 의견을 제시할 수는 없다. 하지만 신청자가 단어를 이해하지 못하는 등 커뮤니케이션에 어려움이 있다는 점은 밝힐 수 있다고 본다. 성실한 면담관이라면 추가 질문과 확인을 통해 얼마든지 사실관계를 조사해나갈 것이다.

▫ 상황 8[4]

물품 판매와 관련된 국제중재건에서 일방의 직원이 상대방의 계약위반에 대해 증언하는 상황이다. 중재는 영어로 진행되었고 한 명의 중재관만 아랍어를 할 수 있었다. 반대신문 동안 아랍어로 증언하던 증인은 반대신문자와 논쟁을 벌였고, 상대측 변호인에게 욕설을 했으나 통역사가 이 부분을 빼고 통역했다. 아랍어를 구사하는 중재관이 이 사실을 다른 중재관들에게 알려, 신문은 중단되었다. 중재관들이 통역사에게 모든 내용을 빠짐없이 문자 그대로 통역했는지 질문하자 통역사는 그렇게 했다고 답했다. 통역사에게 왜 상스러운 말을 통역하지 않았냐고 질문하자 그제야 통역사는 증언과 무관하다고 생각했고 지나친 비속어인데다 난처해서 통역하지 않았다고 말했다. 이 통역사는 어떻게 해야 했을까?

사법 통역사는 욕설을 그대로 통역해야 했다. 위와 같이 자신이 보기에 필요 없거나 부적절한 내용이라고 해서 통역하지 않는 것은 통역사로서 부적절한 처신이다. 예상치 못한 상황에서 위와 같은 상황이 생길 때 최소한 중재심판관에게 그 사실을 알리고 부적절한 말을 통역하기 원치 않는다는 의사를 밝혔더라면 중재심판소가 증인에게 그러한 언어 사용을 중지하라고 지시할 수 있었을 것이다. 중재심판소는 증인의 태도와 언행, 증언의 신빙성을 평가하기 위해 완전하고 정확한 통역을 제공받을 권리가 있다. 상스러운 표현이나 욕을 부드럽게 완화해서 통역하는 것은 증인의 공손성을 강화시켜 증언에 대한 판단에 영향을 미칠 수 있기 때문에 통역의 정확성에 위배된다.

□ 상황 9

문화적 차이와 관련해 필자가 호주에서 한국인 사이의 채무변재 관련 중재건 통역을 하며 경험한 사례를 들어보겠다. 한국에서 주부는 자기 이름 대신 자녀 이름을 따서 아무개 엄마라고 많이 불린다. 예를 들어 김정숙이라는 여성을 주변 지인들은 김정숙이라는 본명보다 '정희 엄마'로 더 많이 부르기도 한다. 빌린 돈과 관련되어 채무자의 수첩에 '정희 엄마 $1,000'라는 한글 메모가 있었고, 채무자는 이를 정희 엄마인 김정숙에게 갚은 액수에 대한 메모라고 주장했다. 한국 문화에서의 '아무개 엄마'라는 호칭 문화를 알 리 없는 호주인 중재관은 정희 엄마가 김정숙이라고 인정할 수 없다는 입장이었다. 이때 통역사가 한국의 이러한 호칭 문화에 대해 말하는 것이 바람직한가? 만일 통역사가 문화 차이를 밝힐 수 있다면 어떻게 말하는 것이 적절할까?

이 사건의 담당 변호사는 한국인이었고, 필자는 변호사가 해결할 문제라 생각되어 개입하지 않고 통역만 했지만 그 변호사는 이러한 내용을 말하지 않았던 것으로 기억한다. 만약 한국 문화를 아는 변호사가 없고 유일하게 말해줄 사람이 통

---

4 이 사건은 Zitawi and Wahab(2014)가 소개한 실제 사례이다.

역사뿐이라면 통역사가 개입할 수 있을까? 항상 상황 맥락을 판단하여 현명한 결정을 내려야 한다. 통역사가 개입하지 않으면 오해가 발생할 상황이라 생각될 경우 변호사에게 먼저 알리는 것이 올바른 수순이다. 통역의 정확성을 기하기 위한 중재가 아니라면 통역사가 문화중재를 하는 것은 부적절하다는 것이 대다수 사법 통역 전문가의 의견이다. 하지만 통역사로서 개입해야 할 필요가 있다고 판단되면 통역사로서 문화 차이에 대해 발언해도 되는지 먼저 양해를 구한 다음에 통역사의 발언임을 밝힌다. 이 건의 경우 부득이 개입이 필요하다면 자녀를 둔 기혼 여성을 한국에서 아무개 엄마라고 부르는 문화가 있음을 밝히는 정도는 가능하다고 보지만 이 메모의 정희 엄마가 곧 김정숙이라든지, 그래서 이것이 김정숙에게 돈을 건네준 메모라는 등의 도를 지나친 해석은 삼가야 한다. 통역사로서 이러한 의견을 개진하거나 정보를 제공하는 것 자체를 지양하는 것이 바람직하기 때문에 신중하게 결정해야 한다. 특히 사건에 영향을 미치는 핵심적인 문화 이슈는 통역사보다는 문화 전문가의 의견을 구하는 것이 바람직하다.

ㅁ 상황 10

경찰서에서 통역하는 중 피의자가 피를 흘리며 극심한 통증을 여러 차례 호소했음에도 경찰관이 별다른 조치를 취하지 않았다. 서류를 작성한 후 경찰관은 움직이기 힘들다는 피의자를 거의 내쫓다시피 경찰서 바깥으로 보냈다. 경찰은 피의자를 40분간 길가에 방치한 후에야 구급차를 불러 병원으로 호송시켰으나 피의자는 결국 몇 시간 내에 숨졌다. 이 사실을 알게 된 통역사는 라디오 시사 프로그램에 전화를 걸어 경찰이 아픈 피의자를 개처럼 취급했다고 고발했다. 일종의 내부고발자 역할을 한 이 통역사의 행동이 직업윤리적으로 적절했다고 볼 수 있는가?

이 상황은 2010년 호주 빅토리아주에서 실제 발생한 일이다. 현장에 있었던 중국어 통역사가 이후 지역 라디오 토크쇼에 전화를 걸어 자신이 통역사로서 현장에서 목격한 내용을 매우 격분하여 고발했던 것이다.[5] 통역사는 직업윤리상 비밀

5 2010년 5월 24일 호주 일간지 《The Age》 기사 〈Jailed man 'yelled in pain' before death, interpreter

을 지켜야 한다. 그러나 통번역을 하다 범죄사실을 알게 되면 시민으로 신고해야 할 의무가 앞서듯, 불의한 일이나 인권유린을 목도했다면 인권보호가 직업윤리보다 앞설 수 있다고 본다. 하지만 과연 통역사로서 라디오 방송국에 전화를 걸어 경찰을 고발한 것이 최선의 방법이었는지는 의문이다.

심각하고 조직적인 불의를 경험한 통역사가 비밀유지를 거부한 또 다른 사례가 있다. 연방법정스페인어 통역사인 플로리다대학교의 카마이드 프릭사스(Camayd-Freixas) 교수는 2008년 5월 미국 아이오와주에서 히스패닉 불법체류자 400명이 단속, 체포되고 심리절차를 밟는 과정에서 인권보호가 부실하고 적정절차가 침해된 것을 사건 종료 후 고발했다(Camayd-Freixas, 2008). 이는 비밀유지라는 사법 통역사 직업윤리조항을 어긴 것이지만 직업윤리조항보다 더 상위에 있는 정의의 부름에 답한 양심선언이라는 평을 받았다. 미국 사법당국이 추방 대신 사회보장번호와 공문서 위조 등의 죄목으로 심각한 범죄자들로 불법체류자들을 기소하는 과정에서 피고인들은 자신들의 기소 죄목 등 법률적인 권리를 잘 이해하지 못했던 것이다. 통역하면서 알게 된 검찰의 부당한 대우와 잔혹성을 묵과할 수 없어 침묵을 깨게 되었다는 것이 그의 변이다. 이와 같은 공개고발은 불법에 맞서는 것이 통역사로서 비밀을 지켜야 하는 직업윤리보다 우선한다는 확신이 있을 때에만 가능한 결정이다.

---

claims〉 참조.

2부

사법 통역 실무 연습

2부에서는 사법 통역을 하기 위해 필요한 통역 기술과 통역 방식에 대해 설명하고 수사 단계 통역에서부터 형사재판, 가사재판, 난민심사 및 재판, 민사재판과 관련된 스크립트를 활용하여 실무 연습을 할 수 있게 했다. 가장 비중이 높은 형사사건 통역에 관해서는 수사 단계에서부터 재판 단계까지 경험해볼 수 있도록 참고인 신문, 피의자 신문, 증인 신문, 피고인 신문의 예를 제시했고, 검사와 변호인의 의견진술과 최후진술 및 변호인 면담 상황, 그리고 재판의 마지막 단계에 해당하는 판결 선고 예문도 다수 제시했으며 항소이유를 예로 들어 항소심 통역에 대비할 수 있도록 했다. 민사사건뿐 아니라 가사사건 통역에 대비하여 가사조정과 가사조사 및 가사재판 그리고 난민 인정 절차에서 통역이 필요한 법무무 면담과 변호인 면담 그리고 재판 신문 상황에 대비한 통역 연습용 스크립트를 제시했다. 예문은 실제 사건을 토대로 각색하거나 가공한 시나리오이기 때문에 사실에 부합하지 않을 수 있다.

예문은 언어와 관계 없이 통역 연습용으로 사용할 수 있도록 한국어로 작성했다. 각자 해당 언어로 통역 실기연습을 하기 위해서는 외국인 해당 부분을 적절한 외국어로 바꾼 다음 한국어로 통역 연습해야 한다. 연습 파트너 없이 자습을 해야 하는 상황이라면 본인이 한국어와 외국어 부분을 녹음해서 일정 시간이 지나 내용에 대한 기억이 조금 사라진 다음 연습을 해보길 권한다. 녹음하여 통역 연습하기 어려운 상황이라면 시역으로라도 연습해보기 바란다.

6장

통역 방식과 통역 기술

통역은 메시지 전달이다. 출발어(화자의 언어/원천 언어) 메시지를 도착어(청자의 언어/목표 언어)로 재생하고, 한 사람의 말을 정확하게 다른 언어로 전달함으로써 다른 사람 간의 소통을 가능하게 하는 것이다. 통역은 언어적 형태가 아니라 발화 맥락에서 말에 담긴 의미와 효과에 초점을 맞추는 것이다. 이 때문에 사법 통역에서는 발화의 언어적 특징에도 유의해야 한다는 특수성을 앞서 설명한 바 있다. 통역은 한 번 듣고서 바로 옮겨야 한다는 점에서 글로 옮기고, 수정 작업이 가능한 번역과 다르다. 통역사에게는 기본적으로 집중력과 기억력, 커뮤니케이션을 위한 이해력과 분석력이 필요하다. 또 언어적 지식과 능력뿐 아니라 언어 외적 지식(배경지식, 상식 등)이 필요하다(Gile, 2009).

6장에서는 대화통역, 순차통역, 동시통역, 시역의 네 가지 통역 방식에 대해 언급하겠다. 그 밖에 흔히 이중통역이라고 하는 릴레이통역과 원격통역도 있다. 릴레이통역은 통역이 필요한 두 개 언어를 할 수 있는 통역사가 없을 때 중간에 제3의 언어를 거쳐 통역을 하는 방식으로, 희귀 언어일 경우 심심치 않게 볼 수 있다. 예를 들면 소말리아-한국어 통역사가 없을 경우 영어나 불어 등 소말리아어와 직접 소통이 가능한 통역사의 언어를 선택하고 영어나 불어에서 한국어로 다시 통역하게 하는 것이다. 이때 통역이 두 번 이루어지므로 정확성에 더욱 주의해야 하며 각 언어 통역사의 능력 차이가 있어 중간에 소통이 잘 안되면 오역의 위험성이 높다. 원격통역은 통역사를 포함한 대화 참가자가 물리적으로 떨어진 공간에 위치할 때 전화나 화상회의 방식으로 통역을 진행하는 것이다. 흔히 직접 만나지 않고 영상회의나 전화로 컨퍼런스 콜을 하는데 이때 통역사는 대화의 일방과 같이 또는 혼자 별도의 장소에서 참여할 수 있다. 직접 면대면으로 하는 통역에 비해 기술적 장애로 방해받을 수 있고, 시각적인 정보가 충분하지 않으면 통역에 다소 어려움이 따를 수 있다. 국내 사법 절차에 전자소송과 원격영상재판이 도입되었지만 형사재판에는 본격적으로 시행되지 않아 원격통역이 이루어지는 경우는 거의 없다. 영국, 호주 등에서는 원거리에 수감되어 있는 구속피고인 통역 시 간단한 법정절차 진행에는 원격통역을 이용하기도 한다. 재판진행을 포함하여 정확한 의사소통이 중요한 경우에는 면대면 통역을 하는 것이 좋다(Braun, 2013, 2014; Fowler, 2013).

사법 통역을 위해서는 기본적으로 순차통역과 시역(문장구역) 기술을 갖추어야 한다. 자격시험이 있는 미국에서 법정 통역사가 되기 위한 동시통역 기술은 필수 요건이다. 한편 증인 신문이 아닌 다른 재판절차 진행이나 법리적 논쟁을 포함한 공판 절차에서 동시통역이 필요한 경우도 있다.

통역 방식은 해당 절차상 가장 정확하고 효과적인 방식이 선택되어야 한다. 물론 그에 앞서 다양한 방식을 구사할 수 있는 통역사의 통역능력이 확보되어야 한다. 일본 법원에서는 공소장 낭독 등의 일부 재판과정에서 무선통역기기를 사용한 동시통역을 활용하고 있는데, 일본에서도 마찬가지로 사법 통역사 인증제도와 교육이 부족한 상황이라 통역사의 전문성과 통역 품질이 보장되지 않는다는 문제가 있다(미즈노 개인교신, 2015). 사정이 비슷한 한국에서도 동시통역을 기대하기에는 통역인력의 전문성이 부족하며 장비와 시설도 미비하다.

1. 대화통역

대화통역[1]은 가장 일반적인 사법 통역 방식에 해당한다. 대화 참가자가 서로 다른 언어를 사용하기 때문에 A언어를 하는 사람의 말을 B언어로 옮기는 한편 B언어로 말한 사람의 말을 A언어로 옮기는 것이다. 따라서 통역은 언어 양방향으로 이루어진다. 한국어와 중국어 사용자 간의 대화통역을 예로 들면 한국어를 중국어로, 다시 중국어를 한국어로 통역해야 하는 방식이다. 신문과 같이 문답의 형태인 경우도 있고, 토의나 회의에서와 같이 의논사항을 통역하는 경우도 있으며, 통상적으로 준비된 연설이 아닌 즉흥적인 발화와 인터뷰를 통역하는 상황도 있다. 또 통역사 한 명이 양쪽 모두를 통역할 수도 있고, 각각 다른 사람이 통역할 수도 있다. 후자는 정상회담이나 민사사건 통역에서 흔히 볼 수 있다. 정상회담 통역에서는 의전상 각 통역사가 한 언어 방향으로 통역을 하는 데 비해 그 외 사법 통역을 포함하여 비즈니스 협상이나 회의는 통역사 1인일 경우 쌍방향으로 통역하는 것이 일반적이다. 대화통역은 대개 순차통역 방식이지만 경우에 따라 부분적으로 위스퍼링(동시통역)으로 이뤄질 수 있다. 증인 신문의 경우 정확성을 기하기 위해 순차통역으로 진행된다.[2]

두 사람 이상이 신문이나 대화에 참여하는 상황에서 통역하는 대화통역에서는 말차례(turn) 관리가 중요하다. 여기서 언어학에서 중요한 개념 중 하나인 말차례 가지기(turn-taking)를 간단히 설명하겠다. 말차례는 대화에서 한 사람이 다른 사람이 말하기 전 한 번에 말하는 시간과 내용을 가리킨다. '아', '음' 같은 한 마디 소리가 하나의 말차례가 될 수도 있고, 한 개의 단어 또는 문장, 문단까지 말차례의 길이는 다양하다.

사법 통역을 할 때 통역사가 다른 사람의 말차례를 중간에 끊어 대화에 영향을

---

1 영어로는 dialogue interpreting, liaison interpreting 등으로 불린다.

2 일반적으로 순차통역이 동시통역보다 정확성이 높다고 알려져 있다. 수화사법 통역 실험연구에서 동시통역보다 순차통역의 정확성이 더 높은 것으로 확인되었으며(Russell, 2002), 위스퍼링 법정 통역을 분석해본 연구결과 정보 손실이 빈번하게 발생하는 등의 문제가 있었다(Jacobsen, 2012).

미치는 일은 되도록이면 없어야 한다. 말이 너무 길어져서 정확하게 통역하기 어려울 경우에는 짧게 끊어서 말해달라고 요청을 해야 한다. 통역사가 기억력이나 노트테이킹 기술이 없어 지나치게 짧은 단위의 말차례만 통역할 수 있다거나 적절할 때 말차례를 빨리 갖지 않으면 신문의 진행 방향과 진술, 통역의 품질에도 영향을 미칠 수 있다. 경찰과 피의자 간의 짧은 대화를 예로 들어보겠다.

1 경찰: 김상순이랑 어떤 관계가 있습니까?

2 피의자: 아뇨…킴이랑 우리… 어 우린 9년을 같이 살았는데요.

3 경찰: 킴이 누군가요? 김상순인가요?

4 피의자: 아뇨. 킴벌리요.

1번 말을 한 경찰관이 질문을 한 다음 피의자에게 말차례를 내어주자 피의자가 답을 한다. 2번 말차례를 보면 피의자는 '아뇨'라고 답하고 잠시 멈춘다. 경찰관이 바로 말차례를 가져가지 않자 피의자는 말을 이어나간다. 그러면서 피의자는 킴이라는 사람에 대해 말을 꺼냈고, 이에 대해 경찰관이 질문을 함으로써 킴에 대한 새로운 정보를 알아간다(3번). 이때 통역이 필요한 피의자였다면 통역사는 말차례를 잘 관리해야 한다. 만일 통역사가 2번 피의자의 '아뇨'라는 말을 듣고 바로 통역했다면 다음 말차례를 경찰이 가지면서 다른 질문으로 이어져 이 시점에서 킴에 대한 정보가 나오지 않았을 수 있다. 그래서 통역을 할 때에는 말이 끝났는지, 말하는 중인지 말차례를 잘 판단해서 통역해야 진술의 흐름을 방해하지 않는 효과적인 통역이라 할 수 있다.

이처럼 말차례가 신문의 진행에 영향을 미칠 수 있기 때문에 통역을 통해 진행되는 신문에서는 신문을 진행하는 사람과 통역사 모두 말차례에 유의하면서 진술자가 충분히 말할 기회를 주어야 한다. 통역이 끝나고 말하던 사람을 바라보면 자연스럽게 할 말을 이어나가게 된다. 눈을 마주칠 방향이 아니라면 손짓이나 말로 계속 말하라고 알려주는 방법도 있다. 말차례가 끝나기 전에 성급하게 통역하는 것이나 지나치게 오래 기다렸다가 통역하는 것 모두 효과적이지 않으므로 적당한 휴지 시점에서 통역을 시작하는 말차례 관리는 대화통역에서 통역사가 익혀야 할 기술이기도 하다.

말차례가 겹치는 경우, 다시 말해 두 사람이 동시에 말을 하는 경우 통역을 하는 데 문제가 된다. 따라서 두 사람 이상이 동시에 말을 한다면(주로 언쟁이나 열띤 대화의 경우에 해당하는데) 통역을 중단하고 통역을 위해 한 번에 한 사람만 말해 달라고 요청해야 한다. 대충 들은 대로 통역하면 부정확한 통역을 할 수밖에 없기 때문이다.

2. 순차통역

순차통역은 동시통역과 대비되는 개념이다. 화자의 말이 끝난 후 통역이 시작되면 순차통역이고, 화자의 말이 끝나기 전에 통역사가 최소 의미 단위를 듣고 메시지를 이해하는 즉시 통역을 시작하여 약간의 시간차를 두고 화자와 통역사의 발화가 동시에 진행되는 것이 동시통역이다. 일반적으로 연설이나 사법 통역에서는 증인 신문이 아닌 모두진술, 변론 등 공판 진행에 관한 발언이나 선고 등의 재판절차에 순차통역이 사용된다. 순차통역은 짧게는 한두 문장에서 길게는 5분 이상 듣고 이해한 메시지를 목표어로 재구성하여 통역을 하기 때문에 노트테이킹과 기억력이 중요하다.

통역에 필요한 기억력을 훈련하기 위해 처음부터 다른 언어로 연습하기보다는 모국어에서 모국어로 같은 언어를 재생하는 훈련부터 시작한다. 한 문장 단위로 시작해서 여러 문장으로 점점 길이를 늘여 정확하게 재생하면서 점차 목표 언어로 바꾸어 정확하게 통역할 수 있도록 단계적으로 훈련해야 한다.

순차통역에서 기억력과 분석력만큼 중요한 기술이 노트테이킹이다. 노트테이킹을 할 때 반드시 기억할 점은 노트는 기억의 보조수단이라는 것이다. 전문 통역사는 수분의 발화를 듣고 순차통역을 하기 때문에 노트테이킹에 숙달하기 위해 오랜 기간 훈련을 하지만 메시지를 정확히 이해하지 못한다면 아무런 소용이 없다.

이해가 전제된다는 조건하에 꼭 필요한 내용 위주로 빨리 적어야 한다. 따라서 놓치거나 헷갈리기 쉬운 고유명사나 시간, 연도, 주소, 자동차 번호판, 금액 등의 숫자는 반드시 우선적으로 노트를 해야 한다. 그 외에 무엇을 노트할 것인지는 분석력을 발휘해 판단해야 한다. 순차통역을 위해 필요한 기본적인 노트테이킹 테크닉인 로잔(Rozan, 1956) 원칙을 여기서 간략히 소개한다.

1) 글자가 아닌 아이디어, 개념을 기록한다.
2) 간략/단순화한다.
3) 논리적 연결고리를 표시한다.
4) 부정 표시한다.
5) 강조를 표시한다.
6) 위에서 아래 방향으로 노트한다.

노트테이킹을 하면 집중력이 높아지는 효과가 있다. 물론 익숙하지 않으면 정신이 분산될 수도 있지만 노트테이킹 기술이 자동화될 때까지 숙련되면 그런 문제는 걱정하지 않아도 된다. 노트를 하게 되면 정확성을 높일 수 있고 기억력을 덜 사용하기 때문에 피로를 조금이나마 줄일 수 있다.

노트는 보통 가운데 줄을 위에서부터 아래로 그어 시선이 지나치게 좌우로 분산되지 않게 한다. 넓은 노트보다는 한 뼘 정도의 노트가 사용하기 편리하다. 왼쪽 위에서부터 오른쪽 아래로 비스듬한 방향으로 노트를 하게 된다. 순차통역을 하게 되면 의미단위로 꼭 구분을 지어야 혼동을 피할 수 있으므로 보통 문장이나 문단 정도 길이에 해당하는 의미단위에 선을 그어 표시를 한다. 그리고 마지막 통역을 마친 의미 단위에 사선을 긋는다든가 확실한 표시를 하여 통역을 이어서 시작할 때 다시 시작할 부분을 금방 눈으로 확인할 수 있도록 한다.

자주 사용하는 단어가 있다면 약어나 기호를 사용하는 것이 시간을 절약할 수 있기 때문에 경제적이다. 다만 같은 약어를 반복해서 사용하면 헷갈릴 수 있기 때문에 주의해야 한다. 동사의 시제와 조동사 사용도 사법 통역에서는 중요한 의미 차이를 가지므로 노트로 표시하여 잘 기억해야 한다. 영어 통역의 예를 들면 과거 동사에 흔히 'ed'가 붙기 때문에 과거는 'ed'를 붙이고 현재 진행형은 'ing'를, 미래에 일어날 일이면 'll'을 동사 끄트머리에 표시하는 것과 같이 약어를 쓸 수 있다. 간단히 과거는 '」', 미래는 그 반대 방향으로 표시하는 등 기호를 사용하는 것도 효과적이다.

기호의 예

↔	확장, 팽창, 멀어짐
→←	축소, 가까워짐
↑	상승, 증가 (화살표 방향을 바꾸어서 다양한 의미 표현 가능)
V	체크, 강조
≠	다름, 동등하지 않음
=	같음, 동등
≒	비슷, 유사, 근사
⊥	막힘, 장애, 장벽, 막다른 길
∴	결론, 그래서
♀	여자 ('女' 같은 간단한 한자어도 매우 유용)
☺, :-)	행복, 기쁨, 만족
☹, :-(	슬픔, 불행
‼	감정적 흥분, 격앙
!?	혼동
Q, q	질문
J	판사, 재판장
C	법원
변	변호사
검	검사
US	미국
SK	한국
HK	홍콩
中	중국
田	밭
□	나라, 국가
多	많음

기호나 심볼도 유용하기 때문에 쉽게 기억하고 사용할 수 있는 기호를 최소한 몇 개 정도는 정해두는 것이 좋다. 또한 간단한 이모티콘도 편리하게 사용할 수 있다. 자주 사용하는 단어나 용어에 대한 약어나 기호를 정하고 연습하면서 효과적인 노트테이킹 방법을 터득해야 한다.

자주 사용하지 않을 단어나 표현에 대해 기호를 사용할지 고민할 필요는 없다. 그리고 조금이라도 오류 가능성이 있는 법률 용어는 단어를 그대로 쓰는 것이 낫

노트테이킹의 예

판사님, 저는 아버지가 홍콩에서 근무하실 때 홍콩에서 태어나 고향이 홍콩입니다. 자라난 곳은 마카오입니다. 그래서 저는 한국인 친구보다 외국인 친구가 훨씬 더 많습니다. 한국 상황을 잘 몰라서 이번과 같이 큰 실수를 했습니다. 제 잘못입니다.

〈노트테이킹의 예1〉

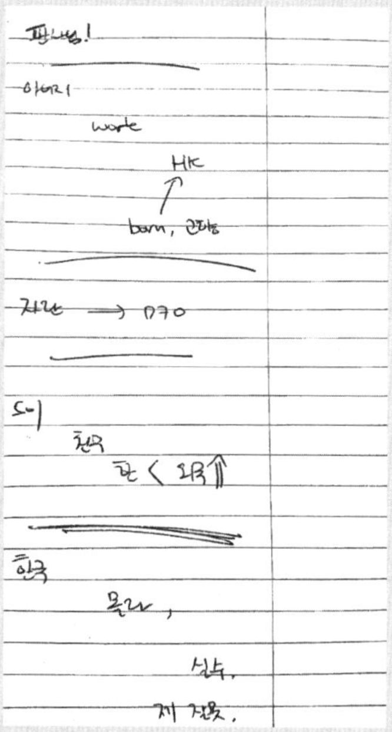

〈노트테이킹의 예2〉

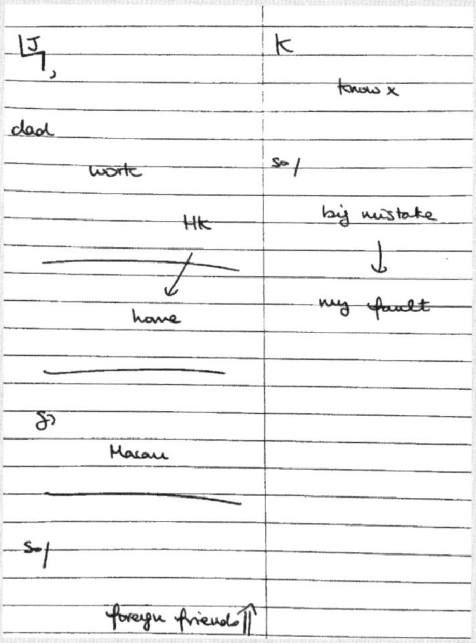

다. 한 개 기호로 둘 이상의 의미를 표시하면 나중에 헷갈릴 수 있으므로 유의해야 한다. 노트테이킹은 출발어나 도착어로 작성할 수 있다. 출발어로 노트테이킹을 하면 들을 때 노트하기 편한 반면 도착어로 노트테이킹을 하면 통역할 때 목표어 표현이 신속하게 해결된다. 반드시 한 언어로만 계속해서 노트할 필요가 없이 먼저 떠오르는 대로 출발어와 도착어, 기호와 부호 등을 섞어서 노트해도 된다. 단어 하나하나가 중요할 경우에는 확인을 위해 가급적 출발어로 노트해두는 것도 좋다.

짧은 텍스트를 예로 들어 노트테이킹을 해보자. 위에서 소개한 약자와 기호의 활용법을 이해할 수 있도록 두 가지의 노트테이킹 예를 제시했지만 반드시 이렇게 노트해야 한다는 뜻은 아니다. 첫 번째는 출발 언어인 한국어로 노트테이킹한 예이고, 두 번째는 목표 언어인 영어로 노트테이킹한 예이다.

3. 동시통역

동시통역은 연사의 발화가 끝나기 전에 통역이 시작되는 방식으로 언어 차이가 큰 경우 더욱 까다롭다. 한국어와 일본어 같이 언어적으로 매우 유사한 언어 간의 동시통역은 오래 기다리지 않아도 의미를 이해하고 유추하면서 통역을 시작할 수 있지만 통사적 차이가 있는 언어 간의 통역에는 연사 발화 시작과 통역사의 발화 시작 간에 몇 초라도 시간 격차가 있을 수밖에 없다.[3] 나라마다 국제회의통역 교육과정에 차이는 있지만 일반적으로 순차통역에 숙달된 다음 동시통역 훈련을 시작한다.

동시통역은 국제회의장에서 볼 수 있는 통역부스와 음향장비 등이 있는 동시통역과 장비가 없는 동시통역(위스퍼링)으로 구분된다. 통역이 필요한 한두 사람 옆

3 '나는 출마하지 않겠다는 그 사람을 믿지 않았다.'라는 한국말을 통사적 차이가 있는 영어로 동시통역하려면 문장을 거의 끝까지 듣고 통역해야 하므로 몇 초의 시차가 발생한다.

에 앉아 목소리를 낮추어 동시통역을 하는 것을 위스퍼링이라 한다. 해외에서는 피고인 통역의 경우 절차상 특별히 따로 통역시간이 할애되지 않는 경우가 많기 때문에 피고인 가까이서 위스퍼링으로 통역을 해주는 경우가 많다. 이는 장비나 시설이 없고, 통역을 필요로 하는 사람이 한두 명뿐일 때는 순차통역에 비해 시간을 절약할 수 있지만 소리가 섞여 불편하고 통역의 품질에도 영향을 미칠 수 있어 통역사들이 그리 달가워하지 않는다.[4]

동시통역은 원문 텍스트가 있는지 여부에 따라 인지 과정을 포함한 통역 프로세스가 달라진다. 원문 텍스트를 통역사가 갖고 있다고 해도 화자/연사가 원문을 그대로 읽을 때와 그렇지 않을 때 차이가 있다. 원문 텍스트를 사전에 제공받으면 통역 업무를 준비하는 데 도움이 된다. 다만 원문을 읽으면 텍스트 없이 말할 때보다 발화 속도가 빨라지는데, 이것은 통역사에게 인지적 부담이 될 수 있고, 원문대로 말하지 않고 편집 변경하면서 말하면 통역사가 텍스트를 눈으로 읽는 동시에 들으면서 통역해야 하므로 추가적인 인지 부담이 있다. 그래서 통역사들은 원문 없이 자연스러운 속도의 발화를 선호하는 편이다.[5] 동시통역은 둘 또는 세 명의 통역사가 15～20분 간격으로 교대로 통역한다.

4. 시역

번역이 글을 다른 언어의 글로 옮기는 것이라면 시역은 글을 다른 언어의 말로 옮기는 것이다. 이러한 점에서 시역은 통역과 번역이 혼합된 형태이다. 시역은 말

---

4 두 명 이상의 외국인 증인 또는 피고인이 있는 경우, 그리고 이들이 다른 언어를 사용할 때 재판 통역은 더 복잡해진다. 예를 들어 증인이 한국어도 피고인의 언어도 아닌 다른 언어로 증언할 때 한국인들은 증인 신문 통역을 통해 내용을 이해하지만 외국인 피고인은 그렇지 못하므로 피고인에게 다시 통역을 해주어야 한다. 순차통역은 한국어로 진행되는 신문에 비해 최소한 두 배의 시간이 소요되기 때문에 동시통역으로 진행하면 시간을 효율적으로 사용할 수 있다.

5 일본 법정 통역에서는 검사의 공소장 낭독 시 공소장을 제공받아 눈으로 읽으면서 동시통역을 하는데, 이는 동시시역에 해당한다.

하듯이 통역되어야 한다. 문서를 직접 보며 말로 옮기는 시역은 원문의 표현에 영향을 받기 쉽다는 사실에 유의하면서 목표 언어로 자연스럽게 옮겨야 한다.

사법 통역에서의 시역은 수사 단계에서 외국어로 된 메모를 확인하기 위한 간단한 것에서부터 피의자나 참고인 신문 조서를 포함하여 수사과정 확인서, 영사기관 통보요청, 진술거부권 및 변호인선임권 등 피의자 권리 고지 등 형사사법 절차와 관련된 법률적인 문건까지 다양하다. 진술 조서나 신문 조서 등의 작성이 끝나고 한국어를 할 수 없는 피의자와 참고인들이 본인이 진술한 대로 바르게 기재되었는지 확인할 수 있게 해주는 과정에서 시역의 정확성은 매우 중요하다.

5. 전사번역

전사는 음성자료를 글로 옮겨 적는 것을 뜻하며 소송과 관련되어 자주 사용되는 녹취와 비슷한 개념이다. 전사번역은 외국어로 된 음성자료를 일차적으로 전사하고 번역하는 것을 가리키며 수사 및 소송자료와 관련된다. 전사번역도 말을 글로 옮긴다는 점에서 통역과 번역의 혼합 형태라고 볼 수 있다. 전사번역 역시 전문성을 요한다.

어느 정도로 자세하고 정확하게 할 것인가에 따라 작업 시간은 상이하나 통상 녹음 분량의 최소 몇 배의 시간이 소요되며 생각보다 쉽지 않다.[6] 특히 소리가 작거나 음질이 좋지 않을 경우 더욱 더 시간이 많이 걸리며 주의가 필요하다. 전사를 시작하기 전에 몇 번 듣고 작업을 시작하는 것이 정확성을 높이는 데 도움이 된다. 여기에 번역까지 한다면 원래 녹음시간보다 4~5배에서 10배 정도의 시간이 소요된다.[7] 법률문제와 관련된 전사를 할 때 망설임이나 휴지, 비속어 등 최대한 정확하게 모든 소리를 기록해야 하며 알아듣지 못하는 말도 그냥 빼지 않고 청

---

6 디지털 녹음 파일의 경우 재생 속도를 빨리하거나 늦출 수 있는 소프트웨어가 있으며, Express Scribe 등 무료 소프트웨어를 사용할 수 있다.

7 전사번역은 전사에 소용되는 시간과 번역 비용을 별도로 청구해야 한다.

해 불가 또는 불분명하다고 표시해야 한다(Gonzalez et al., 1991: 440). 전사번역문은 원발화의 스타일, 목소리 톤, 언어사용역, 비문법적인 요소, 주변 소리 등을 최대한 기록 보존해야 한다. 증거자료가 될 수 있으므로 불완전한 문구나 문장을 전사나 번역과정에서 완성해서는 안 되며 원발화에 모호성이 있다면 이를 유지해야 한다는 점에서 사법 통역과 같다(Gonzalez et al., 1991/2012).

방송이 아닌 일반 대화나 일상생활에서 한 녹음은 음질이 좋지 않을 수 있고, 화자의 부정확한 발음이나 억양 차이 등으로 정확한 전사가 쉽지 않다. 전사할 때 반드시 기억해야 할 것은 함부로 추측하지 않는 것이다. 필자는 예전에 담화연구를 하면서 재판 녹음 자료를 연구보조원이 한국어로 전사한 것을 두 번, 세 번 감수하면서 큰 차이를 발견한 적이 있다. 예를 들면, 판사의 말이 '김은희는 처리를 하시겠습니까?' 라고 전사된 것을 1차 감수했을 때 맞는 것 같았지만 재차 듣자 '처리'가 아니라 '철회'였다. 증인으로 소환한 김은희가 불출석하자 증인신청을 철회하겠냐는 판사의 질문이었던 것이다. 이처럼 전사 내용을 반복해서 확인하지 않으면 비슷한 발음의 단어와 헷갈리는 오류가 발생하기 쉽고 내용을 잘 모르면 틀리기 십상이다.[8]

앞에서 의미와 맥락에 대해 말한 것처럼 언어적 형식만으로 의미가 결정되지 않으며, 맥락이 중요하다. 예를 들어 '죽어.' 라는 말도 어디서, 어떤 상황에서 한 말인지에 따라 그 의미가 결정된다. 결국 특정한 맥락과 분리해서 정확한 발화 의미를 유추할 수 없다. 그래서 전사번역을 할 때 전사본만 보면서 번역하지 말고 녹음물을 들으면서 번역을 하는 것이 중요하다. 전사번역문을 각기 다른 사람이 했을 때 차이가 있어 실제 전사번역문에 관해 이견이 있는 경우가 드물지 않다(Edwards, 1995: 135). 동일한 원천 텍스트를 놓고 다양한 번역이 나올 수 있는 것처럼 번역가마다 인지과정과 의사결정, 번역 스타일이 상이하기 때문에 상이한

---

8 '유죄의 증거로 사용될 수 있다'를 '위증의 증거로 사용될 수 있다'로, '말초신경이 죽으면 다리를 떼어내야 된다'를 '말초신경이 죽으면 다리를 꿰매야 된다'고 옮긴 것도 의미가 크게 바뀌는 중대한 오류의 예이다. 날짜나 숫자, 이름도 틀리기 쉽지만 전문 용어도 마찬가지다. 의학 용어를 잘 몰라 '추간판 탈출증'을 '주안판 탈출점'이라고 한 것도 필자가 발견한 다소 황당한 전사 오류의 예이다.

전사번역이 나올 수 있다.

많은 경우 전사는 시각자료 없이 청각자료만 있기 때문에 맥락상 다른 의미일 수 있고 구어를 문어로 전환하는 과정에서 여러 가지 언어적인 정보가 실종될 수 있다. 급하다며 원어로 전사할 필요 없이 번역문만 제공해달라는 요청을 받을 수 있는데, 정확성을 기하기 위해 전사를 한 다음 번역을 하고 가능하면 반드시 전사녹음을 들으면서 번역 감수나 수정 확인을 하는 것이 좋다. 외국어 녹음 자료일 경우 원문 확인에 도움이 되기 때문에 사법 절차에서는 외국어 원문에 대한 전사를 함께 하는 것을 권장한다.

전사번역에서 구어가 문어로 바뀌면 말이 가지고 있는 여러 가지 어조, 강세 등이 사라지면서 똑같은 의미가 유지되기 어렵다. 같은 말이라도 강세에 따라 의미가 어떻게 달라지는지 예를 들어 설명하겠다.

A: 당신 어제 영자 칼로 찔렀죠.
B: 난 어제 슈퍼 앞에서 영자를 칼로 찌르지 않았어요.

그런데 여기서 강세에 따라 B가 한 진술의 의미가 아래와 같이 조금씩 달라진다. 이것이 말과 글의 차이 중 하나이다.

① "**난** 어제 슈퍼 앞에서 영자를 칼로 찌르지 않았어요."
(나는 안 찔렀지만 다른 사람이 찔렀을 수 있다.)
② "난 **어제** 슈퍼 앞에서 영자를 칼로 찌르지 않았어요."
(내가 찔렀을 수 있지만 어제는 아니다.)
③ "난 어제 **슈퍼 앞**에서 영자를 칼로 찌르지 않았어요."
(내가 찌른 건 맞지만 다른 곳에서 찔렀을 수 있다.)
④ "난 어제 슈퍼 앞에서 **영자**를 칼로 찌르지 않았어요."
(나는 다른 사람은 몰라도 영자는 안 찔렀다.)
⑤ "난 어제 슈퍼 앞에서 영자를 **칼**로 찌르지 않았어요."

(내가 찌른 것은 맞지만 칼이 아닌 다른 것으로 찔렀을 수 있다.)

방송 녹음과 달리 대화가 많기 때문에 두 사람이 동시에 말하거나(겹침 발화), 정확히 잘 들리지 않는 부분, 소음이 함께 녹음되기 일쑤인데 이러한 부분도 표시해야 한다(아래 예문 참조). 사법 통역의 원칙과 마찬가지로 모든 발화를 다 전사번역하여 대화의 분위기를 충실히 담아내도록 한다. 대화에 참여한 사람 수와 성별, 목소리 구분이 확실하다면 발화자 표시는 '남1', '남2'와 같이 할 수 있다. 아래와 같이 남녀 각 1인의 대화의 경우 말 순서와 말하는 사람을 왼편에 보여주면 보기 편리하다.

1 남: 여보세요.

2 여: …어

3 남: 여보세요?

4 여: 에이미예요. 한국에 왔어요.

5 남: 어 어 (배경 소음)

6 여: 왜 나한테 그랬어요!

7 남: …지금 무슨 소리야.

또한 어조를 살리기 위해 하강어조는 마침표를 상승어조는 물음표를 사용한다. 남자가 처음 전화를 받았을 때 1번의 '여보세요'는 하강어조를 보여준다. 이에 비해 3번은 상승어조이다. 말줄임표는 휴지를 표시한다. 경우에 따라 휴지의 길이를 표시할 필요도 있다. 6번은 다소 격앙된 분위기를 느낌표로 표시했다.

어떻게 전사하고 번역하는가에 따라 전사번역본만 보는 사람에게 다른 메시지가 전달될 수 있다. 호주 형사사건에서 성폭행 피해자인 한국인 여성이 가해자인 한국인 남성에게 전화를 걸어 통화를 녹음한 자료를 예로 보자. 이 사건에서 검찰과 피고인측은 각각 다른 통번역사에게 이 녹취물의 전사번역을 의뢰했는데 양측의 번역물에 상당한 차이가 있었다. 아주 간단한 예를 하나 보겠다.

v1 어, 어!(Eh, yes!)

v2 아…어(ah, yeah)

여자가 전화를 걸어 자기 이름을 밝힌 다음 남자의 반응이었다. v1의 '어, 어!(Eh, yes!)'와 v2의 '아…어(Ah yeah)'는 상당히 다른 태도를 보여준다.[9] v1은 피고인측에서, v2는 검찰측에서 제출한 전사번역의 일부이다. 두 번째 버전의 남자는 전화 건 사람이 누구냐고 물었다가 여자가 이름을 밝히자 다소 당황한 듯한, 별로 반갑지 않은 어조로 '아'라고 말한 후 망설임을 나타내는 짧은 휴지에 이어서 '어'라고 답했다. 피고인측에서 제출한 첫 번째 버전의 'yes!'는 전혀 다른 느낌이다. v1은 전화 받는 남자가 여자를 반갑게 대하는 듯한 인상을 줌으로써 발화 분위기과 의미가 왜곡되어 피고인측의 무죄 주장에 유리한 전사번역물이라 할 수 있다.

지금까지 몇 가지 예를 통해 살펴본 바와 같이 의미는 단어뿐 아니라 어투, 억양, 태도, 뉘앙스 등에 의해서도 전달되는데 전사번역과정에서 바뀔 수 있다. 이후 사례 연구를 소개하면서 다시 전사번역의 중요성을 다루겠다(11장 5절 '이언어 · 문화 간 커뮤니케이션' 참조).

번역은 다른 언어로 옮긴다는 점은 통역과 같지만 읽고 번역하면서 수정할 수 있다는 점에서 인지과정이나 작업방식이 통역과 엄연히 구분된다. 번역은 사전 및 참고서적이나 인터넷 검색을 통해 조사 확인할 수 있는 시간적 여유가 있는 편이다. 사법기관에서 통역을 하면 번역도 당연히 잘할 수 있다고 생각하는데 통역 능력과 번역 능력이 반드시 일치하는 것은 아니다. 번역을 잘해도 통역은 잘하지 못할 수 있고, 통역을 잘 해도 번역은 잘 하지 못할 수도 있다. 국내 사법기관에서는 지정된 통번역인이 공소장이나 항소이유서 등을 번역하게끔 하고 있지만 통번역 인증제가 있는 해외 국가에서는 통역과 번역을 구분하여 통역 인증을 받은 사람도 번역 인증을 받아야 사법분야 번역을 할 수 있다. 번역 인증은 대개 언어 방

9 언어학에서는 이를 화자의 태도를 보여주는 담화표지(discourse marker)라고 한다.

향으로 구분하여 수여한다. 모국어로 번역하는 것과 외국어로 번역하는 것은 난이도와 번역 품질에 차이가 있을 수 있기 때문이다. 전문번역 교육을 받지 않고 사법 통역을 하면서 번역을 하게 되는 경우 무엇보다 자신의 능력으로 감당할 수 있는지를 판단하고, 가능하다고 판단한 경우 원문이 가지는 의미를 최대한 정확하게 이해해서 자연스럽고 정확한 목표 언어로 번역해야 한다. 이때 최대한 정보 검색과 참고문헌을 활용하여 자신이 사용한 표현이 맞는지 법률적인 맥락상 문제의 소지가 없는지 꼼꼼히 감수하면서 수정하는 마무리 작업이 필요하다.

7장

형사사건 통역

1. 신문 기법과 질문 유형

사법 통역에서 대화통역이 가장 많이 이루어지는 까닭은 문답을 통해 정보를 이끌어내고 수집하는 신문이 수사과정과 증거수집에서 매우 중요한 비중을 차지하기 때문이다. 수사면담(investigative interview)은 신뢰할 만한 정보를 피신문자로부터 얻어내기 위해 공정하고 중립적인 방식으로 정보를 이끌어내는 것이다. 신문은 죄를 추궁하고 자백을 설득하기도 하는 취조(interrogation)와 크게 다르다. 질문 유형과 타이밍은 면담과 신문의 방향과 흐름에 영향을 미친다. 이 때문에 진술을 정확하고 충실하게 옮기는 것은 물론이고 질문에 대한 답변 또는 반응을 이끌어내기 위해서는 질문을 정확하게 통역해야 한다. 수사기관 신문에서 주고받는 문답은 결국 법정에서 증거로 채택될 수 있는 조서로 남기 때문에 통역사의 역할이 매우 중요하며, 제대로 통역하기 위해 신문과 그 언어적 특징에 대해 이해할 필요가 있다.

신문은 사법기관 내지 법률절차라는 제도적 환경에서 일어나는 제도적 커뮤니케이션이자 분명한 목적이 있는 전략적인 커뮤니케이션이다. 피의자와 증인, 참고인을 신문하는 기법에도 차이가 있다. 따라서 사법 통역을 할 때 어휘를 포함한 말의 뉘앙스와 의미, 의도된 효과 등에 맞게 질문과 답을 통역해야만 신문전략과 기법이 효과를 발할 수 있다. 보통 대화식으로 인터뷰를 할 때 먼저 어떤 일이 있었는지 말하도록 한 다음 자세한 내용을 부분별로 나누어 질문한다(Dando et al., 2016: 310). 인지적 면담(cognitive interview)방식의 신문에서는 피면담자가 회상을 통해 사건에 대해 정신적으로 다시 경험하게 하는데 처음에는 자유롭게 회상 구술하게 한다. 이때 간섭은 최소화하는 것이 좋기 때문에 가급적 중간에 말을 끊지 않고 유도신문을 피하면서 적절할 때 멈추어가며 신문을 진행한다(Dando et al., 2016: 310).

수사를 위해 신문을 할 때 수사관은 면담을 준비하는 능력, 라포를 형성하는 능력, 효과적 청취 및 효과적 신문 능력을 갖추어야 한다(Mulayim et al., 2015: 23). 신문하는 사람이 신문 받는 사람과 라포를 형성하고, 효과적으로 신문을 하는 데에는 언어가 매우 중요한 역할을 한다. 통역사들이 특정한 질문을 한 목적과 의도를 잘 이해하지 못하면 질문 형식을 바꾸는 등 부정확하게 통역하여 수사관의 의도가 빗나갈 수 있다. 통역사로 인한 영향 내지 개입을 최소화하기 위해 통역이 개입되는 신문에 대해 수사기관 담당자와 통역사 모두 유의해야 할 부분이 있다.

먼저 라포를 형성하기 위해 경청 기술이 중요하다. 잘 듣고 있음을 말해주는 '음(mm, mhm)', '네(yeah)'와 같이 다른 사람의 말 중간이나 끝에 응답하는 청자반응신호(backchannel signal), 다른 말로 풀어 말하기(paraphrasing), 그리고 아래와 같이 앞 사람이 방금 말한 내용을 반복하는 것도 경청을 통한 라포 형성의 한 방법이다(Royce, 2005).

증인: 그 남자가 칼 가지고 상점에 들어갔어요.
경찰: 칼을 가지고요. 그 남자가 누구한테 말하는 것 봤습니까?

위 신문 상황에서 칼을 가졌다는 정보를 경찰관이 따라서 말했는데 이미 통역해서 알려진 정보라고 '칼 가지고요'라는 말을 빼고 경찰관의 말을 통역하면 안 된다. 또 어떤 경우 순서를 바꾸어 '그 남자가 누구한테 말하는 것 봤습니까?'부터 통역하기도 하는데 방금 참고인이 말한 것을 미러링하는 신문 기법을 살리기 위해서는 말한 순서대로 앞의 내용부터 통역하는 것이 효과적이다.

효과적인 신문을 위해 어떤 질문이 사용되는지 통역사가 알아두면 좋다. 질문 유형은 아래 표 3에서 볼 수 있는 바와 같이 문법적으로 설명 의문문, 가부 의문문, 선택 의문문, 확인 의문문, 수사 의문문, 메아리 의문문, 요청 의문문 등으로 구분할 수 있다. 의문문마다 용도와 목적이 다르다. 가장 일반적인 질문은 가부 의문문, 선택 의문문, 설명 의문문, 확인 의문문이다. 가부 의문문은 예, 아니오의 답을 구하는 질문이고, 선택 의문문은 A나 B 혹은 C 중에 답을 선택할 것을 요구하는 질문이다. 확인 의문문은 명제에 대한 확인을 구하는 질문으로 하강어조일 때는 단정적인 느낌의 평서문에 가깝다. 가부 의문문, 선택 의문문, 확인 의문문 모두 답변이 다소 제한된다는 점에서 폐쇄형 질문에 해당하며 그중 확인 의문문이 가장 폐쇄적 성격이 강하다.

표 3. 의문문 유형

유형	예문
가부 의문문	어제 모임에 참석했습니까?
선택 의문문	어제 모임에 참석했습니까? 그냥 집에 갔습니까?
설명 의문문	어제 모임에 누가 있었습니까?
확인 의문문	어제 모임에 참석했지요?
수사 의문문	누가 그 모임에 가겠어요?
메아리 의문문	문–어제 모임에 참석했습니다. 답– 어제 회의에 참석했다고요?
요청 의문문	모임에 참석해주시겠습니까?
	출처: 이지은(2011a: 13)

이에 비해 설명 의문문은 무엇, 누가, 언제, 이유 등과 같은 정보를 구하는 개방형 질문이다. 개방형 질문은 답변의 폭이 넓다. 예를 들면, "생년월일이 어떻게 됩

니까?", "범인에 대해 말해보세요.", "그 다음에 어떻게 되었다고요?" 등과 같은 설명 의문문이 그 예이다. 폐쇄형 질문은 "범인을 봤어요?" "그러니까 당신 앞에 그 사람이 서 있었다고요?"와 같은 가부 의문문과 확인 의문문, 그리고 "그 사람이 입고 있던 상의가 검정색이었어요? 회색이었어요?"와 같은 선택 의문문이다. 무슨 옷을 입고 있었는지 질문하는 것에 비해 상의가 검정색이냐 회색이냐를 묻는 질문은 그 사람이 상의를 입고 있었다는 것을 전제로 하고, 검정 아니면 회색이라는 색깔의 범위를 제한해서 답을 선택하게 하는 효과가 있다. 물론 답변을 돕는다는 의미로 해석할 수 있지만 그만큼 진술에 영향을 미치기 때문에 일종의 유도질문에 해당하며, 답변을 통제하는 셈이다. "그 사람 검정색 상의 입고 있었던 거 아니에요?"와 같은 질문도 마찬가지로 답변을 유도하기 때문에 폐쇄적인 질문을 통역사가 마음대로 개방형으로 바꿔서는 안 된다.

진술자로 하여금 자유롭게 의견을 말하게 하는 질문이 있는가 하면 집요하게 좀 더 구체적인 답을 이끌어 내기 위한 질문도 있다. 또한 "나중에 DNA가 일치하는 결과가 나오면 어떡할 겁니까?"와 같은 미끼 질문이나 "누가 이런 범죄를 저지를 것 같습니까?"와 같은 행동 관찰 질문은 질문의 의도가 있기 때문에 뉘앙스, 억양, 말투, 격식성과 공손성을 최대한 지켜서 통역해주어야 한다. 신문을 할 때 사용하는 언어가 신문을 받는 사람의 심리와 진술에 영향을 미칠 수 있기 때문에 인지적 면담을 통역할 때에는 정확하고 충실한 통역이 매우 중요하다.

신문에서도 처음에는 주로 개방형 질문을 통해 자유롭게 말할 수 있도록 하지만 신문이 진행될수록 상황에 따라 다양한 기법의 질문이 전략적으로 사용될 수 있다. 개방형 질문과 폐쇄형 질문이 모두 사용되지만 반대신문에서는 폐쇄형 질문이 많이 사용된다(이지은, 2011a: 131). 앞서 언급한 대로 당사자주의 재판에서는 주신문과 반대신문의 성격이 다르기 때문에 사용되는 언어적 특성이 다르다. 신문의 언어적 특징과 주신문과 반대신문의 전략을 이해하면 신문을 보다 효과적으로 통역할 수 있다. 특히 반대신문에서는 여러 개의 질문이 담긴 복수 질문(multiple questions) 또는 복잡한 질문이 사용될 수 있으므로 유의해야 한다(이지은, 2011a: 141-142). 길고 복잡하게 꼬인 질문에 대해 재판장의 개입이나 상대측의 이의제기가 없다면 원래대로 길고 복잡하게 통역하는 것이 맞다. 이것을 이해하기 쉽게 끊어서 통역한다면 이것도 올바른 사법 통역 규범에서 벗어나는 것이라 할 수 있다.

당사자주의재판의 특징이라 할 수 있는 주신문과 반대신문의 언어적 차이를 영국의 형사법정 재판기록을 통해 살펴보자. 영국에서 2000년 9월부터 약 2년간 진행된 연쇄살인범 해럴드 쉽먼(Harold Shipman)의 재판을 예로 들겠다. 피고인 쉽먼은 의사였는데 자신의 환자 중 15명을 살해한 혐의로 재판을 받았고 결국 유죄 판결을 받았다. 피고인 신문은 영어로 진행되었지만 독자를 위해 아래 예문들을 한국어 번역문으로 제공했다. 먼저 피고인에 대한 주신문을 보자. 예문 1은 피고인의 변호인에 의한 주신문 시작 부분에 해당하며 대부분 단순한 확인 질문이고 호의적인 내용임을 보여준다.[1]

예문 1

문: 피고인 이름이 무엇인지 말씀해주시겠어요?
답: 해럴드 프레드릭 쉽먼입니다.
문: 보유한 자격은 어떻게 됩니까?
답: 의학사, 가정의학사. 아 죄송합니다. 아동보건학 학위와 산부인과학 학위도 있습니다.
문: 닥터 쉽먼, (피고인은) 1946년 1월 14일 노팅험에서 출생했지요?
답: 그렇습니다.
문: 고향에서 자라서 고등학교까지 다녔고 이후 리즈의대로 진학했지요?
답: 그것도 맞습니다.
문: 대학에서 의학을 전공하고 1970년 의사자격을 취득한 것이지요?
답: 맞습니다.
문: 첫 번째 의사자격을 취득하고 이후 주로 폰티프랙트 지역에서 수련의를 한 거지요?
답: 예.

1 27차 공판기일 주신문 일부

문: 그후 1970년대에 가정의학과로 옮겼고, 1977년 9월 도니브룩 하우스에 있는 하이드에서 가정의학 전문의로 일했지요?

답: 그렇습니다.

문: 개인적으로는 1966년 학생신분이었을 때 결혼했습니까?

답: 그렇습니다.

문: 부인 프림로즈 씨는 법정에 출석해있고, 두 분은 슬하에 4명의 자녀를 두었나요?

답: 그렇습니다.

문: 1977년 9월 도니브룩 하우스에서 진료를 하게 되었습니다. 다른 의사들과 함께 일하는 병원이었죠?

답: 그렇습니다.

문: 의사가 몇 명이었어요?

답: 6명.

주신문이 단순 확인질문으로만 이루어져 있는 것은 아니다. 아래 예문 2는 변호인이 피고인에게 환자진료기록을 보면서 피해자인 캐틀린 그런디에 관한 신문을 하고 있는 대목이다.[2] 개방형 질문 즉, 피고인에게 정보를 구하는 설명형 질문이 많다.

예문 2

문: 처음 세 가지 기록은 1993년에 해당하는데요. 이제 96년 10월 12일 기록에 대해 질문하겠습니다. 누가 기록한 것인가요?

답: 제가 했습니다.

문: 크게 읽어주시겠습니까?

답: "과민성대장증후군(IBS). 특이. 동공 축소. 변비, 약물남용 질문. 환자 연령. 코데인 질문. 지켜보기".

문: 법정에서 읽은 내용은 사실 1996년 10월 12일 예약장부 기록입니다. 예약기록에

2 27차 공판기일 주신문 일부

그런디 씨가 1996년 10월 12일 진료 받으러 왔다는 기록은 없습니다. 환자가 왔었나요?

답: 예.

문: 왜 1996년 10월 12일 예약장부에 환자가 왔다는 기록이 없는지에 대해 말씀해주실 수 있나요?

답: 가정의로서 잠깐 얘기 나누러 온 환자를 보는 경우가 있었고, 그런 경우 진료실로 데려옵니다. 어떤 경우는 금방 끝나는 경우도 있지만 어떤 때에는 진료 시간이 길어질 때도 있었습니다.

문: 그럼 96년 10월 12일 기록에 대해서 말하자면 이날 그런디 씨를 진료한 거지요?

답: 그렇습니다.

문: 진료시간 동안 두 분 사이에 일어난 일을 법정에서 말해주실 수 있습니까?

답: 제 진료실로 와서 환자분이 앉았고, 저도 자리에 앉았습니다. 그분이 IBS 문제에 대해 말했습니다.

문: 과민성대장증후군요?

답: 과민성대장증후군. 그때까지 NHS 약은 종류대로 다 써봤고 환자가 약초도 여러 번 시도해봤습니다. 환자가 변비가 있다고 말했고, 환자의 동공이 매우 축소되어 작은 구멍같이 보였습니다. 코데인은 변비를 유발할 수 있고 동공을 축소시킬 수 있습니다. 노인들의 약물남용이 문제가 되고 있죠. 다른 약을 처방해줄 수 없어 그냥 지켜보기로 했습니다.

문: 여기 기록한 약물남용 문제를 환자에게 얘기했나요?

답: 그때 당시엔 안 했습니다.

문: 이 기록이 컴퓨터 기록과 달리 로이드 조지 환자기록카드에 남은 이유는 뭡니까?

답: 여긴 비밀보호 차원에서 썼는데 다음번에 환자가 오면 기억하기 위한 기억보조장치도 되죠.

문: 그날 기록한 내용은 이것이 전부입니까?

답: 예.

위 신문에서 변호인은 질문을 통해 피고인이 환자를 생각하는 의사였다는 주장을 하기 위한 중요한 증거를 이끌어내고 있다. 전략적으로 신문함으로써 피고인은 환자의 건강을 생각하는 반면 피해자는 코데인과 같은 위험한 약을 함부로 먹는 습관이 있었다는 것을 부각하고 있다. 그래서 피해자가 코데인 과다복용으로 사망한 것이라고 주장하는 피고인측에 유리한 증거를 신문을 통해 현출하고 있는 것이다. 쉽게 말해 주신문은 신문을 하는 사람과 답하는 사람이 같은 편이거나 유리한 증인이기 때문에 정확한 사실에 대해 동의를 받고, 확인하는 데 비해 반대신문은 반대편에게 질문하는 것이기 때문에 주신문에서 진술한 사실에 대해 신뢰성을 약화시키거나 다른 가능성을 제안하는 특징이 있다(Coulthard and Johnson, 2007). 반면 아래 예문3에서 볼 수 있는 바와 같이 반대신문자(검사)는 배심원들이 피고인의 인격을 의심하고 부정적으로 평가할 수 있는 질문을 하며, 앞서 말한 증거가 참이 아닐 가능성에 대해 끊임없이 의심을 제기하고 노골적으로 반박하기도 한다. 피고인에 대한 검사의 반대신문을 살펴보면 앞서 본 주신문에서 피고인이 답변한 기록에 대해 반대되는 시각에서 질문하고 있다.[3]

예문 3

문: 이제 피고인이 그런디 씨가 약물남용 습관이 있었던 것처럼 보이게 하려는 목적으로 매우 의도적으로 허위 기록을 작성했다는 주장을 하겠습니다. 피고인 그렇게 했습니까?

답: 제가 뭘요? 무슨 말씀입니까?

문: 3개의 허위 의료기록을 만들었어요?

답: 아닙니다.

문: 기록들을 보겠습니다… 'IBS(과민성대장증후군) 다시. 특이 동공 축소. 변비. 노령 약물남용 질문. 코데인 질문. 지켜보기.' 1996년 10월 12일은 토요일이었습니다. 그 사실 기억하세요?

답: 그날이 토요일이라는 건 들었습니다.

문: 말씀해주세요. 그런디 씨에게 실제 약물남용의 징후가 가시적으로 있었습니까?

답: 환자는 과민성대장증후군을 여러 번 겪었습니다. 동공축소도 있었습니다. 과민성대

3 33차 공판기일 반대신문 일부

장증후군이 있으면 때로 설사도 있고 변비도 있습니다.

문: 그건 우리가 읽었습니다. 피고인에게 '이 81세 여성분에게 약물 문제가 있다'는 강한 느낌을 준 뭔가가 있었습니까? 그때 피해자는 79세였겠네요.

답: 동공축소현상은 이유 없이 오지 않습니다. 그 환자의 과민성대장증후군도 다른 사람들과 증상이 달랐습니다.

문: 피고인이 그런디 씨에게 약물남용 습관이 있었다고 하는 것은 상당히 악질적이라 주장하고 싶습니다.

답: 검사님이 그렇게 하고 싶으면 그렇게 하세요. 이 기록들은 그때 작성한 것이고 하나 빼곤 다 정확한 겁니다.

문: 이 3개 기록들은 그런디 씨 1명만의 사망사건에 관련하여 재판을 기다리고 있을 때 작성된 것입니다. 맞죠. 그렇지 않아요?

답: 죄송합니다만 뭐가 맞다고요?

문: 피고인이 그런디 씨 사망사건에 대해서만 재판을 기다리고 있을 때 이 기록들을 허위로 만든 겁니다.

답: 아뇨. 그렇지 않습니다.

문: 그런디 씨 사망에 대해서만 재판을 받았다면 피고인은 그분이 약물 남용 습관이 있었기 때문에 스스로 약을 먹고 죽게 된 것이라고 주장하려 했겠지요.

답: 무슨 말인지, 아닙니다.

검사의 신문은 쉽먼이 사실대로 말하지 않고 있다는 느낌을 배심원들이 받도록 의도하고 있다. 한국어로 번역하는 과정에서 충분히 영어 질문의 스타일이 살지 않은 부분도 있지만 영미법정 반대신문에서는 '주장을 하겠습니다(I suggest to you…)'와 같은 질문이 아닌 평서문이 흔히 사용된다. 이 표현은 증인이나 피고인의 주장에 반대되는 주장을 내는 것이라 보면 된다. 여기엔 나오지 않았지만 위와 비슷한 표현인 'I put it to you…' 같은 평서문도 일상 대화에 사용되지 않는 영미법정에서 볼 수 있는 반대신문 특유의 강압적인 질문에 해당한다(Hale, 2004). 또한 반대신문자는 의도적으로 길고 복잡한 질문을 할 수 있다. 그런데 이것을 통역사가 일부러 알아듣기 쉽게 만든다고 끊어서 통역하면 반대신문전략을 무효화하는 것이다. 연구자들은 법정에서 신문 기법의 화용적 의미를 부정확하게 통역함으로써 통역사가 법정신문전략과 역학관계에 미치는 영향을 보여준 바 있다(Hale, 2004 등).

단일 언어로 진행되는 심리에서도 어휘 선택은 전략적이다. 어휘 사용에 따라 허위 자백이나 사실 왜곡으로 이어질 수 있다(Gudjonsson, 2003: 445-457; Mulayim et al., 2015: 23). 앞서 봤던 3장 1절 '통역의 정확성'에서 예로 든 '연락'만 봐도 어휘 정확성이 중요함을 알 수 있다. 질문하는 방식도 중요하다. '이것이 얼마나 위험합니까?'라는 질문과 '이것이 얼마나 안전합니까?'라는 질문은 다른 답변을 이끌어낼 수 있다.

신문은 증거를 이끌어내는 과정이며 전략을 가지고 임하기 때문에 형사나 민사를 막론하고 집요하게 비슷한 질문을 조금씩 다른 방식으로 또는 같은 질문을 반복하여 물을 수 있다. 이때 통역사가 앞서 한 질문이고 이미 답변을 통역했다고 생각하여 대충 통역하거나 확인 질문에 대신 답하면 신문전략과 진행에 부정적인 영향을 미치므로 주의해야 한다. 신문 중 확인질문에 대해 통역사가 방금 통역한 내용이라고 직접 답변하는 것이 부적절함을 보여주기 위한 예문 4를 살펴보자.

예문 4

1 경찰관: 그 사람 마지막으로 본 게 언제인가요?

2 통역인: (해당 언어로 통역)

3 피의자: 음, 그날 9시 반쯤요. (해당 언어로)

4 통역인: 그날 9시 반쯤요.

5 경찰관: 9시 반요?

6 통역인: 9시 반.

6번 말차례에서 통역사가 피의자에게 확인질문을 통역해주지 않고 대신 시간을 확인해주고 있다. 사법 통역에 대해 잘 모르는 통역인들이 이렇게 직접 답하는 경우가 종종 있다. 신문을 하는 경찰관은 다양한 이유로 5번의 질문을 했을 수 있다. 자기가 들은 정보가 맞는지 확인하기 위해서일 수도 있고, 피의자가 어떻게 시간을 알고 있었는지, 또는 정확한 시간을 알고 있었는지 아니면 단순한 추측인지 등을 확인하기 위해서일 수도 있다. 따라서 통역인은 무조건 통역해야 하고, 앞서 통역한 내용이라고 직접 답해버리는 것은 피해야 한다. 만일 위 예문 4에서와 같이 통역인이 대답을 하더라도 경찰관은 통역사에게 다시 피의자에게 질문해 달라고 요청함으로써 한국어를 못 하는 당사자와 경찰관 간에 신문이 이루어지도록 하는 것이 올바른 진행 방식이다.

2. 수사기관 조서 작성

1) 참고인 진술 조서

진술 조서는 주로 증인이나 피해자, 목격자들이 참고인으로 경찰과의 인터뷰를 통해 작성된 공문서이다. 진술 조서 상단에는 이름과 외국인 등록번호, 여권 번호, 직업, 주거, 등록기준지, 직장 주소를 기입하게 되어 있다. 진술 내용과 앞서 아무개 피의자에 대한 사건에 관하여 언제(연, 월, 일, 시)에 어디(진술 장소)에 임의 출석하여 진술한다고 밝힌 다음 피의자와의 관계와 피의사실과의 관계를 기재하게 되어 있다. 예로 든 진술 조서는 사고현장에 있었던 목격자 신동주가 참고인으로 경찰에서 진술한 내용을 바탕으로 작성된 것이다. 신동주는 폭행사건이 있었던 술집에서 일하던 아르바이트생이며 김용만은 폭행을 당했다고 주장한 고소인이다.

참고인 진술 조서
성 명: 신동주 주민등록번호: 920000-0000000 직 업: 한국대학교 미술대학 조소학과 2학년 (대학생) 주 거: 대구 수성구 범어로 00-00 직 장 주 소: 연 락 처: (자택번호) ***-**** (휴대전화) ***-***-**** (직장전화) (전자우편)

위의 사람은 일체불상자에 대한 상해 피의사건에 관하여 2016. 1. 20. 대구 동부경찰서 **지구대에 임의 출석하여 다음과 같이 진술하다.

---

1. 피의자와의 관계
   전혀 모르는 사람입니다.

1. 피의사실과의 관계
   저는 참고인으로서 출석을 했습니다.

이때 사법경찰관 경위 이재룡 진술인 신동주를 상대로 다음과 같이 문답을 하다.

문 진술인의 이름과 주민등록번호는요.
답 신동주이고 주민등록번호는 920000-1000000입니다.
문 진술인의 직업은 무엇인가요.
답 한국대학교 대학생으로 대구 동구 효목동 소재 허슬러바에서 아르바이트생으로 일을 하고 있습니다.
문 진술인은 김용만이 폭행당하는 것을 목격했나요.
답 예, 목격했습니다.
문 그 일시와 장소는요.
답 2016. 1. 18. 03:40경 대구 동구 효목동 허슬러바 내에서입니다.
문 목격 당시 상황을 상세히 진술하세요.
답 예. 제가 일하는 허슬러바에 손님으로 온 김용만과 저와 시비가 있어 말다툼을 하다가 제가 다른 손님이 불러서 간 사이 김용만이 화장실로 갔는데, 22번 테이

블에서 술을 마시던 20대 중후반 정도의 남자 한 명이 화장실로 가는 것을 보았습니다. 저도 김용만이 있는 1층 화장실 쪽으로 갔는데, 화장실 입구에서 김용만이 쭈그리고 앉아 있었고 20대 중반 남자가 주먹으로 계속해서 김용만의 얼굴과 몸통을 폭행하고 무릎으로 몸통을 폭행하는 것을 보고 제가 두 사람을 말려는데, 소리를 듣고 바로 주방에서 일하는 이모님과 폭행을 하는 남자의 동료가 와서 같이 말렸습니다.

문 계속 진술하세요.

답 싸움이 진정이 되어서 저는 카운터로 왔는데 조금 있다가 일행인 남자가 카드로 술값을 계산하고 폭행을 한 남자와 여자 한 명이 밖으로 나갔습니다.

문 폭행을 행한 남자의 인상착의는요.

답 20대 중후반의 건장한 남자로 키가 175센티미터 정도에 덩치가 큰 편으로 흰색 파카를 입고 검정색 뿔테안경을 착용하고 있었습니다.

문 폭행 당시 흉기를 사용했나요.

답 아닙니다.

문 그 당시 김용만은 폭행을 하지 않던가요.

답 제가 갔을 때는 계속 폭행을 당하기만 하고 같이 싸우거나 때리지는 않았습니다.

문 김용만을 폭행한 남자는 누구인가요.

답 제가 한 달 정도 아르바이트생으로 일했는데 처음 보는 사람들이었습니다.

문 이상 진술한 내용이 사실인가요.

답 사실입니다.

문 더 이상 할 말이 있나요.

답 없습니다.

위 조서를 진술자에게 열람하게 했던 바 진술한 대로 오기나 증감 · 변경할 것이 전혀 없다고 말하므로 간인한 후 서명 무인하게 하다.

진술자 신동주 ㊞

2016. 1. 20.

사법경찰관(리) 직위 성명 ㊞

진술 조서를 작성할 때는 간단한 인적사항 확인 후, "진술인이 알고 있는 상황에 대해 자세하게 진술해주세요."와 같은 요청을 포함하여 다양한 길이의 질문과 답변이 오간다. 하지만 문서로 된 진술 조서의 특성상 법률적 목적에 맞게 일정한 양식에 맞추어 여러 개의 답변을 정리하여 한 개의 긴 답변으로 정리하는 것이 관행이다. 이 때문에 진술의 정확성이 흐려지지 않도록 통역사는 특별히 유의하여야 하며 조서 내용 확인 과정에서 답변 내용이 왜곡, 변경되지 않았는지 확인할 수 있도록 정확하게 시역해주어야 한다.

아무리 여러 시간에 걸쳐 통역을 한 내용이라 해도 진술 조서 열람 확인 때는 진술 조서에 적힌 내용을 그대로 읽어주어야 한다. 외국인의 진술 조서를 작성, 열람확인한 후에는 '위의 조서를 통역인을 통하여 진술자에게 열람하게 했던 바(읽어준 바) 진술한 대로 오기나 증감 · 변경할 것이 없다고 말하므로 통역인과 같이 간인한 후 서명(기명날인)하게 하다.'라는 문구 아래 통역인과 원진술자의 날인을 받는다. 진술서와 진술 조서는 작성자가 전자는 민간인이며 후자는 진술자를 대신한 경찰 관리라는 점에서 법적으로 다른 지위를 가지는 문건이며 이 같은 이유로 날인을 요한다.

조서는 말로 이루어지는 문답 내용이 문서로 옮겨지는 과정을 거치기 때문에 구어가 문어로 바뀌는 과정에서 여러 가지 변화가 일어난다. 말에는 음의 높낮이나 말투 등 글로 표현되지 않는 다차원적 의미가 표현되는데 글에서는 이런 정보가 누락된다. 대화를 문서로 옮긴다는 것은 그 자체로 한계가 있으며 이 과정에서 사실이 부정확하게 기술될 수 있다는 점을 언어학자들은 지적해왔다(Coulthard, 2002; Rock, 2001). 이와 같은 이유로도 통역을 통해 조서가 작성되는 경우라면 녹음 또는 녹화를 하는 것이 원래 진술을 확인하는 데 필요한 안전장치라 할 수 있다.

□ 참고인 진술의 예 I

다음은 보행자 교통사고를 목격한 외국인 목격자의 진술 조서를 작성하는 상황을 가정해 진술 조서 형식에 가깝게 정리한 것이다. 단적으로 세 번째 답변을 보면 문어적 특징이 매우 강하다. 조서는 신문사항을 그대로 작성하기보다 법률적 목적에 맞게 정리하여 기재하는 것이 관행이다. 일반적인 조서 형식을 따라 의문문에 물음표 표시를 하지 않았다.

문: 오늘 경찰서에 출석하여 조사받는 이유를 알고 있나요.

답: 네, 제가 며칠 전 교통사고를 목격한 사실이 있어 이와 관련하여 진술하기 위해 출석했습니다.

문: 언제 어디서 발생된 교통사고인가요.

답: 2016. 10. 21. 15:20경 예산군 삽교읍 교육청 커피콩 커피숍 앞 노상입니다.

문: 목격한 사고 상황에 대하여 진술해보세요.

답: 저는 당시 사고 차량과 같은 방면으로 2차로를 따라 진행하던 중 진로 좌측에서 횡단보도를 건너오던 보행자를 보고 서행하고 있었는데 1차로에서 진행하던 사고 차량은 보행자를 못 봤는지 서행하지 않고 그대로 진행하다가 보행자를 충격했어요.

문: 사고장소는 횡단보도 상인가요.

답: 네, 맞습니다.

문: 피의자는 횡단보도사고가 아니라 주장하던데요.

답: 운전자가 거짓말 하는 거죠. 제 눈으로 확실히 보았고 제 차량에 설치된 블랙박스에도 다 촬영되었어요.

문: 블랙박스 영상 자료를 제출하시겠습니까.

답: 네, 필요하시다면 제출할게요.

(이때 목격자 A씨가 제출한 블랙박스 영상 자료를 제출받아 수사기록에 첨부하다)

문: 진술인은 피의자 또는 피해자와 어떤 관계인가요.

답: 전혀 모르는 사람들입니다.

문: 본 사고 관련하여 타인의 청탁 등을 받고 유리 또는 불리하게 진술하는 것은 아닌가요.

답: 아닙니다. 제가 목격한 대로 진술한 거예요.

문: 참고로 더 할 말이 있나요.

답: 없습니다.

문: 이상 진술한 내용이 사실인가요.

답: 그렇습니다.

ㅁ 참고인 진술의 예 II

다음은 러시아 국적 피고인(애나)의 전 남편이 참고인으로 경찰서에서 참고인 진술 조서를 작성하는 상황을 가정한 것이다. 통역 연습용으로 활용하기 위해 인터뷰 느낌을 살려 구어적인 표현을 사용했다. 이하 모든 예문은 임의로 이름과 국적을 만든 것이므로 통역 언어에 맞게 이름을 바꿔 통역 연습을 하면 된다.

문: 진술인이 성룡인가요?

답: 예.

문: 애나의 전 남편이죠?

답: 예.

문: 진술인은 언제 피의자 애나를 만나게 됐어요?

답: 2013년 2월경에 큐피드에서요.

문: 그게 유흥업소인가요?

답: 예.

문: 어떤 유흥업소인가요? 술집인가요?

답: 술집입니다. 술만 파는 데입니다.

문: 애나는 무슨 일 하고 있었어요?

답: 종업원요.

문: 어떤 종업원이요?

답: 그냥 뭐 남자들 오면 술 따라주고 같이 옆에 앉아 이야기하고 그런 바 웨이트리스요.

문: 러시아 여자들이 많은 데였나요?

답: 러시아 여자들만 있는 데예요.

문: 한국 사람은 없고 종업원들이 러시아인만 있다고요.

답: 한국 사람은 없는 걸로 압니다. 사장 부인이 러시아 여자인가 그런데 그 집 특징이 러시아 사람만 일하는 거예요.

문: 애나 그러니까 이 사건의 피의자는 어떻게 소개받으셨어요?

답: 소개받은 건 아니고 사업상 지인이 한 번 가보자고 해가지고 우연히 가서 만나게 되었습니다.

문: 소개받으러 간 건 아니고 가서 종업원으로 우연히 만난 겁니까?

답: 그렇죠. 갔다가 만나게 된 거죠.

문: 소개 받아서 사귀었다는데요? 애나는?

답: 아, 그건 이제 처음에 만날 때는 우연히 만났는데 서로 모르는 사이니까 고려인 업주가 있어요. 그분이 중간에서 다리를 놓아준 거죠. 저쪽도 이혼을 했고 나도 이혼을 했으니 만나보면 어떻겠냐고.

문: 사귈 때 어떻게 의사소통을 했나요? 진술인은 러시아어 합니까?

답: 처음 만날 때엔 전혀 몰랐죠. 영어도 좀 하고 보디랭귀지하고 그랬죠. 저는 한국어 잘 못하니까요. 나중엔 저도 러시아어 아주 기본적인 거 좀 배웠고요.

문: 피의자가 한국어도 조금씩 알아듣고 말하던가요?

답: 저보다 더 잘하죠.

문: 진술인은 지금 러시아어 할 줄 알아요?

답: 조금 합니다. 많이는 아니지만, 조금 기본적인 말 정도는 조금 합니다. 책도 좀 봤고 배우기도 해서 기본적인 것만.

문: 결혼을 하게 된 경위는 어때요?

답: 만나다 보니까 저도 혼자고, 그쪽도 혼자 있고 이혼을 하다보니까… 어쨌든 뭐 서로 타지에서 혼자 살다 보니까 같이 살자고 했죠.

문: 사귈 때 둘이서만 만난 적이 있었어요?

답: 예, 있습니다.

문: 몇 번 정도 되나요?

답: 술집 밖에서는 둘만 만났고… 한 몇 번 만난 거 같습니다.

문: 그리고 얼마 되지 않아 결혼을 했고, 아들도 태어났죠.

답: 예.

문: 이혼은 언제쯤, 왜 하게 됐습니까?

답: 결혼한 지 얼마 뒤 그러니까, 애를 낳고 사람이 이상해졌어요.

문: 어떤 점이요?

답: 애 낳기 전까지는 주사가 좀 있는 건 알고 술을 자제시켰는데 애 낳고 난 뒤에는 계

속 술을 몰래 마시고… 술집 그만뒀는데 매일 술 마시고 그랬어요. 술만 먹으면 자제력을 잃어버려요.

문: 술 먹으면 자제를 잃어버린다는 게 무슨 말입니까? 많이 마신다는 말입니까? 주사가 있다는 겁니까?

답: 알코올 중독이 되어버린 것 같아요. 장인도 알코올 중독으로 돌아가셨다니까 유전인지 모르겠습니다. 아무리 그래도 애 엄마가 되어서 길거리를 비틀거리고 헤매고 다니고 길에서 토하고 실례를 하고 참… 집안일은 제대로 돌보지 않았어요. 불만이 너무 많아서 참다 참다 헤어지게 된 겁니다.

문: 언제부터 그렇게 술을 많이 먹었나요?

답: 생각해보면 아이 낳고 한 1년 뒤부터 시작된 거 같습니다.

문: 그래서 이혼하게 된 겁니까?

답: 술 먹지 말라고 각서도 여러 장 받았는데 잘 안 되더라고요. 제가 아들한테도 그런 모습을 보이는 게 좋지 않을 거 같아서 결국 갈라서기로 결심을 한 겁니다.

문: 이혼하기 전 부부 관계는 어떤 상태였습니까?

답: 이혼했을 땐 극도로 안 좋았어요. 본국에 두고 온 아이 때문에 많이 괴로워했고 산후 우울증이 심하게 왔던 것 같습니다. 저는 잘 모르고 싫은 소리하다보니 다툼도 잦았고, 관계가 안 좋았습니다. 하지만 저도 어린 아이 때문에 더 이상 어떻게 할 도리가 없었습니다.

▫ 범죄사실 관련 표현

범죄사실에 대해 자세한 정보를 다루는 사법 통역은 일반적인 통역에서 사용하지 않는 다양한 동작과 상황에 대한 표현력까지 요한다. 예를 들어 피해자가 구타를 당했다는 진술은 충분하지 않다. 어떤 행위로 폭력을 당했는지 진술해야 범죄사실이 확인되기 때문이다. 그래서 사법 통역을 하면 범죄와 관련된 행동에 대한 다양한 표현을 통역하게 된다. 아래 예로 든 문장을 활용하여 해당 언어로 통역하는 연습을 해보기 바란다.

· 각목으로 엎드린 등을 내려치다

· 구둣발로 밟아 손을 짓이기다
· 담뱃불로 살을 지지다
· 뜨거운 물을 끼얹다
· 가슴이나 배에 올라타 목을 누르다
· 각목으로 머리를 내려치다
· 나비 모양으로 손을 벌려 목을 조르다
· 손가락으로 눈을 쑤시다
· 느닷없이 뒤에서 달려들다
· 뒤에서 껴안고 가슴을 만지다
· 맞고 비틀거리다
· 머리채를 잡고 머리를 앞뒤로 흔들다
· 멱살을 잡고 흔들다
· 멱을 따는 시늉을 하다
· 명치를 때리다
· 목을 베다
· 몸을 손으로 밀어 바닥에 넘어뜨리다
· 몽둥이를 휘두르다
· 무릎으로 급소를 차다
· 발로 차다
· 술병을 탁자에 쳐서 깨뜨린 다음 깨진 병으로 찌르다
· 상의를 잡아당겨 단추가 뜯어지다
· 속옷을 찢어 벗기다
· 손목을 잡다
· 손바닥으로 뺨을 때리다
· 손을 잡아 꺾다
· 안간힘을 쓰면서 빠져나오기 위해 버둥거리다
· 암바(armbar) 걸다
· 양 다리로 피해자의 허리를 감싸고 오른손으로 제압하여 움직이지 못하게 하다
· 양쪽 다리를 잡고 발바닥으로 성기를 문지르다(속칭 오토바이)
· 얼굴에 침을 뱉다

- 오른팔을 비틀어 잡다
- 왼팔로 피해자의 목을 뒤로 감아 세게 잡아당기면서 꺾다
- 이빨로 팔목을 물다
- 젖꼭지를 비틀다
- 주먹으로 얼굴을 5~6회 때리다
- 주먹으로 치다
- 칼로 긋다
- 칼로 찌르다
- 칼을 위에서 아래쪽으로 내리 찌르다
- 수염이나 털을 뽑다
- 팔꿈치로 턱을 가격하다
- 피투성이가 되도록 흠씬 두들겨 패다
- 피해자의 뒤에서 온몸을 꽉 잡으면서 피해자의 입과 코를 한 손으로 막다
- 하이킥을 날리다
- 흉기를 휘두르다

2) 피의자 신문 조서

피의자 조사에 앞서 경찰관은 소속과 이름을 밝히고 피의자에게 무슨 혐의로 조사를 받는지 알려준다. 먼저 피의자의 이름을 확인하고 외국인이라 통역인이 필요한지, 한국어 구사력은 어떤지 확인한다. 통역하게 될 통역인의 신상에 대해 질문하고 통역인 서약서를 작성하게 한다는 점과 영사기관 통보 요청을 확인한다는 점에서 외국인 피의자 사건은 내국인 사건과 처리의 절차상 차이가 있다.

ㅁ 영사기관 통보 요청 확인서

외국인이 한국에서 체포된 경우 이 사실을 본국 영사관원에게 통보해달라고 요구할 권리가 있음을 알려주고 통보 요청 확인서에 통보 요청 여부를 서명 확인받는 절차이다. 해당 언어의 번역문이 미리 준비되지 않았다면 다음과 같은 확인서

를 시역해줘야 한다.

> 당신은 귀국에서 파견된 영사관원에게 체포된 사실을 통보 · 요구할 권리 및 대한민국의 법령 내에서 위 영사관원에 편지를 보낼 권리를 가지고 있습니다. 당신이 원하는 항목의 괄호 안에 V표를 한 후 끝으로 공란에 국명을 기입하고 서명해주십시오.
>
> 나는 자국 영사관원에 대한 통보를 요청합니다. ( )
> 나는 통보를 요청하지 않습니다. ( )

□ 진술거부권 및 변호인 조력권 고지

피의자 신문을 시작하기에 앞서 경찰은 피의자가 조사받는 사건, 즉 피의사건에 대해 간단히 설명하고 형사소송법 제244조의3에 의거하여 진술을 거부할 수 있는 권리와 변호인의 조력을 받을 권리를 고지해주어야 한다(아래 피의자 신문 조서 참조). 또한 피의자에게 이를 고지해주었다는 사실과 함께 권리 행사에 관한 피의자의 의사(권리 행사 여부)를 확인해야 한다. 이는 피의자의 법률적 권리에 관한 중요한 내용으로 통역에 각별히 주의해야 한다. 올바르게 통역할 수 있도록 정확한 번역문을 준비하여 외워서 할 수 있을 정도로 익혀야 한다. 또한 이와 관련된 법제도와 문화관습상 차이도 피의자와 피고인의 이해에 영향을 줄 수 있다. 예를 들면 피의자 진술거부권이 없는 국가 출신 피의자들은 진술거부를 하면 불이익을 받게 될 것이라 생각하여 권리 고지를 잘 이해하지 못할 수 있다. 법률조문에 기초한 권리 고지이기 때문에 피의자가 이해하기 어렵다고 해서 통역사가 이를 마음대로 바꾸어 통역하는 것은 부적절하며 자칫 법률적 의미를 왜곡할 소지가 있다. 그렇기 때문에 통역할 때 피의자가 자신의 권리를 잘 이해할 수 있도록 주의를 기울이면서 통역해야 한다.[4]

---

4 법학자들과 법언어학자, 그리고 법심리학자들의 연구는 대체로 진술거부권이 이해하기 쉽지 않다는 공통적인 결과를 보인다. 특히 연령이 어리거나 지적장애인, 외국인이면 진술거부권을 고지받고, 자신의 권리 포기 결정이 어떤 결과를 가져올지 이해하기 쉽지 않다(Grisso, 1980 ; Solan and Tiersma, 2005 : 차준호, 2006).

다음은 위 7장 1절에 소개한 '참고인 신문조서'에 해당하는 폭행 사건의 피의자에 대한 사법경찰관 작성 피의자 신문 조서의 예다. 조서에는 성명을 포함한 인적사항에 관한 기재와 함께 절차적 구성요건도 포함된다. 예를 들어 '피의자임에 틀림없음을 확인하다'와 진술거부권 및 변호인 조력권 고지 내용을 포함하여 이를 '피의자에게 알려주고 이를 행사할 것인지 그 의사를 확인하다.' 등도 조서의 일부이다.

피 의 자 신 문 조 서

피의자 성명: 김경식

위의 사람에 대한 (죄명) 피의사건에 관하여 ○○○○년, ○○월, ○○일, ○○시 (조사장소)에서 사법경찰관 (계급 성명)은 사법경찰리 ○○ ○○○을 참여하게 하고, 아래와 같이 피의자임에 틀림없음을 확인하다.

문 피의자의 성명, 주민등록번호, 직업, 주거, 등록기준지 등을 말하십시오.

답 성명 김경식 (金敬植)

주민등록번호는 831205 - ******

직업은 회사원

주거는 경북 경산시 필동 294-21번지 (/)

직장주소는 경북 경산시 남면 월산리 월산지방산업단지

연락처는 자택전화 053-274-**** 휴대전화 010-****-2894

직장전화 053-868-**** 전자우편(e-mail)

입니다.

사법경찰관은 피의사건의 요지를 설명하고 사법경찰관의 신문에 대하여 형사소송법 제244조의3의 규정에 의하여 진술을 거부할 수 있는 권리 및 변호인의 참여 등 조력을 받을 권리가 있음을 피의자에게 알려주고 이를 행사할 것인지 그 의사를 확인하다.

진술거부권 및 변호인 조력권 고지
1. 귀하는 일체의 진술을 하지 아니하거나 개개의 질문에 대하여 진술을 하지 아니할 수 있습니다. 1. 귀하가 진술을 하지 아니하더라도 불이익을 받지 아니합니다. 1. 귀하가 진술을 거부할 권리를 포기하고 행한 진술은 법정에서 유죄의 증거로 사용될 수 있습니다. 1. 귀하가 신문을 받을 때에는 변호인을 참여하게 하는 등 변호인의 조력을 받을 수 있습니다.

문 피의자는 위와 같은 권리들이 있음을 고지받았는가요.
답 예
문 피의자는 진술거부권을 행사할 것인가요.
답 진술하겠습니다.
문 피의자는 변호인의 조력을 받을 권리를 행사할 것인가요.
답 혼자 받겠습니다.

이에 사법경찰관은 피의사실에 관하여 다음과 같이 피의자를 신문하다.

문 최종학력은요.
답 문화고등학교를 졸업했습니다.
문 종교는요.
답 없습니다.
문 가족관계는요.
답 미혼입니다.
문 피의자는 왜 조사를 받나요.
답 술집에서 폭행사건이 있어서 조사를 받고 있어요.
문 피의자는 다른 사람을 때린 적이 있나요.
답 아니요.
문 그럼 어떤 일이 있었나요.
답 제 여자 친구와 다른 친구 한 명과 함께 세 명이 술을 먹고 있었어요. 술 먹으면서 보니까 우리를 무시하는 말을 해서 기분이 안 좋았어요. 저는 화장실에 소변을 보고 나오고 있었고, 그 사람이 나간 줄 알았는데 다시 화장실로 들어오면서 서로 어깨를 부딪쳤어요. 그래서 서로 시비가 되었어요.

문 어떤 시비를 말하는 건가요.

답 어깨를 부딪치자, 그 사람이 먼저 "아이 씨발"이라고 해서 제가 "지금 뭐라고 했어요. 나이도 어린 것 같은데"라고 하자, 그 사람이 저한테 손짓을 하면서 "잠깐 들어와봐요"라고 해서 제가 들어갔어요. 그러자 그 사람이 오른 손바닥으로 제 왼쪽 뺨을 1회 때렸어요.

문 그래서 어떻게 했나요.

답 그래서 제가 양손으로 그 손님의 멱살을 잡고 화장실 바깥쪽으로 끌어내 홀 쪽으로 밀어 넘어뜨리고 제가 주먹으로 그 손님을 때리려고 하니까 술집 직원들이 와서 저를 붙잡아 말렸어요.

문 그리고요.

답 그리고 나서 저와는 상황이 종료되었고 술값 계산하고 나왔어요.

문 그때가 언제인가요.

답 2009. 1. 18. 03:00경요.

문 그러면 피의자는 피해자를 때린 것은 없고 피해자가 술에 취해 먼저 시비를 걸고 뺨을 먼저 때려서 그냥 양손으로 멱살을 잡아 화장실 밖으로 끌어내어 넘어뜨린 것밖에 없다는 말인가요.

답 예.

문 피의자는 대항해서 폭력을 행사하지 않았나요.

답 멱살을 잡아 넘어뜨린 것밖에 없어요. 절대 주먹으로 때린 것은 없어요.

문 피해자의 인상착의가 어떻게 생겼던가요.

답 키는 173~4정도, 20대 초반처럼 어려 보였고, 체격은 보통체격이었어요.

문 당시 모든 상황을 알바생과 주방 아줌마가 보았나요.

답 화장실 안에서 있었던 일은 보지 못했고, 홀에서 있었던 일은 봤다고 생각합니다.

문 피의자는 처벌 때문에 거짓말을 하는 것은 아닌가요.

답 아닙니다. 그렇지 않아요. 저도 억울합니다!

문 피해자는 볼일을 보고 돌아서는데 피의자가 먼저 가운데 손가락을 들어 보이고 비웃어서, "시발! 뭐야 미친 거 아냐!"라고 말하고 쳐다보는데 갑자기 주먹으로 피해자의 얼굴을 3~4회 때리고 목덜미를 잡아 화장실 입구 쪽으로 밀고 다시 주먹으로 얼굴을 3~4회 때려 넘어지자, 발로 얼굴을 4회 정도 밟았다고 하는데요.

답 절대로 손가락 욕을 한 사실 없고, 오히려 제가 먼저 뺨을 맞아서 멱살을 잡아서 넘어뜨린 적은 있습니다.

문 목격자의 진술에 의하면 피해자가 화장실 입구에서 쭈그리고 앉아 있는데 피의자가 주먹으로 계속해서 피해자의 얼굴과 몸통을 폭행하고, 무릎으로 몸통을 폭행하는 것을 보고 말렸다고 하는데요.

답 그런 일 없습니다.

문 피의자는 처벌이 두려워 거짓말을 하는 것은 아닌가요.

답 아닙니다.

문 피의자는 피해자로부터 어떤 피해를 입었나요.

답 뺨을 1회 맞았습니다.

문 피해자의 처벌을 원하나요.

답 처벌을 원합니다.

문 피의자는 피해자를 처벌하기 위해 허위로 진술하는 것은 아닌가요.

답 절대 아닙니다. 제가 억울해서입니다.

문 피의자는 목격자가 있는데도 불구하고 범죄사실을 부인하는 이유가 무엇인가요.

답 제가 억울합니다. 저는 때린 사실이 없습니다. 그리고 제 친구가 전부 봤습니다.

문 피의자는 허위로 진술하면 가중처벌을 받을 수 있다는 사실을 알고 있나요.

답 예.

문 다른 사람을 때리면 처벌 받는다는 사실도 알고 있나요.

답 예, 알고 있습니다.

문 당시 술은 얼마나 먹었나요.

답 셋이 소주 두 병을 먹었는데 제가 한 병 조금 못 먹어요.

문 합의할 건가요.

답 합의할 생각은 있습니다.

문 이상 진술이 사실인가요.

답 예 맞습니다.

문 더 할 말이 있나요.

답 없습니다.

(이하 생략)

외국인 피의자의 경우 신문 조서 작성이 끝나면 외국인이 이해하는 언어로 읽어주는 과정을 거쳐 오기(잘못 기재)되었거나 보태거나 빼거나 바꿀 내용이 없음을 확인하고 서명을 받는데 간인 후 조서 마지막 장에 진술자와 경찰 관리가 서명한다.[5] 서명이 조서 기재사실을 확인한 후 이루어졌다는 것을 말하는 문구[6]가 포함되므로 서명 받기 전 이것을 포함하여 모든 내용을 빠짐없이 정확하게 시역해 주어야 한다.

ㅁ 수사과정 확인서

수사과정 확인서에는 조사 장소 도착 시간, 조사 시작 및 종료 시간, 조서 열람 시작 및 종료 시간을 포함하여 조사과정 기재사항에 대한 이의제기 및 의견진술 여부와 그 내용에 대해서도 기입하게 한다. 그리고 조사 대상자와 조사 경찰관의 날인을 받는 항이 있다.

ㅁ 피의자 신문의 예 I

다음은 보행자 교통사고를 일으킨 차량 운전자에 대한 경찰 피의자 신문 조서 작성의 예이다. 교통사고에서는 사고 일자, 주소, 차량 번호, 사고 장소, 피해 상황 등에 관한 조사가 이루어진다. 아래는 인정신문사항(이름, 주소, 등록기준지, 연락처 등)에 관한 기재와 미란다원칙 고지가 있은 후의 문답 사항만을 조서 형태에 가깝게 정리했다. 앞서 말한 대로 조서 초안이 작성이 끝나면 국문으로 작성된 조서를 통역사가 해당 언어로 통역해준다. 아래 예문을 시역 연습에 활용하기 바란다.

문: 피의자가 경찰서에 출석하여 조사받는 이유를 알고 있나요.

답: 네, 제가 며칠 전 교통사고를 낸 사실이 있어 이와 관련하여 진술하기 위해 출석했

---

5 간인은 두 장 종이에 걸쳐 서명하거나 도장을 찍는 것을 말한다. 보통 신문 조서는 여러 장이기 때문에 문서 일부의 변 · 위조를 막기 위한 것이다.

6 '위의 조서를 진술자에게 열람하게 했던 바(읽어준 바) 진술한 대로 오기나 증감 · 변경할 것이 없다고 말하므로 간인한 후 서명(기명날인)하게 하다'.

습니다.

문: 그럼 피의자는 교통사고를 야기한 사실이 있나요.

답: 네, 있습니다.

문: 사고 일시 및 장소는요.

답: 2016. 10. 21. 15:20경 예산군 삽교읍 교육청 커피콩 커피숍 앞 노상입니다.

문: 당시 운전한 차량번호 및 소유주는요.

답: 사장님(진성모) 소유의 24모7777호 싼타페 차량입니다.

문: 남의 차량을 운전하게 된 경위는요.

답: 제가 회사일로 다녀오는 길이었습니다. 평소에 회사 차를 제가 운행할 때가 자주 있습니다.

문: 사고 발생 경위는요.

답: 저기 그…제가 편도 2차로의 길을 1차로를 따라 홍성 방면에서 교육청 방면으로 시속 약30킬로미터의 속력으로 진행하던 중 진로 좌측에서 우측으로 길을 건너던 보행자의 몸과 제 차량 앞부분이 부딪혀 피해자가 다친 사고입니다.

문: 사고장소는 횡단보도상인가요.

답: 횡단보도 근처이긴 하지만 횡단보도상은 아니에요.

문: 그럼 피의자가 생각하는 사고장소는 어디인가요.

답: 정확한 거리는 모르지만 횡단보도에서 약 20미터 벗어난 도로상입니다.

문: 그럼 피의자의 주장대로라면 피해자가 무단 횡단했다는 것인가요.

답: 네, 그렇죠.

문: 피해자는 횡단보도를 건너다 사고가 났다 주장하는데 어떻게 생각하나요.

답: 아뇨. 아닙니다.

문: 그럼 피해자가 거짓 진술하는 것인가요.

답: 제 생각엔 그렇습니다.

문: 당시 사고를 목격자한 목격자 진술에 의하면 사고는 횡단보도상에서 발생되었다 하는데 그럼 이에 대하여 어떻게 생각하나요.

답: 글쎄요, 횡단보도가 옆에 있어서 그런지 목격자가 잘못 본 것 같습니다.

문: 피의자 운전 차량에 블랙박스가 설치되어 있나요

답: 네, 있긴 하지만 확인해보니 사고 장면은 녹화되지 않았습니다.

(이때 목격자의 운전차량에 설치된 블랙박스 영상 자료를 보여주며)

문: 피의자는 사고장면이 촬영된 블랙박스 영상 자료를 보았지요.

답: 네, 봤습니다.

문: 어떠한가요, 블랙박스 영상 자료상 사고는 횡단보도상에서 발생된 것으로 확인되었는데요.

답: 죄송합니다. 제 기억으로는 횡단보도가 아니었던 것 같았는데 영상을 보니 횡단보도에서 사고가 난 게 맞네요.

문: 그럼 횡단보도 사고에 대하여 인정하나요.

답: 네, 인정하겠습니다.

문: 피의자는 이제까지 횡단보도 사고를 인정하지 않다가 영상 자료를 보여주자 횡단보도 사고를 인정하는 이유는요.

답: 죄송합니다. 겁이 나서 거짓말했어요. 죄송합니다.

문: 사고 당시 진로 좌측에서 횡단보도를 건너던 피해자를 보지 못했나요.

답: 네, 못 봤어요.

문: 왜 보지 못했나요.

답: 제가 운전하다 잠시 한눈을 팔았나봐요.

문: 보통 횡단보도가 설치된 도로를 진행할 땐 어떻게 운전해야 되는지 알고 있나요.

답: 전방을 잘 살피고 일단 서행하여 지나가는 보행자가 있는지 잘 보고 안전운전하여 사고가 나지 않게 해야 합니다.

문: 당시 위와 같은 주의 의무를 다 했나요.

답: 아니요, 못했습니다. 죄송합니다.

문: 사고 후의 상황에 대하여 진술해보세요.

답: 사고 후 차에서 내려 보니 피해자가 쓰러져 있는 것을 보고 너무 놀라 가까이 가봤는데 의식은 있더라구요. 피해자가 아무 말도 못하고 신음소리만 내길래 곧바로 119로 신고하고 보험회사에 사고접수를 했어요. 그 후 곧바로 구급차가 도착해서 피해자를 병원으로 후송했구요.

문: 피의자 운전 차량에 보험이 가입되어 있나요.

답: 책임보험만 가입되어 있습니다.

문: 피해자의 부상 정도는 어떤지 알고 있나요.

답: 다쳐서 병원에서 치료받고 있는 것으로 알고 있습니다.

문: 종합보험에 가입되어 있지 않은데, 피해자와 합의할 의사가 있나요.

답: 네, 최대한 보상하고 합의하도록 노력하겠습니다.

문: 참고로 더 할 말이 있나요.

답: 죄송하단 말밖에 드릴 말씀이 없습니다.

문: 이상 진술한 내용이 사실인가요.

답: 네.

□ 피의자 신문의 예 II

다음은 뺑소니 교통사고 피의자 신문 조서의 예로 위와 마찬가지로 문답 사항만 추렸다.

문: 피의자가 경찰서에 출석하여 조사받는 이유는요.

답: 네, 며칠 전 술을 마시고 운전하다가 교통사고를 냈는데 아무런 조치 없이 도주한 사실이 있어 이와 관련하여 진술하기 위해 출석했습니다.

문: 그럼 피의자는 교통사고를 야기하고도 아무런 조치 없이 도주한 사실이 있나요.

답: 네, 있습니다.

문: 사고 일시 및 장소는요.

답: 2015. 1. 18. 02:20경 경주시 안강읍 월촌리 명문가든 앞으로 기억합니다.

문: 당시 운전한 차량 번호 및 소유주는요.

답: 제 66조1234 현대포터 화물차입니다.

문: 사고 발생 경위에 대하여 진술해보세요.

답: 제가 위 차량을 운전하여 이마트 방면에서 삼성전자 방면으로 편도 4차로의 길을 2차로를 따라 시속 60킬로미터의 속력으로 진행하다가 전방 사거리 교차로에 이르러 진행하는 차량이 없는 것 같아 신호를 무시하고 직진하다가 진로 좌측에서 진행해오던 피해차량 우측 앞부분과 제 차량 좌측 앞부분이 부딪쳤습니다.

문: 사고 장소인 교차로에는 신호등이 설치되어 있지요.

답: 네, 그렇습니다.

문: 보통 신호등이 설치된 교차로를 통과할 땐 어떻게 운전해야 되는지 알고 있나요.

답: 신호등을 잘 지켜 신호에 따라 진행해야 됩니다.

문: 그런데 피의자는 신호를 잘 지켜 진행했나요.

답: 어…아니요.

문: 신호위반한 사실을 인정하나요.

답: 네, 인정합니다.

문: 신호위반한 이유는요.

답: 당시 새벽 시간대로 차가 거의 없었고 또 주위를 봤을 때 차가 없는 것 같아 빨리 가려는 마음에 신호위반했습니다.

문: 진로 좌측에서 정상 신호를 받고 진행하던 피해 차량을 보지 못했나요.

답: 네, 못 봤습니다.

문: 왜 못 봤나요.

답: 글쎄요, 새벽 시간대로 주변이 어두워서 잘 못 본 것 같아요.

문: 사고 후의 상황은요.

답: 그래서 사고 후 정신을 차리고 밖으로 나와 보니 피해 차량이 많이 파손된 상태였고 운전자가 많이 다쳤는지 차에서 내리지 못하고 운전대에 머리를 숙인 채 그대로 앉아 있는 것을 보고, 순간 겁이 났어요. 그래서 저도 모르게 그대로 차를 놓고 도망갔어요.

문: 겁이 난 이유는요.

답: 사람이 많이 다친 것 같았고 제가 음주운전한 생각이 나서 겁이 났습니다.

문: 그래서 그 후 어디로 갔나요.

답: 겁이 나서 그대로 현장을 벗어나 인근에서 사건 처리가 어떻게 되는지 숨어서 지켜보고 있다가 경찰관과 구급차가 와서 사건 처리를 하고 피해자를 병원으로 후송하는 것을 보고 저도 집으로 갔어요.

문: 당시 피해자의 상태는 어떠했나요.

답: 정확히 살펴보지 못해서 잘은 모르지만 얼핏 봤을 때 많이 다친 것 같았어요. 움직이지 못하고 그대로 머리를 숙이고 있었으니까요.

문: 보통 사고가 나면 어떤 조치를 취해야 되는지 알고 있나요.

답: 차를 세우고 다친 사람이 있는지 살펴보고 구급차를 부르거나 경찰에 신고해서 사고처리를 해야 합니다.

문: 그럼 현장에서 피의자가 취한 조치는 무엇인가요.

답: 죄송합니다. 아무런 조치도 취하지 못했습니다.

문: 피의자는 그럼 아무런 조치 없이 현장을 이탈한 사실을 인정하나요.

답: 네, 인정합니다. 죄송합니다.

문: 당시 피의자는 음주운전한 사실이 있지요.

답: 네.

문: 측정 결과를 알고 있나요.

답: 네, 0.172%로 알고 있습니다.

문: 측정 전 물을 마시고 측정했나요.

답: 네, 충분히 마시고 측정했습니다.

문: 측정 결과에 이의 있나요.

답: 아니요, 없습니다.

문: 언제 어디서 얼마만큼의 술을 마셨나요.

답: 월촌리 인근 고기집에서 회사 직원들과 회식하면서 2홉들이 소주 한 병 정도 마셨습니다.

문: 음주운전하게 된 경위는요.

답: 회식이 23시 넘어서 끝났는데 술을 깨기 위해 차에서 잠을 자고 일어났는데 새벽 2시가 넘었더라구요. 그래서 시간도 어느 정도 지났고 정신이 멀쩡하길래 괜찮을 거라 안일하게 생각하고 운전했습니다. 죄송합니다.

문: 음주운전한 거리는요.

답: 고기집에서 사고 장소까지 약 10킬로미터 정도 운전한 것 같습니다.

문: 음주사고를 야기하고도 아무런 조치 없이 도주하면 가중처벌 받는다는 사실을 알고 있나요.

답: 정확한 처벌규정은 모르지만 음주운전해도 안 되고 뺑소니쳐도 안 된다는 것은 알고 있습니다.

문: 피의자 운전 차량은 보험에 가입되어 있나요.

답: 네, 삼송화재 종합보험에 가입되어 있습니다.

문: 현재 피해자의 부상 정도는 어떠한지 알고 있나요.

답: 다리가 골절되어 수술하고 타박상을 입어 병원에서 입원 치료하고 있습니다.

문: 피해자를 만나보았나요.

답: 네, 엊그제 찾아가 만나서 죄송하다 사과드렸습니다.

문: 피해자와 합의할 의사가 있나요.

답: 최대한 노력해보겠습니다.

문: 참고로 더 할 말이 있나요.

답: 없습니다.

문: 이상 진술한 내용이 사실인가요.

답: 사실대로입니다.

□ **피의자 신문의 예 III**

다음은 살인미수 사건의 태국인 피의자 신문 상황이다. 인정신문사항과 진술거부권 고지 부분은 생략하고 문답사항 위주로 통역 연습용 시나리오를 작성했다. 통역 언어에 맞게 이름 등 고유명사를 바꿔 연습하기 바란다.

문: 피의자의 국적과 출생지를 말씀해주세요.

답: 태국 치앙마이에서 태어났습니다.

문: 현재 주거지는요?

답: 부천시 원미동 지봉로 1번지 스카이빌라입니다.

문: 스카이빌라 몇 호인가요?

답: 201.

문: 핸드폰 번호는 무엇입니까?

답: 010-1000-9000입니다.

문: 가족관계는요?

답: 부모님과 남동생 모두 태국에 살고 있습니다.

문: 직업은 무엇인가요?

답: 사업합니다. 무역업.

문: 월수입은 어느 정도입니까?

답: 달마다 다르지만 평균 300~400만 원 정도 됩니다.

문: 전과 있어요?

답: 없습니다.

문: 종교 있어요?

답: 없습니다.

문: 정당, 사회단체에 가입한 사실이 있거나 국가로부터 훈, 표장과 연금을 받고 있는

지요?

답: 없습니다.

문: 병력(病歷)과 혈액형, 신장, 체중은요?

답: 건강한 편이고, O형, 또 질문이 뭐였죠?

문: 키와 몸무게요.

답: 180센티미터에 70킬로입니다.

문: 음주와 흡연은 하세요?

답: 술은 좀 하지만 담배는 안 합니다.

문: 왜 조사를 받고 있는지 아는가요? 알고 있으면 말씀해보세요.

답: 에레나 다치게 해서…

문: 2016년 4월 19일 이른 새벽에 일어난 일 시간까지 다 말씀해주세요.

답: 4월 18일 12시쯤 부천시 원미구 송내도로에 있는 에스프레소 바에서 에레나를 찌른 일이 있습니다.

문: 에레나는 에스프레소 바 여종업원이죠?

답: 예.

문: 지구대 경찰관에 의하면 2016년 4월 19일 12시 15분경이라고 하는데 맞나요?

답: 맞을 겁니다. 제가 바에 도착한 게 11시 반쯤일 겁니다.

문: (편철된 사진을 보여주며) 그때 사용한 칼이 맞나요?

답: 예.

문: 여종업원을 칼로 찌르게 된 경위를 말씀해보세요. 범행을 미리 계획하고 칼을 준비해간 거 아니에요?

답: 아닙니다. 칼은 다목적으로 제가 들고 다니는 스위스 아미나이프입니다. 계획한 거 전혀 없습니다.

문: 칼로 피해자를 찌르게 된 경위를 말씀하세요.

답: 에스프레소 바는 제가 가는 단골 술집입니다. 거기서 에레나를 만났고, 사귄 지 1년 되어갑니다. 그런데 최근에 저한테 너무 못되게 해서 화가 나서 그렇게 된 것입니다.

문: 에스프레소 바는 혼자 간 건가요?

답: 예.

문: 피의자 평소 주량은 얼마입니까?

답: 주량을 모르겠습니다. 매번 다릅니다.

문: 그날 술은 어느 정도 마셨나요?

답: 위스키 한 병 마시고 좀 취한 상태였습니다.

문: 그 바는 평소에 자주 간다 그랬죠. 에레나와 아는 사이라고 했는데 좀 더 정확히 말해 어떤 사이인가요?

답: 에레나는 만나지 9개월, 바에서 처음 만났고 사귀던 사이였어요.

문: 바 주인 말로는 둘이서 앉아서 얘기하면서 술 마시다가 갑자기 욕을 하며 에레나 빰을 두 차례 때리는 등 행패를 부려 나가달라고 했고, 바에 있던 남자 손님들이 제지해서 진정시킨 후 밖에 나갔는데 나간 지 10분도 안 돼 다시 들어와 에레나를 칼로 마구 찔렀다고 하는데 맞아요?

답: 행패를 부린 건 맞는데 저도 너무 억울하고 화가 나가 그랬습니다. 에레나에게 제가 엄청 잘해주었습니다. 물론 제가 좋아서 한 짓이니 누굴 탓하겠습니까만은…에레나가 일이 힘들다 그래서 제가 많이 위로해줬고, 선물도 많이 사줬고요. 고향에 있는 에레나 아버지가 편찮다 그래서 한국에 와서 수술 받으시라고 제가 돈도 마련해줬습니다. 그런데 제가 한 달간 출장을 다녀온 뒤로 영 쌀쌀맞게 굴더니 그날은 더 이상 만나지 말자 우리 관계를 다시 생각해보자 그렇게 말하더군요. 남자가 생긴 게 분명합니다. 어떻게 저한테 그럴 수 있는지…

문: 칼로 피해자의 어디를 어떻게 찔렀는지 기억나요?

답: 당시 정신이 없어 기억이 나지 않습니다.

문: (편철된 피해자의 사진을 보여주며) 피해자는 가슴과 허벅지에 1.5센티미터 깊이로 3번 찔렀다고 하는데 맞나요?

답: 그럴 겁니다. 저는 정신이 없어서 어디를 어떻게 다치게 했는지 기억은 없지만 사진이 정확하겠지요.

문: 피의자는 피해자를 칼로 찌르며 러시아말로 욕했다는데 맞습니까?

답: 욕을 한 거는 같지만 심한 욕은 아닙니다.

문: "더러운 년 죽어버려!" 또는 "이런 쌍년!" 그런 말을 했다는데 사실인가요?

답: 그런 말한 기억이 없습니다. 사실 저는 욕을 잘 하지 않습니다.

문: 그럼 아까 욕을 한 거 같다는 건 무슨 욕을 했다는 말인가요.

답: 나쁜 년이란 말은 했던 것 같습니다. 근데 워낙 흥분 상태여서 정확히 무슨 말을 했는지 기억이 잘 나는 건 아닙니다.

문: 여러 번 찌른 것으로 보아 에레나를 죽이려 한 것 같아 보이는데…

답: …제정신이 아니었던 것 같습니다. 에레나를 죽일 마음은 전혀 없었습니다. 지금도 그렇고요. 제가 꼭지가 돌아서… 저, 한 번도 사람을 때린 적도 없는 양순한 성격입니다. 제 고향 친구나 부모님은 상상도 못 할 일입니다.

문: 칼로 찌르면 사람이 죽을 수도 있다는 생각은 해봤는가요?

답: 그런 결과까지 생각할 겨를이 없었습니다.

문: 칼은 어느 손으로 어떻게 잡고 어떻게 찔렀나요?

답: (왼손을 들며) 이 손으로 이렇게

문: 피해자인 에레나는 피의자와 애인 사이가 아니고 피의자가 혼자 좋아한 거라는데요.

답: 예?

문: 애인 사이도 아닌데 피의자가 술 마시면 같이 자자고 괴롭게 했다는데 그런 사실이 있는가요?

답: 에레나가 그렇게 얘기해요? 저는 에레나를 괴롭힌 적 없습니다. 같이 좋아서 모텔 간 것이지, 일방적으로 싫은데 끌고 간 거라구요? 그럼 제가 사준 선물, 빌려준 돈은 그럼 뭡니까? 아무 사이도 아닌데 선심 쓴 거라 호의를 베푼 거라고 합니까?

문: 자자 흥분하지 마시고요…에레나가 다친 후 바 주인이 신고했고 마침 근처에 있던 경찰이 신고를 받고 출동해서 피의자를 체포했는데, 경찰관이 체포하려니까 반항하며 경찰관을 때렸다고 하는데 맞아요?

답: 저 반항한 적 없는데요. 경찰을 왜 때려요. 가만히 있었어요.

문: 에레나가 허벅지 동맥 근처를 찔리는 바람에 피를 많이 흘려 중태인데 어떻게 생각해요?

답: 죄송합니다.

문: 흉기로 타인에 상해를 입히면 법에 의해 처벌된다는 사실을 알고 있나요?

답: 네. 알고 있습니다.

문: 피체포시, 체포되었을 때 경찰관한테 진술거부권이랑 변호인 조력권 고지받았나요?

답: 잘 못 알아들었지만 들은 것 같습니다.

문: 모든 사실을 인정하나요?

답: 네.

문: 피해자와 합의는 했나요?

답: 아니요. 아직 못 봤습니다.

문: 합의할 의사는 있는가요?

답: 해야죠.

문: 지금 심정은 어떤가요?

답: 에레나가 저를 가지고 논 거 같아 억장이 무너집니다. 물론 다치게 한 건 미안하죠. 제가 잘못했습니다.

문: 만약 구속영장이 발부되면 누구한테 연락하길 바라나요?

답: 한국엔 가족이 없고, 제 친구 알렉산드르에게 연락해주시면 합니다.

문: 조사 시 경찰관으로부터 강압이나 회유 등 부당한 대우는 받지 않았나요?

답: 네.

(조서 확인 후)

문: 통역에 이해가 안 된 부분이 있는가요?

답: 없습니다.

문: 제출할 본인에게 유리한 증거나 자료가 있는가요?

답: 제가 에레나에게 돈 준 거랑, 선물 사준 거 그런 사실이 도움이 된다면 카드 내역을 확인할 수 있는데 돈은 에레나가 통장이 없어서 현금으로 줘서 증거 대기 쉽지 않은데 제가 알렉산드르한테는 얘기했어요. 그런 거 친구에게 얘기해서 준비해보도록 할게요.

문: 이상 진술이 사실인가요?

답: 네 사실입니다

문: 더 할 말이 있나요?

답: 이런 일을 저질러서 죄송합니다.

▫ 피의자 신문의 예 IV

다음은 살인 혐의를 받고 있는 중국인 피의자 진만복에 대한 영상 녹화 검찰 피의자 신문을 가정한 상황이다. 피의자 신문에 대한 영상 녹화를 하고자 할 경우에는 진술자의 성명, 주민등록번호, 거주지를 기입하고 아래와 같이 동의 의사를 영상 녹화 동의서에 확인하게 되어 있다.

> 상기인은 0000 피의사건에 관하여 피의자 · 참고인 · 피해자로서 진술함에 있어 진술 내용이 영상 녹화됨을 고지받고 강제적인 압력이나 권유를 받음이 없이 영상 녹화하는 것에 동의합니다.

검 사: 여기는 **지검 검사 행정실입니다. 지금부터 진만복의 살인 및 피의사건에 관하여 영상 녹화 조사를 하고자 합니다. 오늘 조사과정은 모두 녹음, 녹화됩니다. 현재 시간 2015년 6월 18일 오후 2시 24분이고 여기는 205호 검사실입니다. 검찰청에 오신 다음에 회유나 협박 같은 것 받은 사실 있어요?

피의자: 없습니다.

검 사: 강요를 받은 적 있어요?

피의자: 아뇨.

검 사: 검찰청은 언제 오셨어요?

피의자: 오늘 2시.

검 사: 여기 이 방에 오신 거요.

피의자: 방금 왔죠.

검 사: 성명이 진만복 맞지요?

피의자: 예.

검 사: 주민등록번호는 어떻게 되죠?

피의자: 외국인등록번호가 720914 500000입니다.

검 사: 피의자의 국적은 어떠한가요?

피의자: 피의자요?

검 사: 진만복씨가 피의자입니다. 국적은요?

피의자: 중국.

검 사: 한국말은 대충 알아듣죠?

피의자: 조금 알아요. 먹고 살려니까 말은 좀 하는데 읽고 쓰기는 잘 못해요.

검 사: 직업은 무엇인가요?

피의자: 가게에서 물건 나르고 배달합니다.

검 사: 어디 살아요? 주소지는요?

피의자: 계양동 화이트빌라.

검 사: 몇 동 몇 호인가요?

피의자: 한 동뿐이라 동은 따로 없고 402호입니다.

검 사: 연락처는요?

피의자: 010 9876 5432

검 사: 오늘 조사할 피의사실은 피의자가 내용을 다 알죠?

피의자: 예.

검　사: 피의사실은 2015년 4월 16일날 피의자가 피해자 김정오를 폭행하고 가게 옥상에서 밀어뜨려 사망하게 한 것입니다.

피의자: 밀어뜨린 게 아니고 서로 엎치락뒤치락거리다 그놈이 발을 헛디뎌 떨어진 겁니다.

검　사: 피의자는 진술거부권하고 변호인 선임권을 행사할 수 있어요. 귀하는 일체의 진술을 하지 아니하거나 개개의 질문에 대하여 진술을 하지 아니하실 수 있습니다. 귀하가 진술을 하지 아니하더라도 불이익을 받지 아니합니다. 귀하가 진술을 거부할 권리를 포기하고 행한 진술은 법정에서 유죄의 증거로 사용될 수 있습니다. 귀하는 이와 같은 권리들이 있음을 고지 받았나요?

피의자: 예.

검　사: 고지 받았다고 여기 쓰세요.

검　사: 피의자는 진술거부권을 행사할 것인가요?

피의자: 아니요. 진술하겠습니다.

검　사: 피의자는 변호인의 조력을 받을 권리를 행사할 것인가요?

피의자: 전 변호사 없어요.

검　사: 혼자 조사받아도 괜찮아요?

피의자: 질문하세요.

검　사: 변호인의 도움을 받지 않고 혼자서 신문을 받겠다는 거 맞습니까?

피의자: 변호사 구할 돈이 없어요.

(신문 의사 재확인 후)

검　사: 피의자는 한국에 2014년 2월에 처음 온 거 맞죠.

피의자: 예

검　사: 한국에서 와서 어떻게 살았어요?

피의자: 아는 사람 소개로 이 일 저 일 닥치는 대로…주로 막일했죠.

검　사: 피의자는 동진수산에서 언제부터 일했어요?

피의자: 작년 말부터요. 그 전에도 일손 필요하면 조금씩 일봐준 적은 있었는데 작년 말에 있던 사람이 중국 가면서 제가 들어가게 된 거예요.

검　사: 피해자 김정오와는 직장 동료 사이인가요?

피의자: 네. 올해 초부터 동진수산에서 일당 받고 일하기 시작했거든요.

검　사: 김정오와 사이가 나빠지기 시작한 건 언제부터인가요?

피의자: 저희 사이가 나쁜 거 없습니다. 김정오 그 자식 그거 술만 취하면 욕지거리에다 사람 성질을 돋우는 고약한 버릇이 있어서 술 마시고 기분 나빠지면 이 사람 저 사람하고 시비 잘 붙는 편입니다. 그래서 제가 좀 피곤하니까 피한 것뿐입니다.

검　사: 2015년 4월 16일 김정오와 술을 마시게 된 상황을 얘기해주세요.

피의자: 저는 새벽일 끝나고 한숨 자고 쉬고 있었는데 네 시 좀 못되어서 소주 들고 옥탑방으로 찾아왔어요.

검　사: 그래서요. 계속 진술하세요.

피의자: 전에 제가 차 태워줘서 고맙다고 소주랑 돼지껍데기 사왔어요. 그런데 여자랑 잘 안되어 기분 좀 달랠 겸 찾아왔더라고요.

검　사: 여자랑 잘 안되었다는 건 무슨 말입니까?

피의자: 전에 같이 살던 여자가 안양에 산대요. 그날 여자한테 찾아가서 잘하겠다고 매달렸는데 퇴짜 맞고 왔대요. 그래서 위로 차원에서 같이 마시게 된 거죠.

검　사: 그날 김정오와 술은 어느 정도 했습니까?

피의자: 김정오가 소주 3병을 사갖고 왔고 저한테 고량주 한 병이 있어서 고량주를 다 비우지 않아도 2/3 정도는 비운 거 같습니다.

검　사: 김정오는 술에 취해서 왔습니까? 술 마시지 않고 맨 정신으로 왔습니까?

피의자: 한잔 걸친 상태였는데 취한 건 아니었습니다.

검　사: 두 사람은 전에도 술을 자주 같이 마셨습니까?

피의자: 가끔 했죠. 다른 사람들이랑 같이 마신 거지, 저희 둘만 마신 적은 별로 없어요. 술만 마시면 기분 나쁘게 굴어가지고요.

검　사: 피해자가 이날도 기분 나쁘게 했습니까?

피의자: 김정오가 싸가지가 없어요. 나보다 나이 적으면서 형님이라고 안 부르고 개깁니다. 그런데 술 취하면 더 위아래가 없어요.

검　사: 예의 없게 굴어서 피의자가 기분이 나빠졌습니까? 술을 마시다 왜 시비가 붙었습니까?

피의자: 하…자식이 술 처먹었으면 곱게 뒤집어 잘 것이지… 혀를 잘못 놀리잖아요. 제 처는 중국에서 떨어져서 사는데 마누라 간수 잘 하라고 개소리해서 사람 열 받게 하잖아요.

검　사: 피의자는 피해자가 발을 헛디뎌 떨어졌다고 하는데 그냥 떨어진 게 아니고 한 참 폭행하고 밀친 거 아니에요?

피의자: 쌍방폭행입니다. 서로 싸운 거지 제가 일방적으로 때린 게 아니에요.

검 사: 부검결과를 보면 두부손상으로 인한 과다출혈과 심장파열로 사망했습니다. 그렇지만 목 주변에 빨간 멍이 심한 걸 보면 추락 전 목 졸림 흔적이 있는데 여기에 대해선 어떻게 설명할 거예요?

피의자: 그건 제가 모르죠. 아니 시비 붙어서 몇 방 날린 거 같긴 한데 목을 조른 적은 없고 멱살잡이하고 몸싸움한 것뿐입니다. 절대 죽이려고 한 것 아닙니다.

3. 형사재판

먼저 형사재판의 전체 흐름을 이해할 수 있도록 절도 사건 공판 진행의 예를 소개한다. 통역 연습을 위한 시나리오로 법률적인 사실에 부합하지 않을 수 있으며 이 책에 나오는 모든 시나리오 상의 인명과 지명 등 고유명사는 가명으로 특정사건과 관련 없음을 밝혀둔다.

사건의 개요

2016년 5월 10일 오후 5시 40분경 농인[8] 천미라는 의정부 용현동 싸다 마트에서 장을 보고 있었다. 그런데 마트 직원과 40대 초반 여성(신애라)이 다가오더니 천미라의 쇼핑 카트에 든 구찌 손지갑을 보고 도둑맞은 물건이라면서 천미라를 도망간 도둑(30대 남자)과 한패로 의심한다. 경찰서에서 조사를 받을 때 천미라는 수화통역을 제공받았으나 마트 내에 설치된 CCTV에 찍힌 피해자의 가방을 훔친 남자가 천미라 옆에서 쇼핑 카트를 밀고 가며 대화하는 모습에 대한 설명이 정확하게 통역되지 않았고 이 사건으로 천미라는 특수절도죄로 기소되어 재판을 받게 되었다. 형법상 특수절도죄는 흉기를 휴대하거나 2인 이상이 합동하여 타인의 재물을 절취한 범죄로 1년 이상 10년 이하의 징역에 처한다.

7 엄밀히 말해 소리를 전혀 듣지 못하고 말하지 못하는 농인(농아인)과 약간의 청각손실을 입은 사람까지 포함하는 청각장애인은 차이가 있다. 이 책 앞부분에서는 농인을 포함하여 청각장애인이라 칭했다.

제1공판기일 재판 시작

재판장: 지금부터 의정부지방법원 형사 제5단독 재판을 시작하겠습니다. 사건번호 2016고단1234호 특수절도 사건입니다. 피고인 천미라 나오셨죠. 이 사건 피고인 청각장애가 있어 수화통역이 필요하지요. 수화통역인 나오셨습니까? 통역인은 증인석으로 나와 주십시오.

(통역인에게)

재판장: 박진희 씨 되십니까?

통역인: 예.

재판장: 통역인은 법정수화통역 경험이 있습니까?

통역인: 예, 2010년부터 경기지역 법원에서 수화통역을 해왔습니다.

재판장: 그럼 성실히 통역에 임해주시기 바랍니다. 통역인 선서하십시오.

통역인: 양심에 따라 성실히 통역하고, 만일 거짓이 있으면 허위 통역의 벌을 받기로 맹세합니다. 통역인 박진희.

인정 신문 및 진술거부권 고지

재판장: 통역인은 통역을 해주십시오. 천미라 피고인

피고인: (자리에서 일어서서) 네.

재판장: 피고인은 이 재판진행 중에 진술을 하지 아니하거나 개개의 질문에 대하여 진술을 거부할 수 있고, 이익이 되는 사실을 진술할 수 있습니다. 잘 알겠습니까?

피고인: 네.

재판장: 피고인의 주민등록번호는 어떻게 되나요?

피고인: 771224-2999999입니다.

재판장: 주소는 어디입니까?

피고인: 의정부시 산단로 68번길 10.

재판장: 등록기준지는 어디입니까?

피고인: 경기도 동두천시 탑동 25번지.

재판장: 직업은요?

피고인: 얼마 전까지 직장 다니다 그만뒀습니다.

재판장: 지금은 직업이 없는 거죠.

피고인: 예.

검사의 모두진술

재판장: 검사님 기소 내용을 진술해주세요.

검 사: 피고인은 성명불상[8]의 30대 초반 남자와 남의 물건을 훔치기로 공모했습니다. 2016년 5월 10일 저녁 5시 40분경 의정부시 용현동에 있는 싸다 마트에서 성명불상의 30대 남자가 손님이 많은 혼잡한 틈을 이용하여, 장을 보러 나왔던 피해자 신애라가 아이를 데리고 물건을 고르느라 한눈을 파는 사이에 피해자의 쇼핑 카트 안에 있던 구찌 지갑을 손으로 낚아챘습니다. 그리고 슈퍼 안에서 미리 대기하고 있던 피고인에게 피해자의 지갑을 건네주고 도주했습니다. 이에 피고인을 특수절도죄로 기소했습니다.

피고인의 모두진술

재판장: 피고인은 공소장 부본을 송달받았습니까?

피고인: 네, 받았습니다.

재판장: 피고인은 검사의 기소 내용에 대한 의견을 진술해주십시오.

피고인: 저는 그 남자와 한패도 아니고 전혀 모르는 사람입니다. 남의 물건을 훔치지 않았습니다. 저는 그냥 물건 사러 그날 그 시간에 마트에 갔던 것뿐입니다. 이런 날벼락이 없습니다. 재판장님, 정말 억울합니다.

재판장: 피고인 공소사실 부인하는 취지네요.

증거조사절차

재판장: 피고인은 성명불상의 남자와 공모하여 피해자의 가방을 훔치지 않았다고 주장하고 있습니다. 그럼 검찰측과 피고인측은 증거를 신청해주십시오.

검 사: 검사가 작성한 피의자 신문 조서, 경찰이 작성한 피의자 신문 조서, 피해자에

---

8 신원을 특정할 수 없는 경우를 쓰는 표현이다.

대한 참고인 진술 조서, 목격자에 대한 참고인 진술 조서, 당일 매장에서 촬영된 CCTV화면사진과 피고인의 쇼핑 카트에 담겨 있던 피해자의 지갑을 증거로 신청합니다.

재판장: 피고인측 이것들을 증거로 사용하는 것에 대하여 동의하십니까?

변호인: 경찰 작성 피신조서에는 동의하지만 검찰 작성 피신조서, 피해자 참고인 진술 조서, 목격자 참고인 진술 조서에는 부동의합니다.

재판장: 피고인측이 검찰 작성 피의자 신문 조서, 피해자 참고인 진술 조서, 목격자 참고인 진술 조서에는 부동의하셨습니다. 추가로 신청할 증거 있습니까?

검 사: 저희는 피해자 신애라와 목격자 이지애를 증인으로 신청하겠습니다.

재판장: 피고인측은 추가로 제출할 증거 있으십니까?

변호인: 이지애는 싸다 마트 종업원인데 저희도 이지애 씨를 증인으로 신청합니다.

재판장: 상대방이 신청한 증거에 대하여 의견이 있으면 진술해주십시오.

검사와 변호인 모두: 이의 없습니다.

재판장: 그럼 쌍방이 신청한 모든 증거를 채택하고, 다음 기일에 증거조사를 실시하겠습니다. 다음 기일은 2주 후인 9월 9일 오후 3시로 하겠습니다. 시간 가능하시죠? 증인 신애라와 증인 이지애 모두 이날 나올 수 있답니까? 증인 대동으로 할지, 소환으로 할지 결정해야 하는데 피고인 증인 이지애와 연락할 수 있나요?

변호인: 예.

재판장: 그래도 신속한 진행을 위해 증인을 소환하겠습니다. 그럼 다음 기일에 속행하도록 하겠습니다.

제2공판기일 증거조사

재판장: 증거조사 시작하겠습니다. 먼저 검찰이 증거로 신청한 CCTV 화면과 피고인의 쇼핑 카트에서 발견된 지갑에 대한 증거조사를 하겠습니다.

검 사: (CCTV 화면 사진을 실물화상기에 놓고) 이 CCTV 화면 사진은 사건 발생 당일 절도범인 30대 남자가 피고인의 쇼핑카트 옆에서 나란히 자신의 쇼핑카트를 밀고 있는 장면과 피고인에게 이야기하는 장면을 찍은 CCTV 화면을 캡처한 것입니다. CCTV화면에 피고인과 성명불상의 남자가 찍힌 시각이 17시 40분 17초인데 17시 45분 피해자를 지나가는 모습이 CCTV에 찍혔습니다. 이 사

진을 보면 피고인과 성명불상 20대 남자가 전부터 아는 사이인 것처럼 대화를 나누고 있는 것을 알 수 있습니다.

재판장: 피고인 측의 의견은 어떻습니까?

변호인: 피고인의 주장은 장을 보면서 자신의 옆에서 설명불상의 남자가 쇼핑 카트를 밀고 있는 것을 알지 못했고, 그 남자가 피고인에게 무엇인지 물어 보는지도 들리지 않아 알지 못했다는 것입니다. 피고인은 그 남자를 전혀 모르고, 그날 처음 보았습니다. 이 화면만으로 피고인이 그 남자와 전부터 알던 사이라고 단정할 수 없습니다.

검 사: (피고인에게 구찌 지갑 증거를 보여주고 증거로 제출함) 이 지갑은 피해자가 마트에서 쇼핑 중 도둑맞은 지갑으로 피고인의 쇼핑 카트 안에서 발견되었고, 발견 당시에 현금은 하나도 없었습니다. CCTV 화면 사진과 피고인의 쇼핑 카트 안에서 피해자의 지갑이 발견된 것만 보더라도 피고인이 성명불상의 남자와 절도를 공모한 것이 틀림없습니다.

재판장: 피고인 의견 말씀해주십시오.

변호인: 이에 대해서도 그날 쇼핑 중에 갑작스럽게 닥친 일이라서 피고인도 매우 당혹스러워하고 있습니다. 피고인은 어떻게 해서 피해자의 지갑이 피고인의 쇼핑 카트에 들어가게 됐는지 모릅니다. 성명불상의 남자가 현금만 빼고 급히 도망가면서 피고인의 쇼핑 카트에 던지고 간 것으로 생각됩니다. 피고인은 자신이 그 남자와 공모해서 훔친 것이 절대 아니라고 일관되게 경찰에서부터 진술해 왔습니다.

재판장: 네, 그럼 증인 신문을 하겠습니다. 증인 신애라 씨, 이지애 씨 오셨지요. 모두 증인석으로 나와 주십시오.

(재판장은 증인 신분증 받고 증인의 인적사항, 성명을 확인함)

재판장: 신애라, 이지애 씨가 맞습니까?

증인들: 네.

재판장: 증인의 증언으로 인하여 증인 본인이나 증인과 친인척 관계에 있는 사람이 형사처벌을 받을 염려가 있을 경우에는 증언을 거부할 수 있습니다. 또 증인이 선서를 한 후 개별적인 질문사항에 대해서도 같은 이유로 증언을 거부할 수 있습니다. 그리고 선서한 후 거짓말을 하면 위증죄로 처벌받게 됩니다. 증인들에게 이 사건에서 증언을 거부할 사유가 있습니까?

증인 신애라: 없습니다.

증인 이지애: 없습니다.

재판장: 그럼 대표로 신애라 씨께서 선서를 하겠습니다. 증인들은 모두 오른손을 올려주시고, 신애라 씨가 증인선서대로 선서하시고 이지애 씨는 같이 선서하신 후 이름을 말씀해주십시오.

증인 신애라: 양심에 따라 숨김과 보탬이 없이 사실 그대로 말하고, 만일 거짓말이 있으면 위증의 벌을 받기로 맹세합니다. 증인 신애라.

증인 이지애: 증인 이지애.

재판장: 먼저 신애라 씨부터 신문하겠습니다. 이지애 씨는 일단 법정 밖에서 대기해주십시오.

증인 신애라에 대한 신문

재판장: 검사는 신애라 씨에 대한 증인 신문을 시작해주십시오.

검 사: 증인은 지갑이 없어진 것을 어떻게 알게 되었습니까?

증인 신애라: 그날 저녁 반찬거리를 사러 싸다 마트에 갔어요. 아이를 카트에 태우고 물건을 고르고 있었거든요. 쇼핑나온 사람들이 많이 있었고, 제 아들 아이가 감기기가 있어서 칭얼댔고, 자기 손에 잡히는 물건을 카트에 막 올려놓아서 야단치고 달래가면서 장을 보고 있었어요. 근데 아이를 좀 달래려고 사탕묶음을 사서 하나 빼서 주고, 나머지를 카트에 넣으려는데 지갑이 없는 거예요. 주변의 직원이 보여서 "여기요, 제 지갑이 없어졌어요! 도둑 맞았어요!" 하고 다급히 얘기하니까 저를 고객서비스로 안내해주셨어요.

검 사: 그다음 증인은 어떻게 했습니까?

증인 신애라: 직원에게 카트 위쪽에 아이 앉는 자리에 올려둔 손지갑이 없어졌다고 말했어요. 지갑 사이즈랑 색깔도 얘기했습니다. 직원분들이 마트 안을 일단 살펴보겠다고 했다는데 좀 있다 직원이 (피고인쪽을 쳐다보며) 저분 카트 안에 있는 지갑이 제 건지 확인해달라고 했어요. 그래서 보니까 제 구찌 지갑이에요. 신분증, 카드 그대로 다 있고 현금만 없었어요. 마트 직원이 112로 신고를 해주었습니다.

검 사: 증인이 좀 전에 저분이라고 말한 사람이 지금 피고인석에 앉아 있는 사람 맞습니까?

증인 신애라: 예.

검 사: 증인은 어떤 근거로 피고인이 증인의 가방을 훔쳤다고 하는 건가요?

증인 신애라: 없어진 지갑이 저 사람 쇼핑 카트 안에 있었으니까요. CCTV에도 제 쇼핑 카트 옆에 지나간 남자가 저 사람 옆에서 쇼핑 카트를 나란히 밀면서 가다가 이야기하는 거 나오잖아요. 그러면 공범 아닌가요? 증거가 있는데.

검 사: 증인은 피고인의 처벌을 원하는 가요?

증인 신애라: 당시 애는 칭얼거리고 지갑이 없어져 놀랐던 걸 생각하면 처벌을 받아야 한다고 생각합니다. 지갑이 진짜 명품은 아니지만 싸구려 짝퉁도 아닙니다. 그 때 현금으로 시어머님 생신 선물로 드릴 50만 원을 찾아 지갑에 넣어두었는데 없어진 거잖아요. 저는 분명히 도난을 당했는데 하지만 저분이 절대 자기는 아니라 그러니 참 곤란한데 저도 죄 없는 사람을 벌 받게 하고 싶지는 않죠. 제발 진실이 밝혀져서 저 사람이 진짜 공범인지, 왜 내 지갑이 저 사람 카트에 있었는지 알고 싶어요.

검 사: 이상입니다.

재판장: 변호인 반대신문해주시죠.

변호인: 증인은 무슨 근거로 증인의 지갑이 피고인 쇼핑 카트 안에 있었던 것만으로 피고인을 범인이라고 단정지을 수 있나요?

증인 신애라: 그렇지 않고선 제 물건이 저분의 쇼핑 카트 안에 있을 이유가 없지 않습니까? 저분이 안 그랬다면 정말 귀신이 곡할 노릇입니다. 저도 제 아들이 지갑을 가지고 놀다가 어디 선반이나 저분 카트에 놓은 건 아닌지 곰곰히 생각해봤거든요. 그렇지만 CCTV에 찍힌 걸 보면 제 지갑을 가져간 걸로 보이는 남자가 저 여자분 카트 옆에서 말을 걸고 있는데 둘이 같이 작당해서 훔친 걸로 볼 수 있지 않습니까?

변호인: 증인의 지갑을 훔친 도둑이 급하니까 피고인의 쇼핑 카트에 넣을 수도 있지 않나요?

증인 신애라: 도둑이 돈을 뺀 다음 다른 사람 카트에 버리고 도망한 거라고 말씀하시는 겁니까? 경찰서에서 CCTV 녹화영상을 봤는데 거기 보면 저 여자분과 모자 쓴 남자가 카트를 나란히 하고 걷고 있고 말도 하는 것 같았어요.

변호인: 증인이 모자 쓴 남자가 직접 지갑을 훔쳐가는 현장을 목격한 것은 아니고, 성명불상의 남자와 피고인이 함께 나오는 CCTV 영상을 보고 추측한 것이죠.

증인 신애라: 그건 맞지만 CCTV를 보면 제 눈에는 일행 같아 보입니다.

변호인: 당시 증인이 쇼핑하고 있던 그 시각 싸다 마트에는 손님들이 많이 있었지요?

증인 신애라: 네, 원래 손님이 많은데다 그날은 할인판매를 한다고 더 붐볐고, 저녁 시간이 되어가니까 청과 코너에는 반짝세일한다고 사람이 엄청 많았습니다.

변호인: 그렇다면 마트 통로에 일행이 아니라도 카트를 나란히 끌고 다녀야 할 정도겠네요.

증인 신애라: 그렇죠.

변호인: 증인은 없어진 지갑을 발견하고, 피고인에게 뭐라고 말했습니까?

증인 신애라: 왜 남의 지갑 훔쳐갔느냐고 했는데 말이 없어요. 그래서 저는 미안하니까 그런가보다 생각했는데 나중에 알고 보니 청각장애인이라 하더라구요.

변호인: 당시 증인의 쇼핑 카트 안에는 무엇이 있었는지 기억하나요?

증인 신애라: 자세한 건 기억 안 나지만 감자, 당근 그런 식자재와 애기 용품, 기저귀 같은 거 샀습니다.

변호인: 지갑을 손에 들고 쇼핑을 했을 거 같진 않은데 지갑은 어디에 보관했습니까?

증인 신애라: 아이 앉은 자리 옆에요. 카트에 보면 위쪽 칸에 애기 앉힐 수 있잖아요. 거기에 아들 앉히고 아들 엉덩이 근처에 가까이 두고 물건을 고르고 있었어요.

변호인: 피고인이 범인과 공모하여 가방을 건네받았다면 다른 사람이 보이지 않게 숨겨야 정상 아닌가요? 그런데 카트 물건 속에 눈에 잘 띄어서 직원들이 금방 알아볼 수 있었습니다.

증인 신애라: 정확히 어디서 발견되었는지 모르겠지만 여자분이 숨기기 전에 금방 들켜서 그런 걸 수도 있지요.

변호인: 증인의 가방 속에 있던 내용물 중 없어진 것은 현금 50여만 원이 다입니까?

증인 신애라: 네, 신용카드 2장과 신분증, 수표는 그대로 있었어요.

변호인: 이상입니다.

재판장: 이것으로 증인 신애라 씨에 대한 증인 신문을 마치겠습니다. 증인 수고했습니다. 들어가세요. 다음은 피고인측 증인 이지애 씨를 신문하겠습니다. 증인 이지애 씨 증인석으로 나오세요.

증인 이지애에 대한 신문

재판장: 변호인 신문하십시오.

변호인: 증인은 싸다 마트 직원이죠?

증인 이지애: 예.

변호인: 언제부터 거기서 근무했습니까?

증인 이지애: 1년 조금 넘었습니다.

변호인: 증인은 피고인을 이 사건 전부터 알고 있었습니까?

증인 이지애: 피고인요?

변호인: 천미라 씨가 피고인입니다.

증 인: 예, 저도 오빠가 청각장애가 있어서 수화를 좀 하는데 미라 씨가 장애인인 걸 알고 수화로 인사를 건넨 다음부터 마트 오시면 제가 계산대에서 근무하고 있으면 저한테 인사하고 가시고 그럽니다.

변호인: 피고인은 슈퍼에 올 때 항상 혼자 왔나요?

증인 이지애: 아닙니다. 주로 혼자였지만, 언니가 근처에 살아서 언니와 같이 쇼핑 오는 것도 봤습니다.

변호인: 사건 당일에도 피고인을 본 적이 있습니까?

증인 이지애: 예, 반찬 코너에서 잠깐 인사했습니다.

변호인: 피고인이 증인의 코너에 인사하러 왔나요? 아님 쇼핑하러 증인이 일하는 코너에 온 건가요?

증인 이지애: 그거까진 모르겠습니다.

변호인: 그날 봤을 때 피고인의 기분이 어때 보였습니까?

증인 이지애: 항상 웃는 얼굴이고 인상이 좋은 편인데 그날도 웃는 얼굴로 기분 좋게 인사를 나누었습니다.

변호인: 당시 피고인의 표정에 당황하는 기색 등은 없었나요?

증인 이지애: 그런 표정은 전혀 느끼지 못했습니다.

변호인: 그때 피고인 이외에 피고인 일행이 있었습니까?

증인 이지애: 제가 일행으로 본 사람은 없었고, 제 코너에 왔을 땐 피고인 혼자였습니다.

변호인: (증인에게 CCTV 화면 캡처 사진을 실물화상기로 제시함) 증인은 이 사진에서 피고인 옆에 있는 남자를 본적이 있습니까?

증인 이지애: 아니오.

변호인: 이상입니다.

재판장: 검사님 추가 질문하실 거 있으십니까?

검 사: 예, 간단히 몇 가지만… 사건 당일 증인이 피고인과 같이 있던 시간은 얼마나 됩니까?

증인 이지애: 잠깐이죠. 저는 근무 중이었고, 그냥 안부 인사 나눈 정도니까요.

검 사: 증인이 피고인을 다시 본 건 언제입니까?

증인 이지애: 지갑 잃어버리신 애기 엄마가 지갑 잃어버렸다고 얘기하는 걸 듣고 제가 고객서비스로 안내해드렸어요. 잃어버린 지갑이 혹시 마트 바닥이나 선반에 떨어진 건 아닐까 다른 직원분과 빨리 주변을 살펴보기도 했구요. 다른 직원이 가방을 찾았다고 해서 가보니 미라 씨 쇼핑 카트 안에 없어졌다는 지갑이 있는 거예요. 저도 당황하여 피고인에게 가방을 보이며 손짓으로 어떻게 된 건지 물었어요. 저도 당황한 데다가 수화를 잘 못해서 맞게 했는지 모르겠어요. 미라 씨는 자기는 모르는 일이라며 울상이 되었습니다.

검 사: 증인이 사건 당일 피고인을 본 후 피고인의 쇼핑카트 안에서 피해자의 지갑이 발견되기 전까지 시간이 얼마나 경과되었는지 기억하십니까?

증인 이지애: 약 15분, 20분 정도 지난 거 같습니다.

검 사: 그럼 20분이라 치고, 증인은 그 20여분 동안 피고인을 본 적이 있는가요?

증인 이지애: 아니오.

검 사: 그렇다면 증인은 그 20여분 동안 피고인이 무엇을 했는지도 모르겠네요?

증인 이지애: 예.

검 사: 증인이 사건 당일 피고인을 처음 보았을 때 상황을 묻겠습니다. 그때 증인은 사람들로 붐비는 마트에서 일하느라 바쁘지 않았나요?

증인 이지애: 예, 저녁 시간인 데다가 할인 기간이라 슈퍼가 많이 붐벼서 아주 바빴습니다.

검 사: 그런 상황에서 증인이 피고인의 표정을 잘 볼 수 있었나요?

증인 이지애: 마트 안은 그래도 밝으니까요. 잠깐 봐도 평소와 다름없이 밝은 표정이었던 것으로 기억합니다.

검 사: 이상입니다.

재판장: 쌍방 모두 증인들의 증언에 의견이 있습니까?

검사 및 변호인 모두: 별다른 의견은 없습니다.

재판장: 그럼 이상으로 모든 증거조사를 마치도록 하겠습니다. 피고인 신문 하시겠어요?

변호인: 예, 하겠습니다. 피고인이 다투는 취지이기 때문에 하겠습니다.

피고인 신문

재판장: 네, 피고인에 대한 신문을 하도록 하겠습니다. 피고인은 증인석으로 옮겨 앉으세요. 통역인 문답을 통역해주십시오.

변호인: (CCTV 화면 사진을 실물화상기로 제시하며) 피고인, 이 사진을 보면 피고인이 범인으로 지목된 남자와 짧지 않은 시간 동안 마트 안에서 쇼핑카트를 나란히 밀고 이동하는 장면이 나오는데 본인 맞습니까?

피고인: 예.

변호인: 화면에 나오는 남자 아는 사람입니까?

피고인: 아뇨.

변호인: 피고인과 그 남자가 대화를 나눈 적 있습니까?

피고인: 아뇨.

변호인: 서로 이야기하는 것이 아니라는 것이지요?

피고인: 예, 저는 모르는 남자와 이야기한 기억이 없습니다.

변호인: 남자가 피고인 쪽을 쳐다보며 말하는 듯한 동작은 뭔가요?

피고인: 전 그때 옆에 누가 있는지 신경도 안 썼고 이 영상을 보고서야 이런 일이 있었구나 알았습니다.

변호인: 피고인은 청각장애로 옆에서 말하는 것이 전혀 들리지 않지요?

피고인: 예.

변호인: 피고인은 거의 모든 대화를 수화로 하는가요?

피고인: 그렇죠. 청인[9]들과 대화할 때 입술 모양도 읽지만 그때는 주로 글로 써서 의사전달을 해요.

변호인: 화면 속 남자를 본 기억은 있습니까?

피고인: 아뇨. 어쨌든 CCTV 화면이 선명하지 않아 제가 이 남자를 보는 건지, 다른 물건을 보는 건지도 잘 모르겠습니다만 이 사람은 제가 아는 사람도 아니고 본 기억도 없습니다.

---

9 비청각장애인을 뜻한다.

변호인: 피고인은 피해자의 지갑이 왜 피고인의 쇼핑 카트 안에 넣어졌다고 생각하나요?

피고인: 저도 잘 모르겠습니다. 우연히 같은 장소에 있던 저를 이용했는지도 모르지요. 저는 남의 것을 훔치지 않습니다. 믿어주세요.

변호인: 피고인은 자신의 카트에 다른 사람이 물건을 넣는 것을 왜 보지 못했는가요?

피고인: 그러게요. 저도 그게 너무 안타깝습니다. 제가 좀 둔한가봐요. 그때 알았으면 이런 억울한 일에 처하지 않았을 겁니다.

변호인: 직원들과 피해자가 피고인의 쇼핑카트 안에서 피해자의 구찌 지갑을 발견하고 피고인을 다그쳤을 때 피고인이 말을 하지 못한 것은 물건을 훔친 것을 들켜 당황해서가 아니고 청각장애로 사람들의 말을 잘 이해하지 못했기 때문이죠.

피고인: 예, 아까 증인으로 나온 직원분이 수화로 대충 전해줘서 그제서야 사람들이 진짜로 나를 도둑으로 의심하는구나 알게 되었습니다.

변호인: 이상입니다.

재판장: 검사 신문해주세요.

검 사: CCTV 화면을 보면 피고인이 옆에서 쇼핑 카트를 나란히 밀면서 피고인에게 말을 거는 것 같은 남자와 함께 CCTV화면에 찍힌 시각이 17시 40분 17초인데 17시 45분에 피해자를 지나가는 모습이 CCTV에 찍혔습니다. 피해자가 방심한 사이 카트에 있던 지갑을 훔친 남자는 마트 입구 쪽으로 가다가 피해자가 큰 소리로 지갑 없어졌다고 말하는 소리를 듣고 마트 입구 부근에 있던 피고인의 쇼핑 카트에 지갑을 넣고 바로 마트를 나갑니다. 그래도 피고인은 화면 속의 남자와 공모하여 가방을 훔친 것을 부인하는가요?

피고인: 예, 정말로 저는 억울합니다.

검 사: 이상입니다.

재판장: 이상으로 피고인에 대한 신문을 모두 마치겠습니다. 피고인은 피고인석으로 들어가세요.

최종의견 진술

재판장: 검사, 의견 진술해주십시오.

검 사: 피해자의 지갑을 훔친 30대 성명불상의 남자가 피고인의 쇼핑 카트 옆에서 자신의 쇼핑 카트를 나란히 밀고 가다가 피고인에게 이야기하는 장면이 찍힌

CCTV 화면 사진, 피해자의 진술, 피고인의 쇼핑 카트에서 발견된 도난 물품은 피고인이 피해자의 가방을 훔친 남자와 공모하여 피해자의 가방을 훔쳤다는 공소사실을 충분히 입증하고 있습니다. 피고인을 징역 6월에 처해주십시오.

재판장: 최종변론해주십시오.

변호인: 피고인은 청각장애인입니다. 당일 피고인은 여느 때처럼 마트에 갔는데 절도범으로 오인 받아 체포까지 당했습니다. 피고인은 자신의 카트 안에 피해자의 지갑이 있는 줄 전혀 몰랐습니다. 변호인이 생각하기에 지갑을 훔친 범인이 피고인에게 누명을 씌우기 위해 현금을 잽싸게 빼서 챙기고 난 뒤 지나가는 피고인의 카트에 접근하여 슬쩍 지갑을 넣고 달아난 것 같습니다. 피고인은 매장에서 촬영된 CCTV 화면 사진에서 피고인 옆에서 카트를 나란히 밀고 있던 30대 남자를 전혀 모릅니다. 왜 그 장면이 찍혀 있는지도 모릅니다. 당시 복잡한 마트 안에서 단지 피고인이 밀고 있던 카트 옆에 피해자의 물건을 훔쳤던 그 남자가 나란히 카트를 밀고 있던 CCTV 화면만으로 피고인을 절도범으로 몰아붙이는 것은 잘못되었다고 생각합니다. 피고인은 수사기관에서부터 오늘 법정에서까지 한결같이 무죄를 주장해왔습니다. 피고인은 작년까지 농아학교에서 미술을 가르치던 교사였습니다. 절도 전과도 물론 벌금 한 번 낸 적 없이 모범적으로 살아왔습니다. 부디 피고인의 누명을 벗겨주시기 바랍니다.

재판장: 피고인 마지막으로 재판부에 하고 싶은 말 있으면 해주세요.

피고인: 정말 억울합니다. 저는 남의 지갑을 훔치지 않았고, CCTV에 나오는 남자도 모릅니다. 저는 이제껏 도둑질은커녕 교통법규조차 어긴 사실도 없습니다. 제가 다른 사람과 공모해서 남의 것을 훔친다니요. 들어보지도 못한 특수절도죄라는 혐의를 받고 제가 재판을 받을 줄 상상도 못했습니다. 경찰에서도 제가 다 설명했는데 통역이 제대로 안 되었는지 제가 그 남자와 아는 사이고 무슨 이야기를 한 것처럼 된 것 같습니다. 솔직히 제가 왜 이 자리에서 재판을 받아야 하는지도 모르겠습니다. 저 같이 억울한 일을 당하는 사람이 없도록 판사님께서 현명한 판결을 내려주시기를 간곡히 부탁드립니다.

재판장: 이상으로 이 사건 변론을 종결하겠습니다. 선고기일은 9월 30일 오전 11시입니다. 그때 나오시기 바랍니다. 통역인 수고하셨습니다.

선고일

재판장: 사건번호 2016고단1234호 특수절도 사건 선고하겠습니다. 피고인 천미라 씨 피고인석에서 일어서 계십시오. 피고인에 대한 판결을 선고하겠습니다. 피고인에 대한 공소사실에 대하여 증거조사결과를 비춰볼 때에도 피고인이 이 사건의 공소사실에 해당하는 범죄를 저질렀음이 분명하다고 판단하기에는 합리적 의심을 배제할 정도로 확신에 이르지는 못한다고 생각되어 피고인에 대해 이 사건 공소사실을 인정할 수 없다고 판단을 했습니다. 피고인의 명예회복을 위해 국가의 비용으로 피고인이 무죄 판결을 받았다는 사실을 일간신문에 공지할 수 있습니다. 공시를 원하십니까?[10] (불원 의사 확인 후) 피고인에게 다음과 같이 판결을 선고합니다. 피고인은 무죄. 피고인이 판결문 받아보기 원한다면 이 법원에 일주일 내에 판결문 교부 신청하면 받아볼 수 있습니다. 이제 돌아가셔도 좋습니다.

이제부터는 형사재판의 각 단계에 해당하는 상황을 차례대로 통역해보자.

1) 모두절차

모두절차에는 피고인에게 진술거부권을 고지한 후 인정신문이 이루어진 다음 검찰의 모두진술(주로 공소요지 진술)과 피고인의 인부(공소사실에 대한 답변), 그리고 변호인의 모두진술이 있다. 피고인의 출석을 확인한 재판장은 피고인에게 진술거부권을 고지하고 인정신문을 통해 피고인 본인이 맞는지 주민등록번호와 등록기준지 등을 확인하는데 외국인은 주민번호 대신 외국인등록번호(국내 거소증 또는 여권번호)를 제시한다.

10 무죄 판결 공시제도는 피고인에게 무죄 또는 면소의 판결을 선고하는 경우에 피고인의 명예회복을 위해 판결을 일간신문에 공시하는 제도이다. 무죄공시가 선고되면 무죄판결 확정 후 사건번호, 당사자 성명, 무죄판결의 취지를 일간신문에 1회 게재한다(서울 고등법원, 2012a: 10).

□ 일반 재판의 모두절차

아래 폭행상해 사건에서는 피고인에 대한 인정신문에 이어 검사의 기소요지 진술과 피고인의 의견진술이 있고, 증거신청이 뒤따른다. 피고인 진술거부권 고지 전 통역인 선서가 이루어진다. 피고인에게 통역인 선서가 이루어짐을 선서 전후에 알려주어 절차를 이해할 수 있게 해야 한다.

재판장: 지금부터 2017년 4월 9일 서울중앙 지방법원 형사 제11 단독 오전 재판을 시작하겠습니다. 먼저 진행할 사건은 2017 고단 111호 피고인 잘나르 맘다니에 대한 폭력행위등처벌에관한법률위반사건입니다. 통역인 전미희 씨 나오셨지요. 통역인 선서해주십시오.

통역인: 양심에 따라 성실히 통역하고, 만일 거짓이 있으면 허위 통역의 벌을 받기로 맹세합니다. 통역인 전미희.

재판장: 예, 통역해주십시오. 피고인 잘나르 맘다니 씨.

피고인: 네.

재판장: 피고인, 피고인은 개개의 신문에 대하여 진술을 거부할 권리가 있습니다. 또한 자신에게 이익 되는 사실은 언제든지 진술할 권리도 있습니다. 잘 알겠습니까?

피고인: 네.

재판장: 네, 나오세요. 신분증 가지고 오셨습니까?

피고인: 네.

재판장: 국선변호인도 나오셨지요?

변호사: 예. 국선변호인 김선진 변호사입니다.

재판장: 예. 피고인 외국인등록번호가 어떻게 되나요?

피고인: 851212-5000000입니다.

재판장: 국적은요?

피고인: 파키스탄입니다.

재판장: 직업은 무엇인가요?

피고인: 베이시스유통에서 일하고 있습니다.

재판장: 사는 곳은 어디지요?

피고인: 경기도 의왕시 태평동 99번지 제일빌라 101동 102호입니다.

재판장: 피고인 주소지 바뀌면 재판부에 알려주셔야 합니다. 그렇지 않으면 피고인에게 송달이 안 되어 피고인 없이 재판이 진행될 수도 있습니다. 알겠습니까?

피고인: 예.

재판장: 공소장 받아봤습니까?

피고인: 네.

재판장: 잘 읽어봤지요?

피고인: 네, 읽어봤습니다.

재판장: 자리에 앉으세요. 검사님, 기소 요지 진술하시지요.

검 사: 네. 이 사건은 직장동료인 피해자 말랄라 우샤프자이가 평소 피고인에게만 일을 시키고, 욕을 하며 괴롭힌다는 이유로 앙심을 품고 심야에 기숙사에서 자고 있던 피해자의 머리를 둔기로 내리쳐 두개골 골절상 등을 입게 한 내용으로 기소된 사안입니다.

재판장: 검사의 기소 요지 진술을 잘 들었습니까?

피고인: 예.

재판장: 기소 내용에 대해서 할 이야기가 있는가요?

피고인: 저는 말랄라 우샤프자이씨를 때린 적이 없습니다. 억울합니다.

재판장: 재판 진행과 관련해서 하고 싶은 이야기가 있습니까?

피고인: 이 사건으로 인해서 억울한 누명을 쓰게 되어 정말 괴롭습니다. 자칫 추방을 당할 수도 있는 상황입니다. 아무쪼록 빠른 시일 내에 제 결백이 밝혀질 수 있었으면 좋겠습니다.

재판장: 변호인, 본격적인 심리에 들어가기 전에 진행과 관련해서 할 이야기가 있나요?

변호인: 변호인이 이미 제출한 공판심리의견서에 기재한 것처럼 피고인은 이 사건 공소사실과 같이 말랄라 우샤프자이를 때려 상처를 입힌 사실이 없습니다. 심리를 통해서 밝혀질 것이라고 믿습니다만 검찰은 아무런 직접 증거도 없이 말랄라 우샤프자이 등 현장에 있던 사람들의 추측 진술과 불명확한 정황에만 의존하여 무리하게 이 사건 공소를 제기한 것입니다.

재판장: 피고인 공소사실을 부인하는 취지네요. 예, 그러면 증거조사 절차로 들어가겠습니다. 검사, 증거 신청하시지요.

검 사: 증거 목록에 기재된 바와 같이, 검사 작성의 피의자 신문 조서, 제1, 2회 경찰

피의자 신문 조서, 말랄라 우샤프자이, 하산 샤리프에 대한 검찰 참고인 진술 조서 및 상해진단서를 증거로 제출하겠습니다. 입증취지를 말씀 드리자면 피고인은 수사기관에서 조사받을 당시에도 범행을 부인했습니다만, 각 피의자의 신문 조서에는 피고인의 진술이 시간에 따라 변하는 과정이 잘 나타나 있어 피고인이 유죄임을 입증할 자료가 될 것입니다. 말랄라 우샤프자이는 이 사건의 피해자이고, 하산 샤리프는 상해를 입은 말랄라 우샤프자이를 처음 발견하고 말랄라 우샤프자이를 병원에 옮긴 사람으로 이 사건 당시의 현장 상황과 피고인을 범인으로 볼 수밖에 없는 여러 정황에 대한 진술을 하고 있습니다.

재판장: 변호인 의견 진술해주시지요.

변호인: 네, 증거에 대한 의견을 말씀 드리겠습니다. 먼저 경찰 피의자 신문 조서는 내용을 부인합니다. 검찰 피의자 신문 조서는 형식적 진정성립, 실질적 진정성립 및 임의성을 모두 인정합니다. 말랄라 우샤프자이, 하산 샤리프에 대한 각 검찰 진술조사는 모두 부동의하겠습니다. 이상입니다.

재판장: 변호인이 진정성립을 인정한 검찰 피의자 신문 조서 및 상해진단서는 증거로 채택합니다. 내용을 부인한 경찰 피의자 신문 조서는 증거로 채택하지 않고, 말랄라 우샤프자이, 하산 샤리프에 대한 검찰 진술 조서에 대하여는 채부결정을 보류하겠습니다. 추가로 신청할 증거가 있습니까?

검　사: 예. 피고인이 부동의한 말랄라 우샤프자이, 하산 샤리프를 증인으로 신청합니다.

재판장: 말랄라 우샤프자이, 하산 샤리프를 증인으로 채택합니다. 피고인 측에서 신청할 증거나 의견이 있습니까?

변호인: 현재로서는 신청할 증거가 없습니다.

재판장: 검사는 채택된 증거들을 제출해주시지요. 그러면 증거조사에 들어가도록 하겠습니다. 증거 서류에 대한 조사는 증인 신문을 마친 후에 하기로 하고, 다음 기일에 증인 신문을 하도록 하겠습니다.

ㅁ 국민참여재판에서 검사의 모두진술

다음은 강도미수사건 국민참여재판에서 검사의 모두진술에 해당한다. 참여재판은 일반재판에 비해 상세하게 공소사실을 설명하는 것이 특징이다.

지금부터 피고인 누텔라 데이아나에 대한 강도미수사건 공판 진행하도록 하겠습니다. 먼저 모두진술로 피고인과 피해자가 어떤 사람인지, 피고인이 어떤 잘못을 저질렀는지, 그 진행과정에 대한 설명과 함께 배심원이 고민해야 할 부분들은 어떤 점인지, 그와 관련된 증거로서는 어떤 증거를 보일 것인지 말씀드리겠습니다. 증거조사에서는 배심원 여러분들께 수사기관에서 제출한 서증을 보여드릴 겁니다. 그리고 증인에 대한 증인 신문, 피고인에 대한 피고인 신문에 이어 검찰의 의견을 말씀드릴 것입니다.

공소사실은 어떤 죄로 기소가 되었는지에 대한 사건 개요를 설명드리도록 하겠습니다. 먼저 범죄사실입니다. 피고인은 천안아산역 근처에 있는 갤러리아백화점에서 마스크와 목장갑을 미리 준비하여 착용한 후에 백화점 주차장에서 각 층을 다니며 범죄대상을 찾던 중 이 사건 피해자인 45세 여성이 혼자 쇼핑을 마치고 나오는 것을 보고 뒤따라가 피해자가 승용차 운전석에 타자 조수석으로 바로 뒤따라 올라탄 다음 피해자를 붙잡아서 돈, 신용카드 등 금품을 강취하려 했으나 피해자가 놀라서 옷이 찢어질 정도로 뛰쳐나와 미수에 그친 강도미수사건입니다. 적용법조는 형법 333조와 형법 342조입니다. 적용법규를 보면 폭력, 폭행 또는 협박으로 타인의 재물을 강취한 자는 3년 이상 30년 이하의 징역에 처한다. 미수범은 처벌한다. 미수범의 경우는 기수범보다 감경할 수 있다는 것입니다. 즉, 반드시 감경사유는 아니고 감경할 수 있다는 것입니다.

다음은 피고인의 인적사항입니다. 피고인은 서아프리카 기니아 국적의 40세 남성으로, 직업은 무직이며 피해자와는 전혀 알지 못하는 관계입니다. 피고인의 범죄전력은 없습니다. 피해자 인적사항은 가렸습니다. 성함은 ***으로 칭하고, 여자 45세, 직업은 가정주부입니다. 납치강도 피해 이후 두려움에 떨며 악몽을 자주 꾸고 있다고 합니다. 참여재판에 증인으로 참석을 요청했으나 피고인과의 대면을 절대 원치 않으며 대신 엄벌에 처해달라는 탄원서를 제출했습니다.

다음으로 피고인의 범행 동기를 보겠습니다. 피고인은 사건 6개월 전부터 아산에 거주했는데 수백만 원대의 채무를 지고 채무독촉을 받게 되자 이날 백화점으로 와서 혼자 쇼핑을 하는 여성을 대상으로 범행을 저지른 것입니다.

범행과정을 간략히 보겠습니다. 범행일시는 2016. 2. 28.입니다. 오후 2시경에 피고인이 마스크를 착용한 채 갤러리아 백화점 주차장을 배회하며 범행대상 여성을 계속 물색하며 찾아다닙니다. 그러다 30분 후에 피해자를 범행 대상으로 지목하고 피해자가 차량에 탑승하자마자 조수석에 앉습니다. 피해자가 놀라 입고 있던 패딩점퍼가 찢어질 정도로 뛰쳐나옵니다. 이 장면은 CCTV영상에 그대로 나와 있고 오후에 보실 예정입니다. 피고인이 도망가면서 피고인의 핸드폰을 떨어뜨리고 달아납니다. 이에 피해자가 범행신고를 하며 피고인이 떨어뜨린 휴대폰을 경찰에 제출하게 됩니다.

다음으로 이 사건의 쟁점과 입증계획에 대해 말씀드리겠습니다. 이 사건은 피고인이 강도미수를 인정하고 있습니다. 범죄당일 CCTV영상, 피해자의 진술로 공소사실을 뒷받침할 증거가 충분합니다. 강도죄의 적용형량은 3년에서 30년으로 굉장히 광범위합니다. 형량을 어떻게 정할 것인지가 쟁점이라 하겠습니다. 강도의 미수로 그쳤기 때문에 미수죄로 감경할 것인지, 감경한다면 어느 정도 감경할 것인지가 사건의 쟁점이라 할 것입니다.

증거로는 피고인이 범행을 인정하고 있고, 피해자의 피해진술, 찢어진 옷, 범행대상을 물색하고 범행차량에 올라타고 도망하는 CCTV영상도 있습니다. 검찰에서는 이러한 서증을 통해 공소사실을 입증하고자 합니다. 피고인이 마스크와 목장갑을 버리고 증거를 인멸했으며 처음에 범죄에 대해 부인하며 거짓말했다는 것을 부각하겠습니다.

참고로 양형은 어떻게 정하고 있는지 말씀드리겠습니다. 형법 51조에는 양형의 조건에 대해 이렇게 정하고 있습니다. 범인의 연령, 성행, 지능과 환경, 피해자와의 관계, 범행의 동기, 수단과 결과, 범행 뒤의 정황을 참작하여 형을 정하도록 법에 규정되어 있습니다. 이상으로 모두절차를 마치도록 하겠습니다.

2) 간이공판절차

다음은 성폭력범죄의처벌등에관한특례법 위반(성추행)으로 기소된 외국인 피고인이 공소사실을 모두 인정하고 자백한 사건으로, 증거조사를 간단히 하는 간이공판절차의 예에 해당한다.

재판장: 2017년 2월 1일 형사 제7 단독 오전 재판을 시작하겠습니다. 먼저 진행할 사건은 2017 고단 101호 피고인 나카무라 미즈노에 대한 성폭력범죄의처벌등에관한특례법 위반 사건입니다. 피고인 일어나 계세요. 피고인, 자신에게 불리한

얘긴 하지 않아도 됩니다. 그리고 유리한 상황에 대한 얘긴 따로 얘기할 시간을 드리겠습니다. 생년월일이 어떻게 됩니까?

피고인: 1996년 8월 15일입니다.

재판장: 지금 어디 살고 있죠?

피고인: 기흥에요.

재판장: 주소 알아요?

피고인: 경기도 용인시 기흥면 서천리 대호아파트입니다.

재판장: 아파트 호수가 2동 505호 맞습니까?

피고인: 예.

재판장: 일본 국적의 유학생인가요?

피고인: 예.

재판장: 주소지가 바뀌면 반드시 법원에 알려야 합니다. 만약 알리지 않고 재판기일에 나오지 않으면 피고인 없는 상황에서 재판이 진행되어 판결이 선고될 수 있습니다.[11] 알겠습니까? 법원에서 간 공소장 받아보셨어요?

피고인: 예.

재판장: 자리에 앉으세요. 검찰측 공소요지 진술하시죠.

검　사: 본건 피고인 2016년 10월 9일 오전 8시 28분경 지하철 1호선 수원역에서 출발하는 전동차 안에서 피해자의 등에 바짝 선 다음 피해자의 엉덩이 부위에 피고인의 성기를 붙였다 떼었다 하는 방법으로 대중교통 수단에서 피해자를 추행했다는 것입니다.

재판장: 공소사실에 관한 피고인측 의견 말씀해주시죠.

변호인: 공소사실 모두 인정하고 깊이 반성하고 있습니다.

재판장: 피고인 범죄사실 다 인정하는 건가요?

피고인: 예.

재판장: 자백하고요. 그럼 증거조사 절차에 들어가겠습니다. 증거기록 다 열람했습니까?

변호인: 예.

---

11 피고인의 출석 없이 재판(궐석재판)을 할 수 있는 경우는 피고인이 출석을 회피하거나 가벼운 사건의 경우, 또는 피고인에게 소환장 송달이 제대로 이루어지지 않는 경우로 나뉜다. 공소기각 또는 면소의 재판을 받을 것이 명백하거나 500만 원 이하 벌금 · 과료 등에 해당하는 때는 피고인이 불출석할 수 있다. 《시사저널》 2014년 11월 27일 기사 〈나도 모르게 새 재판 열려 징역 살았다〉.

재판장: 증거에 대한 설명은 그럼 생략하겠습니다. 의견을 말씀해주시죠.

변호인: 피고인이 증거에 모두 동의합니다.

재판장: 동의하시겠습니까?

변호인: 예.

재판장: 절차진행에 관해 의견 있으신가요?

변호인: 공소사실은 다 동의는 하는데 범죄인지서에 경찰이 작성한 진술부분에서 승강장 5-1에서 7-1까지 범행대상을 물색하면서 두리번거렸다고 된 부분이 있는데 사실 그 시간대는 출근시간이라 사람이 많고 줄이 많아서 그런 것이므로 동의할 수 없습니다. 이건 공소사실이 아니기 때문에 참작해주십시오.

재판장: 예, 알겠습니다. 경찰관의 진술은 경찰관 입장에서 그렇게 작성한 거고요. 채택한 증거에 대해서 증거조사하겠습니다. 피고인이 자백하기 때문에 간략하게 기재된 내용 확인하는 형식으로 하겠습니다. 방금 말씀하셨던 범죄인지서가 있고요, 그리고 피고인이 자백하는 진술서인가요,

변호인: 예.

재판장: 그리고 피의자 경찰조사 받았을 때 다 인정했다고 되어 있네요. 범죄사실과 같이 했다고 시인을 했고요. 지금 피해 여성의 진술서가 있습니다. 피해자가 강력한 처벌 원한다 이렇게 되어 있고요. 검찰에서도 피해자 진술서를 인정하는 취지의 진술서 작성했네요.

변호인: 예.

재판장: 피고인 수원대학교 한국어학당 다니고 있네요.

피고인: 예.

재판장: 반성문, 탄원서 내셨고, 피고인측에서 정상관계 서류를 많이 제출해놨네요. 이건 이전에는 아무런 전과 없는 초범이고요… 증거조사를 마치겠습니다. 증거조사에 대해 의견 있으신가요? 피고인측에 추가로 제출할 증거 있나요?

변호인: 피해자와의 합의서입니다.

재판장: 합의하셨나요?

변호인: 예.

재판장: 피해자와 합의됐다고, 변호인 의견서에 선고유예해달라고 의견 내셨네요. 300만 원 주고 합의했습니까?

변호인: 예.

재판장: 지금 피해자의 처벌불원 합의서가 있고요…. 예, 그럼 증거조사 마치고 피고인 신문 하시겠습니까?

변호인: 안 하겠습니다.

재판장: 그럼 증거조사 마치고 선고기일 잡겠습니다. 검찰 의견진술하시죠.

검 사: 예, 피고인 초범으로 범행을 자백하고 있는 점, 피해자와 합의된 점을 고려하더라도 안전한 대중교통수단의 확보와 일반 여성들의 성적 자기결정권의 법익보호가 우선되어야 한다는 점에서 피고인에게 벌금 200만 원 및 이수명령 선고하여주시기 바랍니다.

재판장: 검찰측에서 피고인에게 벌금 200만 원 및 이수명령해달라고 의견내셨습니다. 예, 변론하시죠.

변호인: 예, 피고인 이 사건 공소사실 모두 인정하고 반성하고 있습니다. 자신의 범행에 대해서 모두 인정하고 반성하면서 이 법정에 왔습니다. 피해자에게 사과하고 당시 자신의 행동에 대해 후회하면서 괴로운 나날을 보내고 있습니다. 일본의 부모님도 알게 되어서 아들인 피고인에 대해서 너무나 안타까워하고 걱정하고 계십니다. 한국에 유학할 꿈을 갖고 왔고, 한국어 공부를 열심히 하고 있는 아직 어린 대학생이라는 점, 초범이라는 점 참작해주시기 바랍니다. 피해자가 수사 단계에서는 합의를 하지 못했지만 기소단계에서 합의했습니다. 그리고 다른 성폭력사건과 달리 뒤에서 신체접촉을 했다는 점에서 죄질이 다소 경미함을 참작해주시기 바랍니다. 피고인이 깊이 반성하고 있다는 점과 함께 이러한 정상을 참작해서 관대한 처분 내려주시기를 간곡히 부탁드립니다.

재판장: 피고인 재판 마치기 전에 마지막으로 하고 싶은 얘기 있으면 하세요.

피고인: 먼저 피해자분께 너무 죄송합니다. 저는 한국에서 공부하고 싶어서 한국어 공부를 열심히 해왔는데 불미스러운 일로 피해를 끼쳤고 부모님께도 면목이 없고 너무 죄송합니다. 용서해주시면 공부에 매진하도록 하겠습니다.

재판장: 그럼 2월 28일 오전 10시 판결 선고합니다. 오전 10시에 나오세요.

3) 증인 신문

피고인에게는 사실대로 양심에 따라 증언해야 할 책임이 없는 반면 증인은 양심에 따라 사실대로 말할 것을 맹세하고 증인 신문에 임해야 하하며 만일 위증을 한 경우 법적 책임을 물을 수 있다. 증언을 함으로써 자기나 근친자가 형사소추나 공소제기를 당하거나 유죄판결을 받을 것을 염려하는 경우 증언을 거부할 수 있다. 통역인은 증인 선서문을 통역하여 증인선서의 효력이 발휘되도록 해야 한다.[12]

관례상 신문사항을 재판조서 작성을 돕기 위해 법원에 제출하는데 통역인에게 준비된 신문사항은 사전에 제공되기고 하고 법정에서 신문 직전에 건네받기도 하며 때로는 제공되지 않기도 한다. 대체로 반대신문사항은 제공 받기 어려운 경우가 많다. 신문사항에는 관련자의 이름이나 일자, 주소 등 구체적인 사항이 기재되어 있어 통역할 때 편리하다. 특히 전문적이거나 복잡한 사안의 경우 신문사항을 미리 받아 내용을 확인하는 것이 필요하다. 신문사항에만 의존해서 통역할 수 없다. 변호사나 검사가 신문사항 중 일부를 가감 · 편집하거나 문항을 생략하고 질문할 수 있기 때문에 신문 순서나 질문 내용이 바뀔 수 있으므로 신문사항을 참고하면서 듣고 통역해야 한다. 보통 자신이 신문사항 몇 항의 질문을 생략한다거나 몇 항의 질문이라고 밝히면서 신문을 하는데 원칙적으로는 모든 말을 통역하는 것이 맞지만 신문사항을 갖고 있지 않는 피고인이나 증인에게 몇 항인지까지 통역하는 것은 불필요한 혼동을 줄 수 있기 때문에 굳이 통역하지 않아도 된다.

▫ 증인 신문의 예 I

1)과 동일 사건의 속행 기일에 증인 2명이 법정에 출석하여 다음과 같이 신문에 답하고 있다. 증인 말랄라 우샤프자이는 폭행을 당한 피해자이고, 하산 샤리프는 피해자를 병원에 후송한 증인이다.

재판장: 출석한 증인들 앞으로 나오시지요. 증인 말랄라 우샤프자이 씨, 생년월일이 어떻게 됩니까?

---

12 외국인증인 선서통역에 대한 절차는 표준화되어 있지 않다. 필자가 관찰한 바로는 어떤 재판부에서는 외국어로 통역을 해주고 증인이 이를 조금씩 따라 말하게 함으로써 증인선서를 하게 하기도 하고 어떤 재판부에서는 통역을 들으며 손을 들고 선서하는 자세만으로도 증인선서로 인정하기도 한다.

증인 말랄라: 1982년 7월 12일입니다.

재판장: 직업은 무엇이지요?

증인 말랄라: 베이시스유통에서 일하고 있습니다.

재판장: 의왕시 태평동 제일빌라에 살고 있습니까?

증인 말랄라: 예, 맞습니다.

재판장: 증인 하산 샤리프 씨. 생년월일이 어떻게 됩니까?

증인 하산: 1980년 4월 15일생입니다.

재판장: 직업은요?

증인 하산: 예, 말랄라 우샤프자이 씨와 같은 직장 동료이고, 같은 회사 숙소에 살고 있습니다.

재판장: 증인들은 피고인과 친인척 관계가 있습니까?

증인 일동: 없습니다.

재판장: 예, 증인들은 증언을 하기에 앞서 오로지 진실만을 이야기하겠다고 선서를 하여야 합니다. 만약 선서를 한 후에 거짓말을 하면 위증죄로 처벌을 받을 수 있습니다. 경험한 대로 아는 바를 사실대로 진술해주시기 바랍니다. 아시겠습니까?

증인 일동: 예, 알겠습니다. 선서. 양심에 따라 숨김과 보탬이 없이 사실 그대로 말하고 만일 거짓말이 있으면 위증의 벌을 받기로 맹세합니다.

재판장: 예. 먼저 말랄라 우샤프자이 씨부터 신문하도록 하겠습니다. 말랄라 우샤프자이 씨는 증인석에 앉아 주시고, 하산 샤리프 씨는 말랄라 우샤프자이 씨에 대한 신문이 끝날 때까지 법정 밖에서 대기해주시기 바랍니다. 예, 검사 신문하시지요.

검 사: 네. 말랄라 우샤프자이 씨, 증인은 2017년 1월 18일 정확한 시간을 알 수는 없지만, 새벽 두 시부터 세 시 반 사이에 태평동에 있는 베이시스유통 숙소인 제일빌라에서 잠을 자던 중 누군가로부터 머리를 구타당한 사실이 있지요?

증인 말랄라: 예. 그런 사실이 있습니다.

검 사: 증인은 사건 전날, 밤 11시쯤 잠자리에 들었는데 자다가 머리에 큰 충격을 받고 눈을 떠보니 머리에서 피가 나고 있었지요?

증인 말랄라: 예, 자다가 둔기로 머리를 맞은 일이 있습니다.

검 사: 그래서 어떻게 하셨습니까?

증인 말랄라: 거의 정신이 없는 상태에서 본능적으로 방 밖으로 겨우 기어 나와서 맞은편에 있는 피고인의 방을 보니 방문이 열려 있었는데요, 피고인이 없는 것을 보고 다행이라고 생각하고 옆방에 있는 하산을 불러서 도움을 요청하려고 했는데 목소리가 잘 나오지 않아서 계속 기어 나오다가 정신을 잃었습니다.

검 사: 상식적으로는 제일 가까운 건너편 방에 있는 피고인에게 도움을 요청했어야 할 것 같은데, 피고인이 없는 것을 보고 다행이라고 생각했다니 이상하지 않습니까?

증인 말랄라: 저를 폭행한 것이 피고인이라는 생각이 직감적으로 들었기 때문입니다.

검 사: 왜 그런 생각이 들었나요?

증인 말랄라: 입사한 지 얼마 되지도 않고 나이도 어린 피고인이 자꾸 뺀질거리기에 제가 몇 번 불러서 싫은 소리를 했더니만 사고가 있기 며칠 전에 저에게 대들면서, 시끄럽다, 너나 똑바로 해라, 죽여버리겠다는 식으로 말을 해서 심하게 다툰 적이 있었습니다. 그래서 사고 당시 직감적으로 피고인이 그랬을 것이라고 생각을 했습니다.

검 사: 증인은 이 사건으로 약 4주간의 치료를 요하는 두개골 골절상 등을 입었지요?

증인 말랄라: 예.

검 사: 지금 상태는 어떻습니까? 완치된 상태입니까?

증인 말랄라: 아직도 완전히 회복된 상태는 아닙니다.

검 사: 증인에 대한 참고인 진술 조서를 제시하겠습니다.

검 사: (조서 제시하며) 검찰에서 조사받을 당시 사실대로 진술하고 조서의 내용을 확인한 후 서명, 날인한 것 맞습니까?

증인 말랄라: 예. 당시 기억나는 대로 솔직하게 진술했고, 내용을 통역인에게 듣고 서명, 날인했습니다.

검 사: 네, 이상입니다.

재판장: 변호인, 반대신문하시지요.

변호인: 네. 증인, 증인은 이상한 느낌이 들어 눈을 떠보니 방바닥에 쓰러져 있었다고 했었지요? 그런데, 맞을 때 아무런 느낌이 없었습니까?

증인 말랄라: 잠을 자다가 갑자기 당했기 때문에 정신이 없었고, 정신을 차려보니 머리에서 피가 막 흐르고 있었습니다.

재판장: 때린 사람이 누구인지 보았습니까?

증인 말랄라: 잠을 자다가 갑자기 당했기 때문에 범인의 얼굴은 보지 못했습니다.

변호인: 이 사건 이전에 혹시 피고인이 증인을 때린 적이 있습니까?

증인 말랄라: 그런 적은 없습니다.

변호인: 오히려 증인이 피고인을 몇 차례 때린 적이 있지요?

증인 말랄라: 때린 것은 아니고, 제가 장난삼아 머리를 몇 번 툭툭 친 적은 있는 것 같습니다.

변호인: 증인이 피고인을 평소에 못살게 굴고, 구박을 했다고 하던데, 맞습니까?

증인 말랄라: 구박을 한 것은 아닙니다.

변호인: 증인이 평소 피고인을 구박한 것이 사실이기 때문에 피고인이 증인에게 앙심을 품고 있다고 지레짐작해서 피고인을 범인으로 지목한 것 아닙니까?

증인 말랄라: 꼭 그런 것은 아닙니다. 그날 있었던 일들과 사건 전후의 상황들을 볼 때 피고인이 범인인 것이 확실합니다.

변호인: 증인은 범인의 얼굴을 보지도 못했고 목소리도 듣지 못했는데 무슨 근거로 피고인을 범인으로 지목합니까?

증인 말랄라: 제가 아무리 생각을 해보아도 저에게 이런 짓을 할 사람은 피고인밖에 없습니다. 사건 직후 피고인이 방에 없었던 것으로 볼 때 피고인이 범인인 것이 틀림없습니다.

변호인: 증인에게 원한을 가질 만한 다른 사람은 없습니까?

증인 말랄라: 전혀 없습니다.

변호인: 증인이 사귀던 여자 친구와 사건 무렵에 헤어졌다고 하던데, 아닌가요?

증인 말랄라: 사귀는 사람과 헤어지지 않았습니다.

변호인: 싸워서 헤어졌다고 하던데, 아닌가요?

증인 말랄라: 말다툼을 좀 한 것은 사실이지만 헤어진 건 아닙니다.

변호인: 왜 말다툼을 했나요?

증인 말랄라: 그 부분은 이 사건과는 관련이 없는 것 같습니다. 여기서 이야기하고 싶지 않습니다.

변호인: 예, 이 정도로 마치겠습니다.

재판장: 검사, 더 신문할 내용이 있으신가요?

검　사: 없습니다.

재판장: 증인, 이 사건의 피해자로서 이 사건에 관해 하고 싶은 말이 있으면 하세요.

증인 말랄라: 이 사건이 있은 후, 오랜 시간 병원 신세를 졌는데도 아직도 제대로 회복되지 않았습니다. 치료비도 제가 다 냈고, 그동안 회사에도 나가지 못해서 지금은 생활마저 어려운 형편입니다. 피고인이 범인인 것이 명백한데도 피고인은 자신의 잘못을 인정하지 않고 제가 입은 손해도 전혀 배상해주지 않고 있습니다. 하루 빨리 피고인이 범인인 것이 밝혀져서 제가 입은 피해를 배상 받을 수 있으면 좋겠습니다.

재판장: 변호인, 피고인, 이 증인의 증언에 대해서 의견이 있습니까?

변호인: 네. 피고인이 범인이라는 말랄라 우샤프자이의 증언은 추측에 불과합니다.

피고인: 변호사님의 말씀대로 증인의 말은 사실이 아닙니다.

재판장: 피고인 증인 말랄라 우샤프자이 씨의 어떤 말이 사실이 아니라는 겁니까?

피고인: 다 거짓말입니다.

재판장: 어떤 말이 사실과 다른지 구체적으로 말씀해주세요.

피고인: 대표적으로 저를 구박하지 않았다고 하는데, 제가 다른 종교라고 회사 동료들 사이에서 나쁜 소문을 내고 많이 무시하고 괴롭혔습니다. 그런데 장난친 거라뇨. 그런 말들이 거짓말입니다. 그리고 증인의 성격이 괴팍하기 때문에 싫어하는 사람이 많을 수 있습니다.

재판장: 예, 알겠습니다. 피고인. 그럼 말랄라 우샤프자이 씨는 돌아가셔도 좋습니다. 다음 증인 하산 샤리프 씨 들어오시지요. 증인 하산 샤리프 씨, 선서를 하셨기 때문에 허위 사실을 증언하면 위증죄로 처벌받을 수 있습니다. 잘 듣고 사실대로 대답해주세요. 알겠습니까?

증인 하산: 예, 알겠습니다.

재판장: 예, 검사 신문하시지요.

검　사: 증인은 작년 9월 18일 새벽 세 시 반쯤, 베이시스유통 숙소에서 말랄라 우샤프자이가 머리에 피를 흘리며 쓰러져 있는 것을 발견한 사실이 있지요?

증인 하산: 예.

검　사: 그 경위를 말씀해주시겠습니까?

증인 하산: 그날 새벽 한 시가 조금 넘어서 야근을 마치고 숙소 제 방으로 돌아와 TV를 보다가 잠이 들었습니다. 그런데 얼마 후 밖에서 욱, 욱, 하는 소리가 들려 처음에는 누군가 술주정을 하는 것이라 생각을 하고 계속 자려 했으나, 소리가 계속 들려 조금 이상하다는 생각이 들어 문을 열고 나가보니, 복도에서 말랄라

우샤프자이 씨가 피를 흘리며 쓰러져 있었습니다.

검 사: 그래서 어떻게 했지요?

증인 하산: 얼른 수건을 가져다 머리에 대어 주고 119에 신고했습니다. 그러고 난 후 말랄라 우샤프자이 씨 방에 가보니 방 바닥에 피가 흥건하게 고여 있었습니다. 피고인 방에 가보니 아무도 없었고 저도 범인이 아니니 피고인의 짓인가 하는 생각이 들었습니다. 그러고 있는데 119 구급차가 와서 말랄라 우샤프자이를 싣고 저도 함께 구급차에 타고 병원으로 갔습니다.

검 사: 평소 말랄라 우샤프자이가 피고인을 종종 구박했고 또 서로 말다툼도 하곤 해서 피고인이 말랄라 우샤프자이 씨를 별로 좋아하지 않았다고 하는데, 그렇습니까?

증인 하산: 예, 그렇습니다.

검 사: 증인에 대한 참고인 진술 조서를 제시하겠습니다. 자, 이게 증인이 검찰에서 조사받은 내용인데요, 조사받을 때 사실대로 진술했고 조서의 내용을 모두 읽어보고 확인한 후에 서명, 날인한 거 맞지요?

증인 하산: 예. 모두 사실대로 진술했고, 읽어본 후 서명, 날인했습니다.

검 사: 네, 마치겠습니다.

재판장: 예. 변호인, 반대신문하시지요.

변호인: 네, 반대신문하겠습니다. 증인, 증인이 말랄라 우샤프자이가 피를 흘리며 쓰러져있는 것을 본 시각은 몇 시였습니까?

증인 하산: 예, 정확한 시간은 기억나지 않지만, 새벽 세 시 삼십 분경이었던 것 같습니다.

변호인: 증인은 119 신고를 한 다음에 피고인의 방을 보았다고 했는데, 맞습니까?

증인 하산: 네, 피고인의 방을 살펴보았습니다.

변호인: 그때 피고인의 방문이 열려 있었습니까, 닫혀 있었습니까?

증인 하산: 제 생각으로 열려 있던 것으로 기억하고 있습니다.

변호인: 증인은 피고인의 방에 들어가서 피고인이 없는 것을 확인했습니까?

증인 하산: 아닙니다. 들어가지는 않았고 문 밖에서 방 안을 살펴보았습니다.

변호인: 문 밖에서 방 안을 살펴본 것이 확실합니까?

증인 하산: 예, 그렇습니다.

변호인: 증인은 수사기관에서 진술할 당시에는 방 안으로 들어가서 확인했다고 진술한 것으로 되어 있는데, 그렇게 진술한 사실이 있습니까?

증인 하산: 네. 수사기관에서 진술할 때는 처음 그런 조사를 받은 것이어서 정신이 없어서 그렇게 진술했습니다만, 곰곰이 생각해보니까 방 안에 들어간 것은 아니고 방 밖에서 본 것이 맞습니다.

변호인: 방 문 앞에서 보니 피고인의 방에 피고인이 없던가요?

증인 하산: 그 방을 밖에서 보더라도 사람이 있는지 없는지 알 수 있습니다. 제가 혹시나 하는 생각에 피고인 방 안쪽을 쳐다본 것인데 피고인은 분명히 방에 없었습니다.

변호인: 증인은 나중에 경찰관들과 함께 피고인의 방에 들어갔었지요?

증인 하산: 네, 그렇습니다. 경찰관이 이불 한쪽을 당기니까 피고인이 이불을 뒤집어쓰고 잠을 자고 있었습니다.

변호인: 그렇다면 처음 119에 신고한 직후에 방 안을 보았을 때도 피고인이 이불을 뒤집어쓰고 잠을 자고 있었을 수도 있겠네요.

증인 하산: 네, 그럴 수도 있었겠지만, 제가 보았을 때는 분명히 피고인은 방 안에 없었습니다.

변호인: 화장실에 간 것일 수도 있지 않습니까?

증인 하산: 아닙니다. 제가 1층, 2층 화장실에도 가보았는데 피고인은 없었습니다.

변호인: 혹시 화장실 안으로 들어가서 확인했습니까?

증인 하산: 들어가 보지는 않았고, 화장실 입구에서 보니까 아무도 없었습니다.

변호인: 그럼 혹시, 피고인의 성격이 난폭한 편입니까?

증인 하산: 난폭하지는 않고 그냥 평범한 성격입니다.

변호인: 이 사건 범행에 사용된 도구들이 발견됐습니까?

증인 하산: 아니요, 아무것도 발견하지 못한 것으로 알고 있습니다.

변호인: 예, 마치겠습니다.

ㅁ 증인 신문의 예 II

다음은 성폭행사건의 증인 신문이다. 성폭행사건의 고소인 니키 더닝이 증인선서 후 법정에서 신문을 받는 상황을 가정한 것이다. 먼저 이 성폭행 사건의 고소인이 작성한 고소장(부록 I의 1)을 읽어본 후 통역 연습을 하는 것도 좋다. 실제로 법원에서 통역할 때는 일반적으로 통역인 소환장과 함께 피고인에게 송달되는 공소장을 받아보는 것이 전부이다. 그래서 당사자 이름, 범죄사실은 알지만 자세한 사건 내용을 알지 못하고 통역을 하게 되는 경우가 대부분이다.

범죄 피해자를 증인 신문할 때 사생활 보장과 신변 보호를 위해 검사, 피해자가 비공개를 신청하고 그 필요성이 인정되면 비공개 신문이 가능하다. 피해자 보호를 위해 가림막을 설치하고 법정에서 증언하는 경우도 있으며 영상을 통해 재판장이나 검사, 변호인을 상대로만 화상증언도 할 수 있다.[13] 통역사가 피해자의 처지를 동정한 나머지 검사나 변호사가 불편한 질문을 했을 때 질문을 바꾸거나 돌려서 표현해서는 안 된다. 더러 성폭행 피해자에 대한 위협적이거나 모욕적인 질문, 예를 들면 성행위에 대한 구체적인 묘사나 피해자에 대한 잘못된 통념에 근거한 질문, 반복적인 질문, 당해 사건과 무관한 질문들로 피해자가 2차 피해를 입는 문제가 있다(이재석, 2016). 설사 그렇다 하더라도 통역사가 중간에서 거르거나 순화해서 통역하는 것은 부적절하다.

재판장: 증인은 증언으로 인하여 증인 본인이나 증인과 친인척 관계에 있는 사람이 형사처벌을 받을 염려가 있을 경우에는 증언을 거부할 수 있습니다. 또 증인이 선서를 한 후 개별적인 질문사항에 대해서도 같은 이유로 증언을 거부할 수 있습니다. 그리고 선서한 후 거짓말을 하면 위증죄로 처벌받게 됩니다. 증인에게 이 사건에서 증언을 거부할 사유가 있습니까?

증 인: 없습니다.

재판장: 그럼 선서해주십시오. 통역해주세요.

증 인: 양심에 따라 숨김과 보탬이 없이 사실 그대로 말하고, 만일 거짓말이 있으면 위증의 벌을 받기로 맹세합니다.

재판장: 증인, 자리에 앉으세요. 검사님 신문하십시오.

주신문

검 사: 증인은 2015년 12월 1일 영어강사로 일하기 위해 E2비자를 받고 한국에 왔죠.

13 특히 성폭력 피해자가 형사재판절차에서 증언하면서 2차 피해를 입지 않도록 하는 증인지원 프로그램이 있다.

증 인: 예.

검 사: 증인은 서대문구 소재 ABC학원에 원어민 영어강사로 근무했죠?

증 인: 예.

검 사: ABC학원에 근무하기 시작한 일자는 언제입니까?

증 인: 2015년 12월 7일부터 출근했습니다. 강의는 일주일 뒤부터 시작했습니다.

검 사: 증인은 직장에서 동료들과 저녁에 일 끝내고 가끔 술자리를 가졌고, 2016년 4월 29일 금요일도 외국인 강사 동료들과 학원에서 근처에서 식사한 후 술을 마셨지요?

증 인: 예, 그렇습니다.

검 사: 식사를 한 곳도 사바나 클럽입니까?

증 인: 바비큐 식당에서 저녁을 먹으면서 가볍게 한잔씩 한 후 가까운 클럽에 가서 춤 좀 추다 가기로 했습니다.

검 사: 증인은 평소 회식도 즐기고, 클럽도 즐겨 가는 편입니까?

증 인: 아닙니다. 전 별로 술을 즐기지 않고 춤추는 것도 그다지 좋아하지 않는데 그날은 뉴질랜드로 돌아가는 동료를 위한 송별회를 겸한 자리여서 저도 흔쾌히 갔습니다.

검 사: 회식 겸 송별회를 마친 시각은 언제입니까?

증 인: 다른 사람들은 12시 넘어서까지 있었는데 저는 12시 되기 전 다른 사람들보다 일찍 작별 인사를 하고 집에 가려고 나왔습니다.

검 사: 증인은 그 자리를 혼자서 나왔습니까? 같이 나온 사람이 있었습니까?

증 인: 다른 사람들은 더 놀다 갈 거라고 해서 저만 혼자 나왔습니다.

검 사: 증인이 바깥으로 나온 시간이 대충 언제인지 기억합니까?

증 인: 12시 10분 전이었을 겁니다.

검 사: 증인은 2016년 4월 29일 밤 11시 50분경 동교동 로터리 근처에서 택시를 잡으려고 기다리고 있었죠.

증 인: 예. 그렇습니다.

검 사: 택시를 잡기 어려웠나요?

증 인: 예, 지나가는 빈 차가 없었고 택시 잡으려는 사람들이 주변 길가에 여럿 서 있었어요.

검 사: 그때 피고인 장무식(MS Chang)이 운전하는 QM3를 봤나요?

증 인: 예.

검 사: 피고인은 증인과 같은 학원에 근무하는 한국인 강사 맞습니까?

증 인: 그렇습니다.

검 사: 택시를 잡으려 기다리고 있던 증인에게 피고인이 차를 세우고 무슨 말을 했습니까? 피고인이 어떤 행동을 했습니까?

증 인: 차 한 대가 앞에 섰고 창문을 내려 MS가 인사하면서 태워줄까 라고 물었습니다.

검 사: 증인이 식사하는 동안이나 클럽 안에서 있을 때 차편을 부탁한 적이 있습니까?

증 인: 없습니다.

검 사: 피고인이 집이 어딘지 묻고 같은 방향이니 태워주겠다고 했나요? 아니면 그냥 태워주겠다고 했나요?

증 인: 무슨 말을 먼저 했는지 확실하지는 않지만 가는 길에 태워주겠다고 말했습니다.

검 사: 서로 잘 아는 동료 사이였습니까?

증 인: 알긴 하지만 저랑 별로 친하지 않았습니다. 전에 술자리에서 한 번 정도 같이 있었고, 평소 수업시간대가 달라 학원에서 자주 볼 일은 없었습니다.

검 사: 증인은 피고인의 제안을 받고 흔쾌히 수락했나요?

증 인: 별로 친하지 않은 사람이라 약간 조심스러운 마음이 있었습니다…하지만 평소에 술을 안 하는 편인데 취기가 오르는 것 같았고, 추운데 택시 잡기도 어려워 계속 밖에서 기다리면서 있는 것보다는 낫겠다고 생각해서 MS가 태워주겠다고 했을 때 잠시 망설이다 그의 차에 탔습니다.

검 사: 낯선 사람도 아니고 같은 직장에 다니는 사람이라 안심하고 탔나요?

증 인: 그렇죠. 아는 사람이니까요.

검 사: 증인이 차를 탄 후 피고인과 대화를 나누었습니까?

증 인: 예. 이런 저런 직장 이야기와 한국살이 이야기를 했습니다. 저는 아직 한국 문화에 적응하는 중이라 몇 가지 이해 안 되는 점을 얘기했더니 잘 들어주는 거 같았습니다. 그런데 이내 계속 음담패설을 하면서 저를 불쾌하게 했습니다.

검 사: 피고인이 증인에 대한 야한 농담을 해서 불쾌했습니까?

증 인: 예. 괜히 탔다 싶었어요.

검 사: 어떤 말을 나누었는지 기억나는 대로 말해주십시오.

증 인: MS는 제가 전부터 마음에 들었대요. 저 같은 섹시 글래머가 자기 이상형이라면서 섹시한 여자 좋아한다 뭐 자기 같은 남자 어떠냐 그런 말들을 했습니다.

검 사: 그런 이야기를 나누다가 잠시 후 피고인이 차를 세웠지요?

증 인: 예, 시내를 벗어나 한적한 곳에 차를 세웠습니다.

검 사: 장소가 어딘지 기억합니까?

증 인: 정확히 어딘지는 어두워서 모르겠지만 도로에서 살짝 벗어난 한적한 도롯가였습니다.

검 사: 그리고 어떤 일이 있었습니까?

증 인: MS가 저에게 키스를 했습니다.

검 사: 피고인이 증인 입술에 키스를 했고요, 그래서 증인은 어떻게 했습니까?

증 인: 저는 너무 놀라서 남자를 밀어내고 차 문을 열고 나가려 했는데 차 문이 안 열렸습니다.

검 사: 그다음 어떻게 되었는지 계속 말씀해주시죠.

증 인: MS가 놀랬냐 그런 식으로 말하며 사과하지는 않았고요. 제가 차 문을 열려니까 차 문이 잠겨 열리지 않는 거예요. 그래서 내려달라고 얘기했죠.

검 사: 피고인이 문을 열어주었습니까?

증 인: 아뇨. 문 열어주지 않고 내가 매력 있다며 같이 쉬러가자고 말했습니다.

검 사: 피고인의 말을 듣고 어떤 느낌이었습니까?

증 인: 너무 불쾌하고 무서웠습니다.

검 사: 왜 무서웠죠?

증 인: 잘 모르는 낯선 길에 있는데다 시간도 늦었고, 주변은 캄캄한데 차에서 나가지도 못하는 상태에서 섹시하다느니 매력적이라느니 하면서 자고 가라고 하니 당연히 무섭죠. 좋아할 여자는 없죠.

검 사: 증인은 그래서 피고인에게 무슨 말을 했습니까?

증 인: 싫으니까 내려달라 차 문 열라고 말했습니다.

검 사: 피고인이 차 문을 순순히 열어주던가요?

증 인: 아뇨. 내가 원해도 앞으로는 자기 만나기 힘들 거니 지금 아니면 기회가 없다고 했습니다. 오늘이 특별한 기회라고요.

검 사: 증인은 분명히 피고인의 제안에 거부 의사를 표한 뒤에도 피고인은 증인을 가만히 두지 않고 어떻게 했습니까?

증 인: 저는 계속 싫다고 했지만 저를 꽉 안고 한 손으로 옷 위로 제 가슴을 만지고 윗

옷을 벗기려 했습니다.

검 사: 남자는 운전석에 증인은 옆 좌석에 앉은 상태였습니까?

증 인: 예.

검 사: 증인이 수사기관에서 진술할 때 남자의 오른손이 증인의 어깨를 잡고 왼손으로 증인의 오른쪽 가슴을 만졌다고 말했습니다. 본인이 기억하는대로 진술한 것 맞습니까?

증 인: 제가 어느 손인지 자세히 기억하지 못하지만 제 오른쪽 가슴을 더듬은 게 맞고 그 사람이 운전석에 앉아서 오른쪽 어깨를 꽉 잡으면서 그랬으니까 왼손으로 그랬을 거 같다고 생각합니다.

검 사: 그다음 피고인은 어떻게 했습니까?

증 인: 이래서는 안 되겠다 싶어서 제가 그 상황을 빨리 모면하려고 호텔에 가자고 했습니다.

검 사: 그렇게 말한 이유는 무엇입니까?

증 인: 거기 그대로 있으면 당할 수 있겠다 싶어서 그랬습니다.

검 사: 아무래도 증인은 여자이고 남자를 힘으로 당할 수 없는 상황이라 그 순간을 모면하고 싶었던 것이죠.

증 인: 그렇습니다.

검 사: 피고인은 증인이 호감이 있었기 때문에 호텔로 가자고 말한 것이라고 주장하는데 어떻습니까?

증 인: 말도 안 됩니다. 사실 제가 호텔에 가자는 말을 했지만 그건 진짜 그 사람과 섹스를 하러 호텔에 가겠다는 의도가 아니라 도저히 그 자리에서 피할 방법이 생각나지 않아 호텔에 가는 동안, 아니면 가서 어떻게든지 도움을 청해보자는 생각뿐이었습니다.

검 사: 증인은 피고인에게 그렇게 말하지 않으면 당할 수 있겠다고 생각했다는데, 그런 공포심이 있었습니까?

증 인: 불쾌하면서 몹시 두려운 마음이었습니다. 늦은 시간에 사람도 많이 없는 곳에 차 안에서 이렇게 성폭행당할 수 있겠다 싶었습니다.

검 사: 이상입니다.

재판장: 변호인 반대신문 해주시죠.

반대신문

변호인: 어떻게 한국에 영어를 가르치러 오게 되었습니까?

증 인: 저는 아시아에 관심이 많았고 꼭 아시아에서 한번 살아보고 싶은 마음이 있었습니다. K-POP을 좋아해서 한국에 오게 되었고, 한국에서 영어를 가르치던 친구가 오라고 해서 저도 적극적으로 관심을 갖고 일자리를 찾아보게 되었어요.

변호인: 증인은 매력적인 젊은 여성으로 평소 남자에게 인기가 많지 않은가요?

증 인: 질문이 무슨 뜻인지… 어떻게 답변해야 할지 모르겠는데요.

검 사: 재판장님, 이의 있습니다. 피고인의 변호인은 본 건과 관련 없는 질문을 하고 있습니다.

재판장: 이의를 받아들입니다.

변호인: 바꾸어 다시 물어보겠습니다. 증인, 증인은 남자 친구가 많은 편인가요?

증 인: 남자 친구가 많다는 게 제가 여러 명을 동시에 사귄다는 말씀인가요?

변호인: 그런 적은 있습니까?

증 인: 없습니다.

변호인: 증인은 한국에 와서 남자 친구가 있었었나요?

증 인: 진지하게 만난 남자 친구는 없습니다.

변호인: 진지하게 만난 사람은 없지만 가볍게 사귄 사람은 있다는 말입니까?

증 인: 그냥 몇 번 만난 사람은 있었어요. 한국에 오기 얼마 전 오래 사귄 남자 친구와 헤어져서 새로 사람을 만나는 데 관심이 없었습니다.

변호인: 증인은 피고인을 2016년 2월 20일 처음 소개받게 되었죠?

증 인: 예.

변호인: 소개팅 같은 자리였습니까?

증 인: 소개 받는 자리로 알고 나간 적 없고 동료 강사들과 가벼운 술자리였습니다.

변호인: 피고인이 소개해달라고 해서 만든 자리라는 거 증인은 알고 있었습니까?

증 인: 아뇨. 저는 그렇게 생각하지 않고요, 그런 줄 몰랐습니다.

변호인: 그 자리에 누가 있었죠?

증 인: Young, Stephen, MS, 저, 이렇게 넷이 있었는데, 그걸 누가 소개팅으로 생각합니까?

변호인: 그 후 피고인과 몇 번이나 더 만났습니까?

증　인: 단 둘이 만난 적은 그 후로 없었습니다.

변호인: 2016년 4월 29일 밤 사바나 클럽에서 피고인과 춤을 같이 추었나요?

증　인: 예, 저는 그날 여러 사람들과 어울려 함께 흥겹게 춤을 췄습니다. 피고인하고만 따로 추진 않았어요.

변호인: 클럽에서 춤추면서 집에 갈 때 피고인과 같이 가자고 약속하지 않았나요?

증　인: 그런 사실 없습니다.

변호인: 클럽에 있을 때 피고인이 집에 갈 때 같이 가자고 증인에게 제안하자 증인이 고개를 끄덕였다는데 증인은 어떻습니까?

증　인: 집에 같이 가자 그런 말 한 적도, 제가 그러자고 답한 적도 없습니다. 클럽 가보시면 아시겠지만 음악이 시끄러워서 대화가 어렵습니다. 말소리도 잘 들리지 않습니다.

변호인: 증인은 그날 밤 피고인과 그런 대화를 한 사실을 부인하는 겁니까?

증　인: 그렇습니다.

변호인: 2016년 4월 29일 11시 50분경 사바나 클럽을 나가기 전 증인은 피고인에게 간다고 손짓하며 갔습니까?

증　인: 여러 명에게 작별 인사하고 간 거예요.

변호인: 증인이 피고인에게 간다고 손짓을 하고 나간 사실 없습니까?

증　인: 네, 제가 집에 갈 땐 피고인을 본 기억이 안 나요.

변호인: 증인, 동교동 로터리는 클럽 바로 앞이 아니고 100미터 정도 떨어져 있는 공용주차장 옆인데 피고인의 차를 타고 가기 위해 거기서 기다린 거 아니에요?

증　인: 클럽 바로 앞에서는 택시 잡기가 더 힘들어서 일부러 걸어가서 거기 서 있었던 거예요. 같이 가자거나 피고인의 차를 타고 가겠다 이런 얘기는 전혀 없었습니다.

변호인: 증인 아까 차 속에서 피고인이 갑자기 키스를 했고 가슴을 더듬었다고 진술했지요.

증　인: 예.

변호인: 피고인은 증인이 키스를 받거나 가슴을 터치했을 때 피고인을 밀어내거나 저항한 적이 없다고 수사기관에서 조사받을 때부터 일관되게 말하고 있습니다.

증　인: 피고인이 거짓말하는 겁니다!

변호인: 피고인은 자신이 키스하고 가슴을 만지는 동안 증인이 거부의사를 보이지 않았

다고 합니다. 거기에 대해서 어떻게 답하시겠습니까?

증　인: 역시 말도 안 되는 억지 주장입니다.

변호인: 증인은 그날 어떤 옷을 입었는지 기억합니까?

증　인: 검은색 원피스 드레스를 입고 있었습니다.

변호인: 짧은 치마였습니까?

증　인: 무릎 아래 내려오는 길이입니다.

변호인: 타이트한 스커트입니까?

증　인: 좀 타이트한 스타일요.

변호인: 그러면 몸매가 드러나는 옷이겠네요.

증　인: 원피스 위에 자켓을 걸치고 수업도 한 복장입니다. 말씀하시는 것 같은 야한 복장이 아닙니다.

변호인: 가슴이 좀 많이 파여 있지 않았습니까?

증　인: 전 원래 목이 올라오는 옷을 좋아하지 않습니다.

변호인: 그날 입은 드레스가 가슴골이 보일 정도였다고 하는데요.

증　인: 약간 섹시한 스타일이지 심하게 가슴이 드러나는 야한 옷은 아닙니다. 아까 말씀드렸듯이 수업하는 데 무리 없는 복장입니다.

변호인: 피고인은 증인이 차 문 열어 달라, 내려달라는 말을 한 적이 없다고 일관되게 주장하고 있습니다.

증　인: MS는 비겁하게 거짓말만 하고 있습니다.

변호인: 증인, 증인이 피고인에게 집으로 귀가하던 중 호텔에 쉬었다 가자고 제안했고 그래서 피고인이 일산 백석동 네모 모텔로 차를 운전해간 것이 아닙니까?

증　인: 아까 제가 말씀드렸듯이 위기 상황을 모면하기 위해 기지를 발휘한 것이지 MS와 같이 자고 싶어서 호텔에 가자는 말이 전혀 아닙니다.

변호인: 피고인이 정말 증인을 강간하려는 의도가 있었다면 차 안에서 할 수 있었는데 호텔까지 같이 간 것은 서로 호텔에서 밤을 보내기로 좋은 분위기에서 이야기된 거라 볼 수 있지 않습니까?

증　인: 아닙니다. 말이 안 됩니다.

변호인: 피고인은 그날 오해가 있어서 호텔에서 서로 좋은 시간을 보내려다 증인이 갑자기 마음을 바꿔 자기가 파렴치한 강간범으로 몰렸다고 주장합니다.

증　인: 정말 억울하고 답답한 건 접니다. MS 차 블랙박스 녹음이 있을 텐데 왜 금요일부터 녹화가 없는 걸까요. 잡아떼면서 오히려 저더러 무고한 사람을 강간범으로 만든다고 하는 것은 어처구니가 없습니다.

▫ 증인 신문의 예 III

다음은 폭행사건 재판에서 외국인에게 폭행당한 피해자가 증인으로 신문을 받는 상황이다. 한국인 증인에 대한 신문 내용 전부를 외국인 피고인에게 통역해주어 피고인이 반대신문을 하는 등 방어권을 행사할 수 있도록 해야 한다.

재판장: 검사님 신문하십시오.

주신문

검　사: 증인은 2016년 8월 31일 23시 20분경 피고인으로부터 폭행당한 사실이 있습니까?

증　인: 네.

검　사: 피고인과 싸운 것인가요, 아니면 피고인으로부터 먼저 맞은 것인가요.

증　인: 먼저 맞았고 저희는 주먹으로 제대로 친 적도 없이 그냥 당했습니다. 그걸 싸웠다고 할 수 있을까요? 전 방어 차원에서 주먹을 휘두르면서 얼굴을 보호하려고 한 건데요.

검　사: 네, 제가 차례로 질문을 할 테니까 답을 해주시면 됩니다.

증　인: 네, 알겠습니다.

검　사: 당시 증인은 영등포구 신길로 490 아리랑포차에서 친구 이상우와 같이 술을 마시고 있었던 것 맞습니까?

증　인: 네, 그렇습니다. 폭행이 일어난 것은 술 다 마시고 바깥으로 나와서였습니다.

검　사: 술집 안에서가 아니라 주점에서 계산을 하고 나온 상태였지요.

증　인: 네. 술값을 내고 가게 밖으로 나와서 차 타기 전에 막 담배 한 대씩 태우고 있는 상태였습니다.

검　사: 증인은 그때 피고인이 아리랑포차에서 술값을 내지 않고 나오는 것을 보게 되었지요.

증　인: 술집 안이 약간 소란한 것 같아서 보니 저 사람(피고인)이 주점 사장님과 실랑

이를 하는 게 보였습니다. 술값을 받으려는 것 같았어요. 그런데 저 사람이 술 취해서인지 소리를 지르면서 가게에서 나오는 게 보였고 여사장님이 카운터에서 뛰쳐나왔어요.

검 사: 술집 안에서 증인들과 피고인과 말을 하거나 시비가 될 만한 일이 있었나요?

증 인: 전혀 없습니다. 저쪽은 입구 쪽에 앉아있었고 저희 자리는 안쪽 화장실 가까이 있었어요. 피고인 좀 말소리가 크고 튀어서 몇 번 쳐다보긴 했지만 술집 안에서는 만나거나 같이 접촉할 일이 없었죠.

검 사: 예, 증인이 이상우 씨와 술집 밖에서 차를 기다리고 있을 때 술집 안에서 술값 때문에 시비가 있는 걸 보게 되었다고 하셨죠?

증 인: 네.

검 사: 무슨 일로 술값 시비가 있었는지 알고 계시나요?

증 인: 저 사람이 낸 카드가 결제가 되지 않아서 사장님이 현금으로 달라고 했던 걸로 들었습니다.

검 사: 피고인이 술집에서 나오는 것을 보고 계셨나요?

증 인: 저희가 밖에서 담배를 피우고 있는데 술집 문이 반쯤 열려 있었어요. 그래서 안에서 소리가 들려서 흘낏 흘낏 보고 있자니 술값을 치르지 않고 그냥 나와서 주인이 뒤따라 나오는 상황이었죠.

검 사: 피고인이 나온 다음 어떻게 되었나요?

증 인: 상우가 사장님과 아는 사이기 때문에 도와드리려고 저 사람 쪽으로 다가갔고 저도 피우던 담배를 버리고 몸을 돌리는 순간 저 사람이 상우에게 주먹을 날리는 것을 봤습니다.

검 사: 이상우 씨가 피고인을 먼저 주먹으로 때린 적 있습니까? 본 대로 기억나는 대로 말씀해주십시오.

증 인: 상우가 먼저 때리기는요! 상우가 여사장님 도와드리려고 "저기요" 하면서 피고인에게 다가가 말을 걸려는 순간 맞았다니까요.

검 사: 이상우 씨는 피고인의 몸을 잡거나 접촉하지 않았는데 피고인이 다가와서 이상우 씨를 때린 건가요?

증 인: 그랬던 것 같습니다. 걸어와서 때린 거라기보다는 상우 쪽으로 몸을 돌려서 쳤습니다.

검 사: 이상우 씨가 어디를 맞았나요?

증 인: 얼굴요. 주먹으로 얼굴을 치는 걸 봤습니다.

검 사: 증인은 피고인이 이상우 씨를 주먹으로 몇 대 쳤는지 기억하십니까?

증 인: 순식간에 말릴 틈도 없이 얼굴을 한두 대 때려서 상우가 코뼈가 내려앉고 입술이 찢어졌어요. 그때 얼굴에 피가 엄청 났어요. 술집 조명에다 가로등이 있어서 잘 보였습니다.

검 사: 이상우 씨는 피고인에게 맞받아치거나 하지 않고 맞고만 있었나요?

증 인: 예. CCTV 보면 아시겠지만 상우가 순식간에 얼굴을 너무 세게 맞아서 휘청하고 피도 나니까 코를 감쌌습니다. 상우는 한 대도 때린 적이 없습니다.

검 사: 당시 증인은 어디서 무엇을 하셨나요? 이상우 씨가 피고인에게 얼굴에 두 대 맞았을 때를 말합니다.

증 인: 저도 상우가 난데없이 맞는 걸 보고 얼른 상우를 챙기려고 하는 찰나에 저 사람이 제 얼굴에 발길질을 했어요. 정말이지 순식간에 일어난 일입니다.

검 사: 증인이 피고인을 먼저 때리거나 피고인과 신체 접촉을 한 적이 있습니까? 때리려고 했다거나 동작이라도 취한 적이 있습니까?

증 인: 아뇨, 없습니다. 아까 말씀 드렸듯이 저나 상우나 술값 안 내고 막무가내로 가려는 사람을 말리려고 한 것뿐인데, 그 자리에 있던 저희 둘이 저 사람의 폭력에 당한 상황입니다.

검 사: 이 사건으로 인해 증인은 전치 8주 진단받고 수술까지 하셨죠?

증 인: 네, (한숨) 안경이 깨지고 한쪽 눈이 심하게 다쳐서 시력이 거의 안 나오는데 잘 회복이 될지 불확실하다고 의사가 그랬습니다. 어떻게 사람에게 이럴 수 있습니까?

검 사: 피고인과 합의는 하셨나요?

증 인: 사람을 이렇게 만들어 놓고 아직 사과 한마디 못 들었습니다.

검 사: 증인은 피고인의 처벌을 원하십니까?

증 인: 당연히 그렇습니다. 술 취했다고 하지만 제정신인 사람이라면 이런 상황에까지 왔으면 사과라도 해야 하는데…. 저는 직업적으로도 그렇고 물질적, 정신적으로 피해가 엄청납니다. 엄벌에 처해주십시오.

검 사: 이상입니다.

재판장: 변호인, 반대신문 하십시오.

반대신문

변호인: 증인은 2016년 8월 31일 증인 이상우와 몇 시쯤 만났습니까?

증　인: 회사 끝나고 8시쯤 만난 거 같습니다.

변호인: 증인 이상우와 아리랑포차에서 술을 마시기 시작한 시간은 기억합니까?

증　인: 예, 10시 정도로 기억합니다.

변호인: 이상우와 포차에 가기 전에 두 시간 동안 증인은 무엇을 했습니까?

증　인: 근처 호프집에서 먼저 만났습니다.

변호인: 증인은 호프집에서 두 시간 정도 있었습니까?

증　인: 그 정도 되는 것 같습니다. 두 시간 좀 안 될 겁니다. 포차까지 이동하는 거리가 있으니까요.

변호인: 호프집에서는 어느 정도 술을 마셨습니까?

증　인: 맥주 500cc 두 잔씩 했습니다.

변호인: 이상우 증인과 두 사람이 마신 양이 그 정도라는 겁니까? 아니면 각자 마신 것이 1000cc 정도입니까?

증　인: 제가 두 잔 했습니다. 상우, 이상우 씨도 그 정도 마셨습니다.

변호인: 그러면 아리랑포차는 2차로 간 곳입니까?

증　인: 2차라고 할 수는 있지만 저희 둘이 2차, 3차까지 술 마시러 다니지는 않고요. 그날 상우 친구 누님이 개업한 지 얼마 되지 않았다고 들린 곳입니다.

변호인: 아리랑포차에서는 술을 어느 정도 했습니까?

증　인: 둘이서 소주 두 병 반 했습니다.

변호인: 증인이 마신 건 어느 정도 되나요?

증　인: 저는 한 병 반 가까이 한 거 같습니다.

변호인: 증인 평소 주량이 어느 정도입니까?

증　인: 한 병 반, 두 병 정도입니다.

변호인: 피고인 말로는 증인이 상당히 취했고 포차에서 술 마시는 동안 계속 피고인을 째려보았다고 하는데요.

증　인: 저는 취하지 않았습니다. 평소에 저는 절대 과하게 술을 하지 않습니다. 그리고 피고인이 좀 튀어서 그쪽을 한두 번 쳐다본 적은 있지만 기분 나쁘게 째려보지 않았습니다.

변호인: 피고인이 튀어서 한두 번 쳐다본 이유는 무엇입니까?

증　인: 피고인이 종업원에게 좀 심하게 말하는 것 같아서 무슨 일인지 쳐다본 것뿐입니다.

변호인: 증인이 피고인을 못마땅하게 쳐다본 건 아닙니까?

증　인: 종업원에게 매너 없게 말하는 게 들렸고, 영어를 섞어서 교포처럼 말해서 특이하다 싶어 쳐다본 것뿐입니다.

변호인: 증인, 이날 만취해서 포차 밖에서 휘청거리다 넘어져서 눈을 다친 거 아닙니까?

증　인: 참 내, CCTV 보면 다 나오는 거 아닙니까?

변호인: 피고인은 이상우 증인이 먼저 피고인에게 다가와 멱살을 잡았고 몸싸움이 시작되었다고 하는데요.

증　인: 상우가 그냥 다가가서 말을 건넨 거지 먼저 멱살을 잡은 일은 없었습니다. 저희는 그냥 문 가까이 서 있어서 무슨 일인지 주인을 도와주려는 생각에 가본 건데 너무 어처구니 없이 이렇게 심하게 다치고 엄청난 피해를 입었습니다! 저 사람은 사람을 이렇게 만들어놓고 어떻게 그런 억지 주장을 할 수 있습니까? 용서를 빌어도 될까 말까 하는 상황에 말입니다.

변호인: 이상입니다.

재판장: 증인, 수고하셨습니다. 이제 돌아가셔도 됩니다.

□ 증인 신문 IV

다음은 성폭행사건의 고소인인 중국계 캐나다인 미셸 왕에 대해 공판 검사가 신문하고 있는 상황이다.

재판장: 네, 증인석에 앉으세요. 증인, 사실대로 말씀하셔야 합니다. 거짓말하면 위증죄로 처벌 받습니다.

증　인: 네.

재판장: 기억이 안 나면 기억이 안 난다고 얘기하시면 됩니다.

증　인: 네.

재판장: 자 검사님부터 신문하시죠.

검　사: 미셸 왕에 대해서 증인 신문을 시작하겠습니다. 증인 미셸 왕은 이 사건의 피해자로서 이 사건에 있어서 가장 핵심적인 증인입니다. 사실 이 사건은 다른 관련 증거도 있지만 피고인 에드윈 쿤과 증인 미셸 왕의 증언 중 어떤 사람의 증언이 더 신빙성이 있느냐에 대한 재판일 수도 있습니다. 그렇기 때문에 피해자 미셸 왕에 대한 증인 심문은 이 사건 재판에 있어서 가장 핵심적인 부분이므로 배심원 여러분께서는 반드시 경청해주시고 그때 상황에 대해서 판단해주시기 바랍니다. 미셸 왕 씨, 지금부터 증인이라고 부를게요. 본인이 사건의 피해자로서 피해 상황을 진술하고 증언을 하도록 이 자리에 나왔기 때문에 본인을 증인이라고 부르고 에드윈 쿤은 피고인이라고 할 테니까 그렇게 아시고 대답을 해주십시오. 증인은 피고인 에드윈 쿤 알죠?

증 인: 네.

검 사: 증인, 피고인을 처음 어떻게 알게 됐습니까?

증 인: 친한 언니와 같이 카사노바 술집에 갔다 알게 되었어요.

검 사: 손님으로 가서 처음 보게 되었다는 말입니까?

증 인: 네.

검 사: 알게 된 지는 얼마나 됩니까?

증 인: 저는 두 달 채 안됩니다. 언니와는 좀 더 오래 전부터 아는 사이로 알고 있어요.

검 사: 증인 2016년 6월 29일 06시경 용인에 있는 피고인의 집에서 피고인으로부터 강간을 당할 뻔한 사실 있죠?

증 인: 네.

검 사: 그리고 그 과정에서 피고인으로부터 폭행을 당하여 상처를 입은 사실도 있죠?

증 인: 네.

검 사: 자, 이 사진은 당시 증인이 경찰서에서 찍은 사진 맞죠?

증 인: 네.

검 사: 예, 지금 손에도 상처가 있고 오른쪽 입술 부분도 좀 터져 있고 얼굴도 좀 부어 보이는데 당시 찍은 사진이 맞습니까?

증 인: 네.

검 사: 이 부분 상처들이 당일 증인이 피고인으로부터 폭행당하여 발생한 상처가 맞습니까?

증 인: 네

검 사: 증인이 직접 일어서서 어느 부위에 상처가 났는지 한번 지목을 해 볼 수 있겠습니까?

증　인: 이쪽 손목을 잡아서 벽으로 내리쳐서 다쳤습니다.

검　사: 예.

증　인: 그래서 여기 멍이 들었어요. 그리고 여기 머리도 좀 많이 부었거든요. 맞아가지고요.

검　사: 예.

증　인: 일주일가량 이렇게 혹이 났고, 목도 시퍼렇게 멍이 번졌어요.

검　사: 원래 멍이라는 게 첫날은 빨갛다가 그 다음날부터 더 파래지는 거죠?

증　인: 네.

검　사: 증인, 당시 피고인으로부터 손바닥으로 뺨을 맞아 윗입술에서 피가 났습니까?

증　인: 네.

검　사: 입술이 터져서 피가 났어요?

증　인: 네, 오른쪽으로 이렇게 맞았거든요.

검　사: 입술에 상처를 입었다는 거죠? 이쪽 부분 상처 아닌가요?

증　인: 제가 침대에 이렇게 있었거든요. 이쪽에서 목을 누르고 얼굴을 이렇게 친 거예요.

검　사: 증인이 그때 저렇게 얻어맞고 상처를 입었는데 증인이 그 피고인의 집에 가게 된 과정을 묻겠습니다. 그날 피고인 집에 가게 된 과정을 얘기해주세요.

증　인: 그날 제가 피고인이 일하는 바에 놀러갔는데 화병이 깨져서 손을 살짝 다쳤어요. 자기 집이 가까우니까 치료해주겠다 그래서 같이 간 거예요.

검　사: 피고인 집에 가서 상처를 어떻게 치료하려고 했었나요?

증　인: 그 시간이 술집 문 닫고 뒷정리 끝난 시간이라 문 열린 약국을 쉽게 찾을 수 없었고, 자기 집에 구급약 다 있다고 반창고 붙이고 집에 데려다주겠다고 해서 같이 갔습니다.

검　사: 네. 5항의 나머지 부분은 생략하고 6항의 두 번째 부분에 대해서 물어보도록 하겠습니다. 증인이 피고인의 집에 갈 때 피고인하고 성관계하겠다는 그런 생각이 있었습니까?

증　인: 없었습니다.

검　사: 전혀 없었습니까?

증　인: 네.

검　사: 간단히 치료만 하고 집에 가겠다는 생각이었나요?

증　인: 네. 언니랑도 아는 사이니까 괜찮다고 생각했습니다.

검 사: 피고인이랑 아는 사이니까 갔다는 거죠? 7항에 대해서 계속 묻겠습니다. 증인이 피고인 집에 들어갔을 때 집 방 안에 모양이나 이런 건 어땠습니까?

증 인: 특이한 건 없었고, 거실 겸 부엌, 침실 두 개 투룸이었어요.

검 사: 아. 그래서 증인이 방으로 들어가 처음에 어떻게 했습니까? 그니까 피고인 집에 들어가서 대화를 좀 나누면서 소파에 앉든지 방으로 들어가든지 했겠죠?

증 인: 네.

검 사: 그다음에는 어떻게 했죠?

증 인: 네. 소파가 없다고 바닥에 앉긴 그래서 자기 침대에 앉으라고 해서 거기 앉았어요. 소독약이랑 반창고 갖고 와서 붙여주고 옆에 이렇게 앉더라구요. 그래서 몇 마디 나누다가 갑자기 절 안았어요. 그래서 하지 말라고 하니까 이렇게 눕히는 거예요. 눕혀서 하지 말라고 하니 가슴에 손을 집어넣었어요.

검 사: 아 일단 그 부분은 이후에 더 물어볼 텐데요. 피고인이 증인에게 다가와 성관계를 시도하려고 한 거죠?

증 인: 네.

검 사: 어떻게 성관계를 시도했던가요? 그 부분을 설명해주셨으면 합니다. 증인이 침대에 앉아 있을 때 와가지고요.

증 인: 이렇게 안았어요.

검 사: 예.

증 인: 제가 하지 말라고 하니 눕혀가지고 제가 다시 하지 말라고 얘기했어요. 그런데 바지 단추를 열고 지퍼를 열려고 손을 뻗는 거예요. 제가 No!라고 소리 지르면서 일어서려고 했는데 제 손목을 잡고 내리쳤고, 저의 상체를 눌렀어요.

검 사: 10항에 대해서 묻겠습니다. 피고인이 증인의 바지 단추를 열고 바지를 벗기려 했군요.

증 인: 네. 바지 단추만 열었고 다 벗기진 않았어요. 제가 계속 하지 말라고 저항했죠.

검 사: 결국 증인은 그 계속되는 피고인의 폭행을 피해 피고인의 집에서 도망쳐 나왔죠?

증 인: 네.

검 사: 피고인이 집에서 증인이 도망쳐 나오기 전에 어떻게 하던가요? 계속 성관계를 요구할 때 거부했고 그 이후에 어떻게 때리던가요?

증 인: 계속 마구 때리고 막 목도 이렇게 잡고 누르고 하니까 계속 거부하면 꼭 죽일 것 같은 그런 느낌을 받아가지고 제가 알겠다고 알았다고 말하면서 약간 진정

을 시키니까 자기가 화장실을 가겠대요. 그래서 방 안에 있는 화장실에 간 틈을 타서 저는 도망가려고 밖으로 나가려는데…

검 사: 예, 계속 말씀하세요.

증 인: 제가 방 밖에 나오니까 어디 가냐고 부르는 거예요 그래서 아니라고 해서 나 찬물 한 잔 먹겠다고 해서 냉장고 문을 여는 소리도 냈죠. 그 틈에 현관문을 열고 도망 나왔죠.

검 사: 문 밖까지 나온 겁니까?

증 인: 문을 열다가 걸렸어요. 가지 말라고 제 머리채를 잡으려는데 계단을 죽기 살기로 뛰어내려왔어요. 신발도 버려두고 뛰었어요.

검 사: 증인이 계단을 뛰어 내려오기 전에 집 안에서 맞을 때 뭐 얼굴도 때리고 손목도 잡아 비틀고 그랬나요?

증 인: 네. 이렇게 잡아 내리쳤어요.

검 사: 아, 손목을 어디다 내리쳤어요?

증 인: 내려쳐가지고 이렇게 멍이 든 거예요. 밑에 침대 바로 옆에 벽이 이렇게 있거든요. 제가 하지 말라고 하지 말라고 하니까 손을 이렇게 잡고 제가 막 하지 말라고 했는데 제 손을 잡고 벽에 내리치고 목을 계속 눌러가지고요. 여기, 여기도 맞구요.

검 사: 본인이 경찰에서 그 조서에 보면 이 정도까지 자세하게는 안 나와 있던데요. 왜 이런 차이가 발생하는 거죠? 그때 당시 제대로 얘기를 못했나요?

증 인: 제가 너무 가슴이 떨려서 울먹거리면서 얘기를 제대로 못했을 뿐더러 그때 제 얘길 들어주는 사람이 별로 없었어요. 다 남자 경찰들이었고 저한테 그래서 어떻게 됐냐고 자세히 물어보지는 않더라구요.

검 사: 예. 좀 하나하나 좀 세분화해가지고 물어보면 되는데 그냥 물어보니까 본인도 세부적으로 대답할 그런 겨를은 없고 그래서 피해 사실에 대해서 전체적인 내용을 대략적으로 대답했다는 말인가요?

증 인: 네.

검 사: 이 사진에 보면 여기가 피고인 집에서 내려오는 가파른 계단이거든요. 이 계단을 막 신발도 신지 않은 채 허겁지겁 내려왔다는 거죠?

증 인: 네.

검 사: 그렇게까지 신발도 안 신고 나올 정도로 급했나요 상황이?

증 인: 네. 무서웠어요.

검 사: 아, 그렇게 무서웠어요?

증 인: 네. 제가 저 사람을 왜 진정시키고 그랬었냐면요. 너무 하려고 하고 때리니까 너무 무서워서요. 저 사람을 진정시키고 내가 그 사이에 도망가야겠다 마음먹고 도망나온 거예요.

검 사: 증인은 피고인 집에서 도망쳐 나와서 어떻게 했습니까?

증 인: 밑으로 도망쳐서 무작정 앞으로 그냥 뛰었거든요.

검 사: 네. 피고인은 어떻게 했습니까?

증 인: 저를 막 따라오더라구요. 제가 내려올 때 뒤에서 이미 따라왔어요. 그런 상황에서 가파른 언덕 같은 데가 있어서 막 뛰어가니까 갑자기 뒤에서 잡으면서 가지 말라고 하면서 제 머리를 막 잡아당기고 그랬어요.

검 사: 피고인이 어떻게 했는지 자세히 얘기해주세요.

증 인: 아침이 밝아오는데 머릴 잡아당기고 가지 말라고 하면서 옷을 이렇게 잡았어요. 뒤를 잡아가지고 올려서 가슴이 다 보였을 거예요.

검 사: 그때 밖에서 피고인은 증인 얼굴을 주먹으로 때리고 그때 발로 증인을 차기도 했습니까?

증 인: 기억이 나지 않습니다.

증 인: 제가 도망가려고 저 사람을 발로 찬 적은 있는데요. 저 사람이 제 머리를 잡으면서 가지 말라고 계속 때렸어요. 제가 솔직히 어디를 맞았는지 그걸 다 기억하면 제정신이었죠. 그땐 제정신이 아니었어요.

검 사: 온몸을 막 때리니까 주먹으로 때리고 발로도 찼겠네요.

증 인: 네, 저도 발로 찼어요. 나갈려고요.

검 사: 하여튼 온몸을 구타 당하는 상황이었다는 거죠.

증 인: 네.

검 사: 그러면 피고인은 증인에 대한 폭력 행사를 언제 멈추었죠?

증 인: 제가 소리지르면서 살려달라고 하니까 자기도 좀 놀랬나봐요. 날이 밝아오고 정신이 들었는지 막 뛰어서 도망가더라구요.

검 사: 증인이 심하게 저항하니까 자기도 겁이 났는지 피고인이 도망을 갔다는 거예요?

증 인: 예. 그래서 저도 막 달려가서 슈퍼에 가서 도와달라고 했거든요.

검 사: 아 슈퍼에 가서 도와달라 그랬어요?

증 인: 네.

검 사: 그랬더니 어떻게 됐어요?

증 인: 안 도와주더라구요

검 사: 슈퍼 주인이?

증 인: 네. 자기가 엮이고 싶지 않다고. 정말 한 번만 도와달랬는데 도와주지도 않았고 정말(울먹거리며)…제가 전화기도 없고 가방도 다 그 집에 있는 상황이어서 그럼 전화 한 통만 하겠다고 사정해서 엄마한테 전화했어요. 전화 끊고 슈퍼 밖으로 나와서 혹시 쫓아올까봐 계속 뛰어가고 있는데 저기서 순찰차가 오더라구요. 누가 신고를 했나봐요.

검 사: 슈퍼에서 피고인에게 폭행을 당할 때 증인은 신발을 신고 있었습니까?

증 인: 아니요.

검 사: 그땐 신발 없었어요?

증 인: 네.

검 사: 그러면 증인은 신발과 가방은 언제 누구한테 돌려받았어요?

증 인: 파출소에서 받았어요.

검 사: 아 파출소에서 경찰한테 돌려받았어요?

증 인: 그랬던 것 같은데요. 아무튼 제가 파출소 가기 전까지는 절대로 신발을 신고 있지 않았어요. 그래서 거기 있는 경찰이 슬리퍼라도 신으라고 저한테 줬거든요.

▫ 증인 신문 V

증인 신문 IV와 동일 사건으로, 피고인 집 근처에 사는 이웃 주민이 사건 당일 집 안에서 여자의 비명을 듣고 피고인과 피해자를 목격한 것에 대해 증인으로 공판에서 증언하고 있다. 다음 예문은 증인에 대한 검사의 주신문과 변호인의 반대신문 상황이다.

주신문

검 사: 증인, 증인은 2016년 6월 29일, 새벽 여섯 시 조금 넘어 피고인과 피해자를 목격한 사실이 있지요?

증　인: 예, 있습니다.

검　사: 예, 당시 목격한 피고인이 저기 앉아 있는 외국인 피고인이 맞나요?

증　인: 네, 맞습니다.

검　사: 예, 사건이 발생한 날을 지금도 잘 기억하고 계시죠?

증　인: 네

검　사: 예, 증인이 당시에 사건을 목격한 장소는 어딘가요? 맨 처음에 소리를 들은 장소부터 얘기해보시겠어요?

증　인: 네, 그 시간이 제가 잘 시간이거든요. 제 방에서 자는데 비명 소리가 들려서 잠을 깼어요. 제 방 창문을 열어보니 아무것도 안보여서 저희 거실에 큰 창문이 있어요. 문을 열면은 밑에 장면이 다 보여요.

검　사: 예, 거실 창문에서 당시 사건을 목격한 시각이 아침 여섯 시인데 날은 밝아 잘 볼 수 있었나요?

증　인: 예, 다 보이죠.

검　사: 예, 그러면 증인이 어떠한 소리를 듣고 창가로 가게 됐는지 진술해보시겠어요?

증　인: 제가 화장실에서 창문을 내려다 봤을 적에 처음에는 여자가 웃통이 벗겨진 채로 넘어져 있고, 여자 가슴이 다 드러난 상태였는데 남자가 때리려는 모션이었어요. 여자가 소리 질렀어요.

검　사: 뭐라고 소리 질렀는지 알아들었나요?

증　인: 제가 한국말을 잘 못해서 확실하지 않지만 "도와주세요" 그런 거 같았어요.

검　사: 피해자가 맞는 소리나 때리는 소리를 들었나요?

증　인: 그것은 못 들었는데요.

검　사: 때리는 소리는 못 들었고요? 그러면 증인이 피해자가 피고인으로부터 맞는 것도 보았나요?

증　인: 맞는 장면을 직접 본 건 아니에요.

검　사: 그럼 증인이 본 장면에 대해 좀 자세히 말해주겠어요?

증　인: 제가 정확하게 본 장면은 여자가 넘어지는 장면부터였어요. 남자가 서 있고 여자를 때리려고 하는 상태.

검　사: 어떻게 때리려고 했죠?

증　인: 발로 차려는 모션이 보였어요.

검　사: 발로 차려는 모션을 보였다. 여기 수사 보고가 있는데 거기 진술에 따라 제가 물어볼게요. 거기 보면 "피고인이 피해자의 윗옷을 들어 올리고 가슴을 만지려 했다" 이렇게 되어 있는데 어떻게 되어 있었다는 거죠?

증 인: 이렇게 세우면서, 여자가 넘어져 있잖아요. 남자가 의도적으로 만진 것은 아니지만 이렇게 세우면서 가슴을 만지게 되잖아요.

검 사: 뒤에서, 아니면 앞에서 만졌어요?

증 인: 뒤에서 안아 올리면서 가슴을 만지는 상태였던 것 같아요

검 사: 여자 윗옷이 왜 벗겨졌는지는 모르죠?

증 인: 그것은 제가 잘 모르죠. 여자가 살려달라는 식으로 남자에게 두 손을 싹싹 빌었고, "도와주세요!" 하면서 고함을 지르더라고요. 그래서 제가 도와주려고 신고하려고 방에 가서 전화기 찾아서 다시 창 쪽으로 가니까 남자는 안 보이더라고요.

검 사: 그러면은 증인이 목격한 시간은, 실랑이가 있었던 시간은 몇 분이나 됐어요?

증 인: 제가 본 것은 길게는 아니에요. 길어봤자 5분도 안돼요.

검 사: 5분 이내요. 그래도 피해자 입장에서 상당히 긴 시간일 텐데 그 시간 동안 피고인은 계속해서 피해자를 때리려고 하고 피해자는 그것을 뿌리치면서 도망가려고 한 실랑이가 5분 정도 있었다는 거죠?

증 인: 네.

검 사: 그러면 피해자의 당시 복장이 어땠는지 설명해주시겠어요?

증 인: 피해자요?

검 사: 예, 여자의 옷차림요.

증 인: 청바지에다가 위에도 티 같은 것을 입었는데 정확하게 무슨 옷인지 기억은 안 나요.

검 사: 옷매무새를 말하는 겁니다. 윗옷이 위로 올라가 있었다고 말씀하셔서.

증 인: 아, 옷이 벗겨진 것은 아니고 반쯤 걸친 상태였어요.

검 사: 윗옷이 목까지 올라가 있었다고요.

증 인: 예 예.

검 사: 그러면 피해자가 신발을 신고 있었나요 맨발이었나요?

증 인: 맨발이었습니다.

검 사: 기억나요? 확실히 맨발이었던 것을 보셨나요?

증 인: 예. 맨발로 도망을 갔어요. 너무 겁에 질린 상태였고, 남자는 눈에 살기가 꽉 차 있었어요. 밑에 삼거리가 있는데 여자가 거기까지 도망갔는데 남자가 쫓아오

니까 경찰차가 여기로 오더라고요. 경찰차를 보자마자 남자는 진짜 줄행랑치듯이 도망가더라고요. 제가 경찰에게 신고 받고 온 거냐고 물으니까 맞다고 해서 그럼 저 남자 쫓아가서 잡으라고 저는 그 말만 해주고 집으로 돌아왔어요.

검　사: 피고인은 "피해자와 서로 좋아해서 성관계를 가지려 했다. 그런데 피해자가 갑자기 나가버렸다"고 주장하고 있는데 증인이 진술한 부분과는 좀 다르거든요. 증인이 본 상황에서 여자가 도망을 치는 급박한 상황이었나요, 아니면 남녀 간의 약간의 다툼 정도로 보였나요?

증　인: 굉장히 급박한 상황이었죠.

검　사: 무슨 근거로 그러시죠?

증　인: 여자애 표정만 봐도 알죠. 도와달라고 비명도 질렀고 공포심을 느끼는 상황이었죠.

검　사: 예, 이상입니다

반대신문

변호인: 검사님이 아까 물어보신 것과 관련해서 제가 몇 가지 보충질문을 하도록 하겠습니다. 남자가 서 있고 여자가 밑에 있는데 발로 때리려고 하는 모습을 봤다고 말씀하셨는데 실제로 때리지는 않았나요?

증　인: 때리지는 않았죠. 아니 제가 때린 걸 본 건 아니라는 얘깁니다.

변호인: 발로 때리려는 모습이라는 게 어떤 모습인가요? 어떻게 옆에서 서성거리는 모습이었나요? 아니면 실제로 발을 들어 밟으려고 하던가요?

증　인: 발을 뒤로 해서, 왜 로우킥이라고 하죠. 그런 장면까지 나왔어요. 발이 뒤로 갔다가 때리려고 하다가 안 때리더라고요. 보는 사람들이 많으니까

변호인: 당시 여자가 가만히 앉아서 비는 상황이었나요, 아니면 저항하고 있는 상황이었나요?

증　인: 하지 말라고 저항했죠.

변호인: 그런 상황에서 남자도 가만히 서 있을 수 없을 거 아니에요.

증　인: 그렇죠.

변호인: 그럼 움직이는 모습을 발로 차는 거라고 착각한 것은 아니에요?

증　인: 그것은 아니에요. 착각한 것은 아닙니다.

변호인: 음… 넘어진 걸 안아 올리며 가슴을 만졌다고 진술하셨죠?

증 인: 예, 여자를 일으켜 세우더라고요

변호인: 예, 일으켜 세우다 보면은 항상 가슴 부위에 손이 가기 마련이니까 그런 거지, 만졌다고 단정할 수는 없겠네요.

증 인: 어쨌든 만진 거잖아요.

변호인: 어떤 성행위를 위해서 성적 만족을 위해서 만진 것은 아니란 말이에요.

증 인: 그건 아니겠죠.

변호인: 증인, 창문을 내다보게 된 것은 비명소리를 들었기 때문인가요?

증 인: 예.

변호인: 비명의 내용은 도와달라는 것이었나요? 아니면 그냥 여자의 비명 있잖아요, 꺅 뭐 그런 단말마의 외침, 그런 거였나요? 아니면 구체적으로 도와달라는 의사 표시를 하는 내용이었나요?

증 인: 도와달라는 의사표시였어요.

변호인: 비명은 증인이 들었을 때 처음부터 계속 들렸나요? 아니면 그친 일이 있나요?

증 인: 그쳤다가 들렸다가 그랬죠.

변호인: 그 비명 소리가 이동하면서 들렸나요, 아니면 한 자리에서 계속 들렸나요? 보통 사람이 이동하면서 소리를 지르면 멀어지잖아요?

증 인: 저희 집에서 들었을 때 저게 움직이는 건지 안 움직이는 건지 저는 구분할 수 없었어요.

변호인: 증인이 소리가 나서 창문을 내다보자 이 피고인과 미셸 왕, 여자라고 하겠습니다. 남자, 여자 두 사람이 있었지요? 증인 그때 어떤 생각을 했나요? 창문을 딱 본 순간.

증 인: 저 남자 안 되겠다 싶었죠. 남자가 여자한테 나쁜 짓 할 것 같다는 생각이 들었어요.

변호인: 피고인은 여자가 가방과 신발을 두고 피고인의 집을 나가자 여자에게 가방과 신발을 가져가라고 말했고 피고인의 말을 듣지 않은 채 여자가 소리만 지르자 집에 데려가서 가방과 신발을 가져가도록 시도하다가 여자가 몸부림을 쳐서 그냥 포기하고 여자는 떠났다. 이렇게 이야기하고 있거든요. 증인께서 혹시 피고인이 미셸 왕에게 가방과 신발은 챙겨가라고 말하는 것을 들으셨나요?

증 인: 그런 얘기는 못 들었습니다. 저 남자 말하는 것도 못 들었어요. 전 한국 사람인 줄 알았어요.

변호인: 말하는 것도 못 들었다고요. 증인, 여자가 손을 싹싹 빌었다고 하셨잖아요? 증인 정말 여자가 이렇게 손을 비는 것을 보았나요?

증　인: 똑똑히 봤죠.

변호인: 자는 사람이 깰 정도로 비명을 지르던 여자가 갑자기 손을 싹싹 빌었다는 진술은 좀 이해하기 어려운데요.

증　인: 제가 보기론 자기가 잘 했건 못 했건 간에 그 상황을 모면하고 싶은 거예요. 너무 무서우니까.

변호인: 미셸 왕은 손을 싹싹 빌었다는 진술이 없는데 증인 혹시 다른 동작을 착각한 것은 아닌가요?

증　인: 아닙니다. 여자가 손을 맞잡고 빌었어요. 이렇게(손 비는 동작).

변호인: 아까 진술하실 때 여자가 혼자 이동하고 있었다고 했는데 그때 걸어서 이동하던가요, 뛰어서 이동하던가요. 그러니까 내려가서 봤을 때 그 여자가 부리나케 뛰어가고 있었는지 아니면 걸어가고 있었는지.

증　인: 뒷걸음치면서 도망가죠, 계속 좇아오는가 싶어서요.

변호인: 그러니까 뒷걸음치면서 도망가고 있었는데 뭐 이렇게 뛰는 모습은 아니었나요?

증　인: 뛰는 모습은 아니었는데 굉장히 당황한 모습이었어요.

변호인: 증인, 아침에 잠이 막 깬 상태에서 여성의 비명을 듣고 창문을 내다보고 여성이 남성에게 어떤 피해를 당하고 있다고 생각했다고 아까 진술하셨잖아요? 그렇다면 증인께서는 남성인 피고인이 나쁜 사람이라는 선입견을 가지고 피고인의 행동에 대해서 그렇게 표현하고 있는 것은 아닌가요?

증　인: 모든 상황이 그런데 제가 착각할 이유가 뭡니까?

변호인: 이상입니다.

4) 피고인 신문

ㅁ 피고인 신문의 예 I

다음은 금융사기로 기소된 나이지리아 국적 피고인 이찬가 오케케에 대한 신문 상황이다. 기소 내용을 대부분 부인하는 피고인이 변호인의 주신문에 이어 검사의 반대신문을 받고 있다.

주신문

변호인: 피고인의 직업은 무엇입니까?

피고인: 사업가입니다.

변호인: 어떤 사업을 하시죠?

피고인: 여러 가지 합니다. 오퍼상도 하고, 중고품 거래도 합니다.

변호인: 피고인은 아랍에미리트 항공편으로 나이지리아를 떠나 아랍에미리트연합, 앞으로 UAE라고 말하겠습니다. UAE를 거쳐 2016년 10월 5일 한국에 입국했죠?

피고인: 예.

변호인: 아부다비 공항에 도착한 것은 언제입니까?

피고인: 2016년 10월 3일입니다.

변호인: UAE 아부다비에서 2일간 체류했지요?

피고인: 예.

변호인: 아부다비에 체류한 이유는 무엇입니까?

피고인: 경유하면서 지인의 소개로 이노마를 만나기 위한 목적도 있었고 관광도 했습니다.

변호인: 이노마가 성입니까, 이름입니까?

피고인: 그냥 이노마라고만 압니다.

변호인: 소개받을 때 명함을 받았나요?

피고인: 아뇨.

변호인: 아부다비에서 이노마를 만나게 된 이유는 무엇입니까?

피고인: 빈센트 이갈로가 전해주라는 물건이 있어서 만났습니다.

변호인: 무슨 물건이었습니까?

피고인: 기계 부품이었습니다.

변호인: 정확히 어떤 기계 부품인지 모릅니까?

피고인: 그냥 기계 부품 샘플로만 압니다.

변호인: 빈센트 이갈로가 이노마에게 기계 부품 샘플을 전해달라고 해서 물건을 전해주기로 약속을 하고 만났죠.

피고인: 예.

변호인: 피고인은 이노마에게서 그 기계 부품값으로 돈을 받기로 되어 있었습니까?

피고인: 예, 미화 1천불을 받기로 했습니다.

변호인: 1천불은 어떤 돈입니까? 심부름값입니까? 기계부품값입니까?

피고인: 빈센트가 저에게 사업상 1,100불을 줄 것이 있는데 제가 이노마에게 1천불을 부품대금으로 받고 빈센트와 저는 퉁치기로 했습니다.

변호인: 피고인은 이노마로부터 총액 1천불에 해당하는 여행자수표를 받았나요?

피고인: 예.

변호인: 100불짜리 여행자수표 10매이고요?

피고인: 예.

변호인: 피고인은 이 여행자수표가 위조 수표임을 알고 있었습니까?

피고인: 전혀 몰랐습니다. 알았으면 받지 않았겠지요.

변호인: 피고인이 한국에 온 목적은 무엇입니까?

피고인: 사업차 왔습니다.

변호인: 사업 아이템 개발도 하고, 한국 상품을 나이지리아에 수출하고 싶어서 시장 조사를 온 것이지요.

피고인: 예.

변호인: 구체적으로 어떤 상품에 관심을 갖고 왔지요?

피고인: 한국 중고 휴대폰이랑 통신 장비입니다.

변호인: 피고인이 2016년 11월 3일 체포되었을 때 소지했던 신용카드 11매는 어디서 생겼습니까? 이것도 이노마에게 받은 것입니까?

피고인: 아닙니다.

변호인: 그럼 어디서 났습니까?

피고인: 사업상 지인에게 받았습니다.

변호인: 지인의 이름은요?

피고인: 빈센트 이갈로요.

변호인: 빈센트 이갈로, 아까 이노마를 소개해준 사람이죠.

피고인: 예.

변호인: 피고인은 이 신용카드가 모두 위조 카드임은 몰랐지요.

피고인: 몰랐습니다.

변호인: 피고인은 2016년 11월 29일 사업을 위한 시장 조사를 마치고 출국할 예정이

었죠?

피고인: 예.

변호인: 피고인은 사업가일 뿐 금융사기와 거리가 먼데 이렇게 되어 억울한 심정이죠?

피고인: 예.

변호인: 이상입니다.

반대신문

검 사: 피고인, UAE 어느 도시에 머물렀습니까?

피고인: 아부다비에만 있었습니다.

검 사: 피고인에게 이노마를 소개해준 사람이 빈센트 이갈로라고 아까 진술했죠?

피고인: 예.

검 사: 빈센트 이갈로와는 언제부터 아는 사이고, 어떻게 알게 되었습니까?

피고인: 사업상 알고 지내는 사람인데 소개 받은 지는 1년 정도 됩니다.

검 사: 빈센트 이갈로는 나이지리아인입니까?

피고인: 그렇게 알고 있습니다.

검 사: 피고인이 2016년 11월 3일 체포되었을 때 소지했던 신용카드 11매는 어디서 생겼습니까? 이것도 이노마에게 받은 것입니까?

피고인: 아닙니다.

검 사: 그럼 어디서 났습니까? 피고인은 이 신용카드가 모두 위조 카드임은 알고 있었나요?

피고인: 몰랐습니다.

검 사: 그런데 피고인이 소지한 신용카드는 피고인이나 빈센트가 아닌 다른 사람들 명의의 신용카드 아닙니까?

피고인: 그렇습니다.

검 사: 카드를 준 사람의 이름도 아니라면, 훔치거나 남의 이름을 도용해서 만든 위조 카드라는 생각을 해보지 않았습니까?

피고인: 저는 빈센트가 가서 쓰라고 해서 믿고 가져왔을 뿐입니다.

검 사: 피고인이 위조 카드 만들거나 유통시키는 사람 아닙니까?

피고인: 아닙니다. 전 카드 위조나 위조 카드 유통 그런 건 모릅니다.

검 사: 이상하잖아요. 피고인은 아부다비에서 만났다는 이노마나 빈센트 이갈로의 연

락처나 명함, 이메일도 제대로 제시하지 못했잖아요. 이 사람들이 실제로 존재하는 사람입니까?

피고인: 이노마는 아부다비에서 빈센트 소개로 만났고, 빈센트는 아부자에서 사업하면서 연락하던 사람입니다. 제가 경찰에서 수사받을 때 적어드린 빈센트의 휴대폰과 이메일은 제가 지금까지 그 사람과 연락할 때 사용하던 겁니다.

검 사: 피고인이 체포된 후 여러 차례 통화를 시도했으나 전화를 받지 않고 메시지에 답이 없습니다. 빈센트는 피고인이 만들어낸 인물 아닙니까?

피고인: 아닙니다.

검 사: 피고인이 위조 여행자수표와 신용카드를 들고 온 것을 다른 사람들에게 받은 것으로 주장하는 것 아닙니까?

피고인: 아닙니다. 저도 그들이 왜 연락을 안 받는지 모르겠습니다. 저도 답답합니다.

검 사: 피고인은 2016년 10월 10일 서울특별시 용산구 이태원동 1번지에 있는 월드텔레콤에서 휴대전화기 및 국제전화카드를 구입하기 위하여 위조된 신용카드(비자카드번호 4400-1000-0000-0000와 2344-0000-0000-0000)를 사용했죠?

피고인: 카드가 많아 카드번호를 외우지는 못합니다.

검 사: 피고인에게 여기 증거자료 목록을 보여드리겠습니다. 이 번호 맞지요?

피고인: 예.

검 사: 2016년 10월 10일 월드텔레콤에서 중고 삼성 갤럭시 S6 네 개와 LG G프로2 네 개, 그리고 선불 국제전화카드를 포함하여 250만 원 상당의 물품을 구매했지요.

피고인: 정확한 금액은 모르겠지만 그쯤 될 겁니다. 휴대폰 개수는 맞습니다.

검 사: 피고인은 월드텔레콤에서 중고 휴대전화기와 국제전화카드를 더 구입하겠다고 희망 품목을 적어주었고 10월 14일 다시 찾아가 삼성 갤럭시 S6 열 개를 더 구입하고 국제전화카드를 포함하여 300만 원 상당의 물품을 교부받았죠.

피고인: 휴대폰 개수는 맞습니다. 금액도 그 정도라 생각합니다.

검 사: 피고인은 이와 같은 방식으로 범죄일람표2와 같이 총 35회에 걸쳐 피해자들을 기망하여 이에 속은 피해자들로부터 시가 합계 12,979,100원 상당의 물품 등을 교부받았지요?

피고인: 제가 다 더해보지 않아서 액수에 뭐라 답하기 어렵습니다.

ㅁ 피고인 신문의 예 II

다음은 절도죄로 벌금명령을 받고 정식재판을 청구한 중국국적 피고인 양조우에 대한 판사의 신문이다.[14] 양조우가 일하던 가게의 업주는 양조우를 절도죄로 고소했고, 이에 대해 피고인은 월급의 일부를 매출액에서 가져간 것이라 주장하고 있다.

재판장: 양조우씨, 절도죄로 벌금 50만 원 약식명령 받고 정식재판 청구했죠.

피고인: 예.

재판장: 그 취지는 절도한 것이 아니고 허락을 받고 월급의 일부로 가져간 것이다.

피고인: 예.

재판장: 종이에 가져갔다 적어놓기까지 했고, 절대로 절취 의사가 없었다 이런 얘기네요.

피고인: 예.

재판장: 피고인은 절취 고의가 없고 월급 가져갈 거 가져간 거다. 사전에 피해자 박시후로부터 명시적인 승락을 받은 건 아니죠?

피고인: 아뇨, 받았는데요.

재판장: 명시적으로 가져가겠다 미리 말했어요?

피고인: 적어놓았고 말도 했어요.

재판장: 피고인이 피해자 박시후 사장에게 직접 대면해서나 전화로 가져가겠다고 미리 얘기했어요?

피고인: 월급 챙겨갔다고 얘기했어요.

재판장: 가져간 다음에 말한 거잖아요?

피고인: 예.

재판장: 무조건 부인한다고 본인한테 유리한 게 아니에요.

피고인: 가게 왔다가 가시면서 그러라고 그랬어요.

재판장: 그날 새벽 4시 10분 경 가져간 걸로 CCTV에 찍혔던데 본인은 새벽 몇 시에 얘기했다는 거예요. 그날이라면.

---

14 벌금형에 해당하는 사건의 경우 검사가 약식기소(법원에 약식명령을 청구하는 것으로 구약식이라 함) 할 수 있다. 약식명령을 받고 1주일 내에 피고인이 정식재판을 청구할 수 있다.

피고인: 그날 저녁에, 그 전날 저녁에요.

재판장: 그 전날 몇 시쯤 얘기했어요?

피고인: 한 8시, 7시 넘어서 8시쯤.

재판장: 정확하게 25만 원 가져간다고 얘기했어요?

피고인: 어 액수는 얘기 안 했고 그날그날 들어오는 매출이 있기 때문에 거기서 알아서 조절해서 가져가야 하는데 그날 제가 알기론 한 25만 원에서 30만 원 매출이 있었어요. 40만 원은 안 들어왔거든요. 거기서 가져갔어요.

재판장: 25만 원은 뭐에 대한 월급이라는 거예요? 원래 월급은 한 달에 얼마예요?

피고인: 120만 원.

재판장: 그럼 한 달에 한 번 월급을 받습니까? 나눠서 받습니까?

피고인: 필요하면 월급날 전에 가불해가요.

재판장: 가불해서 탈 땐 일부씩 가져간 건가요? 전액이 아니라?

피고인: 필요하면 5만 원, 10만 원씩 제가 적고 가져가는 식이었습니다.

재판장: 그땐 미리 얘기한 게 아니고 적고만 갑니까, 그러면?

피고인: 예, 적고 가는 식이었어요.

재판장: 미리 그렇게 하는 방식에 대해 언제 합의가 있었던 건가요? 처음에 취직할 때 한 얘긴지 아니면 중간쯤에 나온 얘긴지.

피고인: 가게에 맨 처음 일하기 시작한 게 2016년 12월 24일이거든요.

재판장: 그럼 언제쯤 이렇게 가불하거나 할 때 적고 가져가는 거 시작했어요?

피고인: 2017년 2월 초부터요.

재판장: 일하고 나서 한 달쯤 지난 후네요

피고인: 예.

재판장: 그렇게 합의를 했어요 사장님하고? 앞으로 가불 있으면 적어두고 가져가기로요?

피고인: 예.

재판장: 명시적으로 얘기했어요? 앞으로는 가불 임금 미리 떼가는 거 있으면 적어놓고 가져가겠다고요?

피고인: 예, 그런 장부가 따로 있어요. 적어놓는 장부요.

재판장: 가게 직원이나 알바생들 누구나 다 그렇게 합니까?

피고인: 매니저에게 말해서 그렇게 합니다. 처음엔 제가 매니저가 아니었지만 3월부터

는 매니저가 되었어요.

재판장: 장부의 존재는 언제 알았어요?

피고인: 이전 매니저가 인수인계 해주면서요.

재판장: 본인 월급날은 며칠이었어요?

피고인: 24일.

재판장: 이날은 2월 6일날 가져갔는데 전달 월급은 다 받아갔습니까 1월 24일에?

피고인: 예, 1월 25일날 받은 걸로 알고 있어요.

재판장: 월급 받아갔어요?

피고인: 예.

재판장: 2월 6일, 이때는 왜 월급날까지 안 기다리고 먼저 받아갔습니까. 돈이 필요했어요?

피고인: 아, 그때가 설날 전이어서 사장님이 떡값을 못 챙겨준다고 8시 반, 아니 8시쯤 가게로 오셨어요. 그때 아르바이트 월급이 밀린 상태였거든요. 그만둔 아르바이트생 월급이 밀려 있었어요. 그래서 설이고 한데 돈이 필요하지 않겠냐 해서 그때 떡값 챙겨가라고 그러셨어요.

재판장: 떡값이라 그러면 그게 월급에 포함된 거예요? 아니면 추가로 더 준 거예요?

피고인: 무슨 말씀이신지?

재판장: 처음엔 월급이라 그랬다 지금 떡값이라 그러니까 어떤 건지 궁금해서 그래요.

피고인: 아, 그건 떡값이 맞아요.

재판장: 추가로 주는 거예요, 월급 말고?

피고인: 예.

재판장: 언제 그 가게를 그만뒀습니까?

피고인: 6월 2일 그만뒀어요.

재판장: 그만둔 이유는요?

피고인: 월급이 자꾸 밀리고, 다른 곳에 취직하게 되었습니다.

재판장: 밀린 월급 정산은 언제 하기로 했습니까?

피고인: 그런 말은 따로 없었어요.

재판장: 밀린 월급이 얼마였습니까?

피고인: 한 달 월급을 두세 차례 나눠서 정산해주시고 해서 그때 2일까지 일한 거 36만 원이라고 문자 드렸어요.

재판장: 피고인이 그럼 되게 많이 가져간 거네요. 36만 원이 아니라 두 배로 가져갔네요.

피고인: 사장님이 제가 70만 원을 가져갔다고 하는데 저는 36만 원도 다 안 가져갔다니까요. 아르바이트생 가불이 8만 원씩 셋이니까 24만 원, 저 30만 원, 해서 54만 원 가져간 거예요.

재판장: 그럼 본인은 얼마 가져갔고, 적어놓을 때 메모지에 얼마라고 적었어요?

피고인: 30만 원요.

재판장: 30만 원에다가 세부적인 명목을 적었어요?

피고인: 예예.

재판장: 본인 거라 적었어요, 거기다가?

피고인: 예. 전 아직 6만 원 월급 받을 게 있어요.

재판장: 본인한테 유리한 증언해줄 증인 있습니까? 이게 아르바이트생 가불이랑 본인 월급 가져간 것이라고 확인해줄 증인요.

피고인: 예. 그런데 연락해보니 한 명은 군대 갔고, 다른 한 명은 호주로 워킹홀리데이가 있고, 나머지 한 명은 중국에 돌아갔어요.

재판장: 그럼 증인으로 법정에 나오기 어려운 상황인데요.

ㅁ 피고인 신문의 예 III

다음은 폭행상해사건 외국인 피고인에 대한 신문 상황이다. 피고인은 이태원에서 고교 동창인 에디 리네한, 제임스 박과 함께 술을 마시다 술집 손님 토니 홍과 시비가 붙어 피해자를 폭행하여 상해를 입힌 죄로 기소되었다. 기소 내용 대부분을 인정하는 피고인이 검사와 변호인의 신문을 받고 있다. 공소사실을 다투지 않는 경우에는 주로 양형에 대한 정상자료를 증거로 제출한다.

주신문

변호인: 피고인은 2015년 12월 29일 11시 30분경 서울 용산구 이태원로 27에 있는 술집 뉴욕뉴욕에서 고등학교 동창인 에디 리네한, 제임스 박과 함께 술을 마셨지요?

피고인: 예.

변호인: 뉴욕뉴욕에서 피해자 토니 홍이 먼저 피고인에게 시비를 걸어서 서로 다툰 사실이 있나요?

피고인: 뉴욕뉴욕에서는 다투지 않았어요.

변호인: 예, 피해자가 피고인 일행에게 욕을 하며 시비를 건 사실이 있죠?

피고인: 예. 처음에는 무슨 말을 하는지 안 들려서 몰랐는데 영어랑 한국말을 섞어가면서 욕했습니다.

변호인: 피해자가 피고인에게 한 말이 정확히 무엇인가요?

피고인: 처음엔 그냥 취해서 까부나보다 그랬는데 가운데 손가락을 보였어요. 말로 들은 건 없어요.

변호인: 그러니까 피고인이 기억하는 것은 피해자가 정확히 뭐라고 말했는지는 모르겠는데 피해자가 가운데 손가락을 올려 보여 기분이 나빴다는 것인가요?

피고인: 예.

변호인: 가운데 손가락을 올리는 것이 어떤 의미인가요?

피고인: 심한 욕이죠. 엿 먹어라 그런 욕. 아, 그리고 손가락 욕할 때 fuck you('씨발'에 해당하는 욕)라고 소리는 안 내고 입술로 말했습니다.

변호인: 피고인이나 피고인 일행이 피해자에게 욕을 들을 만한 언행을 한 적이 있나요?

피고인: 저희가 먼저 한 건 아무것도 없습니다.

변호인: 피해자가 피고인 일행에게 욕한 이유는 뭔지 압니까?

피고인: 저도 모르겠어요. 옆에 있는 제임스나 에디에게 저 사람 아는 사람이냐고 물어봤는데 이태원 클럽에서 전에 본 것 같은데 잘 모르겠다고 했고 저도 모르는 사람이었습니다.

변호인: 피해자가 욕을 해도 대응을 하지 않고 참았나요?

피고인: 예. 제가 토니 홍에게 따지려고 하니까 제임스가 무시하고 술이나 마시자고 말려서요.

변호인: 술집 안에서는 제임스 박이 신경 쓰지 말고 술이나 마시자고 해서 더 이상 시비하지 않고 참았던 거죠?

피고인: 예.

변호인: 그날 술집 안에서는 폭행을 한 적은 없지요?

피고인: 그렇습니다.

변호인: 제임스는 집에 일이 있다고 먼저 일어나 나갔죠?

피고인: 예.

변호인: 그날 뉴욕뉴욕에서 피고인이 마신 술이 어느 정도입니까?

피고인: 제가 마신 것만요?

변호인: 예.

피고인: 소주칵테일 2병은 셋이서 마셨고, 제임스 가고 난 다음 보드카 1병을 에디 리네한과 나눠 마셨습니다.

변호인: 피고인 평소 주량이 어느 정도입니까?

피고인: 소주 2병 정도입니다.

변호인: 제임스가 나간 게 몇 시쯤인가요?

피고인: 10시 반쯤 집에서 전화가 와서 나간 걸로 기억합니다.

변호인: 그리고 잠시 후 피고인과 에디가 계산을 하고 술집을 나간 건 언제입니까?

피고인: 11시 반쯤 일어섰습니다.

변호인: 피고인은 나가서 피해자를 어떻게 만나게 되었나요?

피고인: 입구에 화장실이 있는데 에디가 화장실 가서 저 혼자 입구에서 담배를 피고 있는데 저 사람이 들어오는 게 보였습니다.

변호인: 피해자와 마주친 시점엔 피고인 혼자였나요?

피고인: 예, 그렇습니다.

변호인: 피고인이 먼저 말을 걸었나요?

피고인: 제가 아까 욕한 거 따지려고 "당신 나 알아?"하고 물었어요.

변호인: 그 다음에 어떻게 되었습니까?

피고인: 대답은 않고 웃었어요.

변호인: 피해자가 웃었다고요. 비웃음에 가까웠습니까?

피고인: 냉소, 기분 나쁘게 웃는 거, 썩소라고 하나요? 그런 표정이었어요.

변호인: 피해자와 그때 어떤 대화가 오고 갔나요?

피고인: 제가 나 아냐고 물어봤잖아요. 그런데 이 사람이 나를 쳐다보더니 "Fuck you."라고 했습니다. 그래서 황당하고 기분 나빠서 "왜 나한테 욕하냐? 죽고 싶냐?"고 했죠.

변호인: 피해자가 인상을 쓰면서 피고인 어깨를 치려는 줄 알고 피고인은 방어 차원에서 주먹으로 피해자 얼굴을 때린 거지요.

피고인: 예. 근데 제 주먹에 맞지 않았어요.

변호인: 그리고 피해자가 피고인의 다리를 잡고 넘어뜨리려고 해서 피해자를 발로 찬 건가요?

피고인: 저를 넘어뜨리려고 다리를 잡아서 저도 순간적으로 화가 나 피해자를 찼습니다.

변호인: 피해자는 피고인이 발로 4~5회 찼다고 했지만 피고인은 얼굴을 한두 번 발로 찬 것으로 기억하죠?

피고인: 예, 정확하게 기억 안 나지만 두세 번 정도 발길질했던 거 같아요.

변호인: 결국 이번 사건은 피해자의 무례한 행동에 피고인이 순간적으로 화가 치밀어서 그런 것뿐이고 이에 대해 피고인은 잘못을 깊이 뉘우치고 있지요?

피고인: 네, 매우 깊이 잘못을 뉘우치고 있습니다.

변호인: 피고인은 당시 술에 취해 있었고, 아무 이유 없이 피고인과 일행에게 욕을 하고 무례하게 군 피해자에게 화가 나서 우발적으로 이 사건 범행을 저지르게 된 것이죠?

피고인: 예.

변호인: 피고인은 피해자와 합의하려고 노력하고 있지요.

피고인: 저도 직접 가기도 하고 변호사님을 통해 피해자와 접촉하고 있습니다만 합의가 안 되고 있습니다.

변호인: 피해자를 피고인이 병문안도 가고 여러 번 접촉하려고 노력했지만 잘 만나주지도 않고, 너무 큰 금액을 합의금액으로 요구해서 지불 능력이 안 되어 어려운 거지요.

피고인: 예.

변호인: 피해자가 요구하는 합의금이 얼마나 됩니까?

피고인: 3천만 원입니다. 수술비 1천만 원, 위자료 2천만 원.

변호인: 합의를 못했으나 공탁금 500만 원을 거는 등 노력하고 있지요.

피고인: 예. 합의금 마련을 위해 노력하고 있습니다. 하지만 정말 죄송한데 3천만 원은 제가 감당할 수 없는 금액입니다.

변호인: 피고인의 급여가 얼마나 되나요?

피고인: 급여는 약 250만 원인데 실제 수령액은 월 190만 원 정도입니다.

변호인: 이상입니다.

반대신문

검　사: 몇 가지만 묻겠습니다. 뉴욕뉴욕 건물 입구의 CCTV 녹화영상을 보면 피해자를 밟을 때마다 피해자의 양팔이 바닥에서 출렁거릴 정도로 의식이 없어 보이던데 피해자가 피고인의 다리를 붙잡았다는 말입니까?

피고인: 처음에만 잡고 있었고 한 대 때리니까 손을 곧 놓았던 거 같습니다.

검　사: 그 이후에 두 대를 더 밟고 찍었다는 것인가요?

피고인: …순간적으로 화가 나서 차다 보니까….

검　사: 피고인이 그때 신고 있었던 구두가 일반적인 신발이 아니라 부츠로 징이 박힌 모양이죠?

피고인: 카우보이 부츠 스타일입니다.

검　사: 그러니까 일반적인 구두나 부츠보다 단단한 금속굽에 얼굴을 맞는다면 상처가 날 수 있지 않습니까?

피고인: 그럴 수 있죠.

검　사: 피고인이 반복적으로 피해자의 얼굴 부위를 집중적으로 부츠발로 내리찍은 이유는 무엇인가요?

피고인: 무슨 이유라기보다 피해자가 저를 넘어뜨리려고 다리를 붙잡았고, 순간 제가 발을 빼려고 했는데 안 빠져서 화가 나서 발로 찼습니다.

검　사: 피해자를 때린 이유가 있나요?

피고인: 그냥 화가 나서 때렸던 거지 무슨 생각을 하면서 그런 건 아닙니다.

검　사: 그리고 피해자를 때리고 있을 때 화장실에 갔던 에디 리네한이 와서 피고인을 말려서 떼어놓은 것이 사실인가요?[15]

피고인: 그렇습니다.

검　사: 에디 리네한이나 제임스 박이 같이 폭행하거나 폭행을 방조한 사실은 없는가요?

피고인: 그렇습니다.

검　사: 이상입니다.

15　만약 에디 리네한이 피고인을 말린 것이 아니라 피해자의 둔부를 1회 이상 걷어차는 등 피고인들이 공동하여 피해자에게 4주간의 치료를 요하는 상해를 입혔다면 폭력행위등처벌에관한법률위반(공동상해) 사건의 공동정범이 된다.

▫ **피고인 신문의 예 IV**

다음은 증인 신문의 예 II에 나오는 성폭력사건으로 기소된 피고인 장무식(MS Chang)이 변호인에게 신문받는 상황이다. 피고인은 기소사실을 대부분 부인하고 있다.

변호인: 피고인은 ABC학원에 근무하고 있는 원어민 강사입니까?

피고인: 예, 그렇습니다.

변호인: 피고인은 미국 시민권자입니까?

피고인: 예.

변호인: 7살에 미국으로 가서 19년을 살다가 2년 반 전 고국으로 와서 일하게 되었죠.

피고인: 예.

변호인: 한국말을 조금 할 수 있지만 많이 모자라기 때문에 편하게 진술할 수 있도록 통역을 통해 말하고 싶은 거죠.

피고인: 예, 그렇습니다.

변호인: ABC학원에 근무한 기간은 얼마나 됩니까?

피고인: 2년입니다.

변호인: 피고인이 아까 나온 증인 니키 더닝을 처음 만난 게 언제입니까?

피고인: 니키가 ABC학원에 근무한 지 두 달 정도 되었을 때입니다.

변호인: 일자가 언제쯤입니까?

피고인: 지금 정확히 기억 못 하지만 제 휴대폰에 기록이 있을 겁니다. 2월 초순이었던 걸로 기억합니다.

변호인: 피고인은 선배 강사 겸 교학부장인 박지영 씨에게 증인을 소개해달라고 해서 만난 거죠. 회식자리가 아니라는 거죠.

피고인: 예, 제가 영(Young)에게 니키가 예쁘고 마음에 든다, 남자 친구 없으면 중간에서 다리를 놓아달라고 했습니다.

변호인: 영은 박지영 씨를 말하는 것인가요?

피고인: 예, 영어 이름 Young으로 부르고 친하게 지냅니다.

변호인: 그날 증인을 처음 만난 날 그 자리에 누구 누구 있었습니까? 박지영 씨와 니키, 피고인 이렇게 셋이서 만났습니까?

피고인: 어… 박지영씨가 스티븐도 초대해서 남자 둘 여자 둘이 만나면 좋겠다고 해서 넷이 만났습니다.

변호인: 스티븐은 누구입니까?

피고인: 회사 동료요.

변호인: 아까 증인 니키 더닝은 자기는 소개받은 게 아니라 회사 동료들과 근무 시간 후에 어울린 것이라 말했는데 피고인은 어떻게 생각했나요?

피고인: 그렇게도 볼 수 있지만 그날 분위기는 영과 스티븐은 기혼자들이고 저와 니키가 미혼이라 잘 해보라고 계속 그런 말들을 해서 니키도 알았다고 생각했습니다.

변호인: 피고인은 2016년 2월 박지영 등과 함께 증인을 만난 이후 더 가깝게 지냈습니까?

피고인: 그렇죠. 한번 주말에 시간되면 영화보자고 문자 보냈는데 니키가 감기 걸렸던가 아프다고 다음에 보자고 답이 왔고, 그 다음엔 이상하게 저도 계속 주말에 일이 생기고 바빠서 둘이 따로 만날 기회가 없었습니다.

변호인: 두 분의 관계는 회사 동료지간 이상이었습니까?

피고인: 썸녀? 썸 타는 사이였다고 할 수 있죠.

변호인: 썸 타는 사이는 애인은 아니라는 거죠?

피고인: 음, 그렇다고 할 수 있죠.

변호인: 피고인의 학원 수업은 언제 끝납니까?

피고인: 저는 새벽 수업을 해서 2시에 마지막 수업이 있습니다.

변호인: 2016년 4월 29일 학원 강사들과 모임은 저녁 8시여서 피고인에게 편리한 시간은 아니었지만 나가게 된 이유는 무엇이죠?

피고인: 니키를 다시 볼 수 있는 좋은 기회라 생각해 나가게 된 거죠.

변호인: 피고인을 보고 증인은 반가워하던가요?

피고인: 예, 니키랑 인사하고 자기 그때 못 나가서 미안하다 얘기를 나눴습니다.

변호인: 그리고 클럽에서 놀다가 집에 갈 때 같이 가자는 이야기는 어떻게 나왔습니까?

피고인: 춤출 때 옆에서 이따 같이 나갈까 물어보니 분명히 웃으며 고개를 끄덕였습니다.

변호인: 그래서 증인이 나갈 때 따라 나간 건가요?

피고인: 화장실 다녀오는 길에 니키가 다른 사람들에게 인사하고 저에게 손 인사를 했습니다. 같이 가자고 말했기 때문에 저에게 나간다, 오라는 손짓인 줄 알고 저도 빨리 나갔죠.

변호인: 피고인은 술을 원래 마시지 않기 때문에 자가용을 동교동 로터리 주변에 주차해두었죠.

피고인: 예.

변호인: 피고인이 나갔을 때 증인이 보였나요?

피고인: 예, 로터리 쪽으로 가는 게 보여 저도 얼른 차를 가져가 니키 앞에 차를 세웠습니다.

변호인: 증인에게 차를 타라고 말했습니까? 그때 무슨 말을 했는지 상황을 자세히 말씀해주세요.

피고인: "안녕 니키!"라고 말하고 "차 태워줄까?"라고 했던 거 같습니다.

변호인: 증인은 뭐라고 말했습니까? 증인의 말이나 행동을 말씀해주세요.

피고인: 잘 기억이 안 나지만 "오케이" 아니면 "고맙다" 뭐 그런 말 하고 바로 탔던 거 같아요.

변호인: 증인이 망설이거나 생각하는 시간은 없었습니까?

피고인: 아뇨. 거의 바로 탔습니다.

변호인: 그리고 어디로 향했습니까?

피고인: 니키 집 방향으로 출발했어요.

변호인: 피고인은 니키가 자기에게 호감이 있는 것 같아 같이 차를 타고 가면서 대화를 나누고, 좋은 시간을 가지리라 기대하고 있었죠.

피고인: 예.

변호인: 피고인이 니키에게 매력 있다고 했을 때 증인이 기분 나빴는지, 반응은 어땠습니까?

피고인: 좋아하는 거 같았습니다.

변호인: 증인은 아까 음담패설이라 기분이 좋지 않았다고 했는데 당시 피고인이 느끼기에 증인이 불쾌해하는 거 같았습니까?

피고인: 아닙니다. 제가 그렇게 원색적인 농담을 즐겨하는 사람도 아니고, 니키가 기분 좋을 정도로 섹시하다, 매력적인 여자다, 너 내 이상형에 가깝다 이런 얘기를 했습니다. 상대가 거북하면 저도 느꼈겠지요.

변호인: 피고인이 좀 더 적극적으로 대시하기 위해 잠시 차를 세우고 키스했을 때 증인이 밀쳐냈습니까?

피고인: 아닙니다.

변호인: 피고인이 증인을 포옹하려고 했죠.

피고인: 예.

변호인: 어떤 식으로 포옹했나요?

피고인: 서로 옆에 앉아 있으니까 몸을 돌리지 않으면 포옹하기는 힘들고 그래서 한손으로 어깨를 감싸 안고 다른 한 손도 최대한 몸을 틀어 얼굴에 키스하려고 하는데 손이 가슴에 먼저 닿은 것 같습니다.

변호인: 가슴에 손이 닿았을 때, 아까 증인은 가슴을 만졌다고 말했는데 접촉 정도였습니까 아니면 어루만진 겁니까?

피고인: 가벼운 터치요.

변호인: 그랬을 때 증인이 싫다고 말했습니까?

피고인: 그런 말 없었습니다.

변호인: 피고인의 손을 증인이 밀쳐냈습니까?

피고인: 아니요.

변호인: 증인이 거부감을 보이지 않아 피고인은 같이 쉬었다 가자고 말했던 것입니까?

피고인: 예. 그런데 제가 그렇게 이상하게 말한 건 아니고 쉬었다 가자 그랬던 거 같습니다.

변호인: 쉬었다 가자고 말한 이유는 무엇입니까?

피고인: 같이 자자, 섹스하자는 너무 로맨틱하지 않으니까 그렇게 돌려서 말했습니다.

변호인: 피고인이 쉬었다 가자고 제안을 하니 이에 대해 증인의 반응은 어떠했습니까?

피고인: 니키가 처음엔 태도를 분명히 하지 않아서 저도 눈치를 봤습니다. 그러다가 니키가 여기서 이러지 말고 호텔로 가자고 말했습니다.

변호인: 호텔로 가자는 말을 피고인은 어떻게 받아들였나요?

피고인: 승낙으로 생각했어요.

변호인: 증인이 호텔로 가자고 말해서 피고인은 당연히 증인이 하룻밤 같이 보내는 걸 응낙하고 같이 호텔에 가는 거라 생각했다는 거죠.

피고인: 전 그렇게 생각했습니다.

변호인: 그런데 호텔에 도착해서 증인이 호텔 직원에게 도와달라 그러고 자신을 강간범처럼 몰아세워 피고인은 몹시 당황하고 기분이 나빴지요.

피고인: 네, 저 싫다는 여자를 억지로 어떻게 할 만큼 이상한 남자 아닙니다.

5) 검사의 구형

모든 증거조사가 완료된 후 검사의 최후 의견진술이 있다. 검사의 구형에 이어 피고인의 최후진술과 최종 변론이 뒤따른다. 다음은 위 폭행상해사건의 피고인에 대한 검사의 구형이다.

이 사건은 일반인들이 왕래하지 않는 회사 숙소에서 자고 있던 피해자가 흉기에 의해 두개골 골절이라는 중상을 입고 아직도 후유증에서 회복되지 않은 상태로, 사안이 결코 가볍지 않습니다. 비록 이 사건 범행에 관한 직접 증거는 발견되지 않았지만, 사건 당일 외부에서 침입한 흔적이 없는 점에 비추어 회사 숙소 내부에 있던 자의 소행임이 분명합니다. 사건 직후 피고인이 자신의 방에 없었던 점, 그런데 피고인이 자기 방에서 체포될 당시에는 샤워를 하고 머리에 물기가 남아 있었던 점 등에 비추어, 범행 후 범행 도구를 은닉하고 자기 몸에 남아 있는 혈흔을 지운 것으로 보이고, 그 밖의 여러 정황을 종합하면 피고인이 이 사건 범행을 저지른 것이 명백히 인정된다고 볼 것입니다. 피고인에게 별다른 전과는 없으나 피해가 크고 합의되지 않았으며 잘못을 뉘우치지 않은 채 계속 부인하고 있는 점 등을 참작하여 폭력행위등처벌에관한법률 제3조 제1항, 제2조 제1항 제3호, 형법 제257조 제1항에 따라 징역 5년에 처해주시기 바랍니다.

6) 변호인 최후변론

▫ 최후변론의 예 I

공소사실을 부인하며 무죄를 선고해달라고 변론하는 경우도 있지만 유죄를 인정하며 선처를 호소하는 경우도 많다. 다음은 주취 상태에서 동료들과 폭행을 저지른 사실을 인정하는 미군 피고인에 대한 변호인의 최종 변론이다.

당시 피고인이 많이 취한 상태에서 이와 같은 잘못을 저질렀습니다. 피고인은 지금까지 2년간 한국 근무를 하고 몇 개월의 근무를 마치면 사랑하는 가족이 있는 본국으로 가기로 되어 있었습니다. 주말에 동료 장병과 즐거운 시간을 가지면서 쉬는 가운데 이렇게 불미스러운 일이 발생해서 유감스럽고 죄송한 마음을 갖고 있습니다. 피고인은 가정 형편이 어려워 군 입대를 선택했고 한국이 첫 해외 근무지입니다. 그동안 부대 내에서는 성실하게 근무했는데 순간의 실수로 큰 잘못을 하게 되어 본인도 안타까워하고 있습니다. 피해자가 요구하는 합의금이 피고인의 경제 능력에 비해 과하여 합의가 어렵지만 공탁금 600만 원을 걸었고, 지금 기소가 안 된 공범들도 피고인의 합의를 위해 합의금을 모으려고 노력 중입니다. 합의가 되지 않으면 강제전역을 해야 하는 등 여러 가지 어려움이 있으니 그간 성의와 반성하는 점을 참작하여 최대한 선처해 주시기 바랍니다.

□ **최후변론의 예 II**

다음은 피고인이 헤어진 여자 친구를 찾아가 가스통으로 불을 붙이겠다고 위협하여 협박죄로 기소된 사건 변호인의 최후변론이다.

이 사건 피고인은 이제까지 교통사고 벌금형 외에 처벌받은 전과가 없습니다. 이 사건 행위를 구체적으로 보면 피고인이 술에 취해 부탄가스통을 가지고 피해자의 집에 들어간 것은 맞지만 부탄가스통이란 통상적으로 건물이나 시설물에 불을 내는 데 적절치 못합니다. 통상 휘발유나 신나를 가지고 사고를 일으키는데 피고인의 경우는 절교를 선언한 여자 친구한테 이용당한 게 화가 나고 분해서 술김에 자포자기 심정으로 엄포성 행위를 한 것으로 보입니다. 피고인은 지금까지 실형전과가 없고 깊이 반성하고 있고 이 사건에 이르게 된 원인이 술 때문이란 점을 감안하면 이번에 한하여 최대한 관용을 베푸는 것이 적절하지 않을까 생각됩니다. 피고인은 한국에 와서 4년간 힘들게 일하면서 열심히 살았습니다. 결혼을 전제로 사귀던 여자 친구와는 1년 넘게 동거하던 사이였습니다. 그러데 피고인이 지난 10월 산재를 당해 쉬면서부터 경제적으로 어렵게 되고 결혼을 계획했던 여자 친구는 떠났고 술로 우울증을 달래다보니 더욱 건강이 좋지 않게 되었습니다. 여자 친구에게 찾아간 것은 사랑하는 여자 친구 없이는 죽고 싶다는 절박한 마음이 컸지 정말 가스통을 폭발시켜 여자 친구를 다치게 할 마음은 없었다는 것입니다. 실제로 상해를 입히지 않았다는 것을 감안해주시고, 타지에서 어렵게 살아온 피고인의 특수한 사정을 참작해주시어 최대한 관대한 처분 바랍니다.

■ **최후변론의 예 III**

다음은 1심에서 징역 4년을 선고받은 피고인의 항소심 변호인의 최후변론이다.

피고인의 항소이유는 양형부당입니다. 피고인은 범죄사실을 모두 자백하고 깊이 반성하고 있습니다. 피고인이 고등학교 2학년 때 어머니가 사망했고 아버지는 피고인이 31살 때 사망했습니다. 피고인은 아버지가 사망한 후 홀로 생활하며 생활고에 시달렸습니다. 그렇지만 피고인은 그동안 건축용접공으로 막노동 등을 하며 생활했습니다. 피고인은 어떤 일이 있어도 다시는 이와 같은 범행을 저지르지 않겠다고 다짐하고 있습니다. 피고인이 새로운 삶을 살 수 있도록 원심보다 경한 처분을 내려 주시기 바랍니다.

■ **변론요지서의 예**[16]

다음은 음주운전 사건을 맡은 변호인이 항소심법원에 제출하는 변론요지서의 예이다. 읽고 녹음해 들으면서 순차통역을 연습하거나 아래 문건을 보고 시역 연습을 해보자.

변 론 요 지 서

사건 2015노 0000호 도로교통법위반(음주운전) 등
2016노 0000호(병합) 교통사고처리특례법위반 등

피고인 ○ ○ ○

위 사건에 관하여 피고인의 변호인은 다음과 같이 변론요지서를 제출합니다.

---

16 대한법률구조공단의 '변론요지서' 참조

다 음

1. 사건의 경위와 내용

가. 피고인은 2011. 3. 이혼 후 혼자서 두 아들을 키우며 생활해오던 중, 둘째 아들이 알포트 증후군이란 병을 얻어 계속적으로 치료를 해왔습니다. 당시 피고인은 건설업에 종사하면서 받는 월급으로 가족들의 생활비와 교육비 및 둘째 아들의 병원 치료비를 충당하기에 빠듯하여 경제적으로 어려운 생활을 해왔습니다.
나. 그러던 중 피고인은 2014. 5. 조선족 여성 양화를 소개받고 재혼을 하게 되었습니다. 경제적 어려움과 가정 사정으로 재혼은 생각지 못했으나 알뜰하고 성실한 아내를 만나 다시 힘을 내서 가정을 꾸려오던 중 믿고 의지해오던 처가 2015. 9. 심장마비로 갑자기 사망했습니다.
다. 이런 과정들을 거치면서 피고인은 자연스럽게 술에 의지하며 생활하게 되었는데, 이 사건 이전의 음주운전과 관련한 사건들은 물론 이 사건까지 이런 이유로 적발되어 처벌받았던 것입니다.

2. 정상관계

가. 합의 및 변제공탁

피고인은 이 사건 교통사고 이후 피해자들에게 잘못을 진심으로 사죄하고 합의하여 항소외 김미숙외 다른 피해자들은 피고인에 대한 처벌을 원하지 않고 있습니다. 피고인은 김미숙과도 합의를 하려고 했으나 김미숙은 당시 피해자 김종필과 연인관계였으나 이후 헤어지고 서로 연락이 끊겨 현재 김종필도 김미숙의 연락처를 알지 못하고 김미숙의 주소지로 편지를 발송해도 전혀 답장이 없는 등 피고인 가족들이 아무리 연락을 해도 연락이 닿지 않았습니다. 한편 김종필은 이 사건으로 입은 상처가 입원을 하지 않아도 될 정도로 경미했기 때문에, 피고인은 부득이 금 50만 원을 피해자를 위해 변제공탁했습니다.

나. 피고인의 가정환경

피고인의 가정은 공판과정에서 밝힌 바와 같이 상당히 어려운 지경에 있습니다. 특히, 피고인이 양육하고 있는 둘째 정연이는 수시로 입원과 퇴원을 하는 상황이며 수명 연장과 간호를 위하여 가족들이 노력하고 있습니다.
무엇보다도 아내의 사망 이후 피고인이 이 사건으로 구속되기 전까지 피고인과 80세의 고령인 피고인의 노모가 함께 둘째와 치매로 투병 중인 아버지를 간호해왔는데, 피고인이 구속되면서 노모 혼자서 치매로 투병 중인 아버지와 둘째를 함께 간호할 여건이 되지 못하여 어려움을 겪고 있습니다.

다. 개전의 정

피고인은 음주 · 무면허 운전으로 한 차례 처벌받은 전력이 있는데도 불구하고 반성하지 않은 채 다시 같은 잘못을 저지른 바, 피고인에게 어떠한 변명의 여지도 없다고 보입니다. 그러나 이혼과 사별, 자녀의 난치병으로 인해 정신적, 경제적으로 어려움을 겪어왔고 이 사건으로 인하여 4개월간 구속되어 있으면서 피고인의 가족들이 고통받고 있는 모습을 보며 자신을 깊이 반성하는 기회로 삼았습니다. 피고인은 다시는 자신의 어리석은 행동으로 인하여 노모는 물론 병중인 둘째 등 온 가족을 어려움에 처하게 하지 않겠다고 후회의 눈물을 흘리면서 깊이 반성하고 있습니다. 이번 사건을 계기로 술도 완전히 끊을 계획입니다.

3. 결 어

이상과 같이 피고인은 이 사건 잘못으로 인하여 어려운 집안 형편이 더욱 어려워진 것에 대하여 진심으로 반성하고 눈물로 후회하고 있습니다. 이런 이유로 다시는 음주 · 무면허 운전은 물론이고, 일제의 범법행위를 하지 않고 병중인 둘째의 병간호와 부모님의 뒷바라지를 위해 헌신할 것을 맹세하고 있습니다. 이상과 같은 제반 정상을 참작하시어 피고인이 하루라도 속히 사회에 나가서 열심히 노력하여 불치병으로 고생하고 있는 둘째를 간호하면서 생활할 수 있도록 선처하여 주시기 바랍니다.

7) 피고인 최후진술

증거조사가 끝난 후 피고인이 마지막으로 재판부에 말하는 기회이다. 공소사실을 인정하는 피고인들은 주로 반성한다는 말과 함께 자신의 처지를 호소하며 재판부의 선처를 구하는 발언을 한다.

□ 최후진술의 예 I

이번 사건에 대해 대단히 죄송스럽게 생각합니다. 제 본분을 다 못하고 이렇게 물의를 일으키고 사람을 다치게 해서 죄송합니다. 무엇보다 가족들에게 면목이 없고 피해자에게 정말 죄송합니다. 피해자와 합의를 위해 상의를 하고 있습니다. 좀 더 시간을 주시면 어떻게 해서든지 합의를 할 수 있도록 최선을 다하겠습니다.

□ 최후진술의 예 II

저는 한국에 유학 와서 공부를 마치고 귀국해서 한국 회사에서 일하는 것이 꿈이었습니다. 그런데 여자 친구와 동거하면서 카드빚이 생기고 이게 해결이 안 되면서 쉽게 돈을 번다는 꼬임에…그러면 안 되는데 유혹에 넘어가게 되었습니다. 정말 죄송합니다, 판사님. 저는 보이스피싱이라고는 알지 못하고 그냥 쉽게 돈을 버는 알바라고 생각했는데 제가 어리석었습니다. 저희 부모님이 저를 위해 고생하시면서 유학을 보내주셨는데 제가 이렇게 된 걸 알고 어머니가 쓰러지셨다고 합니다. 제발 부모님에게 그냥 돌아가게 해주시면 다시는 이런 일 하지 않고 성실히 살겠습니다.

□ 최후진술의 예 III

존경하는 재판장님, 부모님에게는 제가 유일한 자식입니다. 그리고 제가 유일하게 부모님을 돌봐줄 수 있는 사람입니다. 제가 체포된 이후 충격을 받으신 어머니는 쓰러지셨고, 아버지도 원래 중풍으로 몸이 불편하셨는데 돌봐줄 어머니가 편찮으셔서 힘들게 지내고 계신다고 합니다. 부모님 생각을 하면 날마다 마음이 많이 괴롭습니다. 저는 한국에서 공부하고 앞으로 중국에 돌아가 한국 기업을 위해 일할 목표를 가지고 언어를 배우기 위해 한국에 왔는데 제가 사람을 잘못 사귀고, 친구를 믿고 쉽게 돈을 벌 수 있다는 말을 믿으면서 이런 잘못을 하게 되었습니다. 매일 여기 구치소에서 제 행동을 반성하고 있습니다. 재판장님 저를 부디 용서하셔서 제가 한국어를 배워 성실히 일하고, 부모님에게 부끄럽지 않은 자식이 될 수 있게 기회를 한 번 주십시오. 깊이 반성하고 있습니다. 선처를 베풀어주십시오. 다시는 이런 일 하지 않겠습니다.

ㅁ 최후진술의 예 IV

저는 어릴 때 미국에 입양 가서 20년을 살았습니다. 한국 문화와 언어를 익히기 위해 2년 전 한국에 와서 근무를 하다 미국에 돌아가려고 곧 직장을 그만둘 예정이었습니다. 그런데 마음에 들어 하던 직장 동료에게 친절을 베푼 것이 이렇게 이상한 사람으로 몰려 봉변을 겪게 되었습니다. 저는 니키와 사귀면 좋겠다고 생각했지만 곧 미국에 돌아가니까 그저 그날 밤 내 호감을 표시하고 니키가 원하면 원나잇 정도 생각한 것뿐이었습니다. 제 생각이 너무 짧았던 것 같습니다. 저는 니키에게 집에 같이 가자고 말을 해서 오케이라는 답을 받았다고 생각했고, 니키와 차를 타고 가면서 제 마음을 적극적으로 고백한다는 것이 이 사달이 난 것 같습니다. 니키가 그렇게 불쾌하고 공포스러웠다면 정말 이해가 안 되지만 미안하지만 제 입장에서는 니키가 한 번도 저를 강하게 거부하지 않았고, 싫다고 밀쳐내지 않았고, 호텔에 가자는 말을 했기 때문에 저는 그걸 예스로 생각했습니다. 제가 너무 어리석었나 봅니다. 호텔에 가서 니키가 태도가 바뀌어 저는 단념하고 집으로 갔습니다. 니키에게 나쁜 짓을 하려고 했다면 제가 벌을 받아야겠지만 절대 그런 게 아니라 큰 오해가 있었고, 니키가 저에 대해 저렇게 말을 해서 저도 많이 속상합니다. 이번 일을 통해 조심해야겠다고 많이 느낍니다. 저의 부모님도 걱정되어서 한국에 오셨고 법정에 계십니다. 앞으로 부모님에게 걱정을 끼치지 않고, 성실히 살겠습니다. 재판장님께서 현명한 판단을 해주십시오.

8) 판결 선고

재판은 판결 선고로 마무리된다. 재판장은 선고일에 판결문(부록 IV 참조) 전체를 다 읽지 않고 간단하게 판결 이유에 이어 주문을 낭독하고, 상소할 수 있는 권리 등을 고지한다.

ㅁ 판결 선고의 예 1

다음은 실탄을 밀반입하려던 불법체류 외국인에게 징역 10월형을 선고한 사건이다.[17]

화약류를 수출 또는 수입하고자 하는 사람은 법에 따라 경찰청장의 허가를 받아야 합니다. 그럼에도 불구하고 피고인은 경찰청장의 허가를 받지 않고 국제특급우편으로 위장하여 인천공항을 통해 실탄을 국내로 반입했습니다. 피고인은 남동생이 우편으로 실탄을 보냈는지 몰랐다고 주장하지만, 단속 공무원이 피고인의 근무지로 배달된 소포를 보려고 할 때 강하게 저항했던 것으로 보아 내용물을 알고 있었던 것으로 판단됩니다. 또 피고인은 근로자 자격으로 입국하여 외국인 등록을 했으나, 근무지를 무단 이탈하여 행방불명처리된 후 체포될 때까지 2년간 체류자격과 체류기간의 범위를 벗어나 한국에 체류했습니다. 그러므로 공소사실은 모두 유죄로 인정됩니다. 이에 다음과 같은 판결을 선고합니다. 피고인을 징역 10월에 처한다. 압수된 증 제 1, 2, 4호를 각 몰수한다. 피고인은 항소하려면 이 법원에 항소장을 제출하십시오. 판결문을 받기 원하면 일주일 내에 판결문 교부신청서를 이 법원에 제출하기 바랍니다. 이 판결에 불복이 있으면 일주일 내에 항소할 수 있습니다. 그리고 이 판결이 확정되면 누구나 판결문 사본을 열람 등사할 수 있습니다. 이에 대한 제한을 희망한다면 법률의 요건을 갖춰 신청하면 됩니다.

---

17 불법체류는 출입국관리법위반에 해당하며 실탄을 밀수입하는 것은 총포 · 도검 · 화약류단속법위반에 해당한다.

ㅁ 판결 선고의 예 II

다음은 교통 신호를 위반하여 피해자를 사망하게 한 피고인에게 금고형에 대한 집행유예가 선고된 예이다. 금고형이나 징역형과 달리 노역이 없는 집행유예는 이 기간 동안 범죄를 저지르지 않아야 한다는 조건으로 구금되지 않는다. 만일 집행유예기간 동안 동종범죄를 저지르면 가중처벌을 받을 수 있다.

피고인이 신호위반해서 운전하다가 마주 오던 오토바이와 충돌해 오토바이 운전자가 사망했습니다. 일단 피고인이 신호위반한 과실이 크고, 피해자가 사망했다는 점에도 과실이 큽니다. 그래서 피고인을 엄벌해야 할 필요가 있습니다. 피고인이 지금 집행유예를 받으면 권고 사직된다고 주장하고 있지만, 취업규칙에 그런 큰 손해를 끼쳤을 때 집행유예를 받으면 해고된다는 규정은 보이지 않습니다. 일단 피고인의 과실이 크기 때문에 벌금형으로 처벌하지 않고 금고형을 선택해서 처벌하도록 하겠습니다. 다만 피고인이 피해자 유족과 합의가 된 점을 감안해서, 그 집행은 유예를 하도록 합니다. 피고인에게 다음과 같이 선고합니다. 피고인을 금고 8월에 처한다. 이 판결 선고 전 구금 일수 1일을 위 형에 산입하고 다만 이 판결 확정일로부터 2년간 위 형의 집행을 유예합니다.[18] 항소하려면 이 법원에 항소장을 제출하십시오. 이 판결에 불복이 있으면 일주일 내에 항소할 수 있습니다.

ㅁ 판결 선고의 예 III

다음은 보행자 사망사고를 일으킨 운전자에 대한 벌금형 선고이다. 피고인이 벌금을 내지 않으면 노역장에 유치하고 1일당 일정 벌금액으로 환산하여 벌금에서 차감한다.

피고인이 길 가던 사람을 치어서 사망하게 한 점은 죄가 가볍지 않습니다. 일단 사

18 수사나 재판 절차를 확보하기 위해 일시적으로 감금하는 것이 미결구금이다. 피고인이 구속 상태에서 재판을 받았으면 선고일 이전 구금일수에 해당하는 일자를 징역형에서 빼야 한다.

람이 사망했다는 점에 대해서는 피해 정도가 너무 중합니다. 그렇지만 사고 경위를 보면 왕복 8차로 대로를 그것도 지나다니지 말라고 중앙분리대 차단막이 되어있는 도로를 피해자가 무단으로 횡단한 점, 잘못이 큽니다. 그런 경우 운전자가 조심을 한다고 하더라고 사고가 불가피하게 일어날 경우가 많기 때문에, 그런 점을 감안했고, 또 피고인이 피해자 유족과 합의가 된 점을 감안해서 피고인이 원하는 대로 벌금형을 선택해서 선고를 하겠습니다. 다만 사망한 결과가 중하기 때문에 벌금이 작지는 않을 겁니다. 그래서 피고인에게 다음과 같이 선고를 합니다. 피고인을 벌금 600만 원에 처합니다. 피고인이 벌금을 납입하지 않은 경우 5만 원을 1일로 환산한 기간 피고인을 노역장에 유치합니다. 피고인에게 벌금 600만 원을 선고했습니다. 나중에 벌금 납부 통지가 가면 벌금을 납부하도록 하십시오.

ㅁ 판결 선고의 예 IV

다음은 폭행사건 피고인에 대한 징역형의 집행유예 판결 선고이다.

피고인에 대한 판결을 선고하겠습니다. 먼저 피고인이 공소사실을 인정하고 있고 증거조사결과를 비춰볼 때에도 피고인이 이 사건의 공소사실에 해당하는 범죄를 저질렀음이 분명하다고 판단됩니다. 피고인에 대해선 양형이 문제가 될 텐데 위험한 물건인 맥주병으로 피해자의 머리를 내리쳐 상해를 입혀 죄질이 좋지 못합니다. 이 같은 피해를 입은 피해자의 상해 정도도 가벼워 보이지 않습니다. 이러함에도 불구하고 피해자와 원만하게 합의하지 못했습니다. 이러한 사정에 비추어보면 피고인에게 엄정한 처벌이 필요하지 않은가 생각되기도 합니다. 그러나 피고인에게 아무런 국내 전과가 없는 점, 그리고 피고인이 우발적으로 이 범행을 저지른 점, 그리고 피해회복을 위해 300만 원을 공탁한 점, 피고인이 자신의 잘못을 깊이 뉘우치고 있는 점을 고려해서 이번에 한해서 집행유예를 합니다. 다음과 같이 판결 선고합니다. 피고인은 징역 1년 6월에 처한다. 다만 3년간 이형의 집행을 유예한다. 이 판결에 대해 불복 있으면 이 법원에 일주일 이내에 항소장을 제출함으로써 항소심 청구하게 됩니다. 그리고 이 판결이 확정되면 누구나 판결문 사본을 열람 등사할 수 있습니다. 이에 대한 제한을 희망한다면 법률의 요건을 갖춰 신청하면 됩니다. 판결문 받아보기를 희망할 경우 일주일 내에 교부를 신청하면 받아볼 수 있습니다. 피고인, 선고된 내용 잘 이해합니까? 그렇게 알고 돌아가십시오.

ㅁ 판결 선고의 예 V

다음 판결에서는 사기사건 피고인에 대한 집행유예와 사회봉사명령이 함께 선고되었다.

피고인 칼둔 무바라크, 김영미로부터 합계 5천만 원을 편취한 혐의로 사기죄로 기소되었습니다. 수사기록을 살펴보면 피고인이 피해자 김영미에 대해서 편취금액 중 2천만 원을 변제한 사실이 인정됩니다. 피고인이 사건 이전 별다른 범죄전력이 없는 점을 감안하여 다음과 같이 선고합니다. 피고인을 징역 8월에 처한다. 다만 이 판결 확정일로부터 2년간 위 형의 집행을 유예한다. 피고인에게 120시간의 사회봉사를 명한다. 다시 한번 말합니다. 피고인에게 징역 8월, 집행유예 2년, 사회봉사명령 120시간을 선고합니다. 이 판결에 불복이 있는 경우 일주일 이내에 항소를 제기할 권리가 있습니다. 그리고 항소 없이 판결이 확정되면 10일 이내에 보호관찰소에 신고하여 사회봉사명령을 이행해야 합니다. 사회봉사명령을 이행하지 않을 경우에는 구인될 수 있고 집행유예가 취소될 수 있습니다. 기타 내용은 안내문을 받아서 참고하시기 바랍니다.

ㅁ 판결 선고의 예 VI

다음은 성추행사건 판결 선고로 벌금형과 함께 이수명령이 내려졌다.

이 사건은 피고인이 찜질방에서의 성추행으로 재판받은 사건으로 피해자는 2명이고 피고인이 범행사실을 다 인정했습니다. 다음과 같이 양형 조건을 참작했습니다. 피고인이 범행을 시인하면서 반성하고 있는 점, 피고인이 동종전과가 전혀 없는 점, 그리고 추행 자체가 심하지 않은 점은 유리한 정상으로 참작했습니다. 한편 범행 직후 피해자들에게 수치심을 유발하고 피해자 한 명에게 아직 용서받지 못한 점은 불리한 정상으로 참작했습니다. 피고인을 벌금 300만 원에 처한다. 피고인이 이 벌금을 납부하지 않는 경우 10만 원을 1일로 환산하여 피고인을 노역장에 처한다. 피고인에게 40시간의 성폭력치유프로그램 이수를 명한다. 벌금 상당 부분의 가납을 명한다. 피고인이 판결에 불복이 있는 경우에는 오늘부터 일주일 이내에 항소를 제기할 권리가 있습니다. 항소장은 이 법원에 제출하시면 됩니다. 판결이 확정되면 신상정보 공개[19] 대상자가 되므로 안내문에 따라서 신상정보 제출하시고 이수명령에 대해서 보호관찰소에 신고하셔야 합니다. 공개고지명령은 따로 하지 않겠습니다. 한번 읽어보십시오.

성폭력 피고인에게 성폭력 치료강의 수강을 명하는 경우에는 첨부한 수강명령, 사회봉사 안내서를 피고인에게 교부하고 있다(부록 V 참조). 성범죄가 인정되는 경우에는 원칙적으로 경찰관서에 신상정보를 등록해야 하며 이때 피고인에게 신상정보 등록 대상자 고지서를 교부한다. 신상정보 등록 대상자 중에서 재범 우려가 있는 자에게는 정보 공개를 일정기간 정보통신망(인터넷)에 공개, 고지한다. 통역사는 선고 관련 안내서류를 시역할 경우에 대비해야 한다.

▫ 판결 선고의 예 VII

중국에서 필로폰 약 9.92그램을 국제특급우편을 통해 국내로 수입하고 필로폰을 투약한 피고인에 대해 1심에서 징역 2년 6월을 선고했다. 이에 피고인이 양형부당을 이유로 항소했지만 항소심 재판부는 항소를 기각하고 다음과 같이 선고했다(부록 IV 2) 항소심 재판 판결문 참조).

피고인의 항소를 기각한다. 이 사건 피고인이 원심의 징역 2년 6월형이 부당하다는 이유로 항소했습니다. 피고인이 모든 범죄사실을 자백하고 동종 범죄전력이 없기는

19 법원이 일정한 요건의 범죄를 저지른 피고인에 대한 신상정보 공개를 명령할 수 있다. 이 경우 관련 기관의 인터넷 홈페이지에 대상자의 이름, 나이, 주소 등 정보가 공개된다. 신상정보 고지도 법원의 명령으로 일정한 요건의 성범죄를 저지른 피고인의 신상정보를 대상자가 거주하는 지역의 주민 중 아동 및 청소년이 있는 세대와 교육시설의 장에게 우편물로 발송하는 제도이다.

하나 필로폰을 수입한 이 사건 범행의 위험성과 중대성 등을 종합적으로 고려하면, 법률상 최하한의 형인 징역 2년 6월의 실형을 선고한 제1심의 형량이 무겁다고 할 수 없어 피고인의 항소를 기각합니다. 피고인 이 판결에 불복이 있으면 일주일 내에 상고할 수 있습니다.

9) 항소이유

1심 판결에 대해 검찰측과 피고인측 모두 항소할 수 있다. 사건에 따라 다르지만 사실오인, 법리오해, 심신장애, 양형부당과 같은 사항을 항소이유서에 기재한다. 항소이유의 주된 요소는 사실오인과 양형부당이다. 공소요지를 듣고 피고인측의 의견을 듣는 1심과 달리 항소심에서는 모두진술에서 항소이유와 이에 대한 상대측 의견진술을 듣는다. 피고인 작성 항소이유서가 제출되는데, 외국인 피고인의 경우에는 국문 번역본이 재판부에 함께 제출된다. 아래 예시한 대로 항소이유서에는 사건번호와 피고인의 인적사항과 함께 항소이유의 요지를 표시하게 되어 있다. 피고인은 형량이 과하다고 생각할 때 또는 무죄를 주장할 때 유죄판결에 항소하지만 반대로 검찰은 형량이 적게 나올 경우에 항소한다. 양형부당 외에 사실오인, 법리오해, 체증법칙 및 경험칙 위반 등이 항소 이유가 된다.

항소(상고)이유서

사건번호:

피고인 인적사항:

위 피고인은 . . . 죄로 법원에서 징역 년 월의 형을 선고받고 이에 불복 항소(상고) 했는 바, 아래와 같이 항소(상고)이유서를 제출합니다.

항소(상고)이유의 요지 [항소(상고)이유로 주장하는 항목에 ○표를 합니다.]

1. ( ) 원심의 형량이 너무 무거워서 부당하다.

2. ( ) 피고인은 원심이 유죄로 인정한 범죄를 저지른 바 없다.

3. ( ) 원심의 판단에는 헌법, 법률, 명령, 규칙을 위반했거나, 법리를 오해하여 판결에 영향을 미친 위법이 있다.

4. ( ) 피고인의 이 사건 범행은 심신상실 또는 심신미약의 상태(술에 만취되었거나 정신이상의 상태)에서 저지른 것이다.

5. ( ) 기타사항

항소(상고)이유에 대한 설명

[피고인이 내세우는 항소(상고)이유에 관하여 붙임과 같이 간략하게 서술합니다.]

피고인 이 름

위 무인은 본인의 무인임을 확인합니다.

이하 생략

□ **항소이유의 예 I**

다음은 1심에서 징역 1년 형을 받은 판결에 대하여 변호인이 항소심에서 항소이유(양형부당)를 설명하는 내용이다.

피고인의 항소 이유는 원심이 판결한 대로 폭력행위등처벌에관한법률위반을 행한 점은 인정하지만 이는 양형부당을 주장하기 위해서입니다. 정상 관계를 보면 피고인의 이 사건 범행동기가 피해자와 합의를 하기 위해 만났는데 이미 고소했다는 말을 듣고 화가 나서 우발적으로 범행을 저질렀습니다. 피고인의 범죄전력을 보면 한 차례 벌금형 외에는 특별한 전과가 없고 피해자와 합의를 했고, 피해자가 피고인의 처벌을 원치 않는다고 합니다. 피고인이 60세의 고령으로 지난 백여 일간의 수감 기간 동안 많이 반성하고 있습니다. 이러한 제반 사정을 참작해서 이번에 한해 관대한 처벌을 내려 주시기 바랍니다.

□ **항소이유의 예 II**

다음은 1심에서 살인미수로 징역 3년 6개월 형을 받은 판결에 대하여 변호인이 항소심 법정에서 항소이유(사실오인과 양형부당)를 설명하는 내용이다.

1심 판결요지를 말씀드리기 전에 항소이유를 말씀드리면 피고인의 항소이유는 두 가지입니다. 기본적으로 주취 상태에서 범행 주장과 관련하여 1심 판결은 심신상실 또는 심신미약 상태를 인정하지 않은 사실오인 주장과 또 하나는 여러 가지 범행 동기나 경위, 결과를 볼 때 이 사건 피고인에 대해 징역 3년 6월을 선고한 형은 너무 무거워서 양형부당에 해당한다는 이유로 항소했습니다.

1심 판결이 인용한 피고인의 범죄사실은 피고인이 처와 피해자인 처남과 술자리를 갖던 중 피고인의 처가 피고인이 술주정을 한다며 아이를 데리고 밖에 나가고, 피고인은 처남에게 술을 더 마시자고 제의했는데 피해자인 처남이 자기는 그만 마시겠다며 이제 누나 그만 힘들게 하라고 핀잔을 주자 평소 한국인 처남에게 무시당했다는 생각에 순간적으로 격분해서 과일을 깎기 위해 놓여 있던 과도를 들고 피해자 가슴 중앙부위를 1회 찔렀다는 것입니다. 그러나 다행히 피고인의 구호조치가 있었고 곧바로 치료를 받아 1주일 만에 치료가 끝났고 살인의 결과가 나오지 않아 살인미수라고 1심에서 판결했습니다.

1심 판결이 양형요인으로 판결문에 적시한 것을 보면 가중적인 요인으로 피고인의 범행 동기면에서 참작할 사정이 없고 범행수법이 위험하고 죄질이 매우 중하며 동종범죄로 인한 집행유예 등 전과가 있다는 것이고, 양형감경인자로는 이 사건 범행이 미수에 그쳤고 피고인이 범행 직후 정신을 차리고 구호조치를 행했다는 것입니다. 그 결과 피해자가 건강을 회복했고 피해자와 합의해서 피해자가 피고인의 처벌을 원치 않고 있다는 점을 이유로 피고인에게 징역 3년 6월형을 선고했습니다.

피고인의 첫 번째 항소이유는 사건 당일 피고인 및 피해자가 술에 만취한 상태여서 이 사건 발생에 대한 명확한 기억을 못하고 있고, 평소 피고인의 주량은 소주 2홉들이 2병 정도인데 그날 마신 술은 피해자와 피고인의 처, 피고인이 같이 마셨지만 피고인이 마신 술만 해도 소주 2병 반, 맥주 페트병 2병이나 되고 그 후 피고인의 같은 고향 출신 친구가 소주 2병과 집에서 담근 과일주를 가져와서 나누어 마셨기 때문에 상당히 많이 취한 상태였다는 주장입니다. 그리고 피고인은 이전에 폭력 전과가 2회 있습니다. 1회의 집행유예 전과와 벌금 전과인데 모두 어느 정도 음주와 관련이 있었고, 또 한편 피고인의 급한 성격과 관련이 있던 것으로 생각됩니다.

피고인은 여러 정황에 비추어 양형이 과중하다고 주장하고 있습니다. 피고인의 양형사유를 보면 피고인은 이 사건 범행을 모두 인정하고 잘못을 반성하고 있습니다. 한편 이 사건 범행동기에 해당하는 부분을 보면 본 변호인 또한 지금도 과연 살해동기가 명확한가 의문을 갖고 있습니다. 결과적으로 과일칼로 피해자의 가슴 중앙부위를 찔렀다는 부분에 있어서 미필적이나마 살인의 고의가 있었다는 생각을 하고 있습니다. 그러나 사건 당일 처음에는 저녁을 같이 먹고 기분 좋게 술을 마셨는데 이런 끔직한 결과가 초래돼서 피고인은 물론이고 피고인의 처나 피해자도 몹시 당혹스러워 하고 있습니다.

이 사건의 범행이 피고인이 평소 주량을 훨씬 넘는 많은 양의 술을 마셔 만취한 상태, 즉 심신상실의 상태에서 일어났다고 본 변호인은 주장하는데 거기에 이르지 못했다고 해도 충분히 심신미약의 상태로 볼 수 있다고 생각합니다. 이 사건 범행이 이루어진 경위를 보면 계획적이지 않으며 평소 폭력이나 원한 관계에 의한 누범적 범행이 아닌 우발적 범행이라고 생각됩니다.

범행 직후 1심판결에서는 피고인이 구호조치를 했다는 이유로 술에 취해서 심신미약 상태라고 주장하는 것을 받아들이지 않았습니다. 그 부분에 대해 변호인은 의문을 갖고 있습니다. 피고인은 정신이 없는 상태에서 범행을 저지르긴 했지만 피해자가 피를 흘리고 있는데 술에 만취했다고 해도 순간적으로 정신을 차리고 자기가 할 수 있는 응급조치를 할 수 있다고 생각합니다. 피해 즉시 119에 신고했고 아내를 불렀습니다. 결과적으로 병원에 가서 즉시 치료를 받게 해서 피해자의 피해가 비교적 2주 정도 만에 건강을 회복할 정도로 양호했습니다.

피해자와 피고인은 친인척 관계인 데다 치료비도 원만히 합의했습니다. 피해자도 피고인의 처벌을 원치 않고 있습니다. 피고인은 11월 11일 체포되어 100여 일간 구금

생활을 통해서 자신의 성격과 지금까지 살아온 과거의 행동들을 총체적으로 돌아볼 기회를 갖게 되었습니다. 그리고 자신의 잘못을 깊이 반성하고 있습니다.

이 법정에 출석해 있는 피고인의 처는 단 하루도 거르지 않고 교도소에 접견을 가고 처남도 피고인의 구명을 위해서 노력하고 있습니다. 피고인은 그러한 부분에 대해서 피해자의 누나이기도 한 피고인의 처에 대해서 고마운 마음과 미안한 마음을 갖고 있습니다. 이런 사정을 감안하여 피고인에게 이번 한 번에 한해서 관용을 베풀어 주시기 바랍니다.

ㅁ 항소이유의 예 III

다음은 HD가구 기숙사에서 일어난 살인미수로 유죄판결을 받고 2년 6월의 징역형을 선고받은 피고인이 항소한 이유를 변호인이 밝히고 있다. 베트남 국적의 피해자 레 반 뚜언, 증인 응유엔 풍과 쩌 티황 등이 나오는데 통역 언어에 맞게 이름을 바꿔 연습하면 된다.

원심판결은 2016년 8월 1일 저녁 무렵 경남 양산시 호포2길에 있는 HD가구 기숙사에서 피고인이 등산용 칼로 피해자 레 반 뚜언의 복부를 찔러 살해하려 했으나 칼이 복부 안으로 비껴 들어갔고 회사 차량으로 신속히 병원으로 이송하여 사망에 이르지 않고 미수에 그쳤다는 내용으로 이에 대해 징역 2년 6월의 실형을 선고한 내용입니다.

원심 판결에서 이 사건 살인 미수를 인정하는 내용의 증언으로는 '첫 번째 피해자가 자신에 대해 험담하는 것에 불만을 품고 피해자의 집 등 여러 곳을 찾아다녔다'라는 것이 있으며 살해하기에 충분한 길이인 전체 길이 20센티미터, 날 길이 10.5센티미터의 접이식 등산용 칼을 편 상태로 피해자 회사 숙소에 들어간 점, 그리고 이 칼로 피해자의 복부를 찔러 피해자에게 길이 14센티미터, 깊이 2.5센티미터의 복막 손상을 입힌 점입니다. 그리고 이에 대해서 구호조치를 하지 않은 채 바로 현장을 나왔고 피해자를 죽이려는 마음을 갖고 있었다고 진술한 내용을 위의 살인에 관한 범의(犯意) 주장 근거로 들고 있습니다.

이러한 내용에 대해 기본적으로 사실관계가 잘못 판단된 부분을 차례대로 설명 드리겠습니다. 먼저 이 범행 동기 부분을 보면 피고인과 피해자는 베트남에서부터 같이 한국어 연수를 받았고 비슷한 시기에 한국에 도착하여 평소 친분 관계가 있었습니다. 의견이 좀 대립되거나 피해자가 동성애자라는 소문을 퍼뜨렸다는 것만으로 친구 같이 지내던 피해자를 살해할 마음을 먹었다고 볼 수 없습니다. 피해자가 이런 내용의 진술을 한 것으로 되어 있지만 이 부분은 피해자가 합의되기 전에 격앙된 심리 상태에서 진술한 것으로서 신빙성이 없다고 할 것입니다.

피해자가 원심에서 통역을 통해 증언한 내용을 보더라도 이렇게 진술한 부분이 있습니다. '저도 처음에 나를 찾는다는 말을 전해 들었을 때 피고인이 저와 한동안 말을 하지 않고 지내던 터여서 속으로 화해를 하려는 줄 알고 내심 반기고 있었다.' 이는 피고인과 피해자가 가까운 관계였고 서로의 대화로 오해가 풀릴 수 있는 상황이었음을 보여주고 있는 진술입니다. 따라서 피고인이 피해자를 찾아다닌 것 역시 '피해자의 사과를 받고 화해를 하기 위한 것이었다.'는 피고인의 진술에 신빙성이 있음을 보여줍니다. 따라서 피고인이 피해자를 이 사건 범행 전에 찾아다녔다는 것만으로 살인의 범의를 추단할 수 없는 것입니다.

두 번째 칼을 입수한 장소입니다. 이 당시에 칼을 들고 다녔다는 취지의 피해자 진술이 있는데 이와 관련해 원심은 피고인이 등산용 칼을 준비하고 피해자를 찾아다닌 것으로 사실을 인정했습니다. 그렇지만 이는 사실이 아닐 뿐 아니라 이에 부합하는 아무런 증거가 없습니다. 이에 부합하는 진술은 단지 피해자의 진술 중에서 'HD가구 기숙사에 등산용 칼을 비치할 이유가 없다거나 오래 전에 피고인이 등산용 칼을 가지고 다니는 것을 본 적이 있기 때문에 피고인이 사용한 칼은 HD가구 기숙사 주방에 있던 칼이 아니라고 생각한다'라는 내용입니다. 이 역시 피해자가 격앙된 상태에서 한 추측성 진술이기 때문에 신빙성을 인정할 만하지 않습니다.

기숙사 현관문을 열고 들어오면 바로 오른편에 주방이 있습니다. 주방에는 여러 종류의 칼이 있을 수 있습니다. 거기에 있던 칼일 뿐이지 피고인이 피해자를 해하기 위해 들고 다닌 칼이 아니라는 주장에는 신빙성이 있습니다. 피고인이 사건 당일 속상한 일이 있어서 술을 마시고 피해자를 만나 피해자로부터 사과를 받아 화해를 하려는 마음으로 피해자를 만났고 따라서 피고인은 레 반 뚜언을 만나기 전까지 칼을 소지할 이유도 없고 소지한 바도 없습니다. 피해자를 찾으러 다닐 때 피고인이 칼을 소지한 걸 본 증인이 없다는 점도 이 내용을 뒷받침한다고 봅니다. 따라서 소지하고 다녔다는 원심의 인정은 잘못된 부분입니다.

우선 범행 당시의 상황을 보면 피고인이 취한 상태에서 찾아다니다가 HD가구 숙소에 와보니 피해자가 사과할 기색은커녕 비웃는 태도를 보여 갑자기 화가 나서 주방에 있는 칼을 우발적으로 들게 된 것입니다. 그것은 이 사건 원심에서 피고인이 주장하고 있는 부분입니다. 한데 이 HD가구 기숙사에는 그 당시에도 피해자뿐만 아니라 응유엔 풍과 쩌 티황이 같이 있었고 출입문이 항상 열려 있는 상태입니다. 사람들이 상주하고 있고 문이 열려 있는 곳에 칼을 들고 들어가서 살인을 한다는 것은 경험칙상[20] 납득할 수 없는 부분입니다. 또한 특히나 주목할 만한 사실은 피해자는 칼을 들고 있는 피고인에게 윗옷을 걷어 올리고 찌를 테면 찔러보라고 대들기까지 했다는 점입니다. 이러한 행동은 피해자 스스로도 술에 취한 피고인이 칼을 들고 있는 것이 자신을 살해할 의사가 아니라 단지 겁을 주는 것임을 알고 자신이 겁을 먹지 않았음을 보여주기 위한 것입니다. 어느 누구도 자기가 칼에 찔려 죽을 것을 뻔히 알면서 거기에다 자기 가슴을 들이대면서 찌르라고 하지 않을 것입니다. 피해자가 윗옷을 벗은 것은 칼을 맞고 난 이후라고 진술하고 있지만 칼에 찔려 쓰려져 있는 상태에 있는 사람이 윗옷을 벗었다고 하는 것은 경험칙상 맞지 않고 실체에도 맞질 않는 부분입니다.

이러한 부분을 보더라도 피고인이 살인의 범의에 의해 칼을 들었다고 볼 수 없습니다. 또 피고인이 복부를 들이대면서 다가오는 피해자의 복부에 칼을 들고 찌르는 시늉을 한 건 맞지만 주위에서 말리자 칼을 접었습니다. 엉겁결에 칼을 피해자 복부로 들이대는 과정에서 이 사건 상해가 발생한 것입니다. 이는 현장에 있었던 응유엔 풍이 원심에서 한 증언에도 나타났습니다. 만일 피고인에게 피해자를 살해할 범의가 있었다면 복부에 칼을 찌르는 시늉만 하거나 칼을 내밀어 상황을 종료하려고 하지 않았을 것입니다. 피고인은 주위의 만류에 칼을 접고 상황을 종료했는데 갑자기 피해자가 웃옷을 올리면서 놀리자 엉겁결에 칼을 내밀어서 이 사건 상해가 발생한 것입니다. 따라서 피고인이 피해자를 향해서 칼을 내린 자체가 우발적으로 발생한 사건이기 때문에 이를 살인의 범의에 의해 이뤄진 것으로 볼 수 없습니다.

특히 원심에서 중요하게 다뤘던 것은 이 사건 피해범위와 정도에 관한 내용입니다.

---

20 법정에서 따지게 되는 채증법칙(증거를 채택하는 법칙)에 경험칙, 신의칙, 논리칙, 실험칙, 평등칙, 비례칙 등이 있다. 경험을 통해 진리로 생각하는 것이 경험칙이다(이대영 · 박성철, 2016)

이것은 수술을 시행한 수술 집도의가 수술 직후에 작성한 내용에 관한 수술기록지입니다. 수사기록 80쪽에 있는 번역문을 보겠습니다. 이 부분은 하도 수술기록지가 난립해 저희가 번역을 해서 정리한 것인데 이 부분을 보면 상해가 발생한 부분은 직각으로 약 3센티미터 정도, 깊이는 2.5센티미터 정도이고, 하단으로는 약 7시 방향으로 14센티미터 정도 발생한 것으로 되어 있습니다.(중략) 가장 중요한 부분은 복막에 손상은 없다고 되어 있습니다. 이 내용에 관한 부분을 보면 결국 원심 인정 피해자의 상처는 이렇게 돼 있습니다. 복막의 손상이 있는 길이 14센티미터 깊이 2.5센티미터의 자상으로 인정을 했습니다. 그런데 원심의 인정과는 달리 수술집도의가 수술 직후에 작성한 수술 기록지를 보면 'peritoneum intact'라고 돼 있습니다. 갈겨쓴 글씨지만 자세히 보면 'peritoneum intact'라고 돼 있고 'intact'는 손상 없다는 뜻으로 결국 복막손상은 없다는 내용입니다. 따라서 복막손상이 있었다고 하는 원심은 사실을 잘못 판단한 것입니다. 배꼽 위쪽에서 아래측으로 사선으로 밀리면서 발생한 것이 사실이며 길이는 2.5센티미터이며 이는 칼이 그 당시 직진으로 나갔던 것이 아니라 7시 방향으로 밀렸음을 보여주는 것입니다. 우발적으로 발생하는 상해의 성격이 보입니다. 보통 살인의 범의에서 일어나는 자상은 아래쪽에서 위쪽으로 가는 게 통상입니다. 따라서 당시에 살의가 있었다면 피고인이 오른손잡이였기 때문에 칼날의 방향이 이쪽으로 돼 있거나 피해자의 왼쪽 이 부분이 찔렸어야 할 것입니다. 그리고 수술 기록지에 나온 상황을 보면 정상적인 체온을 유지하고 혈압이 약간 낮지만 호흡이 일정하여 피해자가 이러한 상해로 인해 위급한 상태에 있었다고는 보이지 않는 상황입니다. 따라서 살인의 범의에 의해 이뤄진 게 아니라 피고인의 진술처럼 우발적인 범행이며, 피고인은 원심에서부터 심신장애 상태에 있었다고 진술했습니다.

피고인 평소 주량이 소주 한 병 정도에 불과한데 이날은 집안의 안 좋은 소식을 전해 듣고 낮술로 평소의 두 배가량인 소주 두 병 반을 혼자서 마신 상태였습니다. 쩌 티 황의 진술에 의하면 피고인은 당시 걸음걸이도 휘청거렸습니다. 통상 혈중알콜농도 1.5 이상 됐을 때 휘청거리는 증상이 나타납니다. 이런 심신장애[21]가 일어난 상황을 보면 피고인은 울적한 나머지 평소 주량보다 두 배 이상의 술을 마셔서 심신상태가 비

21 사건 당시 정신장애나 술에 취하여 정상적인 판단을 할 수 없는 상태일 경우 감경요인이 될 수 있다.

정상이였고 주취로 판단력과 자제력을 잃고 쉽게 흥분하는 상태에서 피해자가 사과하지 않고 자신을 비웃자 갑자기 칼을 들고 협박했고, 범행 이후에는 이 사건 범행 경위와 과정 상황마저 제대로 기억하지 못하는 상태였습니다.

원심은 피를 흘리는 피해자에 대해서 구호조치도 하지 않은 채 현장을 빠져나왔고 피고인이 현행범으로 체포되어서 경찰 조사를 받을 당시 피해자를 죽이려고 하는 마음이 있었다고 진술한 점을 들어서 살인의 범의를 추가하고 있지만 이는 오히려 피고인이 심심장애에 있었음을 추단할 수 있는 자료라고 할 것입니다. 즉 피고인이 쩌 티황의 진술처럼 휘청거리고 횡설수설하는 상태였기 때문에 당시 피해자가 쓰러져 있는 상황에서 구호할 경황이 없었고, 또 경찰에 잡혀서 조사 받으면서도 횡설수설하면서 당시 죽일 마음이 있었다는 취지의 이상한 진술을 한 것입니다. 이런 상황에서 수사 받으면서 통역이 정확하게 되었는지도 의문이 제기됩니다.

이와 같이 이 사건범행의 경위는 술에 취해 우발적으로 한 것이고 그 범행 원인에 피해자가 피고인에 대해 좋지 않은 소문을 퍼뜨린 것도 있기 때문에 피해자도 책임이 있다고 할 것입니다. 그리고 이 범행으로 인해서 피해자는 약 20일 정도 입원치료를 받고 퇴원해서 현재 정상 생활에 아무런 문제가 없습니다. 피고인은 저희가 참고자료로 제출했습니다만 아무런 전과가 없습니다. 그리고 이 범행 이후에 피해자와 원만히 합의했고 피해자는 이후 이 사건 고소를 취하해서 피고인의 처벌을 원하지 않고 있습니다. 또 피고인 또한 이 사건 범행을 깊이 반성하고 다시는 이런 실수를 하지 않도록 다짐하고 있습니다. 이러한 제반 사정에 비춰보면 원심에 피고인에 대해서 살인미수죄를 인정한 부분은 여러 증거에 비춰서 잘못 판단한 것으로 보이고 피고인에 대해서 징역 3년의 실형을 선고한 원심 형량은 양형으로서도 부당한 형량이라고 생각합니다. 이래서 이 부분에 대해 적절한 재판을 받기 위해 항소한 것입니다.

□ 피고인의 항소이유에 대한 피항소인(검사)의 의견진술 I

피고인의 범행동기나 피해자의 폭행정도가 중한 점에 비추어 원심형량은 적정하다고 생각됩니다. 피고인의 항소는 이유 없습니다.

□ **피고인의 항소이유에 대한 피항소인(검사)의 의견진술 II**

현장에 있었던 목격자들의 진술이나 피해자 진술에 의하면 피고인이 칼을 준비해서 피해자가 있는 장소로 왔고, 칼을 피해자의 목에 들이대며 죽이겠다고 의사표현을 해서 주변에서 여러 번 말렸음에도 불구하고 충분히 사람을 살해할 수 있는 칼로 복부를 찌른 사안입니다. 칼이 조금만 더 들어갔으면 피해자가 생명의 위협을 받을 수 있었습니다. 피고인의 살인 범의(犯意) 주장은 의미 없고, 또 심신미약 주장을 하지만 법리상으로 음주로 인한 심신미약은 받아들이기 어렵다고 보입니다. 다행히 피해자가 칼이 깊게 안 들어가서 생명을 유지했지만 피고인의 행위를 볼 때 원심형량은 적정하다고 봅니다. 항소를 기각해주십시오

□ **검사의 항소이유**

아래는 양형부당을 이유로 1심 판결에 불복한 검찰의 항소이유 예문이다(사법연수원, 2015: 406).

이 사건 공소사실의 요지는 공소장 기재와 같은 바, 원심은 공소사실을 모두 인정하면서 징역 2년의 선고를 구하는 검사의 의견과는 달리 피고인에게 징역 6월을 선고했으나 이는 그 형이 너무 가벼워 부당합니다.

피고인은 이미 절도 등의 죄로 1회 처벌받은 전력이 있는 자임에도 불구하고 자신의 범행을 뉘우치지 않고 또 다시 이 사건 범행을 저질렀을 뿐 아니라, 이 사건 범행 내용 역시 대낮에 대로상에서 은행에서 회사공금을 인출해 나오는 피해자로부터 190만 원 상당의 현금과 수표가 든 손가방을 빼앗아 도주한 것으로 범행방법이 극히 대담하고 죄질도 불량합니다.

위와 같이 개전의 정이 전혀 없는 피고인에게 또 다시 단기형을 선고하는 것은 하등 형벌의 목적을 달성할 수 없을 뿐 아니라 단기형의 병폐를 가중시키는 결과밖에는 되지 않음이 명백하다 할 수 있습니다. 따라서 마땅히 검사의 구형과 같은 중형을 선고하여 피고인을 사회로부터 장기간 격리시키는 길만이 형사정책적 견지에 비추어보더라도 적정한 형벌권의 실현이라 할 것이므로 위 판결은 마땅히 파기, 시정되어야 할 것으로 생각되어 이 사건 항소에 이른 것입니다.

4. 변호인 접견 및 면담

1) 면담 I (단순폭행 사건)

변호인 면담은 수사 단계에서나 구속 전후, 공판 전이나 진행 동안 이루어진다. 다음은 농장에서 일하는 파키스탄 근로자가 중간관리자로부터 고소를 당하여 변호사를 만나 상담을 하는 상황이다.

변호사: 안녕하세요? 파키스탄에서 오신 외국인 근로자라고 들었습니다. 어떻게 도와드릴까요?

외국인: 저와 친구 사히드는 충남 공주에 있는 한 농장에서 일하고 있습니다. 저는 온 지 6개월 좀 넘었고, 친구는 온 지 4개월쯤 됩니다. 그런데 친구가 농장에서 저희 관리하는 한국 사람에게 맞았어요.

변호사: 네 농장 소재지와 명칭은 여기에 적은 게 맞나요?

외국인: 맞아요.

변호사: 폭행 고소하고 싶어 오신 건가요?

외국인: 아뇨, 고소당했어요.

변호사: 누가 고소했어요?

외국인: 박부장이요. 인종차별적인 분위기에다 폭행당한 것도 억울한데 오히려 우리를 고소했습니다. 적반하장도 유분수입니다.

변호사: 제가 도와드릴 수 있도록 하나씩 사실대로 폭행이 있었던 당시 상황을 말씀해 주시겠어요?

외국인: 박부장은 우리 농장에서 저희 같은 외국인 근로자 관리하는 사람이에요. 그 사람이 인종차별적인 말을 해요. 파키스탄 사람 냄새난다고 다른 나라에서 온 사람들과 뒷담화하는 걸 듣고 친구 사히드가 따지니까 "내가 거짓말 했냐? 진짜 냄새나잖아." 그러면서 뻔뻔하게 나오길래 친구가 노려봤대요. 그런데 박부장이 "이게 째려봐!" 그러면서 주먹으로 사히드 얼굴을 때리고 배를 때리고 발로 차는 장면을 제가 보고 쫓아가서 말렸어요. 그러다 보니 박부장이 넘어졌어요.

변호사: 사히드는 맞고 있었는데 내담자께서 박부장을 떼어놓으려고 하는 과정에서 박

부장이 넘어졌나요? 좀 더 자세히 말씀해주세요.

외국인: 친구는 맞아서 코피가 나고 놀라서 주먹질을 하거나 별다른 방어를 하지 않았는데 박부장이 때리고 차고 그래서 친구가 다칠까봐 저는 박부장이 더 못 때리게 말린 거지 제가 그 사람을 때리거나 민 건 아니에요.

변호사: 예, 그렇지만 신체접촉도 폭행이 될 수 있거든요. 박부장이 넘어졌어요?

외국인: 예.

변호사: 내담자가 밀어서 박부장이 뒤로 넘어졌어요, 앞으로 넘어졌어요?

외국인: 엉덩방아를 찧었어요. 박부장은 장난이었다 그러는데 사히드를 모욕하고 때렸어요. 이렇게 사람 때리고 욕했는데 사과하기는커녕 사히드와 저를 폭행으로 고소했어요. 농장주는 왜 박부장 화나게 했느냐고 역성을 들고…. 박부장이랑 김사장님이랑 짝짜꿍이에요. 저희는 말이 잘 안 통하고 중간에서 박부장이 역할을 잘 해야 하는데 자기 마음에 드는 사람들, 그러니까 자기 비위 잘 맞춰주고 반항하지 않고 말 잘 듣고 자기랑 같이 노는 거 좋아하는 사람들만 챙겨요.

변호사: 고소당한 건 경찰에서 연락이 와서 알게 되신 거예요? 서류 갖고 오셨어요?

외국인: 예, 이겁니다. 우리도 경찰에 신고했어야 하는데 지금 고소하긴 늦었나요?

변호사: 고소장 맞습니다. 폭행으로 두 사람 고소했고 경찰에 조사 받으러 오라는 내용입니다.

외국인: 친구나 저나 한글은 잘 모르기 때문에 한국말 하는 다른 친구한테 부탁하고 지원센터에서 도움 받아서 대충 내용은 알아요. 그런데 경찰이 저희를 도와주는 거 같지도 않고 농장에서는 저희가 말 잘 안 듣고 일 열심히 안한다고 출국시키겠다고 하고 있어요. 잘못한 게 누군데 저희들이 불성실한 사람으로 위협을 받고, 폭행죄로 조사를 받아야 하는지 억울합니다. 변호사님, 우리 도와주실 수 있는 거죠?

변호사: 예, 걱정 마세요. 제가 도와드릴게요. 안타깝게도 이런 처지에 있는 분들이 한두 분이 아니세요.

외국인: 농장 말만 듣고 사후관리 업체에서는 저희를 강제출국시키려 합니다. 저희는 박부장에게 사과할 이유가 없어요. 오히려 그 사람이 저희한테 사과해야죠. 근데 우리더러 계약 기간도 되지 않았는데 한국을 떠나래요.

변호사: 심하네요. 두 분은 계속 한국에 있고 싶으신 거예요?

외국인: 예, 저희는 한국 올 때 송출 비용으로 한국돈으로 7백만 원 정도 지급했고, 1년

기다렸다 들어와서 이제 4개월, 6개월 일한 상태라 빚이 있단 말입니다.

변호사: 네, 알겠습니다. 법적으로 해결할 방법을 알아봅시다.

2) 면담 II (마약 사건)

다음은 국제우편물로 마약을 반입하려다 마약류관리에관한법률위반(향정)으로 불구속기소된 영국인 여성이 국선변호인과 면담하는 상황이다.

변호인: 다이아나 씨 안녕하세요? 국선변호인 박승소입니다. 제가 오늘 여러 가지 공소사실과 관련해서 질문 드리고 재판 준비를 위해 오시라고 했어요. 공소장과 소환장 받아보셨죠.

외국인: 예.

변호인: 국적은 영국이시고, 생년월일은 기재된 대로입니까?

외국인: 예

변호인: 직업이 어떻게 되세요?

외국인: 영어 유치원에서 강사에요. 지금 잠깐 몸이 안 좋아 쉬고 있어요.

변호인: 특별히 건강이 안 좋으세요?

외국인: 아니 그건 아니고 저기 그 이번 일로 좀 속을 끓이고 걱정하면서 식사도 잘 못하다 보니 좀 몸이 안 좋아져서 일하러 못 가겠어요.

변호인: 너무 걱정 마세요 다이아나 씨. 기운 내서 재판을 잘 받아야지요. 그럼 차례로 질문 드릴게요. 2017. 1. 29.경 국제특급우편으로 과자박스에 향정신성약품 속칭 치즈 15정을 넣어서 들여온 사실이 있습니까?

외국인: 예.

변호인: 우편물 수령 주소는 어디로 했습니까?

외국인: 제가 사는 집 주소에요.

변호인: 이 우편물이 영국의 캔디 벅스가 보내준 거는 맞아요?

외국인: 예.

변호인: 이거 보내준 사람이 누구에요? 인터넷에서 산 거예요?

외국인: 아뇨, 친구예요.

변호인: 캔디 벅스가 친구예요? 어떻게 아는 사이예요?

외국인: 고등학교 동기 동창요.

변호인: 친구에게 보내달라고 해서 보내준 거예요?

외국인: 예, 제가 보내달라고 하기보다는 그거 생각난다, 한번 해보면 좋겠다 그렇게 얘긴 했어요.

변호인: 얼마를 보내달라고 구체적으로 말한 게 아니라는 거죠.

외국인: 예.

변호인: 그런데 이렇게 마약을 우편으로 보내면 문제가 될 텐데 왜 우편물에 마약을 넣었나요?

외국인: 그렇죠. 음… 그래도 많은 양이 아니고 치즈는 유흥 목적의 약물(recreational drug)이라 엑스터시나 코카인 같은 마약은 아니니까 괜찮지 않을까 생각했어요.

변호인: 혹시 전에도 이렇게 받아보신 적 있어요?

외국인: 처음이에요.

변호인: 왜 마약을 보내준 건지, 이유는 무엇입니까?

외국인: 예전에 클럽이나 친구들 만나서 놀 때 한 번씩 했던 건데 제가 한국에 와서 남자 친구와 헤어지고 안 좋은 일이 생긴 다음 우울하고 일이 손에 잡히지 않아서 친구랑 채팅하다가 친구가 저 위로해준다고 보내준 거예요.

변호인: 다이아나 씨가 친구에게 보내달라고 한 거 아니고요?

외국인: 아니에요.

변호인: 그런 내용을 문자로 주고 받으셨어요?

외국인: 아뇨, 페이스타임 영상통화했어요.

변호인: 치즈를 받아서 다른 사람에게 팔 계획은 없었어요?

외국인: 아뇨, 절대 아니에요. 그냥 제가 울적할 때나 기분 전환용으로 쓰려고 했을 뿐이에요.

변호인: 혹시 다이아나 씨는 이런 약물에 의존적인가요?

외국인: 의존적이라면 중독을 말씀하시나요?

변호인: 예, 계속 생각이 나고, 자꾸 하고 싶은지.

외국인: 중독까지는 아니지만 일시적으로 기분 전환이 되니까 몸에 안 좋은 건 알지만 제가 힘들어서 판단을 잘못했어요. 저 같은 경우 처벌은 어떻게 되나요?

변호인: 한국은 마약에 매우 엄격해요. 다이아나 씨의 경우 본국에서 범죄 경력이나 마약 관련 전과가 있으세요?

외국인: 아뇨.

변호인: 한국에 계속 계실 계획이신가요?

외국인: 재판 받기 전까지는 나갈 수 없죠?

변호인: 재판 받고 나가셔야지 안 그러면 다음에 못 오실 수 있어요. 초범이고, 판매 목적이 아니고 복용하려고 했기 때문에 실형보다 집행유예를 받을 가능성이 높아요.

외국인: 어쩌죠? 저와 친구는 제가 기분이 너무 다운되고 힘들어 하니까 해보면 어떨까 했던 것뿐이에요. 이렇게 가져온 건 처음이에요.

변호인: 혹시 우울증 관련해서 병원 치료 받으신 적 있으세요?

외국인: 한국에서요?

변호인: 예, 정상관계 자료가 될까 해서요.

외국인: 영어 잘하는 정신과 의사 찾기 쉽지 않아서 상담은 한 번도 생각 안 해봤어요.

변호인: 남자친구와 헤어진 것 외에 다른 어려운 일도 있으세요?

외국인: 1년간 동거하던 남자친구가 다른 여자가 생겨서 나갔고, 카드빚이 좀 생겼어요.

변호인: 예…다음 주 금요일 오전 11시 408호 법정으로 오시면 됩니다. 오실 수 있죠?

외국인: 예.

변호인: 공판 절차를 간단히 말씀드리면 검사가 이 공소사실에 대해 간단히 의견을 진술하고 피고인측에서 그것을 인정하는지 부인하는지 확인하는 절차를 기소인부라고 하는데 공소사실에 대한 피고인과 변호인의 의견을 듣고, 증거조사를 해요. 판사님도 질문을 할 수 있고요. 지금 다이아나 씨는 이번 사건 범행을 저질렀지만 공소사실을 인정하고 자백했고, 범죄 전력이 없는 점, 마약을 수입하기는 했지만 소량이라는 것과 판매 목적이 아니라는 점 등은 유리하게 작용할 수 있습니다. 그럼 오늘은 돌아가시고 공판 때 뵙겠습니다.

□ 마약류

사법 통역 업무상 자주 접하게 되는 주요 범죄 유형과 죄명 등 법률 용어 외에도 범죄와 관련된 마약류 및 무기류 관련 용어도 한국어와 해당되는 외국어로 숙지하고 있어야 한다. 마약청정국이라는 말이 무색하게 최근 국내 마약범죄가 증가하고 있으며 마약 제조, 밀수, 판매 등과 관련된 국제범죄도 증가세를 보이고 있다. 마약, 대마, 향정신성의약품을 총칭하여 마약류라 한다. 과거에는 아편, 대마, 코카인과 같은 천연마약이 큰 문제였다면 이제는 메스암페타민과 같은 합성마약류와 향정신성의약품이 급속도로 확산되고 있어 심각한 문제를 일으키고 있다. 대검찰청 마약과 자료에 의하면 2015년 8월 기준 마약수사범 중 투약이 가장 많고, 그 다음으로 마약 밀매, 소지, 밀경, 밀수, 밀조 순이다. 아래 표4는 경찰의 마약수사자료를 토대로 작성한 마약류 분류표이다.[22]

표 4. 마약류 분류 및 명칭

분류	종류	
마약	천연마약	아편, 헤로인
		코카나무잎, 코카잎
	합성마약	페치딘계, 메사돈계, 프로폭시펜, 벤조모르핀
향정신성의약품	각성제	메스암페타민, 암페타민류, 펜플루라민, 암페르라몬
	환각제	LSD, 페이요트, 사일로사이빈, 메스린
	억제제	바르비탈염류제, 非바르비탈 염류제, 벤조디아제핀염제류
대마	대마초(마리화나), 대마수지(해시시), 대마수지기름(해시시오일)	

마약을 가리키는 속어와 은어는 매우 다양하다. 대마를 가리키는 속어도 다양하여 낄낄이, 떨, 빵, 풀, 담배, 로타리, 과부털(최고급대마) 등이 있다. 마쟁이는 대마씨를 가리킨다. 필로폰을 가리키는 속어 또한 다양하다. 술, 뽕, 작대기, 연살, 크리스탈, 스피디 등으로 불리며, 필리핀에서는 샤브(shabu), 대만에서는 아미타민, 미국, 호주 등에서는 아이스(ice)라고 불린다. 멍텅구리는 가짜 필로폰을 말하며, 크랭크는 저가 필로폰을, 한사끼는 1회용 주사기에 들어 있는 필로폰을 가리킨다. 한 작대기는 필로폰 0.8그램을 가리키는 은어다.

22 사이버경찰청 홈페이지 정보마당 마약수사자료 참조.

MDMA는 도리도리/엑스터시, Adam, XTC, Essence, E, X, Clarity 등으로도 불린다. 그 밖에 신종마약으로 메타콸론, 디메틸암페타민, 벤질피페라진, 고메오, 야바, 2C-B, 아나렉신, JWH-018(JWH-018 스파이스로도 불리는 합성대마) 등이 있다. 야바(YABA)는 태국에서 들어온 합성마약이다. 신종마약 중에는 국내에서 법률로 아직 마약으로 규정되지 않은 것도 많다고 한다. 한편 향정신성의약품은 의료용이 마약으로 악용되는 것으로 GHB는 순간마취제이며 스틸녹스는 흡입마취제, 케타민/스페셜K는 동물마취제이다. 디아제팜은 신경안정제로 T-Qui, Valreless, Valium 등으로 불린다. 진정제 로라제팜(Lorazepam/상품평 Ativan), 알프라졸람(Alprazolam), 졸피뎀(Zolpidem)이 범죄에 사용되었으며, 그 외에도 벤조디아제핀염제류로 플루니트라제팜(Flunitrazepam, 상품명 Rohypnol), 강력진통제 날부핀이나 진해제인 러미라(덱스트로메토르판)가 있으며 수면마취제인 프로포폴은 연예인 관련 사건으로 언론에 보도되어 많이 알려진 편이다. 알킬 니트라이트(일명 러쉬, 정글주스) 등도 신종 불법마약이며, 그 외 관세청에 단속된 신종마약류에 TFMPP, mCPP, 크라톰(KRATOM), 메타콰론, 5-메오 달트, 5-메오 밉트(속칭 목시) 등이 있다.

이 밖에 나날이 진화하는 마약범죄에 관한 자세한 정보는 관세청, 경찰 및 검찰청 홈페이지의 불법마약류와 수사자료, 그리고 최신 언론 보도를 참고할 만하다.

8장

민사사건 통역

1. 민사재판

이 장에 제시한 스크립트는 다른 장과 마찬가지로 통역 연습을 위해 각색된 시나리오이기 때문에 법률적인 사실에 부합하지 않을 수 있다. 여기에 사용되는 모든 시나리오 상의 인명과 지명 등 고유명사는 가명으로 특정사건과 관련 없음을 밝혀둔다. 민사재판의 전체 흐름을 이해할 수 있도록 손해배상사건 재판의 예를 소개한다.

사건 개요[1]

원고 김민희(여, 44세)는 2016년 10월 10일 오후 5시경 일산 호수공원 근처에서 반려견 통키(수컷 토이푸들)를 데리고 산책을 하고 있었다. 피고 사닷 물라임(남 40세, 터키 국적자)은 공원 근처에 주차시켜둔 승용차를 운전하고 후진하여 출발하다가 승용차 오른쪽 뒷바퀴로 통키의 왼쪽 앞다리를 들이받아 부러지게 했다. 원고는 동물 병원에서 통키의 다리를 치료받고 그 치료비로 250만 원을 지불했다. 원고는 피고의 잘못으로 통키가 다치는 바람에 이와 같이 치료비를 지출했고 정신적 고통을 당했다고 주장하면서 피고에게 치료비 300만 원과 위자료 300만 원을 합한 600만 원을 지급하라고 요구했다. 이에 대해 피고는 원고의 반려견이 다친 것은 전적으로 원고의 잘못 때문이고, 개 치료비는 과다 청구라며 원고의 요구를 거절했다. 이에 원고가 피고를 상대로 손해배상금을 청구하는 소송을 제기했다.

제1차 변론기일

재판장: 지금부터 민사 제2단독 재판을 시작하겠습니다. 2016가단1111호 손해배상 사건의 원고 김민희 씨와 피고 사닷 물라임 씨 나오셨습니까?

원 고: 네.

피 고: 네.

재판장: 원고는 피고 사닷 물라임 씨를 상대로 600만 원의 손해배상을 청구하셨죠.

원 고: 예.

재판장: 원고 주장은 피고는 2016년 10월 10일 오후 10시경 호수공원 근처에 주차해 둔 승용차를 운전하여 출발하면서 주위를 제대로 살피지 아니한 잘못으로 원고의 반려견 왼쪽 앞다리를 승용차 오른쪽 앞바퀴로 들이받았고 이로 인해 원고의 반려견 통키가 다리 골절상을 입었고, 치료비 300만 원과 위자료 300만 원을 합한 600만 원을 지급할 의무가 있다고 소장을 냈습니다. 피고 또한 원고의 청구에 대해 답변서를 내셨는데, 치료비가 과하고 위자료를 지급해줄 수 없다는 취지인 것 같습니다. 피고, 제가 이해한 게 맞습니까?

피 고: 예. 제가 2016년 10월 10일 오후 10시경 호수공원 근처에 주차해둔 승용차를 운전하고 후진하여 출발하다가 반려견의 다리를 친 사실은 인정합니다. 하지만 원고가 반려견의 목에 줄을 단단히 묶어 반려견이 피고의 승용차 쪽으로 오지 못하도록 했다면 개가 교통사고로 다치지 않았을 것입니다. 반려견이 다친 것은 반려견을 보호하지 않고 차 조심을 하지 않은 원고 책임이 큽니다. 또한 원고는 과도한 치료비를 요구하고 있습니다. 저는 내더라도 50만 원밖에 내지 못합니다.

재판장: 50만 원을 말씀하시는 근거는 무엇이죠?

피 고: 제가 알아본 바로는 한국에서 수컷 토이푸들의 분양가는 50만 원선 아래입니

---

1 본 사건은 사법정책연구원(2015: 86-99) 자료를 기초로 각색했다.

다. 그래서 제가 일부 책임이 인정된다 하더라도 지급해야 할 치료비는 개값 50만 원을 넘지 않습니다. 원고가 요구하는 위자료는 터무니없이 과도할 뿐 아니라 자신의 반려견을 보호하지 않은 원고에게 제가 위자료를 지급할 의무도 없습니다.

재판장: 원고는 피고의 주장에 대해 어떻게 생각하십니까?

원 고: 재판장님, 사고 직전까지 통키와 산책을 잘 하고 있었고 통키는 목줄을 항상 하고 산책을 합니다. 그런데 피고가 갑자기 통키를 들이받은 것입니다. 저희 통키가 다친 것은 피고가 안전운전을 하지 않았기 때문입니다. 통키는 자녀가 없는 저에게 가족이고 자식 같은 존재인데 치료비가 아무리 비싸더라도 치료해줘야죠. 야간 진료비 응급 수술비 때문에 치료비가 300만 원이 나왔어요. 저는 통키가 나이가 많은 노령견인데 혹시 회복이 잘 안 될까봐 걱정되어서 밥도 잘 못 먹고 잠도 자지 못할 정도였고, 그동안 일도 못했습니다. 제가 당한 정신적 고통을 생각하면 300만 원의 위자료도 적은 돈입니다.

재판장: 피고는 원고의 주장에 대해 어떻게 생각하십니까?

피 고: 원고는 사고 직전까지 개랑 산책을 잘 하고 있었다고, 목줄을 항상 하고 있었다고 말했습니다. 그런데 제가 봤을 땐 목줄 길이가 2미터 이상 길었는데 그건 바로 옆에서 컨트롤이 잘 안 될 수 있는 겁니다. 원고는 개랑 2미터 이상 떨어져서 뒤에서 전화하느라 개한테 신경을 쓰지도 않고 쳐다보지도 않았습니다. 차에 개가 부딪쳤겠다 싶어서 얼른 제가 주변을 살폈을 땐 주인이 보이지 않았습니다.

재판장: 양측은 더 주장하실 것이 있나요?

원 고: 제가 과도한 청구를 하지 않았다는 것을 입증하기 위해 동물병원 원장님을 증인으로 부르고 싶습니다.

재판장: 증인은 잠시 후 증거신청할 때 말씀해주세요. 이 사건의 쟁점은 우선 피고에게 이 사고의 책임이 있는지 여부, 그리고 두 번째 쟁점은 피고의 책임이 인정되더라도 원고의 잘못을 고려하여 피고의 책임을 제한할 수 있는지, 제한한다면 얼마나 제한할 수 있는지, 그리고 세 번째 쟁점은 피고의 책임이 인정되는 경우 피고가 원고에게 통키의 값을 넘는 치료비를 지급할 의무가 있는지 여부입니다. 네 번째 쟁점은 피고의 책임이 인정되는 경우 피고가 원고에게 위자료를 지급할 의무가 있는지 여부입니다. 이렇게 정리하는 데 동의하십니까?

원고와 피고: 동의합니다.

재판장: 이 네 가지 쟁점을 중심으로 심리하겠습니다. 증거신청을 받겠습니다. 원고는 증거신청하십시오.

원 고: 통키 병원 치료비 영수증을 들고 왔습니다. 저희 통키가 피고의 잘못 때문에 다쳤고, 제가 통키 치료비로 300만 원을 지출했다는 점을 증명하기 위해 24시동물종합병원장 김단비 수의사선생님을 증인으로 신청합니다.

재판장: 원고가 신청한 증인을 채택합니다. 피고도 증거신청하십시오.

피 고: 원고의 개가 다친 것이 원고 책임임을 증명하기 위해서 이 사건의 목격자인 제 여자 친구 김수지를 증인으로 신청합니다.

재판장: 피고가 신청한 증인을 채택합니다. 양측은 더 신청할 증거가 있으신가요?

원 고: 저는 더 없습니다.

피 고: 저도 없습니다.

재판장: 알겠습니다. 다음 기일에 증거조사를 하겠습니다. 4주 후에 원고와 피고 모두 증인을 대동하고 와주시겠습니까? 그럼 이것으로 증거신청 절차를 마치고 4주 후 속행하겠습니다.

제2차 변론기일

재판장: 증거조사를 시작하겠습니다. 증인들은 모두 출석했나요?

원고, 피고: 예.

재판장: 그럼 증인 신문을 하겠습니다. 증인들은 증인석으로 나와주십시오. 증인들 가운데 원고나 피고와 친인척 되는 분 있습니까?

증인 김단비: 아뇨.

증인 김수지: 전 여자 친구인데요.

재판장: 증인들 선서하고 증언하시겠습니까? 선서하고 거짓말 하면 안 됩니다. 허위 사실을 말하면 위증으로 처벌 받습니다. 아시겠지요?

증인들: 예.

재판장: 그럼 선서서는 김단비 증인이 대표로 낭독해주십시오.

증인 김단비: 선서, 양심에 따라 숨기거나 보태지 아니하고 사실 그대로 말하며, 만일 거짓말을 하면 위증의 벌을 받기로 맹세합니다.

재판장: 원고가 신청한 김단비 증인을 먼저 신문하고 그다음에 김수지 증인을 신문하겠습니다. 김단비 증인은 증인석에 앉으시고, 김수지 증인은 잠시 법정 밖에서 대기해주시기 바랍니다.

원고측 증인 신문

재판장: 김단비 증인, 선서하셨죠. 선서한 다음 증언하면서 거짓말하면 위증죄로 처벌받을 수 있습니다. 잘 아시겠습니까? 원고 신문하십시오.

원 고: 예, 증인은 일산 24시동물종합병원에 근무하는 수의사이죠?

증인 김단비: 예.

원 고: 증인, 2016년 10월 10일 밤 10시경 김민희 씨의 반려견 통키를 치료한 사실이 있지요?

증인 김단비: 예.

원 고: 통키가 많이 다쳤나요?

증인 김단비: 예, 왼쪽 앞다리의 다발성골절(multiple fracture)이었습니다.

원 고: 통키가 왜 다쳤다고 하던가요?

증인 김단비: 승용차에 치였다고 들었습니다.

원 고: 김민희 씨가 병원으로 통키를 데려와 다친 이유가 교통사고 때문이라고 말했다는 것이지요?

증인 김단비: 예.

원 고: 증인은 통키에게 어떤 치료를 했습니까?

증인 김단비: 일단 X-레이를 찍어 다친 부위를 확인했는데 골절이 심해서 수술을 했습니다. 노령견이라 예후가 좋지 않아 수술한 후 일주일간 입원 치료를 했습니다.

원 고: 증인은 통키의 치료비를 누구에게 얼마나 받았나요?

증인 김단비: 기록을 봐야 하는데 대충 200만 원대 후반이었던 것으로 기억합니다.

원 고: 2회에 걸쳐 분납한 영수증 총액이 299만 원인데 증인의 병원에서 청구한 것 맞지요.

증인 김단비: 예.

원 고: 이상입니다.

* * *

재판장: 반대신문하십시오.

피　고: 통키와 같은 토이푸들을 시중에서 분양받으려면 시가 얼마 정도인가요?

증인 김단비: 저는 수의사라 분양가를 말씀드리기는 어렵습니다.

재판장: 증인께서 알고 계시는 금액 수준을 말씀해주시면 참고하겠습니다.

피　고: 분양가가 정해져 있는 것은 아니지만 수컷의 경우 10만 원부터 분양가가 형성되어 있지 않나요?

증인 김단비: 토이푸들은 그보다는 높고 통키는 혈통도 좋은 순종이라 가격이 좀 센 편입니다.

피　고: 가격이 세다면 시가 어느 정도이죠?

증인 김단비: 정확하지 않지만 제가 알기론 족히 100만 원은 될 겁니다. 통키를 얼마에 분양받으셨는지 그것까진 모르지만요.

피　고: 치료비로 300만 원 정도 나온 건 보험이 안 되기 때문인가요?

증인 김단비: 네. 그리고 워낙 심하게 다쳐서 수술비와 입원비가 많이 나와서 그렇습니다.

피　고: 통키는 완치되었나요?

증인 김단비: 예, 다행히 지금은 완전히 나아서 건강합니다.

피　고: 이상입니다.

재판장: 제가 한 가지 묻겠습니다. 원고가 통키를 매우 사랑하고 아낀다는 느낌을 받으셨나요?

증인 김단비: 물론입니다. 자식처럼 아끼고 잘 돌보세요. 통키가 많이 다쳐서 수술 받게 되니까 많이 우시고, 마음 아파하셨어요. 통키 걱정에 밥도 잘 못 드시고… 병원에 입원해 있는 상태였지만 통키 걱정에 병원에서 많은 시간 보내셨어요. 저희가 댁에 가서 쉬시라고 말릴 정도였습니다.

재판장: 이상으로 증인에 대한 신문을 마치겠습니다. 증인, 수고하셨습니다. 돌아가셔도 됩니다.

피고측 증인 신문

재판장: 김수지 증인에 대해 피고 신문하십시오.

피 고: 증인은 2016년 10월 10일 오후 10시경 호수공원 근처에서 피고의 승용차가 원고의 개를 친 것을 목격했나요?

증인 김수지: 예.

피 고: 당시 상황을 구체적으로 말씀해주십시오.

증인 김수지: 저 운동하라고 호수공원에 내려주고 사돗이 차를 타고 떠나는 상황이었습니다. 사돗이랑 잠시 차를 세워놓고 얘기하다 저는 차에서 내려 10여 미터 걸어와서 차쪽을 봤는데요. 저 여자분이 저만치 있고 까만 푸들이 승용차 근처에서 놀고 있었어요.

피 고: 개가 당시 목줄을 하고 있었나요?

증인 김수지: 목줄이 안 보였습니다.

피 고: 원고가 개를 잘 살펴보고 가까이 있었나요?

증인 김수지: 푸들이 차 근처에서 놀고 있을 때 개 주인은 옆에 없었어요. 마음대로 깡충거리며 돌아다니고 있었던 것 같아요.

피 고: 목줄도 없었고, 원고와 거리도 좀 떨어져 있었다는 말씀이신가요?

증인 김수지: 네.

피 고: 어느 정도 거리가 떨어져있었나요? 몇 미터 정도?

증인 김수지: 3~4미터 정도.

피 고: 원고는 목줄을 한 상태였다고 하는데 목줄을 하고 가까이 있었다고 하기에는 거리가 좀 되네요, 그죠.

증인 김수지: 개가 검으니까 검은 목줄을 했다면 잘 보이지 않을 수는 있겠지만 3~4미터 정도니까 바로 옆은 아니에요.

피 고: 원고는 당시 무엇을 하고 있었는지 본 기억이 있습니까?

증인 김수지: 강아지가 다쳤을 때요?

피 고: 예.

증인 김수지: 저도 20미터 정도 떨어진 상태였고, 사돗은 출발하려고 운전석에 앉아 있었어요. 그래서 제가 강아지 주인에게 차 나오니까 개 챙기라고 큰소리로 여자분에게 말했거든요. 그런데 휴대폰으로 통화를 하는지 문자를 보내는지 폰을

보고 있었고 제 말을 못 들은 거 같았어요.

재판장: 증인이 원고에게 강아지 챙기라고 소리를 쳤다고요.

증인 김수지: 예, 사닷이 시동 걸고 차가 곧 나오는 거 같아 개 좀 붙들라고 말했는데 안 보시더라고요. 근데 바로 그다음 순간 개가 다쳤고 개가 깨갱거리니까 여자분이 소리지르고 난리셨어요.

피 고: 피고가 개를 볼 수 없는 상황이었나요?

증인 김수지: 가로등이 아주 밝은 곳이 아니고 개가 검잖아요. 그리고 뒤쪽에서 놀고 있었기 때문에 사각지대라 잘 안보였다고 생각합니다.

피 고: 이상입니다.

재판장: 원고, 반대신문할 것이 있으신가요?

원 고: 예, 증인의 남자친구니까 당연히 피고편을 드는 거 아닌가요? 저는 개 조심하라 그런 말 들은 적 없고요. 항상 산책할 때 목줄을 하고 나가서 집에 올 때까지 풀지 않아요.

재판장: 원고, 지금 증인은 선서하고 거짓말하면 위증죄로 처벌받는다는 거 알고 증언하시는 겁니다. 그렇게 묻지 말고 증인이 보고 들은 것에 대해 질문할 것 없으세요?

원 고: 없습니다.

재판장: 그럼 증인 신문을 마치겠습니다. 수고하셨습니다.

증거조사 종결

재판장: 이상으로 증인 신문을 모두 마치겠습니다. 증인 신문 결과에 의견 있으십니까?

원 고: 별 의견 없습니다.

피 고: 저도 별 의견 없습니다.

재판장: 이것으로 증거조사를 마치고 최종변론 절차를 진행하겠습니다.

2. 변론기일

다음은 변론기일에서 재판장이 당사자에게 석명하는 상황이다. 중국에서 온 홍연복은 어학연수로 한 지방대학에 입학했다. 법률을 잘 몰랐던 홍연복은 출입국관리법에 따른 시간제 취업 허가를 받지 않고 시내 식당 주방에서 시간당 4천 원을 받는 아르바이트를 시작했고, 그 후 3개월간 한 주에 30시간씩 일했다. 그런데 식당 주인 김영진은 홍연복이 한국어가 익숙하지 않아 여러 문제를 일으켜 발생한 손해가 임금보다 많으며, 불법 아르바이트이기 때문에 임금을 못 주겠다고 한다. 이에 대해 홍연복이 소액재판을 청구했다.

재판장: 원고 홍연복, 피고 김영진 나오셨어요? 예, 자리에 앉으세요. 원고가 주장하는 내용을 정리해보겠습니다. 2016년 4월 12일부터 2016년 7월 15일까지 3개월 동안 전주비빔밥집에서 일하면서 시급 4천 원에 하루 몇 시간 일해서 얼마 받기로 한 거예요?

원　고: 날마다 일하는 시간이 조금씩 달라 주별로 30시간을 채우고 월급 48만 원을 받기로 했습니다.

재판장: 월급을 한 번도 받지 않은 건 아니고, 첫 달은 40만 원을 받고, 두 번째 달은 20만 원밖에 못 받고 세 번째 달에는 밀린 월급을 포함하여 월급을 한 푼도 받은 사실이 없다는 것이죠?

원　고: 예. 저는 밀린 월급 84만 원과 3일 치 일한 대가로 3만 6천 원을 받을 것이 있어 재판 신청을 했습니다.

재판장: 예, 알겠습니다. 그런데 원고가 낸 서면은 주장일 뿐입니다. 위 주장을 입증할 수 있는 증거서류를 내시거나 증인을 신청하셔야 합니다.

원　고: 예.

재판장: 피고의 답변서를 받았는데, 원고도 받아보셨죠?

원　고: 답변서 아직 받아본 게 없습니다.

재판장: 송달이 안 된 걸로 나오네요. 원고가 청구한 건에 대해 피고가 반박하는 답변서를 제출했어요. 피고 입장은 원고가 한국어가 서툴러서 주방에서 설거지를 하고 주방보조를 하도록 시켰지만 주문을 잘못 전달하고, 설거지를 깨끗하게 하지 않아 손님들 컴플레인이 발생하고 식기를 깨기 일쑤였고, 또 주방 기구를 고장 내거나 파손하는 등 손해를 끼쳐서 첫 달과 둘째 달 월급에서 깐 것뿐이지 월급을 주지 않은 것이 아니다. 그리고 마지막 달은 중국 가느라고 월급날

한국에 없어서 돈을 주지 못한 것뿐이다. 그리고 원래 직원은 식사 한 끼를 제공하지만 아르바이트생은 근무 시간에 식사를 제공하지 않는데 원고가 식사를 거의 매일 먹은 것으로 안다. 그래서 식비를 빼야 하지만 그것은 그냥 포함해서 마지막 달 월급 48만 원만 지급하면 된다 그런 요지입니다. 피고, 제가 이해한 게 맞지요?

피 고: 예, 맞습니다.

재판장: 피고도 이렇게 주장만 하시면 안 되고 아르바이트생으로 인해 어떤 손해를 입으셨는지 입증을 하셔야 합니다. 그러면 그 부분 원고의 과실이 인정되면 그 액수만큼 상계하고 변제하면 되는 겁니다.

피 고: 예.

재판장: 원고에게 월급을 언제, 어떻게 지급하셨나요?

피 고: 매달 말일에 현금으로 줬습니다.

재판장: 현금으로 두 번 4월 30일, 5월 31일 이렇게 지급했나요?

피 고: 예.

재판장: 통장으로 입금하신 건 없습니까?

피 고: 예, 통장 입금을 안 했는데 그건 저 친구가 한국 은행에 통장이 아직 없다고 했고, 현금이 편하니까 현금으로 받겠다고 해서 그랬습니다.

재판장: 그럼 월급을 주고 영수증은 받았습니까?

피 고: 아뇨, 월급 주는 건 당연하니까 영수증을 받지 않았습니다. 다른 아르바이트생도 그렇게 하진 않고요.

재판장: 다른 아르바이트생에게도 현금으로 월급을 줍니까?

피 고: 예, 알바생은 그렇게 하기도 하고 계좌이체하기도 합니다. 그때 상황에 따라 서로 편한 대로 해요.

재판장: 직원 월급은 어떻게 지급하세요?

피 고: 직원 월급은 매달 말일에 계좌이체합니다.

재판장: 피고의 식당에 일하는 직원이 몇 명이고 아르바이트생이 몇 명입니까?

피 고: 직원은 주방조리사 한 분, 주방 아줌마 1명, 아르바이트생 2명입니다. 카운터는 제가 보고 있고요.

재판장: 식사가 무료로 제공되지 않는다는 것은 원고가 일하기 시작할 때 명시적으로 알려준 사실입니까?

피　고: 예.

재판장: 원고, 식사 시간에 식당에서 공짜로 주지 않는다는 거 피고에게 들었어요? 맨 처음 취직해서 일할 때나 일하는 기간 동안 들은 적 있어요?

피　고: 아뇨, 그런 기억 없습니다. 저 말고 식당의 다른 알바생도 다 먹었어요.

재판장: 피고는 원고가 식당에 금전적 손해를 끼쳤다고 하는데 어떤 손해를 말하는 건가요? 그게 뭐죠?

피　고: 쟤가 한국말을 잘 못 알아들어서 실수가 많아서 주문이 잘못 나가기도 했어요. 원래 주문 받는 일은 안 시키는데 손님은 많고 사람이 없을 때 시키면 거의 매번 사고를 냈고요. 또 저희 주방에 음식 운반하는 기계가 있어요. 덤웨이터라고 위층 아래층 음식을 오르내리는 작은 음식용 엘리베이터에요, 그거 레버를 끝까지 반대로 당겨서 그게 그만 고장 나서 한동안 못 써서 힘들었어요. 저희가 면적은 좁아도 1, 2층이거든요. 그거 수리비가 25만 원 정도 했어요. 부품 구하기 힘들어서 수리비가 세게 나왔거든요.

재판장: 피고 생각으로는 그 기계가 고가라서 다루는 데 주의를 요하는데 원고가 실수를 한 건가요? 아니면 부주의해서 그런 건가요?

피　고: 쟤가 좀 그런 걸 함부로 하는 경향이 있습니다.

재판장: 주방에서 일하면 접시도 깨고 그럴 수 있는데 그럴 때마다 직원들이 비용을 물어내야 합니까?

피　고: 봐줄 수 있는 것도 있는데 이 친구는 들어온 지 얼마 안 되어서부터 비싼 그릇을 여러 개 깨뜨려서 제가 조심시키느라 처음부터 월급에서 깠어요.

재판장: 아르바이트생 시급, 얼마 하지도 않는데 이렇게 월급에서 다 까면 봉사도 아니고 수중에 남는 돈이 별로 없지 않습니까? 너무 박하신 거 아니에요?

피　고: 아 예, 그래도 저도 다 그렇게 알바하면서 식당에서 일했어요. 그래야 더 열심히 살아야 한다는 걸 배우니까 야박하다고 생각하실 수도 있는데 제 입장은 그렇습니다.

재판장: 원고가 청구하는 체불 임금 다 챙겨도 70~80만 원 남짓인데, 그 돈 주시고 바쁘신데 법원에 더 안 나오시는 게 좋지 않을까 싶은데 피고 생각은 어떠세요? 어차피 월급 밀린 건 주셔야 하고, 원고가 청구하는 첫째 달과 둘째 달 월급에서 아직 받지 못한 28만 원, 그리고 7월 12일부터 15일까지 3만 6천 원 이 부분을 다투시는 거네요.

피 고: 쟤가 말귀를 못 알아먹어요. 부품 망가뜨린 것 자기가 물어내야 한다고 말했고, 7월 12일부터 15일까지 3일 동안 추가 일한 게 아니라 그 전까지 주 30시간 채우지 않은 게 있어서 그건 월급에서 빠진 시간만큼 빼고 받을래, 채우고 받을래 하고 물어서 30시간 채우겠다고 해서 더 나와서 일한 거지, 쟤가 더 일한 게 아니라 시급 적용이 안 됩니다.

재판장: 지금 피고의 말은 부품 망가뜨려서 수리 받은 거에 대해 본인이 물어내야 한다는 말이고 7월 12일부터 15일까지 3일 일한 것은 주 30시간이 다 차지 않아 그 시간 채우고 월급을 받기로 원고랑 그렇게 합의를 했다고 하는데 원고는 어떻게 알고 있어요?

원 고: 음식 엘리베이터는 제가 망가뜨린 게 아니라 오래된 기계라 상태가 안 좋았는데 마침 제가 쓸 때 고장이 난 것뿐입니다. 주방에 계신 분이나 알바생도 다 알아요. 그런데 그게 제 탓이고 제 부주의이고 제가 한국말 잘 못해서 함부로 써서 그렇다고 하는 건 억지입니다.

재판장: 그 기계 연식이 어떻게 됩니까? 피고가 언제 구입한 거죠?

피 고: 저는 잘 모르겠습니다. 제가 식당을 인수한 거라 그때부터 있었어요.

재판장: 피고가 식당 인수해서 영업한 게 얼마나 되었어요?

피 고: 4년 반, 5년 되었습니다.

재판장: 원고, 7월 12일부터 15일까지 더 일하게 된 경위는 어떻게 돼요?

원 고: 원래 저는 한 번도 빠지지 않고 일했기 때문에 7월 11일까지만 하면 되는 거였어요. 그런데 새로 일하는 알바생이 7월 17일부터 일할 수 있다고 해서 제가 7월 15일까지 3일 더 채워준 거였어요. 더 해달라고 사장님이 말해서 더 하게 되었고 당연히 공짜로 해주겠다고 말한 적이 없어요.

재판장: 식당에 근무 시간표 같은 기록이나 장부 같은 게 있나요?

원 고: 무슨 말씀인지 잘 모르겠습니다.

재판장: 식당에 몇 시에 나와서 몇 시까지 일했다 기록하는 게 있어요? 알바생이 와서 일한 기록을 정리하나요?

피 고: 그런 건 없고, 주말마다 근무 시간 정산하는데 말로 하고, 메모지에 메모해두는 정도죠. 조그만 식당이라서요.

재판장: 원고가 새 아르바이트생이 근무하는 날까지 사흘 더 일하기로 한 거 다른 직원이 있는 데서 대화를 한 거예요?

원　고: 주방 이모가 주방에서 일하고 계셨어요.

재판장: 다른 직원이 진술해줄까요?

원　고: 잘 모르겠어요, 사장님과 관계가 불편해질 수 있으니까.

재판장: 원고와 같이 일하다 그만둔 알바생 중에 증인해줄 사람 있나요? 원고의 주장을 뒷받침할 진술서를 받아오면 좋겠는데요.

원　고: 한번 알아보겠습니다.

재판장: 피고도 수리비 25만 원을 지급한 영수증을 포함해서 기계가 고장이 난 게 원고의 잘못만인지 객관적으로 입증해주셨으면 좋겠어요. 그럼 증거자료 양쪽 다 준비해서 4주 후에 다시 오세요. 다음 기일 전에 미리 증거를 법원에 접수시켜 주세요.

3. 행정법률 상담

다음은 난민 신청자로 취업허가를 받아 공장에서 일하다 짐 운반 기계에 다리를 다친 외국인 나디아가 변호사와 산업재해보상에 관해 면담하는 상황이다. 외국인 민사사건 통역이 많지 않은 관계로 여기서는 산재처리를 다루는데 엄밀히 말해 산재는 행정사건에 속한다.

변호사: 나디아 씨 안녕하세요? 다리가 아프셔서 움직이기 힘드실 것 같아 제가 찾아왔어요.

외국인: 변호사님, 와주셔서 감사합니다.

변호사: 날씨도 더운데 힘드시겠어요.

외국인: 괜찮습니다. 변호사님이 더운데 오시느라 고생하셨어요.

변호사: 나디아 씨 인적사항을 받았는데 이 서류에 기재된 게 맞는지 확인해볼게요. 이름과 생년월일을 말씀해주세요.

외국인: 나디아 옥파라 1982년 6월 29일이에요.

변호사: 국적은 아프가니스탄이고 칸다하르 출신이고요.

외국인: 예.

변호사: 한국에 입국한 일자는 2016년 5월 1일 맞나요?

외국인: 예.

변호사: 입국하신 직후 6월초에 난민 신청하셨고, 취업허가 받고 3달 전부터 우주정공에 일하게 되신 거예요?

외국인: 예.

변호사: 공장에서 무슨 일 하셨어요?

외국인: 제가 한국어를 못 하니까 단순 작업밖에 할 수 없었어요. 간단한 조립요.

변호사: 그런데 사고는 언제, 어떻게 당하신 거예요?

외국인: 그게 한 달 전 공장에서 조립 작업한 박스를 옮기고 몸을 돌려 자리로 오는 찰나에 짐을 실은 운반 기계가 뒤에서 움직이고 있었는데요. 제가 미처 못 보고 움직이는 기계에 다리를 부딪혔어요. 그래서 살이 파이고 피도 났어요. 다행히 뼈는 괜찮지만 근육 조직이 많이 상해서 걷기 힘들어요.

변호사: 아휴 많이 아프셨겠어요. 병원에는 바로 가서 치료 받으신 거예요?

외국인: 예, 제가 넘어져 다치니까 회사분들이 병원에 데려가주셨어요.

변호사: 병원비는 어떻게 처리하셨어요?

외국인: 일단 제 돈으로 내고 회사동료들이 조금 보태줬어요.

변호사: 병원에 일하다 다친 거라고 산재라고 얘기했나요?

외국인: 의사랑 간호사가 어떻게 다쳤냐 그래서 공장에서 일하다 운반 기계에 다쳤다 말했어요.

변호사: 의사소통은 어떻게 하셨어요?

외국인: 공장에 영어를 하는 친구가 도와줬어요. 의사가 영어를 조금 해서 영어로 소통한 걸로 알아요. 그런데 산재가 뭐예요?

변호사: 일하다 다치면 산업재해라 보상을 받거든요. 회사가 산재보험 들어야 해요. 그건 의무사항이에요.

외국인: 그런데 저는 산업재해 얘기는 병원에서나 회사에서 들은 게 없어요.

변호사: 회사 회계나 인사담당 직원에게 들은 내용이 없어요?

외국인: 없어요.

변호사: 회사가 보험이 가입되어 있으면 가능하고, 산재지정병원이 아니라도 상관없어요. 회사에서 산재청구를 안 했나 보네요. 제가 병원 원무과랑 근로복지공단에 알아볼게요. 거기서 치료비를 주게 되어 있거든요. 앞으로 치료는 어떻게

한다고 들었나요?

외국인: 피부이식수술이 필요하대요. 다음 주에 병원 가면 알려준대요. 그런데 저 이제 어떻게 돼요?

변호사: 나디아 씨는 난민 신청자이시고 다른 외국인도 그렇지만 산재기간 동안 체류 문제는 걱정 안 하셔도 돼요. 수술 받으면 6~7개월 정도 나와요. 수술 잘 받고 빨리 나으시면 좋겠어요. 혹시 장애를 입게 되더라도 요양기간이 끝나고 장애 판정을 받게 되면 장해급여가 나와요. 그러니 너무 걱정 마시고 치료 잘 받으세요.

외국인: 감사합니다. 변호사님, 그러면 제가 낸 병원비도 돌려받고, 수술비도 산재보험에서 나오는 건가요?

변호사: 네, 그렇게 될 수 있도록 제가 도와드릴게요.

4. 국제소송(데포지션)[2]

다음은 미국의 타이어 제조사 K사(원고)가 한국 C사(피고)를 상대로 지적재산권[3] 침해로 미국법원에 제소한 것과 관련하여 미국법원에 제출할 자료로 C사 직원인 A의 선서증언(deposition)이 통역을 거쳐 진행되는 상황이다.

변호사: 안녕하세요. 원고측 대리인 김상국 변호사입니다. 증인의 이름, 소속, 직함부터 말씀해주세요.

증 인: C사 수석엔지니어 A입니다.

---

2 기업 간 국제소송은 일반적인 커뮤니티 통역 범주에 해당하지 않아 여기에서는 한 가지 상황만 연습 자료로 제시했다.

3 지적재산권에는 저작권, 특허권, 실용신안권, 의장권, 상표권 등이 있다. 예를 들어 이 책의 저자로서 필자는 저작권을 가진다. 기술적 발명을 일정기간 독점적으로 이용할 수 있는 권리가 특허권이며, 실용적 고안을 독점적으로 이용할 수 있는 권리는 실용신안권, 심미적 요소를 갖는 물품의 형태(의장)을 독점적으로 이용할 수 있는 권리가 의장권이다. 상표권은 상표를 독점적으로 사용할 수 있는 권리를 말한다.

변호사: 오늘 C사를 대표해서 증인으로 이 자리에 참석하셨습니다. 맞습니까?

증　인: 네.

변호사: C사에 언제 입사하셨나요?

증　인: 2000년 1월에 입사했습니다.

변호사: 입사 당시엔 어느 부서 소속이었죠?

증　인: 공장 기술자 중 한 명이었습니다.

변호사: 현재는 어떤 직무를 하시죠?

증　인: 엔지니어링 부서 과장입니다.

변호사: 엔지니어링 부서는 뭘 하는 부서죠?

증　인: 화물 트럭용 타이어를 엔지니어링하고 디자인하는 부서입니다.

변호사: C사 창립이 1999년인 걸로 알고 있는데 엔지니어링 부서가 처음부터 있던 부서입니까?

증　인: 원래 시작할 때는 규모가 작아서 사실 부서 간 뚜렷한 차이가 없었고요. 엔지니어링 일을 하는 사람은 있었겠지만 정식부서가 생긴 건 2년 전쯤일 겁니다.

변호사: 그럼 이제 본격적으로 질문 드리겠습니다. C사에서 2016년 새로 출시한 C-Tire 2016A와 C-Tire 2016B는 이전과는 다른 트레드 패턴을 도입했습니다. 창립 이후 타이어 트레드 패턴이 변경된 건 처음인데 맞습니까?

증　인: 네.

변호사: 어떤 면에서 달라졌죠?

증　인: 너무 많아서 다 기억나지 않고 설명해도 잘 모르실 겁니다.

변호사: 제가 받은 자료에 따르면 2016년 이전 모델들의 경우 메인 그루브(main groove) 선이 4개였고 그 폭이 각각 13밀리미터였습니다. 그런데 2016년에 출시된 C-Tire 2016A와 C-Tire 2016B는 메인 그루브가 3개로 줄었고 폭은 15밀리미터로 넓어졌습니다. 맞습니까?

증　인: 아마 그럴 겁니다.

변호사: 확실한 게 아닙니까?

증　인: 아까 말했다시피 제가 일일이 다 기억하진 못합니다.

변호사: 그러면 이런 설계에 변화를 주신 이유를 전혀 모르시나요?

증　인: 정확히 기억은 안 나지만 원래 메인 그루브 폭은 종종 수정되기도 하고 무엇보다 작년에 클라이언트 요구도 있고 해서 내부 실험을 여러 번 거치고 여러 가지를 종합적으로 고려해서 변경한 걸로 알고 있습니다.

변호사: 메인 그루브 개수를 줄이고 폭넓이에 대한 수정을 해달라는 클라이언트 요구가 있었다는 말씀이신가요?

증 인: 딱 꼬집어서 메인 그루브 얘기를 하진 않죠. 그쪽은 타이어 기술이나 그런 건 잘 모르니까요. 그런데 대충 그쪽에서 말하는 걸 들어보면 아, 이런 게 필요하겠구나 이런 건 좀 바꿔야겠구나 해서 저희 내부적으로 회의를 하고 엔지니어링 설계랑 실험을 거친 거죠.

변호사: 엔지니어링 설계랑 실험은 2년 전에 생긴 엔지니어링 부서에서 담당했겠네요?

증 인: 뭐, 그렇죠.

변호사: 좋습니다, 넘어가죠. 그루브 외에 가로로 된 사이프라는 선이 있습니다, 맞습니까?

증 인: 네.

변호사: 2016년 신형 모델과 그 이전 모델들 간 사이프 개수에서 차이가 나는데 이건 왜 그렇죠?

증 인: 아까 말했다시피 클라이언트가 여러 가지 요구를 합니다. 클라이언트 요구뿐 아니라 도로 환경이나 이런 게 많이 바뀌니까 우리도 느끼는 거죠 아 뭔가 디자인을 바꿔야겠구나 하고요. 그래서 이런 설계가 낫겠다, 이건 빼야겠다 뭐 그런 결정을 내리게 되는 거죠. 사이프도 마찬가지입니다. 이게 복잡한 거라, 뭐 하나만 딱 놓고 그게 기준이 돼서 사이프를 몇 개 넣어야겠다, 이런 결론을 내릴 수 없어요.

변호사: 제가 알기로는 사이프 개수가 그립력이랑 연관이 있어서 보통 겨울용 타이어에 사이프가 많은 걸로 알고 있습니다. 맞습니까?

증 인: 그것도 이유 중 하나가 될 수 있겠죠.

변호사: 그럼 C-Tire 2016A 그리고 C-Tire 2016B는 겨울용 타이어겠네요?

증 인: 네?

변호사: C-Tire 2016A랑 2016B를 겨울용 모델로 출시하신 게 맞습니까?

증 인: 딱히 그런 걸 고려하진 않습니다. 그건 타이어를 사가는 업체에서 선택할 문제죠.

변호사: 그렇다면 겨울용 모델로 출시할 생각은 없었지만 어쩌다 보니 눈길에도 그립력이 편안한 디자인을 설계하게 되셨다는 말씀이신가요?

증 인: 사이프가 많다고 반드시 겨울용 타이어는 아닙니다. 이게 정말 복잡하거든요.

변호사: 알겠습니다. 증거자료 1번입니다. 한번 봐주시고요. 예전에 본 적이 있으신가요?

증 인: 아뇨. 잘 모르겠습니다. 처음 봅니다.

변호사: 이게 뭐냐면 2014년 가을에 K사에서 중국의 공장, 그러니까 타이어 제조를 아웃소싱한 공장에 보낸 겨울용 타이어의 디자인 견적서입니다. 처음 보시는 게 맞습니까?

증 인: 그런 것 같습니다. K사 것을 저희가 볼 이유가 없으니까요.

변호사: 그렇다면 두 번째 페이지에 나와 있는 K사의 트레드 패턴 도안 역시 처음 보시는 거겠네요?

증 인: 네.

변호사: 육안으로 봤을 땐 증인께서 제출하신 C사의 C-Tire 2016년형 모델들과 거의 차이가 없는 걸로 보이는데 맞습니까?

증 인: 무슨 말씀이신지 잘 모르겠습니다.

변호사: 타이어 전문가가 아닌 입장에서 말씀드리면 K사가 2014년 가을쯤 고안한 겨울용 타이어 트레드 패턴과 2015년 말에 C사가 2016년 신형 모델로 출시한 타이어의 트레드 패턴이 동일한 패턴이라 해도 과언이 아닙니다. K사는 2014년 12월에 해당 트레드패턴에 대한 특허를 받았는데요. C사는 출시를 하기 전 제품 디자인에 대한 특허신청을 했나요?

증 인: 특허는 모르겠고 트레드 패턴은 원래 다 비슷합니다. 게다가 같은 화물 트럭용 타이어끼리는 더더욱 비슷합니다. 육안으로 다른 게 더 이상합니다.

변호사: 맞습니다. 원래 트레드 패턴은 유사성이 많기 때문에 신기술을 적용한 이번 트레드 패턴에 대해서 K사가 특허를 신청한 거고요. 그러면 증인의 엔지니어링 부서에서는 설계를 하기 전에 혹은 출시하기 전에 이게 다른 제조사의 특허를 침해하는지 안 하는지 그런 확인 작업을 따로 거치지 않으셨나요?

증 인: 엔지니어링 부서에서 특허 그런 건 다루지 않습니다. 우린 그냥 설계를 하고 출시하는 겁니다. 특허 관해서 저는 전혀 모릅니다.

변호사: 알겠습니다. 그러면 C사는 타이어를 설계하거나 출시하기 전이나 이후에 특허 관련 조사는 일체 하지 않는 걸로 이해하면 되는 겁니까?

증 인: 아니 안 하는 게 아니라, 어쨌든 저희 쪽은 그런 걸 안 하니까 모릅니다. 다른 부서에서는 뭘 하는지 저희는 모르죠.

변호사: 알겠습니다. 특허 관련 조사를 하지 않으면 다른 제조사의 디자인에 대한 조사는 하시나요?

증 인: 질문을 잘 이해하지 못했습니다.

변호사: C사가 타이어 트레드 패턴을 바꾼 건 창립 이후 이번이 처음입니다. 게다가 엔지니어링 부서도 생긴지 2년밖에 되지 않았고 여러모로 정보나 자원이 부족한 상황일 거라 생각되는데요. 참고가 되었던 디자인이 있는지요?

증 인: 글쎄요. 저 말고 엔지니어가 3명이나 더 있어서… 같이 머리를 맞대고 디자인한 건데, 뭐 개인별로는 뭔가 참고했을 수도 있겠죠. 그런데 말씀드렸다시피 트레드패턴이라는 게 거기서 거기고, 뭐 어떤 성능이나 기능을 더 강조하는지에 따라서 변화를 주는 거지 정해져 있는 게 아니라 참고하고 말고 할 것도 없습니다 사실.

변호사: 알겠습니다. 오늘은 여기서 마치도록 하겠습니다. 고생하셨습니다.

9장

가사사건 통역

1. 가정법률 상담

가정법률 상담 범위는 매우 넓지만 여기에서는 주로 이혼 문제에 초점을 맞춘다. 한국인 남편 박종식(44세)과 2014년 결혼한 인도네시아 출신 여성 예시리아 파나당(29세)은 남편의 도박 중독과 가정 폭력에 시달리다 이혼을 결심하고 이혼 소송을 제기함과 동시에 남편 박종식을 상해 및 폭행으로 고소했다. 다음은 파나당이 변호사를 만나 법률 상담을 하고 있는 상황이다.

변호사: 예시리아 파나당 씨, 이혼상담을 받으러 오셨다고요.

내담자: 예.

변호사: 박종식과 법률상 혼인한 상태인가요?

내담자: 예.

변호사: 혼일 신고일이 언제입니까?

내담자: 2014년 11월 27일입니다.

변호사: 지금 남편과 같이 살고 계세요?

내담자: 딸아이랑 월세 얻어서 사는데 남편은 집에 거의 안 들어와요.

변호사: 두 분 결혼 생활하면서 관계는 어떠셨어요?

내담자: 결혼 전엔 몰랐는데 결혼 후 남편이 도박에 빠지고 폭력성도 있고 해서 매우 매우 힘들었어요.

변호사: 처음에 박종식을 어떻게 알고 혼인하게 되었나요?

내담자: 제가 한국에 처음 와서 아산에 있는 공장에서 일할 당시 남편은 회사에 배달 기사 일을 하던 사람이었어요.

변호사: 외국인 근로자로 오셨군요.

내담자: 예.

변호사: 남편과 연애결혼한 건가요?

내담자: 예, 연애결혼이라고 할 수 있겠죠. 매일같이 저한테 만나달라고 찾아오고 일이 끝날 때 기다렸다가 저를 보고 갔어요. 나이 차이가 많고 저는 한국에 돈 벌러 왔기 때문에 결혼 생각이 없어서 계속 거절했는데 애 아빠가 집요하게 매달려서 그렇게 되었어요.

변호사: 남편과 15살 차이시네요.

내담자: 예. 저는 나이 많은 한국 남자와 결혼할 생각이 없었는데 하도 주변에서 몇 번은 만나보라고 권유도 하고 그래서 몇 번 만나다가 그만 만나자고 하니까 나랑 결혼 못 하면 죽겠다고 해서 제가 어쩔 수 없이 한 것도 있어요.

변호사: 그래도 강제로 결혼하신 건 아니니까 연애결혼인 거죠.

내담자: 그렇다 할 수 있죠. 석 달 정도 만났는데 잘 해준 것도 있고, 나 없으면 못산다며 제가 헤어지자니까 그럼 자기는 죽겠다는 말을 하는 바람에 마음이 약해져서 헤어질 수 없었어요.

변호사: 증인은 두려운 마음에 박종식과 헤어지지 못했던 거네요.

내담자: 그때 임신도 하게 되어 결혼할 수밖에 없었어요.

변호사: 남편과의 사이에 자녀는 딸 하나뿐이세요?

내담자: 예, 딸 하나 있습니다.

변호사: 딸 이름과 나이는요?

내담자: 제니, 두 살 반입니다.

변호사: 박종식과 혼인한 이후 결혼 생활을 좀 더 구체적으로 질문할게요.

내담자: 예.

변호사: 결혼 후에 계속 직장 생활은 어떻게 하셨어요?

내담자: 저는 일하고 싶었지만 임신하고 몸이 약해져서 직장을 곧 그만두었고, 화성에 집을 얻어 살았어요. 애 아빠는 다른 회사에 취직하여 배송일을 하다가 그만둔 이후부터는 건축 막노동일을 했고, 그때부터 도박을 하고 다닌 걸로 알아요.

변호사: 박종식씨가 도박한 거는 어떻게 아셨어요?

내담자: 집에 돈을 가져오지 않고 빚지고, 도박 자금 내놓으라고 하고, 도박 빚 때문에 시달리니까 모를래야 모를 수가 없어요.

변호사: 도박은 언제부터 어떤 계기로 하게 되었는지 아세요?

내담자: 음 원래 내기, 도박 이런 걸 좋아하는 사람이에요. 결혼 전엔 인터넷 고스톱이 취미였거든요.

변호사: 그럼 박종식과 혼인하기 전에 남편의 도박에 대해 알고 있었나요?

내담자: 아니오. 인터넷 고스톱 좋아하는 건 알았는데 이 정도인 줄은 전혀 몰랐죠. 결혼 몇 년 전에 그 사람이 도박으로 집안 재산을 축낸 사실을 나중에 알게 되었어요. 신혼 초에 배송기사를 하던 직장에서 잘리고 막노동일하면서 외지에서 일하는 경우가 많았어요. 전 일 때문에 집에 들어오지 않는 줄 알았는데 생활비를 가져다주지 않고, 외박이 잦아서 알아보니까 도박에 빠져 있더라고요.

변호사: 생활비를 전혀 주지 않았나요?

내담자: 노동하면서 처음 몇 달은 월급은 아니지만 적어도 며칠에 한 번씩 돈을 주다가 한 1년 전부터는 거의 안줬어요.

변호사: 그럼 생활은 무슨 돈으로 하셨어요?

내담자: 너무 힘들었어요. 제가 결혼 전에 모아둔 돈 조금하고, 집에서 제가 아르바이트해서 조금씩 식비를 벌었어요. 동네 교회에서 저희 사정을 알고 아이 옷이며 생활용품을 많이 가져다주셨고요.

변호사: 남편은 일을 하면서 도박을 한 건가요? 계속 돈을 따지는 않았을 것 아닙니까?

내담자: 처음엔 얼마 되지 않는 자기 돈 가지고 했겠지만 돈이 떨어지면 눈이 뻘겋게 돈 찾으러 다녔어요. 저에게도 밑천 구해오라고 협박하는 경우도 허다했어요. 가족도 안중에 없고 결혼 전에 알던 사람과 완전히 다른 사람 같았어요.

변호사: 협박을 했다면 어떻게 했나요 남편이?

내담자: 도박해서 돈을 다 날리고 빚도 얻어서 했나봐요. 그러다가 돈이 없으니까 저더러 자금을 구해오라고 윽박지르고 성질냈어요. 제가 돈을 어떻게 구해오냐고

하면 저를 때리고 제 멱살을 잡고, 애 앞에서 제 목에 칼을 들이댄 적도 있어요.

변호사: 많이 힘드셨겠어요. 남편의 도박이 심해진 건 언제부터인가요? 결혼 직후부터 인가요?

내담자: 직후는 그렇지 않았고, 제니 낳을 때쯤, 그러니까 배송일 그만두고부터였어요. 직장을 잃고 나서요.

변호사: 결혼 전에도 도박벽이 있었다고 하셨죠.

내담자: 예, 시부모님이 남편 카드빚으로 집을 담보 잡혔고 결국 파셨다고 들었습니다. 그래서 결혼식에도 부모님은 안 오셨어요.

변호사: 남편이 폭력적이라고 하셨는데 언제 폭력적인 행동을 했나요?

내담자: 폭력적인 행동은 주로 도박할 돈 내놓으라고 저를 괴롭힐 때에 나타나요.

변호사: 남편과 결혼생활을 더 이상 계속하기 힘들다고 생각하시는 거예요?

내담자: 예. 도박에 완전히 중독되어 돈을 잃고 집에 들어오는 날이면 남편의 얼굴에 살기가 느껴져 말조차 붙이기 어려운 경우가 다반사였고, 제가 매달려보고, 호소도 하고 그만두지 않으면 제니 데리고 도망가겠다, 이혼하겠다고 말했다가 맞았어요. 도저히 이대로는 혼인 생활을 유지하기 어려워요.

변호사: 그렇군요. 남편에게 최근에 폭언이나 폭행을 당한 적이 있습니까?

내담자: 예, 지난주에도 그랬어요.

변호사: 그동안 박종식의 폭행이나 폭언 때문에 병원 진단서를 받아둔 것이나 경찰서나 파출소에 신고한 적이 있습니까?

내담자: 두 번 정도 신고한 적이 있었는데요.

변호사: 그게 언제입니까?

내담자: 처음에는 제가 직접 하지는 않고 알고 지내는 이웃 언니가 저를 위해서 신고해 줬는데 그때는 올해 초였고요, 바로 지난주에는 제가 바로 112에 신고했어요. 손도 그때 다쳤고요.

변호사: 어떻게 다치신 건가요?

내담자: 제가 남편 휴대폰 빼앗아서 안 주니까 제 손을 꺾어서 여기 둘째 손가락이 부러졌어요.

변호사: 박종식에게 이혼하겠다고 얘기해보셨어요?

내담자: 예. 제가 울면서 여러 차례 이혼을 요구했지만 남편이 이혼해주지 않겠다고 했어요.

변호사: 왜 남편이 이혼을 못 해준대요?

내담자: 모르겠어요 저도. 이혼하면 제가 제니를 더 못 볼 거라고 그랬어요.

변호사: 그건 걱정하지 마세요. 만약 아이를 양육하지 못하더라도 만나볼 수 있는 면접교섭권은 당연히 가질 수 있어요.

변호사: 남편이 딸은 잘 봐주나요?

내담자: 임신 초에는 저에게도 잘해줬는데 도박에 빠지면서 가정에 관심이 없어졌어요. 애기 기저귀값도 벌어오지 않으니까 아빠로서 자격이 없는 거죠.

변호사: 그래도 집에 있을 땐 딸아이와 잘 놀아주나요?

내담자: 딸아이가 남편을 무서워해요. 큰소리 내고 저랑 싸우거나 저를 괴롭히니까요.

변호사: 외도라든가 그런 문제는 없고 도박과 경제적인 문제 때문에 남편과 이혼을 하고 싶어하시는 걸로 이해하면 되나요?

내담자: 예.

변호사: 남편에게 잘못이 있어서 이혼을 원하시는 건데 이혼할 때는 재산분할, 위자료, 자녀 면접교섭 같은 걸 결정해야 해요.

내담자: 다른 건 필요 없고 제가 원하는 건 아이랑 같이 살면서 남편과 헤어지는 겁니다.

변호사: 이혼을 하시더라도 자녀문제, 양육, 친권 문제가 매우 중요한데 그것과 별개로 위자료와 재산분할을 청구할 수 있거든요.

내담자: 전 돈에 관심 없어요.

변호사: 주거는 월세라 하셨지요?

내담자: 예. 보증금 700만 원에 월세 50만 원 집인데 월세도 두 달 밀렸어요.

변호사: 남편에게 자산이나 수입은 없다고 봐야 하나요?

내담자: 그런 게 있으면 남편이 다 가져가서 도박 밑천으로 썼을 거예요. 이제 남은 돈이 거의 없고 빚만 있어요. 전세금 빼서 월세로 옮긴 지 여러 달 되었어요.

변호사: 남편 빚은 어느 정도 있나요?

내담자: 정확히는 몰라요. 몇 천만 원 정도로 알아요. 처음엔 몇 백이었는데 사채까지 얻어서 눈덩이처럼 불어났어요. 저는 돈은 바라지도 않아요. 남편에게 돈도 없구요. 이혼만 시켜주시고 아이를 제가 키우게 해주세요, 변호사님.

변호사: 알겠습니다. 우선 이혼하고 양육권만 해결하고 2년 안에 위자료와 재산분할 청구를 할 수 있어요. 혹시라도 아이 아빠가 일을 하게 될 수도 있고, 하다못해 장애급여가 나오더라도 청구할 수 있으니까요.

2. 가사조정

가사조정은 가족 또는 친족 간의 분쟁에 대해 법원이 조정하는 것을 말한다. 여기서는 두 가지 조정 사례를 스크립트로 제시했다.

ㅁ 가사조정의 예 1

다음 사건은 결혼 이민자 여성이 문화 차이로 인한 갈등과 고부 갈등으로 인해 이혼을 희망하여 이혼을 청구했으나 남편은 이혼 의사가 없는 경우이다. 조정기일에 두 명의 조정위원이 이들과 만나고 있다.

조정위원1: 아내분은 문화적인 차이뿐 아니라 고부 갈등 때문에 남편과 이혼을 원하고 있으세요. 그런데 남편분은 이혼을 원치 않으시는 거죠.

남 편: 예, 전 이 사람과 이혼할 수 없습니다. 전 이 사람을 사랑하고 같이 살고 싶은데 왜 헤어져야 합니까?

조정위원1: 남편의 마음은 잘 알겠습니다. 아내분 제가 보기엔 그동안 남편께서도 많은 노력을 하셨고 앞으로도 계속 노력을 할 의향이 있어 보이시는데요.

아 내: 남편이 노력한다지만 전 결혼 생활을 계속할 자신도 없고, 애정도 없어요. 둘이 사는 게 아니라 시어머니까지 셋이서 결혼한 것 같아요.

조정위원1: 아내분이 이혼을 하려는 이유 중엔 남편에 대한 불만도 있으신 겁니까?

아 내: 남편에 대한 직접적인 불만은 아니지만 저보다 자기 어머니가 우선이에요. 그래서 저희 관계가 나아지기 어렵다고 봅니다.

조정위원2: 남편에 대해 직접적인 불만이 없다면 이혼을 좀 더 신중하게 생각하실 수 없을까요?

조정위원1: 제 생각도 마찬가집니다. 시댁과의 갈등 때문이라면 해소할 방법이 전혀 없는 것 같지는 않는데요. 이제까지 시어머니와 같이 살았지만 따로 살아보는 건 어떨까요?

남 편: 저도 그럴 생각입니다. 어머니하고 떨어져 지내다 보면 이 사람도 괜찮아질 거라 생각합니다.

아 내: 남편은 분가하면 모든 게 나아질 거라 생각하지만 저는 동의할 수 없어요.

남편의 어머니가 얼마나 무서운 분인지 모르시겠지만 시어머니는 매우 집요한 성격인데다 저를 많이 무시하세요. 그리고 아들밖에 모르는 분이세요. 저희가 분가를 하든지 외국에 살든지 살아계신 한 간섭하고 아들을 컨트롤하려고 들 분이에요.

조정위원2: 분가해보지도 않고 어떻게 그렇게 단정하실 수 있으세요. 이제 결혼하신 지 2년 정도밖에 지나지 않았는데 세월이 지나면 시어머니도 연로하시고 사람이 조금은 바뀔 수 있지 않을까요? 분가하면 같이 사는 것과 달라질 수 있다고 가능성을 열어놓으시면 어떨까요?

아　　내: 어머니는 남편 있는 데서는 저를 아끼는 척하지만 남편이 없으면 함부로 하세요. 저에게 돈 보고 시집온 거 아니냐, 너희 나라는 후진국이다, 이런 식으로 무시하는 말을 많이 하세요.

조정위원2: 아내분이 많이 괴롭고 힘들어서 피하고 싶어 하는 것 같은데 저도 시어머니와 갈등이 없었던 것 아니고 그 마음을 이해 못 하는 건 아닙니다. 그런데 가장 중요한 건 두 분이에요. 아직도 두 분이 서로에 대한 마음이 바뀐 것이 아니고 사랑하시는데 남편을 믿고 용기를 좀 내보시면 안 될까요? 신혼이라 두 분이 문화 차이를 포함하여 여러 가지 요인으로 갈등을 겪을 수 있거든요.

아　　내: 그건 힘들 거 같아요. 전 참을 만큼 참았거든요.

조정위원1: 제 생각에 이 문제는 아내분께서 혼자 마음을 바꾼다고 어떻게 하실 수 있는 문제는 아닌 것 같습니다. 우선 어머니께서도 아들 내외의 관계의 어려움을 아셔야 하고, 마음을 바꾸셔야 할 것 같아요. 그리고 무엇보다도 아내를 위해 남편의 도움이 절실한 것 같습니다. 남편분이 어떤 노력을 하실 수 있는지요?

남　　편: 저도 압니다. 그래서 우선 분가하도록 어머니를 설득할 수 있어요. 그리고 이제부터 이 사람 마음 다치지 않게 제가 다 막아줄 겁니다.

조정위원1: 남편이 노력하겠다는데 아내분 어떠세요?

아　　내: 남편이 노력하지 않은 건 아니지만 남편에게 섭섭한 점이 많았어요. 어머니가 날 무시한다, 당신 없을 때 나한테 이렇게 하신다 말을 해도 남편은 내가 한국말을 잘 못해서 오해한 거라고 계속 그랬어요. 이혼하겠다고 신청하기 전까지 남편은 어머니 편을 들었다고 봐야 해요. 이 사람이 어머니와 따로 살겠다고 설득할 수 있을까요? 전 못 한다고 봅니다.

남　　편: 그럼 어떻게 했으면 좋겠는데? 분가하고 찾아가지도 오시지도 말라고 할까? 내가 다시 어머니 보지 않겠다고 하면 되겠어?

조정위원2: 그건 좀 말씀이 과하신 것 같고요. 우선 두 분 좀 마음을 가라앉히십시오. 부인, 남편께서 이렇게 극단적인 생각을 할 정도로 함께 살기를 원하고 계신데요. 아무래도 그동안 상처를 많이 받으시고 또 아이까지 잃으셔서 많이 힘들지만 남편의 마음을 봐서라도 좀 여유를 갖고 생각해보시는 게 좋지 않을까요?

아　　내: 이 사람은 효자니까 저 때문에 남편이 어머니에게 힘든 말을 하고, 관계를 끊는 것도 전 바라지 않아요. 어머니가 어떻게 나오실지 모르지만 어머니가 서운해 하시거나 분가를 원하지 않으시면 이 사람 마음이 약해서 지금은 분가하고 나를 위해 노력하겠다고 하겠지만 이 사람이 지치면 그때 저는 어떻게 해야 하나요?

남　　편: 나를 좀 믿어주고 기다려주면 안 돼?

아　　내: 그냥 날 놔줘요. 그냥 우리 집에 돌아갈래요.

조정위원장: 지금 아내분에게 무슨 말씀을 드려도 마음이 쉽게 변하실 것 같지 않습니다. 4주 조정 기간을 드릴 테니까 집에 돌아가셔서 상처 받은 마음을 치유하시길 바랍니다. 아내분과 남편분이 서로 다른 나라와 다른 문화, 다른 가정에서 자라나서 남편과 아내로 만나 다문화 가정을 이룰 때 전혀 어려움이 없을 것이라 생각하신 건 아니잖아요. 한국 사람끼리 만나도 이런 어려움은 얼마든지 있을 수 있습니다. 두 분이 처음에 어떤 마음으로 서로 남편과 아내로 인연을 맺기로 했는지 생각해보시길 바랍니다. 그리고 남편분께서는 반드시 어머니를 설득해서 분가를 준비하는 것이 좋겠습니다. 그럼 오늘 기일은 마치고 4주 후에 뵙겠습니다.

ㅁ 가사조정의 예 II

다음은 지병이 있는 남편의 경제적 어려움과 알코올 중독을 이유로 아내가 이혼을 청구하고 있는 사건이다. 남편은 자신은 알코올 중독이 아니며 경제적으로 어려움이 있지만 가족의 생계에 도움이 되도록 노력을 하겠다고 진술하고 있다.

조정위원: 아내 리나 씨께서 남편 강태호 씨를 상대로 이혼 소송을 신청하셨지요.

아　　내: 네.

조정위원: 남편은 불원의사 표하셨고요.

남　　편: 예, 전 가능하면 이혼하고 싶지 않습니다.

조정위원: 원고가 이혼을 원하는 이유가 남편의 경제적 무능력과 알코올 중독으로 혼인 관계가 파탄에 이르렀기 때문입니까?

아　　내: 네.

조정위원: 두 분이 지금 같이 사시고요.

아　　내: 예.

조정위원: 결혼한 지 5년 정도 되셨는데 그간 어떻게 생계를 유지하셨는지 좀 말씀해주시겠어요?

아　　내: 남편은 변변한 직장이 없어 수입이 불규칙했어요. 결혼할 때에는 남편이 상업한다고 소개 받았는데 실제로는 가게를 직접 하는 게 아니라 배달일을 했어요. 주로 부모님이 하시는 가게나 주변 가게의 물건을 배달해주는 일을 했는데 그게 두 사람이 생활하기에 충분하지 않았고요. 저도 부모님 가게에서 일을 도와드렸고요. 그런데 3년 전 시부모님 가게에 불이 나서 일이 없어졌고, 그다음부터는 밖에 나가질 않고 맨날 술만 마셨어요.

조정위원: 그럼 아내분은 3년 전부터 경제적으로 어려워지고 남편의 음주벽이 생겼다는 말씀이죠?

아　　내: 그렇다고 할 수 있어요.

조정위원: 3년 전에 시부모님 가게에 불이 나서 어떻게 되었나요? 남편분이 말씀해주시겠어요?

남　　편: 새벽에 시장에 불이 났고 우리 가게가 다 탔어요. 그래서 보상도 조금밖에 못받고 부모님이 장사를 접으셨어요. 그래서 저희도 어려워졌죠.

조정위원: 불이 나기 전까지는 그래도 두 분이 가게일을 돕고 해서 수입이 있었는데 이후로는 수입원이 끊긴 거나 마찬가지다 이런 말씀이네요.

남　　편: 예. 다른 가게들도 화재로 한동안 문을 닫아서 일이 없었어요.

조정위원: 배달일을 해서 생기는 수입은 평균 한 달에 어느 정도입니까?

남　　편: 음…대중없는데 80～100만 원 정도였어요.

아　　내: 저는 그런 돈을 본 적 없어요.

조정위원: 가정 경제, 살림은 누가 맡아서 했나요?

남 편: 제가 생활비를 줬어요. 월급 개념이 아니라 그때그때 반찬값, 분유값 이런 식으로 2~3만 원씩 장 보라고.

조정위원: 시부모님은 지금도 경제적으로 도움을 주시나요?

남 편: 부모님이 2년 전까지만 해도 시장에서 개소주집을 하셨는데 그때에는 그럭저럭 저희 살림도 도와주실 정도였어요. 그런데 시장에 불이 나서 손해를 많이 봐서 경제적 여유가 없으세요. 어머니도 혈압으로 쓰러지셔서 형편이 어렵습니다.

조정위원: 배달일을 했을 때는 매일같이 출근하는 식으로 일한 건가요?

남 편: 아뇨. 집에 있다가 전화 오면 배달하러 나갔어요.

조정위원: 그럼 남편분이 하루에 몇 시간 정도 일을 했나요?

남 편: 하루 종일 일하는 게 아니고 배달일이 있으면 하루에 한두 시간 또는 몇 시간 일을 했어요. 배달일 없으면 집에서 대기하고요.

조정위원: 아내분은 경제 활동을 하세요?

아 내: 지금 식당 주방에서 설거지하고 있어요.

조정위원: 아이는 어디에 맡기고 일을 다녀오시나요?

아 내: 어린이집에 맡겼다가 6시에 집에 와요. 제가 그때는 집에 와요. 남편 혼자 애를 못 보기 때문에, 그래서 저도 일하는 시간이 짧아서 남들이 100만 원 벌 때 70만 원밖에 못 벌어요.

조정위원: 아까 아내분은 남편이 지금은 밖에 안 나가고 술만 마신다고 말씀하셨는데 남편분 아내의 주장에 동의하시나요?

남 편: 제가 당뇨가 심해서 힘든 일을 못 해요. 저더러 경제적 무능력이라고 하는데 건강이 좋지 않아서 집에서 쉬는 거지 제가 무책임하거나 게으르거나 알코올 중독이 있는 건 아닙니다.

조정위원: 아까 보니까 다리가 좀 불편한 것 같던데 건강은 어떠세요?

남 편: 당뇨 합병증으로 건강이 그렇게 좋지 않아요. 그래서 술을 많이 할 수 없어요. 저더러 알코올 중독이라고 하는데 술을 많이 마시지 않아요.

조정위원: 술을 전혀 드시지 않으세요?

남 편: 하루에 한두 잔 합니다.

조정위원: 남편분은 아내와 다투는 거나 분쟁의 원인이 뭐라고 보십니까?

남 편: 경제적으로 쪼들리니까 자주 다투긴 해요. 아내가 힘들어 못 살겠다는 거죠.

조정위원: 경제적 어려움 말고 다른 관계면에서 어려움은 없으세요?

남 편: 부부 싸움 다들 하는 거 아닙니까. 성격 차이든 경제적 문제든, 자녀 문제든 집집마다 다른 이유로 다들 그러고 사는 거 아닌가요.

조정위원: 아내와 관계가 나쁘지 않고 보통 부부들과 같다고 보시나요?

남 편: 예.

아 내: 아닙니다. 이 사람은 제가 필요해서 헤어지지 않으려는 겁니다. 집착하는 것 뿐이에요.

남 편: 가정을 지키는 게 왜 집착이야?

조정위원: 부부로서 서로 돕고 살아야 하는데 한쪽이 너무 힘들게 희생만 해서는 관계가 힘들죠. 그렇지만 남편이 건강이 안 좋아지거나 경제적으로 어려움이 있다고 해서 결혼을 깨는 게 정답은 아니거든요. 아내분 보시기에는 두 분이 더 이상 혼인 관계를 유지하기 어렵다는 의견이신가요?

아 내: 저는 이 사람을 사랑하지 않고 이 사람도 저를 사랑해서가 아니라 제가 필요하기 때문에 허울뿐인 결혼 관계를 유지하고 싶어 하는 겁니다. 남편에게 지금까지 한 번도 사랑을 느껴 본 적이 없습니다. 또 저도 남편을 사랑하지 않는데 어떻게 부부로 살 수 있습니까? 저를 사랑해서가 아니라 나가서 돈 벌기 귀찮고 힘드니까 그냥 저에게 의존해서 살고 싶어서 그런 겁니다. 지금처럼 당뇨가 심하지 않을 때도 그랬고, 가게 불 나기 전에도 일을 그렇게 열심히 한 건 아닌데, 부모님 가게가 없어지니까 완전히 손을 놓은 것 같아요.

조정위원: 지금 이 자리는 잘잘못을 따지는 자리가 아니고 부부간의 입장 차를 좁혀보는 자리입니다. 부담 갖지 마시고 허심탄회하게 속에 있는 말을 하셔도 됩니다.

아 내: 남편과 저는 부부 관계를 갖지 않은 지 오래되었습니다. 저는 남편의 육체적, 정신적 건강 상태에 대해 속아서 결혼했습니다.

남 편: 거짓말입니다. 무슨 소리 하는 건지, 아무 말이나 막 해. 거짓말 하면 벌 받아요.

조정위원: 남편분 흥분하지 마시고, 두 분의 관계에 대해서 속마음을 털어놓는 게 좋을 것 같아요.

아 내: 누구나 한 번 사는 인생입니다. 제가 더 이상 참고 살 수 없다는 결론을 내렸습니다. 이혼하게 해주세요.

조정위원: 이 자리는 두 분이 이혼을 원하는지, 이혼을 한다면 어떻게 하는 게 가장 좋

은지 서로의 입장을 충분히 듣고 이견을 좁혀가는 자리에요. 아이 생각은 해 보셨나요? 두 분 입장이 아니라 아이 입장에서요?

아 내: 사랑이 없는 부모 밑에서 자란 아이가 얼마나 행복하겠습니까?

조정위원: 부인께서는 두 분이 헤어지는 게 아이를 위해서도 행복한 선택이라 생각하시는 건가요?

아 내: 예.

조정위원: 남편분 생각은 어떠세요?

남 편: 제가 화가 나서 그랬지만 아이에게 직접 말한 적은 없고 아이는 아직 제가 친아빠가 아니라는 사실을 모르는 걸로 알아요.

조정위원장: 물론 법과 제도는 인간의 행복을 위해 존재합니다. 하지만 법이 추구하는 행복이 어느 개인 한 사람만을 위한 것일 수는 없죠. 법 이전에 부부가 행복할 수 있을 만큼 서로 사랑하는지의 문제도 간과할 수는 없습니다. 사랑은 상대방의 감정을 존중하고 행복하게 살 수 있도록 배려해주는 것입니다. 두 분께서 그런 사랑을 갖고 계신지 자문을 해보셨으면 싶고 아이의 장래에 대해서도 진지하게 생각해보는 시간을 가지셨으면 좋겠습니다. 4주 후에 다시 뵙겠습니다.

3. 이혼소송

이혼소송 첫 기일에 담당 판사는 소장과 증거자료를 포함한 준비서면, 답변서 등을 확인하고 쟁점을 정리한다.

□ 이혼소송의 예 I

아래 사건의 남편은 아내가 경제 활동을 이유로 집안 살림과 육아를 게을리하고 부부 관계를 거부한다는 이유로 이혼과 위자료를 청구했다. 아내는 혼인 관계 파탄의 원인이 자신이 아니라 술 마시고 늦게 들어오고 자신에게 인격 모독을 일삼는 등 부당한 대우를 한 남편에게 있다고 주장하며 위자료와 재산분할을 요구하고 있다. 재판장이 소장의 청구원인과 혼인 관계 파탄의 직접적인 원인(부록 III

참조)에 대해 확인한 다음 아래와 같이 원고와 피고에게 이혼 의사를 포함한 질문을 하는 상황이다.

재판장: 먼저 두 분에게 이혼 의사를 확인하겠습니다. 남편분이 이혼 신청을 하신 원고인데 정말 이혼을 하고 싶으세요?

남 편: 예.

재판장: 피고인 아내에게 묻습니다. 이혼을 하고 싶으세요?

아 내: 예.

재판장: 두 분은 지금 동거 중인가요 별거 중인가요?

남 편: 별거 중입니다.

재판장: 아내분과 같이 살지 않으신 지 얼마나 되었나요?

남 편: 1년 8개월입니다.

아 내: 1년 10개월 되어갑니다.

재판장: 언제부터 따로 사신 건가요?

아 내: 2015년 10월부터요.

재판장: 남편분, 별거 시점 맞습니까?

남 편: 예. 맞습니다.

재판장: 두 분 사이에 자녀는 아들 하나시네요. 지금 아들 웅이는 누가 키우고 있나요?

아 내: 시어머니가 키우고 계세요.

재판장: 어머니와 같이 사시나요?

남 편: 예.

재판장: 그럼 피고는 아들을 만나고 계신가요?

아 내: 한 달에 한 번 만납니다.

재판장: 사정상 더 자주 못 만나시는 건가요? 한 달에 한 번이면 자주 못 보시는데요.

아 내: 2주에 한 번 보다가 올해 초부터 제가 전주에서 일하느라고 잘 못 만나고 있습니다.

재판장: 피고의 사정으로 자주 못 만나시는 거네요.

아 내: 그렇습니다.

재판장: 양육비는 어떻게 하고 있습니까?

남 편: 양육비는 제가 다 부담하고 있습니다.

재판장: 아내는 양육비를 부담하고 있지 않나요?

남 편: 몸이 안 좋아서 일을 못해서 제가 아직 요구하지 않았지만 이제는 일도 시작했으니까 양육비를 부담해야 합니다.

재판장: 이혼은 두 분만의 문제가 아니고 자녀가 있기 때문에 두 분 다 이혼하시겠다시면 자녀를 어떻게 돌볼 것인지 소송절차를 통해 같이 연습해야 합니다. 두 분 다 이해하십니까?

남 편: 예, 그렇죠.

재판장: 아내분도 이해하십니까?

아 내: 예.

재판장: 상담도 받아야 합니다. 부부 관계는 이혼으로 끝난다 해도 아들 웅이가 있죠. 아들은 부모가 필요합니다. 두 분이 부모로서 역할은 계속해주셔야 합니다. 그렇기 때문에 아이는 누구와 같이 살 것인지, 같이 살지 않더라도 언제 어떻게 만날지 정해야 합니다. 아시겠습니까?

아 내: 저도 판사님 앞에서 그 부분을 약속 받고 싶습니다.

재판장: 남편분도 동의하시는 건가요?

남 편: 예.

(중략)

재판장: 원고는 혼인파탄에 대한 객관적인 자료를 제출해주시고, 원고와 피고의 소득 재산에 관한 금융자료 제출을 명령하도록 하겠습니다… 두 분 가사조사를 원하시는지 여쭤보겠습니다.

아 내: 가사조사는 조정과 다른 건가요?

재판장: 예, 가사조사는 법학 전공자가 아니라 인간관계학이나 가족학, 심리학 등을 전공하신 분을 법원이 정해서 혼인관계가 어떻게 파탄되었는지, 두 분의 재산 상태는 어떤지 등 여러 가지에 대해 조사를 합니다. 판사인 제가 한 사건당 실제로쓸 수 있는 시간이 길지 않아서 세세한 내용을 다 다룰 수 없어요. 하지만 조정기일에는 충분히 시간을 가지고 여러 시간에서 3개월까지 기간을 갖고 조사한 다음에 보고서를 법원에 제출해요. 이게 객관적인 자료가 되는 거죠. 특별한 사정이 없으면 가사사건은 가사조사를 거칩니다. 조사를 원하지 않으시면 조정기일을 갖고 육아와 양육비, 재산분할에 대해 합의점을 찾아보는 방법이 있습니다.

□ **이혼소송의 예 II**

필리핀 출신 결혼 이민자 김셰리(25세)와 한국인 남편 김현식(45세)은 혼인 3년 차의 부부이고 슬하에 1녀 장미(25개월)가 있다. 자기 주장이 강한 두 사람은 신혼 초부터 다투는 일이 많았는데, 특히 1년 전 홀로 된 시어머니와 합가하면서 갈등이 깊어졌다. 아내는 가부장적이고 배려 없는 남편과 헤어지고 싶다며 이혼을 청구했다. 반면 남편은 아이 때문이라도 이혼을 할 수 없다고 하며 자신이 좀 더 노력하겠다고 호소한다. 다음 상황은 조정이 결렬된 후 속행된 변론 기일이다.

재판장: 피고인 남편분 의사를 다시 여쭤볼게요. 남편분은 아직도 이혼하고 싶지 않으세요?

남 편: 예. 그렇습니다. 저는 아버지가 일찍 돌아가셔서 홀어머니 밑에서 컸는데 제 딸이 한 부모 가정에서 크게 할 수 없습니다. 저는 타국에서 온 아내에게 잘 해준다고 했는데 아내 기대에는 못 미쳤나봐요. 어떻게든 더 노력하겠습니다.

재판장: 아내분, 피고는 노력할 수 있는 기회를 달라고 하는데 아내분은 어떻게 생각하세요?

아 내: 도저히 저 사람 말은 믿을 수 없어요. 저에게 맨날 욕하고 구박하고 함부로 하는데 제가 어떻게 노력하겠다는 저 사람 말을 믿겠어요.

재판장: 피고가 최근에도 폭언이나 폭력적인 언사를 한 적이 있었나요?

아 내: 지난 크리스마스 이브에도 집에서 소리 지르고 제 가슴을 치고, 머리를 치고 사람을 위협했지만 경찰에 신고하지는 않았습니다.

남 편: 거짓말입니다. 그때는 어머니가 누나집에 가고 안 계신데 집사람이 아이를 두고 저녁에 외출하려고 해서 제가 말렸던 겁니다. 저 사람을 다치게 하거나 폭력을 쓰지 않았습니다. 오히려 제가 나가지 말라고 하니까 저에게 버럭버럭 대들고 저를 때렸습니다.

아 내: 아닙니다. 저 사람 분명히 저에게 쌍욕하며 저의 윗옷을 잡고 때리려고 했습니다. 의사와 상담 받았는데 제가 우울증이 심하대요. 스트레스로 인해 속병도 생겼어요.

재판장: 두 분의 관계가 매우 불안해 보여요. 아이는 어떻게 지냅니까? 아이가 심리적으로 우울하거나 불안 증세를 보이지는 않아요?

아 내: 저도 장미가 걱정입니다. 제가 울고 우울해하니까 장미가 저를 다독여주기도 해요. 아빠랑 같이 있을 때에도 장미는 아빠한테 잘 안 가려고 하고 안으면 울어요.

남 편: 제가 한 가지만 말씀드려도 될까요, 판사님.

재판장: 예, 말씀하세요.

남 편: 장미가 저를 싫어하거나 거부하는 건 절대 아닙니다. 아이가 기분 나쁠 땐 아이 엄마나 할머니가 안아도 투정부리고 울기도 하지요. 제가 집사람에게 크리스마스 이브에도 나가지 않았으면 좋겠다고 말하니까 결국 몸싸움이 되었는데요. 평소에 아내는 가족들이나 집안 식구보다 친구들과 더 많은 시간을 보내고 아이를 항상 시어머니에게 맡겨두고 식사 때에도 집에 없고 밖에 있을 때가 많아요. 전 그래도 본인이 낳은 아이니까 아이를 잘 키워주면 좋겠고, 딸아이를 위해서 가정을 지키고 싶습니다. 제 어머니가 나쁜 사람이라는 소리를 듣고 원망을 들어서 너무 죄송하고 마음이 아프지만요.

재판장: 피고가 무슨 말 하는지 잘 알겠습니다. 그런데 혼인 관계는 한 사람이 원한다고 지속되는 게 아니지 않습니까? 원고에게 혼인 관계 회복 의사가 없으면 회복이 안돼요.

남 편: 제가 좀 더 노력하겠습니다. 아내를 위해서 원한다면 어머니와도 분가할 거고요.

재판장: 피고는 계속 노력을 더 해보고 분가도 할 의사가 있다고 하는데 원고는 어떻게 생각하세요?

아 내: 시어머니와 따로 산다고 해서 해결될 문제가 아니에요. 시어머니는 저에 대해 늘 못마땅해 하세요. 시어머니와 남편과의 관계는 부부같이 가깝고 둘이 한편이 되어 저를 소외시켜요. 남편은 마마보이에요. 어머니가 하라는 대로 다 해요. 저에게 처음에는 아들이 없어도 된다고 하다가 자기 어머니가 아들을 원하니까 아들 낳자고 그래서 지난 3개월간 매일같이 싸웠어요.

재판장: 장미는 지금 만 세 살이 아직 안 되었는데 이렇게 엄마 아빠가 싸우고 불안한 관계로 지내면 아이 정서에 매우 안 좋아요. 저도 아이 키우는 엄마로 그게 걱정됩니다. 아이의 정서 발달에 건강하고 안정적인 가족 관계가 중요한 건 아시죠?

남 편: 저도 그 점 딸에게 정말 미안하게 생각합니다.

재판장: 딸을 위해서 두 분이 어떤 선택을 하는 것이 최선인지 생각해보시기 바랍니다. 제가 보기로 원고는 피고에 대한 신뢰가 없는 것 같아요. 두 분이 다시 부부로

관계를 회복하려면 신뢰가 있어야 하는데 신뢰가 무너진 상태이고, 조정도 안 되는 상태로 평행선을 달리고 있습니다. 원고의 마음을 다시 돌이키기 쉽지 않은 것 같은데요. 저는 이혼 아니면 이혼청구기각 둘 중에 결정을 하면 됩니다. 하지만 제가 결정하기 전에 두 분이 원하는 것만 생각하지 마시고 사랑하는 딸을 위해 무엇이 좋을지 생각해보셨으면 좋겠습니다. 아내분, 어떻게 하는 게 장미를 위한 결정일까요?

아 내: 애정 없이 허울뿐인 부부로 지내는 엄마, 아빠와 같이 지내는 것보다 장미에게는 행복한 엄마, 행복한 아빠가 따로 사는 게 더 좋을 것 같아요. 솔직히 애 앞에서 계속 큰소리 내고, 울고불고 하니 저도 장미에게 너무 미안해요. 엄마 아빠가 서로 사랑하지 않지만 부모로서는 장미를 사랑한다는 걸 보여주고 싶어요. 그래서 조정기간 동안 제가 공동으로 친권을 갖고, 양육권은 남편이 갖고 할머니가 키워주시고, 저는 직장을 다니면서 양육비를 경제력이 되는 선에서 부담하고 아이와 매주말 만나서 시간을 같이 보내는 게 좋을 것 같다고 제안한 겁니다. 싸우면서 같이 사는 건 좋은 방법이 아닌 것 같아요.

재판장: 이혼은 하되 친권은 공동으로, 양육권자는 원고가 되고, 양육비는 공동 부담하겠다, 이렇게 이해하면 되겠습니까?

아 내: 예.

재판장: 이게 원고가 생각하는 장미 입장에서 최선의 방법입니까? 피고는 어떻습니까?

남 편: 저는 부모의 이혼을 바라는 자식은 없다고 봅니다. 장미는 아직 어려서 지금 무슨 일이 벌어지고 있는지 알 수 있는 나이가 아니죠. 아이가 어리기 때문에 더욱 더 엄마, 아빠가 필요하다고 봅니다. 아무리 저의 어머니가 봐주신다고 해도 엄마 손에서 크는 게 좋잖아요.

재판장: 피고는 아이가 엄마, 아빠의 이혼을 원하지 않을 것 같다는 말씀이시죠? …음, 장미가 아직 어려서 자기 의사 표현을 잘 할 수 없을지 몰라도 엄마 아빠가 행복하게 같이 사는 걸 제일 원할 겁니다. 하지만 아이를 위해 같이 산다고 해도 엄마와 아빠가 서로 투명인간 취급하며 형해화(形骸化)된 혼인 관계에 있는 게 과연 아이가 원하는 걸까요? 피고는 본인을 위해서나 아이를 위해서나 혼인을 유지하고 싶어하지만 지금 원고와의 관계를 보면 쉽지 않아 보입니다. 두 분이 법원에서 하는 상담을 받아보시는 게 어떨까요? 부부상담을 받고도 원고의 의사가 변하지 않는다면 피고도 관계를 정리할 의사가 있으세요? 상담을 했는데

도 원고의 입장에 변화가 없으면 그때에는 이혼청구를 수용하겠는지 묻고 싶어요.

남 편: 판사님 말씀대로 그렇게 하겠습니다.

재판장: 아내분도 상담받는 데 동의하세요?

아 내: 이미 다문화가족지원센터에서 상담도 몇 차례 받아봤어요…. 하지만 판사님이 그렇게 하는 게 좋다고 생각하시면 그렇게 할게요.

재판장: 네, 그럼 법원에서 상담위원을 정해서 연락이 갈 거예요. 상담을 통해 두 분의 관계가 나아진다면 최상의 결과이겠지만 그럼에도 불구하고 원고가 이혼을 원한다면 그때는 피고가 원고의 의사를 받아주시기 바랍니다. 일단 돌아가 계시면 법원에서 연락이 갈 겁니다.

4. 가사조사

가사조사를 통해 혼인관계 파탄의 원인뿐만 아니라 생활 상태, 재산 상태와 미성년 자녀 양육 환경을 포함한 가정 환경 등에 대해 법원에 보고하게 되어 있다. 다음은 여성 결혼 이민자가 남편의 음주벽과 경제적 무능력, 학대로 이혼을 신청한 사건에 대해 가사조사가 진행되는 상황을 가정한 것이다. 1차 가사조사기일에 이어 2차 가사조사기일에는 원고인 아내를 대상으로 결혼 후의 분쟁 과정과 현상에 대해 질문하는 상황이다.

조사관: 안녕하세요? 오늘은 박재만 씨와 결혼 후 생활에 대해 말씀을 들을 거예요. 두 분 사이가 어떻게 나빠졌는지 제가 질문하면 자유롭게 얘기해주세요.

원 고: 예.

조사관: 남편과 결혼 후 계속 서산에서 사셨나요?

원 고: 예. 집을 나오기 전까지는 계속 서산에서 살았어요. 지금은 대전에서 일하는데 일하는 식당에서 먹고 자고 있습니다.

조사관: 지난번 말씀하시기로 별거한 건 올해 초부터니까 현재로 7개월 정도 되시는 거

고요.

원 고: 예.

조사관: 남편과 갈등은 무슨 이유로, 언제부터 생겼는지 좀 말씀해주시겠어요?

원 고: 결혼을 해보니 남편은 변변한 직업이 없었어요. 농사짓고 자기 땅도 좀 있다고 들었는데 알고 보니 농번기에 남의 집 일 도와주는 정도이지, 농사를 하지도 않고 자기네 논밭도 없었어요.

조사관: 결혼할 때에는 농업을 하고 자기 소유의 전답이 있다고 알고 하셨어요?

원 고: 네. 처음부터 결혼하려고 절 속여서 너무 괘씸하고 원망스러웠어요. 생활력이 없고 이런 사람인 줄 알았으면 결혼 안 했을 거예요.

조사관: 네, 경제적으로 그래서 많이 어려우셨어요?

원 고: 네 네. 한국에 시집오면 고생 안 할 거라는 말만 듣고 왔는데 고향에 있을 때보다 오히려 더 힘들게 일해야 합니다. 한국말 잘 못해도 할 수 있는 일이라면 가리지 않고 했어요. 부모님께는 이런 사정을 말씀 못 드렸어요. 걱정하시니까요.

조사관: 남편이 가져오는 수입이 일정하지 않고 부족해서 본인이 나가서 일을 해야 생계유지가 가능했나요?

원 고: 도저히 남편이 주는 돈으로는 살 수 없었어요.

조사관: 남편 수입이 일정하지 않다 해도 생계유지는 해야 하니까 돈을 조금씩은 벌지 않았나요? 어떻게 생활하셨어요?

원 고: 정부에서 나오는 기초수급 받고요. 농사철에는 동네 과수원에서 대추 따주거나 감 따주거나 잡일을 하면서 일당을 5~6만 원 받았어요. 그런데 그것도 일주일에 두 번 이상 할 때는 극히 드물고, 하루 일 나갔다 오면 여기 저기 아프고 힘들어서 술 마시고 몸이 안 좋아 며칠 누워있어요. 돈 번 거는 술값으로 다 쓰고 남는 돈이 없어요.

조사관: 남편분이 몸이 안 좋은 건 어디 아프거나 몸이 약해서 그런 거예요?

원 고: 아뇨, 그건 아니에요. 게을러서예요. 일하는 건 힘들다고 해도 화투칠 때는 밤새기도 하고 건강에 문제는 없어요. 단지 일하기 싫어하는 거예요. 그래서 평균적으로 하면 한 달에 5~60만 원 정도 벌었나 싶어요. 그런데 그것도 저한테 잘 주지 않고 반찬값이랑 생활비할 돈이 없다고 사정해야 1~2만 원씩 줬어요. 그래도 제가 버틸 수 있었던 건 농사짓는 분들이 많은 촌에 사니까 주변에서 조금씩 채소며 먹을 걸 나눠 주시고, 저도 그 집 일 도와드리고 그러니까 가

능했어요.

조사관: 그럼 신혼 초부터 경제적 어려움이 있으셨어요?

원　고: 예. 처음에는 저도 주변 마을까지 일하러 다니고 부업해서 크게 어려움은 없었는데 제가 임신해서 막달에 일하러 못 다니면서 남편 일도 없고 그래서 그때는 진짜 힘들었어요. 남편은 일을 골라서 해요. 처자식이 있으면 물불 가리지 않고 열심히 한 살이라도 젊었을 때 벌어야 하는데 이 일은 이래서 못하고, 저 일은 저래서 못한다고 무슨 핑계와 이유가 그리 많은지…

조사관: 남편이 원고를 함부로 대하거나 힘들게 하는 부분이 있다면 말씀해주세요.

원　고: 제가 동네 어르신들께 일자리 있으면 소개해달라고 열심히 부탁드리고 다녔어요. 그래서 옆 마을 이장님이 저에게 그 동네 일자리를 소개해주시고 차로 픽업도 와주셨는데, 어느 날 야간작업하느라 늦게 왔는데 막 화내고 때려요. 저한테 이장이랑 눈 맞아 그러냐 밥도 안 차려주고 늦게까지 뭐하고 왔느냐고 그래요. 저만 있었던 것도 아니고 다른 분들도 다 같이 일했는데요.

조사관: 그 이장님과 남편이 의심할 만한 그런 일이 전혀 없었는데 그런 건가요?

원　고: 절대 그런 사이 아니에요. 야간작업한다고 문자를 다른 분이 보내주시고, 작업반장님이 전화를 거셨는데 남편이 전화를 받지도 않았어요. 오해예요. 연락 온 건 보지도 받지도 않고 그냥 막무가내에요.

조사관: 남편이 아내분의 부정을 자주 의심했나요?

원　고: 그랬어요. 처음엔 그런가보다 하고 막말을 하는 건 참았는데 술을 먹고 행패를 부리니까 그것도 한두 번이면 참을 수 있는데 반복되니까 너무 힘들어요.

조사관: 아내가 특정한 상대 남자와 부정행위를 한다고 의심했나요?

원　고: 제가 남자와 있는 걸 보면 그 사람과 엮어서 계속 괴롭혔어요. 그놈이랑 왜 같이 있냐면서.

조사관: 남편의 음주벽에 대해 말씀하셨는데 음주가 어느 정도로 심했나요?

원　고: 일주일에 하루 빼곤, 그것도 몸이 정말 아파서 못 먹는 날만 빼고선 거의 매일 같이 마셔요. 일 나가는 날에도 술 먹고 들어오고, 그러니까 숙취로 몸이 힘들어서 다음날 일 못 나가겠다고 약속했던 일도 펑크 내요. 그리고 해장해야 한다고 또 술을 먹어요 대낮부터. 어떤 때는 아침부터 마셔요. 술 안 주면 술 안 준다고 행패예요. 자꾸 일 약속해놓고 안 나가면 다음부터는 안 부르잖아요. 그러니까 일 없다고 또 마셔요.

조사관: 피고가 술 마시고 원고에게 폭언과 폭행까지 하시는 건가요?

원　고: 그렇죠. 매번 술 때문에 싸우고 저에게 이년 저년 쌍년 등의 욕설을 퍼붓고 밥상을 엎거나 선풍기를 벽에 집어던져서 선풍기도 부서지고 벽도 파였어요. 저한테 밥상을 쏟아서 제가 뜨거운 국물에 팔이 데기도 했어요.

조사관: 선풍기 던져서 깨지고 원고의 팔에 화상을 입은 건 언제에요?

원　고: 작년 여름의 일이에요.

조사관: 그러다 원고가 가출을 하신 건 언제, 어떻게 된 거죠?

원　고: 올해 초에 제가 둘째를 임신한 지 4주째였는데 밤늦게 술 마시고 늦게 들어온 남편이 술 취해서 저를 물어뜯어서 저도 안 되겠다 싶어서 그날로 애를 시댁에 맡기고 집을 나왔어요. 그리고 얼마 안 되어 유산했고요.

조사관: 아 네…시댁은 가까이 있나요?

원　고: 예.

조사관: 시댁 어른은 아이에게 잘 해주세요?

원　고: 시어른들은 좋으세요. 아들 때문에 미안하다 그러시고요. 시어머니가 별로 몸이 안 좋으신데도 애를 봐주셔서 제가 돈 벌고 있어요.

조사관: 식당에 취직하셔서 지금 아이와 다른 지역에 거주하고 계신데 아이는 얼마나 자주 보세요?

원　고: 2주에 한 번 휴일날 시댁에 가서 아이를 보고 와요. 차로 2시간 걸려서 보러 가는 건 어렵지 않아요. 식당이 쉬는 날이 2주에 한 번이라 그때밖에 시간이 없어요.

조사관: 남편은 가출한 원고를 찾아오거나 집으로 돌아오라고 하지 않았나요?

원　고: 제가 어디에서 지내는지 절대 알리지 말아달라고 지인들에게 부탁했고, 주변 사람들과 연락을 끊었어요. 아이 때문에 유일하게 시어머니만 제 전화번호를 알고 계셨는데 남편이 어떻게 알아내서 저한테 계속 전화로 욕을 퍼붓고 애 내팽개치고 나갔다고 엄마 자격이 없다고 욕하고 소리질렀어요. 제가 그 후로 남편 전화는 안 받았어요.

10장

난민사건 통역

1. 법무부 난민 면담

난민 신청서가 접수된 후 면담일자가 정해지면 법무부 난민심사관에 의한 난민 신청자 면담이 통역인이 참여하는 가운데 진행된다. 대개 신청자의 인적사항과 가족사항, 입국 및 체류사항, 박해사항에 관한 다양한 질문과 답변이 이루어지는데 면담이 종료되면 난민면접조서에 사실대로 기재되었는지 통역인을 통해 확인했다는 서명확인을 받는다. 이 책에 수록한 면담 시나리오에서는 실제 국가 이름을 사용한 경우도 있지만 가상 국가와 지명 등을 사용하기도 했다.

1) 난민 면담 I

다음은 콩코르라는 가상 국가에서 정치적 박해를 이유로 난민 신청을 한 사무엘 킨쿠니와 법무부 난민심사관의 면담 상황을 가정한 것이다.

심사관: 이름과 생년월일을 말씀해주시겠어요?

신청자: 사무엘 킨쿠니, 1976년 10월 11일입니다.

심사관: 국적과 종족을 말씀해주세요.

신청자: 네. 콩코르입니다. 저는 콩족입니다.

심사관: 종교는 무엇입니까?

신청자: 카톨릭입니다.

심사관: 사용한 언어는요?

신청자: 모국어는 콩코르어지만 불어 사용 가능합니다.

심사관: 난민 신청서는 직접 작성하셨나요?

신청자: 예.

심사관: 출생지와 거주했던 곳 주소를 말씀해주세요.

신청자: 저는 반둥 지역의 키토니 마을에서 태어나 거기서 고등학교까지 다니다 푸앵트 누아에서 살았습니다.

심사관: 포앵트 누아로 옮긴 시기, 연도는 언제입니까?

신청자: 1995년입니다.

심사관: 무슨 일로 이주하게 되었습니까?

신청자: 대학에 들어가면서 학교가 있는 곳으로 이사했습니다.

심사관: 부모님은 살아 계십니까?

신청자: 모두 돌아가셨습니다.

심사관: 언제 돌아가셨습니까?

신청자: 1998년 교통사고로 두 분이 같은 날 돌아가셨습니다.

심사관: 다른 가족은 어떻게 됩니까?

신청자: 남동생 하나 있습니다.

심사관: 남동생 이름과 나이는요?

신청자: 욥바 킨쿠니, 나이는 저보다 3살 어립니다.

심사관: 동생 생년월일은 어떻게 됩니까?

신청자: 1979년 12월 1일입니다.

심사관: 동생은 지금 어디 살아요?

신청자: 마지막으로 연락되었을 때에 키토니 마을에 다시 돌아갔다고 했습니다.

심사관: 동생 직업은 무엇입니까?

신청자: 경리사무직입니다.

심사관: 동생과 얼마나 자주 연락하고 마지막으로 연락한 것은 언제입니까?

신청자: 한 달에 한 번, 두 달에 한 번 전화했습니다. 지난달에 마지막으로 통화했습니다.

심사관: 킨쿠니 씨 최종 학력은 어떻게 되나요?

신청자: 대학은 중퇴했는데 킹스대학교를 다녔고, 고등학교는 1993년 세모고등학교 졸업했습니다.

심사관: 대학은 언제, 무슨 이유로 중퇴했나요?

신청자: 부모님 돌아가시고 경제 사정으로 3학년 마지막 학기에 그만두었습니다.

심사관: 학업 후에는 무엇을 했나요? 직업이 뭔가요?

신청자: 국가정보부에 취직해서 정보원으로 일했습니다.

심사관: 어떤 정보 활동을 했죠?

신청자: 보안 정보 수집하여 안전팀장에게 보고하는 일을 했습니다. 정기적으로 또는 프로젝트별로 보고서를 작성해서 제출하는 일이죠.

심사관: 정보원으로 안정된 생활을 할 수 있었을 거 같은데 무엇 때문에 어려움을 겪게 되었나요?

신청자: 2000년 중반 대통령 출신지역인 네모 지역 출신을 우대하고 타지역출신자들은 차별하는 연고주의가 극에 달했다고 느끼고 이에 대해 비판적인 내용의 보고서를 작성해서 팀장님과 부장님께 올렸습니다. 국가정보원 요인들이 저를 체포하러 왔고 저는 비밀감옥에 2주 정도 구금되어 있었습니다.

심사관: 그때가 언제인지 날짜를 특정할 수 있습니까?

신청자: 2011년 5월 23일 잡혀간 걸로 기억합니다. 나온 거는 6월 5일이고요.

심사관: 구금기간 동안 어떤 일이 있었습니까?

신청자: 내가 혼자 벌인 일은 아닐 테니 배후가 누군지 대라며 계속 구타하고 고문했습니다.

심사관: 풀려난 건 배후를 댔기 때문입니까?

신청자: 아뇨. 저를 이용할 가치가 있다고 생각한 거 같습니다. 반군 지도자 카투사의 군대가 킨샤샤를 공격하여 쿠데타를 일으킬 것이라는 첩보가 있었고 저와 다른 요원 3명은 반군들이 어떤 경로로 와서 어디에 있는지 확인하라는 임무를 맡았습니다. 저희는 대학생으로 위장해서 6월 말부터 7월 초까지 3주간 카투사가 이끄는 반군의 거점인 베다니 지역에서 정탐 활동을 수행했습니다.

심사관: 베다니에서 정탐 활동이라면 어떤 일을 했습니까?

신청자: 정보 수집이죠. 정보를 수집하고 보고서를 정기적으로 2주마다 작성해서 보고했습니다. 그러다가 베다니에서 반군 지도자 중 한 명인 올리비에를 만났는데 제가 존경하는 정치가의 동생이라는 걸 알게 되었고, 얘기를 많이 나누었습니다. 그분에게서 콩코르 분할 계획에 대해 듣게 되었고, 정부 관료들이 반군과 겉으로는 전쟁을 하고 있지만 이건 표면적으로 그렇게 포장했을 뿐이고 실제로는 이 계획에 동조하고 있다는 사실을 알게 되었습니다.

심사관: 네, 계속 말씀해주세요.

신청자: 그래서 저는 비밀 보고서에 올리비에와의 대화와 또 다른 루트를 통해 알게 된 사실을 포함시켰습니다. '외국과 반군과 콩코르 정부가 서로 모의하여 국가를 분할하려는 계획을 진행하고 있다. 콩코르 정부군과 반군의 지도자들이 금과 다이아몬드 등 지하자원을 당국의 허가 없이 외국과 불법 거래했고, 정부 관료와 반군들이 콩코르 내 지하자원 채굴권을 가지고 외국 투자자들과 중복계약을 체결한 후 이로 인해 생긴 이득금으로 무기를 구매했다.' 이런 사실과 함께 부패한 정부의 고위층 인사들과 반군 지도자의 명단을 제출했습니다. 그리고 제가 속했던 야당 간부 사무실에도 비밀리에 한 부 보냈습니다. 그런데 이 비밀 보고서 때문에 요원들에게 체포되어 다시 비밀 감옥에 구금되었습니다.

심사관: 어떤 요원들이죠?

신청자: 국가정보부 요원들입니다.

심사관: 왜 체포되었는지 체포 및 구금 이유를 알고 계신가요?

신청자: 자기들의 비밀 계획에 대한 첩보를 했고 보고서를 썼기 때문이겠지요.

심사관: 체포 일자를 기억하시나요?

신청자: 같은 해 8월 1일 체포되었고 8월 3일 탈출했습니다. 동료들이 제 목숨이 위험하다고 뇌물을 써서 체포된 다다음날, 그러니까 8월3일 새벽에 비밀 감옥에서 저를 탈출시켜줬어요.

심사관: 그 후에 어떻게 탈출해서 한국에 오게 되었죠?

신청자: 일단 킨샤사에 있는 친구의 집에 며칠 머물다가 얌바로 옮겨서 친구 집에 한 열흘 가까이 숨어 있다가 그 친구가 시골 농장으로 은신시켜줬어요.

심사관: 그 친구 이름은 무엇입니까?

신청자: 하비브 자브로.

심사관: 하비브 자브로. 외국으로 나오려면 여권이 있어야 하는데 여권은 있었습니까?

신청자: 아니요.

심사관: 본인이 한국에 입국할 때 가지고 온 여권은 위조여권이죠.

신청자: 예, 동료들의 도움으로 이름과 생년월일이 위조된 여권을 받았어요.

심사관: 잠시만요. 원래 이름과 위조된 여권에 사용한 이름을 확인해주세요. 스펠링을 알려주세요.

신청자: 실제 제 이름은 사무엘 킨쿠니인데 여권에는 알베토 베야라는 이름을 썼습니다. ALBETO VEYA.

면담자: 여권을 만든 시기는 어떻게 됩니까?

신청자: 여권발급은 탈출일자 훨씬 전인 5월 30일자 발급된 것으로 만들었어요.

면담자: 아니 발급된 일자 말고 위조 여권을 만든 시기를 묻는 겁니다.

신청자: 아, 예. 9월 초순입니다.

면담자: 어떻게 중국을 가게 되었죠?

신청자: 그리고 제 남동생이 저 대신 콩코르 주재 중국대사관에 가서 관광비자를 받았고, 어렵게 어렵게 피 같은 돈을 보태주어 저는 9월 18일 콩코르를 떠나 9월 21일 중국에 도착했습니다.

심사관: 출국한 공항은 어디입니까?

신청자: 킨샤샤 겐게르 공항입니다. 중국 북경에 떨어졌고요.

심사관: 그런데 중국에서 한국으로 오게 된 경위는 어떻게 됩니까?

신청자: 거기서 동료와 친구들의 도움으로 연락이 닿은 콩코르 유학생 알베르토의 도움을 받으면서 잠시 지냈는데 중국 정부가 본국 정부와 우호적인 관계라 신변이 안전하지 않다고 판단했습니다. 그래서 태국으로 갈 준비를 하고 있었는데 한국에 저와 비슷한 처지의 콩코르인이 난민지위를 받아 거주하고 있다는 사실을 알게 되었고 그분을 통해 초청장을 받아 비자를 준비해서 오게 되었죠. 한국 비자를 받게 되었어요. 칭다오에서 배를 타고 인천으로 들어왔습니다.

심사관: 신청자가 콩코르를 떠난 후 본국의 상황이 달라지지 않았습니까?

신청자: 정권이 바뀌었다고 하지만 집권층이 그대로이기 때문에 별로 달라진 것이 없다고 봅니다.

심사관: 지금 돌아가면 어떤 일이 생길 것이라 생각하나요?

신청자: 탈출한 데다 불법으로 출국했고, 정치 보복을 당할 수도 있어서 돌아가기가 두

렵습니다. 남동생도 저 때문에 큰 도시에서 변변한 일을 갖지 못해 고향 마을로 돌아갔습니다.

심사관: 지금까지 모두 사실만 진술했나요?

신청자: 네.

심사관: 이제 면담을 마칠 텐데 마지막으로 하고 싶은 말이 있습니까?

신청자: 아뇨.

위 면담을 토대로 아래와 같은 난민면접조서가 작성된다. 여기에서는 지면 관계상 문답 내용의 일부만 조서에 기재했다. 조서 내용을 시역 연습을 해보기 바란다.

<table>
<tr><th colspan="5">난 민 면 접 조 서</th></tr>
<tr><td rowspan="5">참석자</td><td>난민신청자</td><td>성명
Samuel Kinkuni</td><td>국적
콩코르</td><td>생년월일
1976.10.11</td></tr>
<tr><td>담당공무원</td><td colspan="3">성명
이재은</td></tr>
<tr><td>통역인</td><td>성명
오지희</td><td colspan="2">국적
한국</td></tr>
<tr><td rowspan="2">기 타</td><td>성명</td><td>국적</td><td>생년월일</td></tr>
<tr><td>난민신청자와의 관계</td><td colspan="2"></td></tr>
<tr><td rowspan="3">일 시</td><td>시 작</td><td colspan="3">2016. 5. 20. 09:30</td></tr>
<tr><td>종 료</td><td colspan="3">2016. 5. 20. 12:10</td></tr>
<tr><td>휴 식</td><td colspan="3">11:00~11:10 10분</td></tr>
<tr><td>장 소</td><td colspan="4">서울출입국관리사무소 난민면접실</td></tr>
<tr><td>사용 언어</td><td colspan="4">불어</td></tr>
</table>

【안 내】

◈ 난민의 정의

난민이란 인종, 종교, 국적, 특정 사회집단의 구성원인 신분 또는 정치적 견해를 이유로 박해를 받을 수 있다고 인정할 충분한 근거가 있는 공포로 인하여 국적국의 보호를 받을 수 없거나 보호받기를 원하지 않는 외국인 또는 그러한 공포로 인하여 대한민국에 입국하기 전에 거주한 국가로 돌아갈 수 없거나 돌아가기를 원하지 않는 무국적자인 외국인을 말한다.

◈ 이 면담은 난민 인정 여부를 판단하기 위해 매우 중요한 절차입니다. 따라서 신청자는 사실만을 진술해야 하고, 최선을 다하여 스스로의 진술을 증명하여야 합니다.

◈ 면담 중 진술한 내용은 모두 비밀로 유지될 것이며, 진술한 내용을 면담 종료 후 통역인을 통하여 다시 확인하고 진술을 수정할 수 있는 기회가 제공됩니다.

◈ 신청자는 면담 중 휴식이 필요한 경우, 언제든지 담당공무원에게 휴식을 요청할 수 있습니다.

문: 신청인의 이름과 생년월일을 말하시오.

답: SAMUEL KINKUNI, 1976년 10월 11일입니다.

문: 국적과 종족을 말하시오.

답: 콩코르 국적, 콩족입니다.

문: 종교를 말하시오.

답: 카톨릭입니다.

문: 사용하는 언어는?

답: 불어입니다.

문: 난민 신청서는 직접 작성했나요?

답: 네.

문: 출생지와 거주했던 곳을 말하시오.

답: 키토니(QUITONI)에서 태어났고, 푸앵트 누아(POINTE NOIRE)에서 거주했습니다.

문: 언제 이사갔나요?

답: 대학에 진학하면서 1995년입니다.

문: 부모님은 모두 살아 계시나요?

답: 네. 두 분 다 1998년 교통사고로 사망하셨습니다.

문: 형제자매는 몇이 있나요?

답: 남동생 한 명이 있습니다.

문: 남동생 이름과 생년월일을 말하시오.

답: 욥바 킨쿠니(Yobba Kinkuni), 1979년 12월 1일입니다.

문: 그 외에 다른 가족이 있나요?

답: 아니오. 없습니다.

문: 자국의 남동생은 어디서 어떻게 생활하고 있나요?

답: 남동생은 키토니에서 경리사무일을 하고 있습니다.

【학력 및 경력 사항】

문: 학력사항을 말하시오.

답: 대학 중퇴입니다. 킹스대학교 3학년 마지막 학기에 경제 사정으로 그만두었습니다.

문: 킹스대학교는 어디에 있습니까?

답: 푸앵트 누아에 있습니다.

문: 대학에서 전공은 무엇이었습니까?

답: 정치경제학입니다.

문: 어느 고등학교를 다녔습니까?

답: 세모 고등학교입니다.

문: 세모 고등학교를 언제 졸업했습니까?

답: 1993년입니다.

문: 학업을 중단한 후에는 무엇을 했나요?

답: 부모님이 갑자기 돌아가셔 두 분이 하시던 가게 일을 정리했고, 구직을 하던 중 한 달 동안 국영철도회사에서 인턴을 한 적이 있습니다. 그후 국가정보부 요원모집에 응모하여 공무원으로 일하게 되었습니다.

(중략)

조서의 마지막 부분에는 다음과 같이 내용확인을 하여 서명하는 부분이 있다.

<table>
<tr><td rowspan="3">면접
조서
내용
확인</td><td>시 간</td><td></td></tr>
<tr><td rowspan="2">본인
확인란</td><td>본인은 면담기록이 본인의 진술내용과 일치함을 통역인을 통하여 확인하고 서명함</td></tr>
<tr><td>※</td></tr>
</table>

난민신청자 ○○○○○○ (서명)
통역인 ○○○ (서명)
담당공무원 ○○○ (서명)
난민심사관 ○○○ (서명)

2) 난민 면담 II

다음은 내전 중인 시리아 출신 난민 신청자의 법무부 면담 상황을 가정한 것이다.

심사관: 안녕하세요. 저는 법무부 심사관 강수지입니다.

신청자: 안녕하세요.

심사관: 옆에 계신 분은 통역해주실 분입니다. 그럼 면담을 시작하겠습니다. 신청자 이름부터 확인하겠습니다. 이름과 스펠링이 어떻게 되는지 말씀해주세요.

신청자: 아나이스 다박입니다.

심사관: 영어 스펠링도 알려주세요.

신청자: A-N-A-I-S 그리고 D-A-B-A-C.

심사관: 시리아에서 직업은 무엇입니까?

신청자: 2012년 반군이 점령하기 전까지 대학생이었습니다.

심사관: 시리아에서 살던 곳은 어디입니까?

신청자: 알레포입니다.

심사관: 시리아에서 동부, 서부, 남부, 북부로 나누면 어느 지역입니까?

신청자: 시리아 서북부입니다.

심사관: 시리아를 떠나 한국에 온 이유가 무엇입니까?

신청자: 살려고 왔죠. 시리아는 너무 위험하고 안전하지 않기 때문입니다. 언제 내 가족, 친척, 이웃이 죽을지 모르는 상황입니다. 알레포는 대도시인데 2012년 반군이 점령했습니다. 2014년 제가 시리아를 떠날 때는 동네 건물들이 다 무너진 상태였습니다. 정부군이 반군을 몰아내려고 무차별공습을 해서 민간인도 많이 죽고 다쳤습니다.

심사관: 다른 나라가 아닌 한국에 온 이유가 있습니까?

신청자: 아, 형이 2011년 말부터 한국에 와서 돈 벌고 있었고 그전부터 위험하니 가족들에게 한국으로 다 오라고 말했습니다. 그래서 공습 이후 고민할 것 없이 오게 되었습니다.

심사관: 결정적으로 시리아를 떠나게 된 계기와 시기는 언제입니까?

신청자: 2014년 여름 7월초 정부 공습이 있었습니다. 이전에도 상황은 매우 불안했습니다. 그런데 이때 정부군 헬리콥터 수십 대가 저희 마을에 TNT 폭탄을 투하했습니다. 동네 슈퍼 아저씨는 가게 앞에 잠깐 나와 있었는데 폭탄 하나가 가게에서 2미터 정도 되는 곳에서 터졌고, 아저씨는 형체도 알아보지 못하고 시신을 수습하기 어렵게 산산조각이 났습니다. 제가 알던 차센터 아저씨는 폭탄에 왼쪽 다리를 잃었습니다. 한마디로 제가 살던 마을은 쑥대밭이 되고 생지옥이나 다름없었습니다.

심사관: 정부군이 왜 마을을 공습한 겁니까?

신청자: 반군을 축출한다는 이유인데, 그러면서 너무 많은 사람들이 희생당했습니다. 사실 민간인과 반군을 구별하기 어렵습니다. 동네 아저씨가 갑자기 총을 꺼내 난사하거나 폭탄을 터뜨리는 일이 다반사이기 때문에 정부군이 무차별 공습을 하는 거죠.

심사관: 내전과 관련되어 시위에 참여한 적이 있습니까?

신청자: 없습니다. 정치 활동을 한 적이 없습니다. 부모님들이 하지 말라고 저희 형제들에게 신신당부를 해서요.

심사관: 그럼 언제 알레포를 떠났습니까?

신청자: 공습 직후 7월 14일로 기억합니다.

심사관: 가족 모두 떠났나요?

신청자: 예.

심사관: 가족 관계는 어떻게 됩니까?

신청자: 부모님, 형, 저, 그리고 여동생이 하나 있습니다.

심사관: 시리아에서 한국으로 온 경로를 설명해주세요.

신청자: 예, 2012년부터 공항이 다 폐쇄되었어요. 그 직전에 저희 형이 빠져나왔고요. 저희는 가까운 터키로 피신했습니다.

심사관: 터키 어디로 피신했고, 교통수단은 뭘 타고 갔습니까?

신청자: 우리 마을에서 30킬로 정도 떨어진 앗자즈라는 국경에 인접한 마을로 갔습니다. 폭격으로 차가 파손돼서 걷는 수밖에 없었습니다. 거기서 택시를 타고 터키 국경 부근 마을로 이동했구요.

심사관: 택시 타기는 수월했습니까?

신청자: 예. 비교적 그렇습니다. 거기는 피난민을 국경으로 실어주는 택시 운전사가 꽤 많이 있어요. 돈벌이가 되기 때문입니다. 원래 거리상 미화 20달러 정도 택시 요금이 나오는데 위험하기도 하고 해서 200~300달러를 받습니다.

심사관: 앗자즈까지 가는 길에는 아무 일 없이 무사히 도착했습니까?

신청자: 국경까지 가는 도로에서 언제 정부군과 반군의 총격전이 벌어질지 모르기 때문에 목숨을 걸고 가는 거죠. 군인들이 버스나 택시를 막은 뒤 탑승자들을 내리게 하는 경우도 종종 있는데 피난민이 워낙 많아 국경으로 가는 도로는 늘 붐빕니다. 저희는 다행히 별 탈 없이 도착했습니다.

심사관: 터키 국경은 어떻게 넘어갔습니까?

신청자: 택시를 타고 가다가 저희 가족은 검문소 근처에 내려서 걸어서 국경을 통과했습니다.

심사관: 국경을 넘어가면 터키 어디가 나옵니까?

신청자: 킬리스입니다.

심사관: 검문소 상황은 어떻습니까?

신청자: 검문소에는 아시리아 정부군이 상주해 있는데 다른 데는 철조망으로 다 막혀 있습니다. 검문소에 있는 군인을 잘못 만나면 국경을 넘어가지도 못합니다. 어떤 군인들은 난민을 그냥 보내지만 어떤 사람들은 난민들이 나가지 못하게 막거든요. 허공에 총을 쏘면서 난민들을 위협하기도 합니다. 이런 군인들이 지키고 있으면 앗자즈까지 온 피란민들은 2~3일씩 길바닥에 앉아 군인들이 근무 교대하기만 기다리다 교대하느라 감시가 소홀한 틈을 타 철조망을 넘거나 아래쪽으로 기어서 넘어가는 거죠. 저희가 도착했을 때에는 다행히 보내주는 군인

들이었습니다. 그리고 저희가 여권이 있어서 그나마 다행이었던 거 같습니다.

심사관: 그럼 터키 킬리스에 도착해서 어디로 갔습니까?

신청자: 킬리스에서 버스를 타고 메르신을 거쳐서 이스탄불까지 갔습니다.

심사관: 알레포에서 메르신까지 가는 데 걸린 시간은요?

신청자: 집을 떠나 3일째 메르신에 도착했습니다.

심사관: 메르신에서 이스탄불은 얼마나 걸렸습니까?

신청자: 하루 만에 갔습니다.

심사관: 이스탄불에서 한국에 오는 준비는 어떻게 했습니까? 한국 오는 비자를 신청한 곳이 이스탄불입니까?

신청자: 예, 그렇습니다.

심사관: 취업비자를 신청했지요.

신청자: 예.

심사관: 취업비자 받는 데 얼마나 걸렸나요?

신청자: 3개월 정도 기다렸습니다.

심사관: 3개월 동안 가족들이 생활할 돈은 마련해서 떠난 상태였습니까?

신청자: 우리 가족이 피난오면서 가져온 돈이 조금 있었고, 한국에 있던 형이 생활비를 부쳐주었습니다. 난민들이 몰려들어서 현지 물가가 집세랑 장난 아니게 뛰어서 예상보다 돈이 많이 들었습니다. 얼마나 기다려야 하는지 기약이 없기 때문에 최대한 먹는 것도 아끼고 버티면서 다 같이 노력했습니다.

심사관: 한국에 취업비자로 입국한 일자가 어떻게 됩니까?

신청자: 14년 10월 4일.

심사관: 이때 혼자 한국에 왔는데 혼자 온 이유는 무엇입니까?

신청자: 같이 왔으면 했지만 저희 부모님이 몇 년 사이 건강이 많이 안 좋으셔서 비행기를 타고 장거리 이동을 하는 것이 어렵다고 판단했고, 동생은 어려서 부모님과 같이 있어야 해서 저만 형이 있는 한국에 오기로 했습니다.

심사관: 부모님과 여동생은 지금 어디에 있습니까?

신청자: 이스탄불에서 살고 있습니다.

심사관: 생활비는 누가 보내드리고 있나요?

신청자: 형과 제가 돈을 벌어 보내드리고 있습니다.

심사관: 부모님과 동생도 한국에 올 계획입니까?

신청자: 아직은 구체적 계획이 없습니다. 일단은 이스탄불이 알레포보다 훨씬 안전하니까 한시름 놓은 상태입니다.

심사관: 종교는 무엇입니까?

신청자: 이슬람입니다.

심사관: 수니파, 시아파 중 어느 쪽인가요?

신청자: 이슬람은 하나입니다.

심사관: 다시 돌아가면 어떤 상황에 처할 것으로 예상합니까?

신청자: 절대 안전하지 않죠.

심사관: 한국 오기 전 다른 나라에서 난민 신청한 적 있습니까?

신청자: 없습니다.

2. 변호사 면담

다음은 법무부의 난민지위를 인정받지 못한 난민 신청자가 난민지위불인정처분 취소소송을 준비하기 위해 변호사를 만나 면담하는 상황이다. 이때 변호사는 난민 인정 신청서와 면담진술서를 기초로 질문하면서 변호사 면담진술서를 작성하여 법무부에서 작성한 면담진술서를 탄핵할 수 있다. 아래 난민 신청자는 아구스라는 이름의 남자로 팔마스 지역으로 가는 길에 동성강간을 당하는 등 국내 정치 불안으로 인한 신변의 위험을 이유로 난민을 신청한 케이스이다. 아래 예문은 이름, 국적, 인종, 종족, 생년월일 등 인적사항을 확인한 후의 상황이다.

변호사: 본국에서 아구스 씨 직업은 무엇이었습니까?

신청자: 사업했습니다.

변호사: 어떤 사업을 했나요?

신청자: 중개상 같은 일입니다. 물건 파는 사람들끼리 연결해주고 커미션 받았습니다.

변호사: 거래 물품은 주로 어떤 것이었습니까?

신청자: 다양합니다. 상품, 광물, 의류, 자동차 기타 등등.

변호사: 혼자 하는 사업이었나요? 회사 같이 직원이 있었나요?

신청자: 아뇨. 회사 같은 규모는 아닙니다. 혼자 돌아다니면서 하는 일입니다.

변호사: 아구스씨는 팔마스에 언제 왜 가게 되었는가요?

신청자: 10월, 2011년 10월에 갔습니다.

변호사: 그때 팔마스에 가게 된 이유는요?

신청자: 일 때문에 사람 만나러 갔습니다.

변호사: 아구스씨는 팔마스에서 반군에게 동성강간을 당한 사실 있나요?

신청자: 예, 팔마스 가는 길에서요.

변호사: 2011년 10월에 그런 사실이 있다는 거죠?

신청자: 예.

변호사: 그런데 2014년 12월 16일 법무부 면담에서 2011년 10월 정부군에게 성폭행을 당했다고 진술한 것으로 되어 있는데 정부군이 맞나요, 반군이 맞나요?

신청자: 동성강간을 두 번 당했는데 첫 번째는 반군이었고 두 번째는 정부군이었는데 그건 11월이었습니다.

변호사: 아구스씨가 팔마스에서 2011년 10월 반군에게 동성강간을 당한 시간 장소 방법과 풀려나온 경위는 어떻게 됩니까?

신청자: 정확히 말하면 팔마스 도착하기 전 팔마스로 가는 도중에 반군을 마주치게 되었습니다. 반군들은 남자, 여자, 애, 어른을 가리지 않고 자기들 마음대로 욕심을 채웁니다. 여자들 강간하고 죽이는 일도 많았고요. 그때 저뿐 아니라 다른 남자들도 있었는데 총 들고 지키고 있는 가운데 저에게는 구강성교를 시켰습니다. 입으로 안 해주면 죽이겠다고 했습니다. 그러고 난 다음 항문으로 강간을 했습니다.

변호사: 사람들이 보는 앞에서 여러 사람이 돌아가면 몇 사람을 강간했고 본인도 강간당했다는 말씀입니까?

신청자: 예… 한 사람이 끝나면 돌아가면서 다음 사람이 또 저를 강간했습니다.

변호사: 말씀하시기 곤란한 질문을 계속해서 힘드시겠지만 잘 말씀해주세요. 최대한 정확하게요. 그 자리에서 아구스 씨는 어떻게 도망했죠?

신청자: 다 끝난 후 제발 부탁인데 화장실 가게 해달라고 사정해서…강간하는 동안 소변을 못 봐서 오줌이 급하다고 했어요. 오줌 쌀 것 같다면서 사정해서 반군들이 다른 사람 강간하는 사이 숲으로 들어가서 재빨리 도망했습니다.

변호사: 그리고 2010년 11월 다시 팔마스에서 정부군에 의해 동성강간을 당했다는 거죠?

신청자: 네, 맞습니다.

변호사: 아구스 씨는 2014년 12월 16일 법무부에서 면담할 때 2011년 11월 11일 다섯 명의 반군으로부터 강간을 당했다고 진술했는데 맞나요?

신청자: 그때는 정부군입니다. 말하기 힘든 내용인 데다 긴 시간 면담하면서 혼동스러워서 그때 그렇게 말했는지 모르겠는데 11월에는 팔마스였고, 거긴 정부군 지역이라 11월에는 반군이 아닌, 정부군으로부터 당한 사실이 맞습니다.

변호사: 예. 2011년 11월 11일 팔마스에서 정부군에 의해 동성강간을 당한 시간, 장소, 방법, 풀려나온 경위는 어떻게 되나요?

신청자: 저녁 시간에 공항 근처를 지나고 있었습니다. 경비군이 있었는데 불심검문을 하기도 합니다. 그래서 경비군들이 불렀을 때 신분 확인을 하려나보다 생각했죠. 그래서 다가가니까 저를 숲 쪽으로 데려갔습니다. 계속 말해요?

변호사: 예.

신청자: 신분증 보고, 이름하고 생년월일 이런 거 물어봤어요. 그리고는 저쪽으로 데려가서 강간했습니다.

변호사: 올해 초 본국에서 반군이 와해되었다는 뉴스가 보도되었는데 지금 본국으로 돌아가도 강간을 당하거나 안전이 위협받을 우려가 있나요?

신청자: 겉보기엔 반군이 와해된 것 같아 보이지만 사실상 소탕된 게 아니라 여전히 남아서 민간인들 죽이고 강간과 약탈을 일삼고 있습니다.

변호사: 반군이 없는 지역으로 가면 안전하지 않나요?

신청자: 그게 어렵습니다. 반군이 지금 정권을 잡은 데빌라 대통령을 지지하는 정부군과 합쳐져 있기 때문에 어떻게 보면 전국에 반군이 있다고도 할 수 있습니다. 그래서 어디를 가든 그들과 마주칠 수 있습니다. 저를 강간했던 사람들 제 신분증에서 이름을 다 적어갔기 때문에 저를 찾아낼 수 있습니다.

변호사: 원고의 아버지는 언제 어떻게 사망했습니까?

신청자: 2000년도에 지병으로 돌아가셨습니다.

변호사: 어머니는요? 언제 어떻게 사망하셨습니까?

신청자: 어머니는 언제 돌아가셨는지 일자를 알 수 없습니다. 2006년 폭격이 있었고 당시 많은 사람들이 죽었는데 그때 어머니가 살던 집도 폭격을 받았고… 그 뒤로 어머니 소식이 끊겼기 때문에 그 폭격 때 돌아가신 걸로 추측합니다.

변호사: 원고가 처음 작성한 자필 진술서에는 2006년경 폭격으로 부모가 사망했다고

기재했는데, 법무부 면담에서는 2000년경 아버지가 사망하고 2006년경 폭격으로 어머니와 다른 가족이 연락 두절되었다고 했어요. 그리고 추가면접 시에는 2002년경 아버지가 사망했다고 진술한 이유가 무엇입니까?

신청자: 아버지가 2000년 돌아가신 건 맞습니다. 제가 장례도 치렀으니까요. 2006년에 부모가 사망했다고 한 건 2006년도 폭격으로 저의 삼촌, 대부님이 다 사망하셨어요. 어머니도 그렇게 되었고요. 2002년은 아무 상관없는 해인데요. 왜 그렇게 기록되었는지 모르겠네요.

3. 난민재판

난민지위불인정처분 취소소송(난민재판)의 전체 흐름에 대해 쉽게 이해할 수 있도록 아래와 같이 재판 시나리오를 제시한다. 먼저 읽어본 후 통역을 연습해보아도 좋다. 아래 난민재판 예문에서 사용되는 약어는 다음과 같다. 여기에 사용된 모든 인명과 지명 등 고유명사는 가상으로, 특정사건과 관련이 없다.

원변: 원고 소송대리인
피변: 피고 소송수행자[1]
원고: 난민 신청자

사건 개요

다음은 남수단 국적의 누에르족에 속하는 원고가 곤도코로 중앙시장에서 물건을 팔던 중 경찰이 총격을 가하며 시장에 있는 소수족 상인들을 강제로 퇴거시키는 과정에서 원고를 5일간 구금하는 등 박해를 가했다는 이유로 난민 신청을 했다. 그러나 난민지위를 인정받지 못했고 법무부(서울출입국관리사무소) 결정에 대해 행정소송을 한 상황이다.

1 소송수행자는 법무부 소속의 변호사로서 외부인이 소송대리인의 역할을 하는 경우와 구분된다.

재판 시작

재판장: 지금부터 서울행정법원 제1단독 재판을 시작하겠습니다. 2016구단2000호 난민불인정결정취소, 원고 DJ, 피고 서울출입국관리사무소장 사건의 2차 변론기일을 진행하겠습니다. 원고 DJ, 원고 소송대리인 그리고 피고소송 수행자 출석했습니까?

원 변: 원고 DJ와 소송대리인 김승소 변호사 출석했습니다.

피 변: 피고 소송 수행자 박유능 출석했습니다.

당사자 본인신문

재판장: 행정소송법 제8조 제2항, 민사소송법 제159조 제1항의 규정에 따라 원고본인 신문 내용을 녹음할 것을 명하겠습니다.

재판장: 통역인 이나미 씨, 90년 9월 8일생 맞습니까?

통역인: 예.

재판장: 통역인은 성실하게 통역을 하여야 하고, 허위나 거짓으로 통역을 하게 되면 허위 통역의 벌을 받을 수 있습니다. 선서하시죠.

통역인: 양심에 따라 성실히 통역하고 만일 거짓이 있으면 허위 통역의 벌을 받기로 맹세합니다. 통역인 이나미.

재판장: 통역인이 선서를 도와주십시오.

원 고: 양심에 따라 숨기거나 보태지 아니하고 사실 그대로 말하며 만일 거짓이 있으면 그에 대한 죄를 받기로 맹세합니다.

재판장: 자리에 앉으십시오. 원고소송대리인 신문 시작해주십시오.

원 변: 원고는 남수단의 주바에서 태어났고, 누에르족이지요?

원 고: 예, 그렇습니다.

원 변: 원고의 가족들은 어디 살았고, 원고 아버지가 어떤 일을 했나요?

원 고: 저희 가족은 곤도코로에서 살았고 저희 아버지는 농업 관련 사업을 하셨습니다.

원 변: 원고는 2014년 3월 3일 서울출입국관리소 난민면접실에서 공무원과 면담을 할 때 2009년, 아니 2010년경부터 중앙시장에서 일했다고 진술했는데 맞습니까?

원 고: 잘 못 들었는데 죄송하지만 다시 말씀해주십시오.

원 변: 2010년부터 중앙시장에서 일을 한 것이 맞습니까?

원 고: 예, 맞습니다.

원 변: 시장에서 무슨 일을 했습니까?

원 고: 물건을 팔았습니다. 농기구에서부터 연장 같은 것들.

원 변: 원고를 비롯해서 중앙시장의 상인들이 장사를 하기 위해서 사용료를 지불했나요?

원 고: 예, 그렇습니다. 그걸 내야 영업 허가증 같은 걸 받을 수 있습니다. 그게 있어야 거기서 장사를 할 수 있습니다.

원 변: 돈을 누구에게 어떻게 지급했나요?

원 고: 시장 관리자에게 매주 자릿세를 지불하고, 공무원에게 별도로 주는 사용료가 있었어요. 많이 벌면 수입에 따라서 자릿세를 더 내야 했습니다.

원 변: 공무원한테 직접 줬어요?

원 고: 네, 공무원들이 시장에 와서 직접 받아갔습니다.

원 변: 원고가 중앙시장에서 일한 기간이 약 3년 정도 되는데요, 2010년에서 2012년 사이인데, 원고가 중앙시장에서 일하는 동안에 반정부인사로 경찰의 감시를 받았던 이유는 무엇인가요?

원 고: 그 당시 정부는 부패추방운동을 벌이고 있었는데 시장을 관리하던 공무원이 시장 관리자에게도 돈을 받고 개인 상인에게도 돈을 받아 가로챘답니다. 그래서 비리 공무원을 경찰에 찔렀다는데 경찰과 비리 공무원이 한통속이라 처벌을 받지도 않았어요. 제가 2010년 하반기에 시장 상인들 모임에서 공무원에게 더 이상 사용료 주지 말자, 개인이 착복한다고 설득을 했어요. 그래서 그 뒤부터 경찰이 저를 찾아왔고 한 번은 경찰서에 데리고 가서 뇌물죄로 조사했는데 증거가 없어 풀려났어요. 그 뒤로 경찰에 요주의 인물이 된 것 같아요.

원 변: 2012년 3월경 원고가 일하는 시장에 경찰이 와서 폭력배 추방한다고 몇 사람을 잡아갔죠?

원 고: 예.

원 변: 그 뒤 중앙시장에서 원고가 마지막으로 경찰을 본 때는 언제인가요?

원 고: 2012년 5월 10일로 기억합니다.

원 변: 2012년 5월 10일 경찰들이 중앙시장에 왔을 때 원고는 어디에 있었나요?

원 고: 장사하고 있었습니다.

원 변: 장사를 하던 곳이 시장 입구였어요?

원 고: 예, 바로 입구는 아니지만 입구 가까운 쪽에 있었습니다.

원 변: 경찰들이 몇 명이나 왔어요?

원 고: 너무 많이 와서 정확한 숫자는 모르겠습니다.

원 변: 대략 어느 정도인지 말해줄 수 있나요?

원 고: 정확히 기억이 나질 않는데, 수십 명? 어휴 그냥 매우 많았다는 것밖엔 기억이 나지 않습니다.

원 변: 많은 경찰들이 중앙시장에 왔을 때 상인들은 어떻게 했어요?

원 고: 처음에는 입구 쪽에 서서 경찰들이 어쩌려는지 보고 있었습니다. 그런데 경찰이 차에서 내려서 다른 상인들이나 시장에 물건들을 집어던지고 파괴하기 시작해서 저희가 그때 경찰들을 공격하기 시작했습니다.

원 변: 어떻게 공격을 한 거예요?

원 고: 경찰들이 이미 너무나 많은 무기를 가지고 있었기 때문에 저희는 막대기나 주위에서 찾을 수 있는 돌이랑 팔던 물건도, 아무튼 눈에 보이는 아무거나 살려고 집어들었습니다.

원 변: 원고는 2014년 3월 3일 서울출입국관리소 난민면접실에서 면담할 때 경찰들이 마구 총을 쏘았고, 남자 2명 여자 1명이 즉사했고, 많은 사람들을 체포해갔다고 진술했는데요, 경찰이 쏜 총에 그 사람들이 맞아 죽는 것을 직접 본 거예요?

원 고: 예, 봤습니다. 총 쏘는 소리도 들었고, 사람들이 쓰러지는 걸 봤습니다.

원 변: 원고가 경찰에 체포된 상황에 대해서 질문하겠습니다. 원고는 2012년 5월 12일 집에서 체포되었다고 했는데요. 체포 이유를 알았나요?

원 고: 부정부패에 연루되어 있다고 했습니다.

원 변: 원고를 체포하러 온 사람들이 몇 명이었죠?

원 고: 3명이 와서 저를 잡아갔습니다. 체포하면서 부정부패라는 소리는 안 하고 그 당시에는 저 같은 사람들이 국가발전에 방해 요소라고 말했습니다.

원 변: 원고는 경찰들에게 체포되어 어디로 갔어요?

원 고: 경찰서로 갔습니다.

원 변: 원고가 경찰서에 구금되어 있는 동안 어떤 일이 있었는지 말해주세요.

원 고: 구금되어 있을 때 다른 사람들도 여러 명 있었는데, 저와 같이 구금된 사람들을 심하게 때렸습니다. 우리가 경찰에 대항해서 시장에서 싸웠다는 얘기를 계속하면서 부패척결대상이라며 구타했습니다.

원 변: 원고가 경찰서에 그렇게 갇혀 있는 동안 원고의 가족들이 면회온 적은 있어요?

원 고: 아뇨. 가족들은 제가 석방되기 전까지 면회를 온 적이 없습니다.

원 변: 원고는 2014년 3월 3일 서울출입국관리소에서 면담할 때 처음에는 경찰에서 풀려나게 된 이유가 '뇌물을 주고 풀려났다' 라고 했다가 뒤에 '사실은 변호사가 보석금을 내고 석방시켜준 것이다' 라고 진술했거든요. 이렇게 진술을 바꾼 이유가 뭐예요?

원 고: 제가 말을 바꾼 게 아니라 남수단에서는 경찰한테 주는 돈을 다 보석금이라 해요. 경찰이 친분관계나 뇌물을 받고 풀어주든 법적 절차를 밟고 돈을 낸 것이든 상관없이요.

원 변: 원고가 석방된 날은 언제였고, 원고가 석방될 때 원고의 가족들은 경찰서에 왔나요?

원 고: 정확히 날짜는 기억 안 나지만 구금된 지 5일째 되는 날이었고, 그날 형을 봤습니다.

원 변: 경찰서에 형이 직접 왔어요?

원 고: 변호사 암몬이 저를 데리러 왔고, 차에 태워서 저희 형이 있는 곳으로 갔습니다.

원 변: 원고는 경찰서를 나와서 변호사와 함께 형이 있는 곳으로 갔다는 거죠?

원 고: 예.

원 변: 어디로 갔나요?

원 고: 어두워서 정확히 어디로 갔는지 확실치 않지만 잘 모르는 동네였어요. 저에게 당분간 집 밖으로 나오지 말고 숨어 있으라고 얘기했습니다.

원 변: 석방되고 나서 출국하기 전까지 남수단에 머문 기간은 얼마나 되는 것 같아요?

원 고: 석방되고 한 3일 정도 있다가 한국대사관에 가서 여권을 받아왔습니다. 그리고 4일 정도 있다 나이로비를 거쳐 한국으로 오는 비행기를 탔습니다.

원 변: 원고가 2014년 6월 2일 남수단에서 떠났는데요, 원고가 비행기를 탄 공항이 어딘지 말씀해주세요.

원 고: 주바공항입니다.

원 변: 동행한 사람들이 몇 명이나 됐나요?

원 고: 저까지 6명이었습니다.

원 변: 그 6명이 전부 다 한국으로 오는 사람들이었어요?

원 고: 예, 나이로비에서 다른 곳으로 가는 사람도 있었고, 한국으로 끝까지 온 사람은 셋이었습니다.

원 변: 원고는 본인이 수배 중이라는 사실은 언제 알게 됐어요?

원 고: 제가 처음 석방이 되고 나서 나가지 말고 집에만 있으라고 하고, 공항으로 이동할 때에도 느낌이 있었어요. 확인하진 않았지만. 그런데 출국하려고 했던 그날 출국금지가 되어 있다는 것을 알게 됐고, 그래서 그 변호사가 다시 저를 데리고 다른 데로 가면서 수배 중이라 출국하기 쉽지 않다면서 기다리라고 했습니다. 그리고 바로 다음날 와서 다시 출발하자고 말했습니다.

원 변: 변호사와 가족들이 뇌물을 써서 출국할 수 있었던 겁니까?

원 고: 예. 그렇게 알고 있습니다. 수배 중인 사람은 출국하기 어려우니까요.

원 변: 경찰이 원고를 수배한 이유가 뭔지 알고 있습니까?

원 고: 부패인사라는 거죠. 제가 잡혀있을 때 경찰에게 들은 말은 시장에서 있었던 싸움을 제가 주동했다는 것이었습니다. 사람들이 제 농기구와 연장을 쓴 걸 꼬투리 잡은 거라 생각합니다.

원 변: 원고는 남수단에서 지금도 수배 중인가요?

원 고: 아직 수배 중인 것으로 알고 있습니다. 제가 떠난 이후에 형이 체포됐다 풀려났다는데 저 때문이라 들었습니다. 그리고 지금은 저를 도와준 변호사도 구금 중이라는 말을 들었습니다.

원 변: 변호사가 구금된 이유도 원고의 석방 그리고 출국과 관련 있나요?

원 고: 제가 한국으로 올 수 있게 그 사람이 처리해줬는데 아무래도 그게 문제가 돼서 체포가 된 겁니다. 이런 것만 봐도 제 사건이 현재 진행 중이라는 것을 알 수 있습니다.

원 변: 이상입니다.

* * *

재판장: 피고 소송 수행자 반대신문을 하겠습니까?

피 변: 예. 부패척결운동을 주도한 정부기관이나 단체가 있습니까?

원 고: IPL이라고 독립의회연맹인데 제가 아는 건 그거뿐입니다. 저는 제가 일하는 중앙시장의 일만 앞장섰지 실제 정치활동에는 큰 관심이 없어서 그런 건 잘 모릅니다.

피 변: 시장에서 부패척결의 주요 목표는 불법 무허가 노점 정리였던 건가요?

원 고: 그건 명목일 뿐이라 생각합니다. 시장에서 장사하는 모든 상인들이 사용료와 자릿세를 안내면 쫓겨나기 때문에 다들 허가증을 받아서 장사를 했어요. 무허가는 거의 없었기 때문에 그렇게 생각하지 않습니다. 그보다는 지역출신이 아닌 소수부족 상인들이 있는 쪽에 와서 상인들을 괴롭혔습니다.

피 변: 그것은 원고의 의견이지요?

원 고: 지금 말씀드린 건 사실입니다. 한 번도 허가증 확인하러 정부관리나 경찰이 와서 무허가 상인을 확인한 적이 없어요. 타지역 소수부족을 차별한 겁니다.

피 변: 원고는 중앙시장 내 소수부족 대표자인가요?

원 고: 그런 공식적인 대표자나 지도자는 없었습니다. 저는 그냥 장사꾼이었는데요. 하지만 저희 부족 사람이나 다른 소수부족 사람이 어려움을 당해서 제가 도와준 적은 있습니다.

피 변: 2012년 5월 10일에 시장 상인들에게 총격을 한 사람들이 경찰이라고 신분을 밝혔나요? 어떻게 경찰인 걸 알았나요?

원 고: 경찰 유니폼을 입고 경찰차를 타고 와서 당연히 경찰이라 생각했습니다.

피 변: 경찰로 보이는 사람들이 상인들한테 총격을 가한 이유는 무엇인가요?

원 고: 그 당시에 격렬하게 저항하며 싸우고 있었고, 저희가 그쪽을 향해서 막대기나 돌 같은 걸 굉장히 많이 던지고 있었는데, 쉽게 제압하려고 총을 쏘기 시작한 것 같습니다.

피 변: 사망자가 발생하고 상황이 진정되었나요?

원 고: 총 맞고 쓰러진 사람 주변으로 몇 사람이 갔지만 대부분 총소리에 달아나거나 몸을 숨겨서 더 이상 저항 같은 건 없었습니다. 그리고 경찰도 가버렸고요.

피 변: 그 자리에서 체포되거나 끌려간 사람은 없었나요?

원 고: 제가 본 건 없었습니다.

피 변: 경찰에 체포된 2012년 5월 12일 이후에 남수단 당국에서 수사 내지 조사 받은 사실이 있나요?

원 고: 그런 적 없습니다.

피 변: 원고는 2012년 5월 12일 경찰에 체포된 이후에 법원 등에 출석해서 재판 받은 사실이 있나요?

원 고: 법원에 간 적도 재판을 받은 적도 없습니다.

피 변: 그러면 재판을 받으라고 통지가 원고의 집으로 온 사실은 있습니까?

원 고: 체포되고 풀려난 이후에 제가 집에 간 적이 없기 때문에 그런 통지서가 왔는지 알 수가 없습니다.

피 변: 그럼 원고 가족이 그런 통지를 받았다고 알려준 적도 없습니까?

원 고: 제가 가족들한테 들었던 소식은 아까 말씀드린 대로 제가 떠난 이후에 형이 여러 번 체포됐다 풀려났다는 것과 저를 도와준 변호사도 구금 중이라는 것뿐입니다.

피 변: 원고가 수사기관에 체포되었을 때 조사도 받지 않았고, 그 후에 법정에 출석하라는 통지도 없었고, 보석금을 받고 원고를 석방하기까지 했는데, 그것은 원고가 앞으로 형사처벌을 받거나 다시 체포를 당할 위험이 없다는 것을 의미하는 것이 아닌가요?

원 고: 제가 석방된 것 때문에 그 변호사가 체포된 것을 보면 아마도 합법적인 절차를 밟지 않았다는 것을 알 수 있고 아까 말씀드린 대로 형도 체포되었다가 겨우 풀려났고, 저를 도와준 변호사가 아직 석방되지 않은 상태이기 때문에 당연히 저는 잡혀갈 겁니다. 이제 저를 빼내줄 사람도 없을 거고요.

피 변: 이상입니다.

재판장: 쌍방 더 이상 신문할 내용이 없으면 이것으로 원고본인신문을 마치겠습니다.

1) 본인 신문 I

다음은 국내 정치적 불안과 안전을 이유로 난민지위인정을 신청한 당사자 본인 신문이다. 원고는 가상 국가 알파의 파슈툰족 출신이다. 원고 소송대리인이 난민 신청 사유와 배경에 대해 질문하고 있다.

원 변: 원고는 알파 남서부지역에서 태어났고, 원고의 종족은 파슈툰족이지요?

원 고: 예, 그렇습니다.

원 변: 원고의 가족들은 어디 살았나요?

원 고: 우리 가족은 자란지라는 국경 마을에 살았습니다.

원 변: 원고는 2016년 9월 27일 서울출입국관리소 난민면접실에서 공무원과 면담할 때 2012년에서 2014년 초까지 자란지에서 제일 큰 시장에서 일했다고 진술했

는데요. 무슨 일을 했나요?

원 고: 저희 아버지가 하시던 식품상을 도와드리다가 나중에는 제가 혼자서 했어요.

원 변: 학교를 그만두고 시장에서 일하게 된 이유는 뭔가요?

원 고: 가족들 생활이 어려워져서 다른 도시에서 학교를 다니고 있었는데 고향으로 돌아와야 하는 상황이라 저도 일을 해야 했습니다.

원 변: 원고 가족 상황이 어떤가요?

원 고: 지금은 어머니와 남동생뿐입니다. 아버지는 2013년에 돌아가셨고 여동생은 행방을 알 수 없습니다.

원 변: 원고 아버지가 탈레반에 납치되었다가 풀려나신 후 얼마 되지 않아 돌아가셨죠?

원 고: 네. 2주 정도 잡혀 있다가 풀려나오셨어요. 많이 맞고 몸이 상해서 기력을 회복하지 못하셨죠.

원 변: 원고 아버지가 탈레반에게 납치당한 이유는 무엇입니까?

원 고: 제 여동생을 학교에 보낸다는 이유도 있고 마음에 안 들어서 그런 거죠.

원 변: 여동생은 학교에서 돌아오는 길에 실종된 건가요?

원 고: 네. 그렇게 알고 있습니다. 학교에서 집으로 가는 걸 마지막으로 사람들이 봤는데 집으로 오진 않았습니다. 가출할 이유가 없으니 실종된 거죠.

원 변: 경찰에 신고하고 찾으려고 노력했습니까?

원 고: 신고했지요. 그치만 실종이 드물지 않고 경찰이 신경 써서 찾는 걸 도와주려고 하지도 않아요. 특히 여자 아이의 경우에는 더 그렇죠.

원 변: 원고가 한국행을 결심한 이유는 무엇입니까?

원 고: 더 이상 알파에서는 희망이 없다고 느꼈고, 안전도 지켜주지 못하는 경찰과 정부를 어떻게 믿고 살 수 있겠습니까?

원 변: 탈레반에게 직접 위협 당한 적이 있습니까?

원 고: 저 개인에게 직접 와서 협박한 적은 없지만 아버지가 그렇게 되셨고, 여동생 생사를 모릅니다. 직접 위협 당한 것과 마찬가지죠. 그래서 사업이라는 핑계로 돈을 빌려 한국에 오게 되었습니다. 어머니의 뜻이기도 하고요.

원 변: 사업을 위해서라고 했지만 실제로는 난민 신청을 하기 위해서 한국에 왔다는 뜻이죠?

원 고: 맞습니다.

원 변: 원고는 2016년 6월 26일 한국에 관광비자로 입국했고, 7월 12일 출입국관리

소에 찾아가 난민 신청을 하게 되었죠.

원 고: 예.

2) 본인 신문 II

다음은 강제 결혼과 명예 살인 문화로 생명의 위협을 느껴 탈출한 아프리카 출신 여성 난민 신청자 본인 신문 상황이다.

원 변: 원고 고향에서는 가족들이 신랑 집에서 주는 돈을 받기 위해 결혼 적령기의 여성들을 강제로 결혼시키는 일이 빈번하게 일어나죠?

원 고: 맞습니다.

원 변: 원고가 열다섯 살이 된 후부터 원고를 데리고 살던 고모는 수차례 결혼을 하라고 했으나 원고는 이때마다 강하게 거부했지요.

원 고: 예 그렇습니다.

원 변: 원고가 스무 살이던 해 고모는 원고에게 월급이 상당히 좋은 호텔 직원 일을 제안했고, 호텔 직원 인터뷰를 하러 가자는 고모의 제안을 받고 수도 투르크로 갔죠.

원 고: 예, 고모와 같이 갔습니다.

원 변: 그러나 나중에 알고 보니 호텔에 인터뷰하러 간 게 아니라 고모가 돈을 받고 원고를 신붓감으로 판 남자에게 간 것이었죠?

원 고: 예.

원 변: 고모가 미화로 9천 달러를 받고 원고보다 스무 살 이상 나이가 많은 남자에게 판 것이었죠?

원 고: 예.

원 변: 원고와 원고의 고모가 2012년 호텔에 도착한 후, 이때가 며칠이었는지 기억합니까?

원 고: 2012년 9월 7일로 기억합니다.

원 변: 고모는 원고에게 호텔방에 잠깐 기다리라며 원고를 홀로 호텔방에 남겨두었죠.

원 고: 예.

원 변: 그런데 고모는 돌아오지 않고 잠시 후 호텔방에 나타난 사람은 남편이라는 하미시였죠.

원 고: 예.

원 변: 하미시는 원고에게 무슨 말을 했습니까?

원 고: 자기가 신부값을 주고 나를 샀다며 남편 만나러 오는 줄 몰랐냐고 물었습니다.

원 변: 원고와 나눈 말을 계속해주세요.

원 고: 저를 억지로 끌어안으면서 "내가 너를 데려오기 위해 9천불을 지급했기 때문에 너는 나의 소유가 맞다."라고 말했습니다. 전 그런 사실 모른다고 고모를 불러달라고 말했고요. 그런데 그 사람은 아랑곳하지 않고 저를 자기 몸으로 누르면서 집에 가려면 돈을 돌려달라며… 저를 그 호텔방에서 겁탈했습니다.

원 변: 원고는 어떻게 도망했나요?

원 고: 그날 밤 저는 울면서 밤을 지새우다시피 하다가 하미시가 술 마시고 깊이 잠든 새 조용히 몸만 빠져나와 우여곡절 끝에 다른 도시에 있는 친구집으로 피했습니다.

원 변: 카피탈로 도망나온 날이 9월 8일 새벽입니까?

원 고: 그렇게 기억합니다.

원 변: 원고는 무슨 일을 당할지 몰라 고향으로, 고모집으로 돌아가지 않았죠?

원 고: 예, 그래서 다른 지역에 사는 친구 집에서 당분간 숨어 지냈습니다.

원 변: 원고의 부모님은 일찍 돌아가시고, 형제자매 없이 고모만 유일한 혈육이었죠.

원 고: 예.

원 변: 고모 외에는 다른 친척이 없고 친구 중에서 가장 친한 그 친구 집이 고향에서 비교적 가까운 곳이라 거기에 찾아간 건가요?

원 고: 예.

원 변: 원고는 친구 집에 머물며 출국할 자금을 마련하기 위해 친구 가게에서 일했죠.

원 고: 예.

원 변: 친구 집에 살면서 친구 가게에서 일한 지 약 3개월이 지난 2012년 12월경 원고가 친구 가게에서 일하는 것을 발견한 고모의 친구가 이 사실을 고모에게 알렸죠.

원 고: 예.

원 변: 고모가 원고가 있는 곳에 하미시와 함께 찾아왔는데 마침 그때 원고가 자리를

비워 원고를 만나지는 못했죠.

원 고: 예.

원 변: 고모와 하미시는 원고의 친구에게 무엇이라 말했나요?

원 고: 살고 싶으면 하미시에게 돌아오라고 했습니다.

원 변: 친족에 의한 강제 결혼 그리고 명예 살인이 드물지 않기 때문에 원고는 그 말이 위협적으로 들렸죠?

원 고: 맞습니다. 거기에서는 명예 살인으로 처벌 받지 않는 사람이 많아요.

원 변: 고모가 돈을 훔쳐갔다고 경찰에 신고해서 자신이 수배 중이라는 것도 원고는 그때 알게 되었지요?

원 고: 예.

원 변: 원고의 고모와 하미시가 돌아간 뒤에도 경찰이 친구네 가게에 몇 번 찾아와 원고의 행방을 수소문했죠?

원 고: 예.

원 변: 원고의 행방을 알지 못한다는 원고의 친구를 윽박지르고 그 친구를 경찰서로 연행하기까지 했죠?

원 고: 예.

원 변: 원고의 나라에서는 부정부패가 만연하여 뇌물을 주지 않으면 경찰의 조력을 받기 어려운 현실이죠?

원 고: 예. 저는 뇌물로 줄 돈도 없었기 때문에 억울한 사정을 얘기해도 저를 도와줄 경찰을 찾기 힘들다고 생각했습니다.

원 변: 원고는 본인이 강간사건의 피해자였음에도 불구하고 경찰에 강간피해사실의 조사를 요청할 수 없었고 고모의 거짓 신고에 의해 절도용의자로 몰릴 수밖에 없었죠?

원 고: 예.

* * *

피 변: 원고는 2012년 9월 7일 호텔에 몇 시쯤 투숙했습니까?

원 고: 이른 오후였습니다.

피 변: 그리고 호텔에서 도망한 시간이 9월 8일 새벽 이른 아침입니까?

원 고: 예.

피 변: 원고는 왜 피고측과 면담 시에는 호텔에서 이틀간 묵었다고 했습니까?

원 고: 그날 호텔에 있었던 것은 하루밖에 안 되었습니다. 음… 고모와 집을 떠난 지는 이틀이 된 때였는데 그게 헷갈린 게 아닌가 싶습니다. 호텔에는 이틀 있지 않았습니다.

피 변: 원고는 경찰에 체포된 적이 있나요?

원 고: 체포된 적 없습니다. 친구만 저 대신 잡혀갔고, 경찰에 신고하러 갔다가 잡혀갈까봐 신고도 못했습니다.

피 변: 9월 8일 호텔에서 빠져나와 어떻게 친구 집으로 피신했습니까?

원 고: 호텔로 갈 때 봐두었던 큰길가로 나와 처음 온 버스를 아무거나 타고 거기를 벗어났고요. 터미널 같은 곳에 도착해서 차를 두 번 갈아타고 친구네 집으로 갈 수 있었습니다.

피 변: 원고는 진술서와 면담 시 오늘 진술한 성폭행 당한 일을 진술하지 않았죠?

원 고: 예. 너무 많은 일을 얘기해서 정신도 없었고 창피하고 잊고 싶은 일이라 굳이 말하기 그랬습니다.

피 변: 그럼 원고는 왜 고모의 위협을 받고도 친구의 집에 머물렀나요?

원 고: 어릴적 제일 친한 친구여서 믿고 있을 수 있었어요. 그렇지만 저 때문에 어려움을 당하는 걸 보고 떠나야겠다고 결심했습니다.

피 변: 원고는 카피탈에 머무는 동안 고모나 하미시를 직접 만난 사실이 있나요?

원 고: 아뇨.

피 변: 하미시는 9월 7일 호텔에서 처음 봤던 사람입니까?

원 고: 아뇨. 고모 집에 한두 번 찾아온 남자였습니다. 그래서 저는 고모와 아는 사람인 줄로만 생각했습니다.

피 변: 면담 기록부에 의하면 도망한 후에도 하미시로부터 뺨도 맞고… 돌아가지 않으면 죽이겠다는 위협도 받고 했다는데 어느 말이 맞나요?

원 고: 하미시를 다시 본 적은 없습니다. 전 그렇게 말한 적 없고 통역이 잘못되었나 봅니다. 아까 말씀드린 대로 고모랑 하미시가 친구네 가게에 와서 그런 위협을 했다고 들었습니다.

피 변: 원고는 한국에 오기 위해 비자 대행하는 브로커를 찾아갔죠.

원 고: 에이전트 말씀하시는 건가요?

피 변: 한국에 오는 비자 신청할 때 한국 대사관으로 가지 않고 대행해주는 사람을 찾아갔죠.

원 고: 예 예.

피 변: 왜 한국으로 오기 위해 브로커와 접촉한 사실을 진술하지 않았나요?

원 고: 면담 때 말했던 걸로 기억하는데요?

피 변: 면담 기록에는 그와 관련된 진술이 없습니다.

원 고: 그 사람이 저에게 잠자리를 요구했다는 사실요?

피 변: 그 내용도 없고 브로커에 관한 진술 내용이 면담 기록에 없습니다. 브로커가 비자수수료를 받고도 성관계를 요구했다는 말인가요?

원 고: 예, 그 사람이 외국으로 사람들 많이 보내주는 에이전트인데 출국하기 위한 교육을 받은 후에 자기와 성관계를 해주지 않으면 저를 출국자 명단에서 빼겠다고 그랬습니다.

피 변: 왜 그런 사실을 자필 진술서나 난민 인정 신청서에 그리고 면담 시에 진술하지 않았나요?

원 고: 제가 워낙 긴장한 데다 오랜 시간 면담하다 보니 무슨 말을 하고 안 했는지 솔직히 기억이 잘 나지 않습니다.

3) 증인 신문

다음은 종교의 자유가 없는 가상 국가 자라 출신 난민 신청자의 남동생이 증인으로 법정에서 신문을 받고 있는 상황이다. 난민 신청자는 이슬람교에서 기독교로 개종한 후 생명의 위협과 박해가 두려워 본국에 돌아가지 못하는 처지이다.

원 변: 증인은 원고와 어떤 관계이지요?

증 인: 남동생입니다.

원 변: 증인은 최근 원고의 결혼식에 참석하기 위해 한국에 입국했지요?

증 인: 예, 그렇습니다.

원 변: 원고에게 증인 말고 다른 가족이 있습니까? 가족관계를 말씀해주세요.

증 인: 부모님, 형이 한 명 더 있고, 여동생 두 명, 이렇게 저흰 3남 2녀입니다. 제가

셋째이고 한국에 있는 형은 둘째형입니다.

원 변: 원고는 자라에 있을 때 원래 이슬람 신자였지요.

증 인: 예, 그렇습니다.

원 변: 증인은 원고가 기독교로 개종한 사실을 알고 있습니까?

증 인: 예.

원 변: 증인은 원고가 기독교로 개종한 사실을 어떻게 알게 되었나요.

증 인: 전에 전화 통화할 때 저한테 얘기했어요.

원 변: 그때가 언제쯤인가요?

증 인: 2014년에서 15년 사이로 기억합니다.

원 변: 증인의 형제 관계는 어떻게 됩니까?

증 인: 삼형제입니다.

원 변: 증인이 막내이고, 원고가 둘째이지요?

증 인: 예.

원 변: 증인의 맏형은 이슬람교의 성직자 이맘이죠?

증 인: 예.

원 변: 원고가 자라에 돌아가면 개종을 이유로 위협을 받을 가능성이 있나요?

증 인: 예.

원 변: 맏형이 원고를 당국에 고발할 것이라 생각하나요?

증 인: 예, 그건 확실합니다.

원 변: 어떻게 확신하죠?

증 인: 맏형이 가만있지 않을 겁니다.

원 변: 무엇을 보고 그렇게 판단하는 겁니까?

증 인: 작년 가을 어머니와 아버지에게 제가 몰래 얘기하는 걸 형이 들어서 알게 되었고, 맏형이 둘째 형이 돌아오면 가만두지 않겠다고 맹세했습니다. 가족의 명예를 더럽히고 신을 모욕한 죗값을 물게 하겠다고 했습니다. 그건 죽음을 의미합니다.

원 변: 증인은 원고에게 이란에 돌아오면 형이 당국에 고발하거나 죽일 것이므로 고향으로 돌아오지 말라는 말을 몇 차례 한 적 있죠. 편지도 보내고요.

증 인: 예.

원 변: 이게 바로 그 편지죠. 증인이 2015년 가을에 원고에게 보낸 것이죠.

증 인: 예, 예. 어머니가 저에게 형한테 편지하라고 했어요. 아버지에게 형이 위협적인 말을 하는 걸 듣고 어머니가 괴로워하시다가 둘째형한테 절대 돌아오지 말라고 전하라고 하셨답니다.

원 변: 자라에서는 무슬림이 기독교로 개종하면 어떻게 됩니까?

증 인: 감옥에 가두고 심지어 사형도 합니다.

원 변: 맏형이 개종한 사람을 괴롭히거나 위협한 적이 있습니까?

증 인: 제가 사는 곳에서는 개종한 사람을 단 한 사람도 실제로는 보지 못했습니다. 그래서 개종한 사람을 괴롭히는 건 보지 못했는데 이슬람 율법을 중시하는 형과 아버지는 매우 종교적인 분들이라 동네에서도 라마단 율법을 지키지 않는 사람들, 이슬람 율법을 경홀히 하는 사람들에게 야단치고, 그런 사람들을 혼냅니다.

원 변: 기독교로 개종한 사람들은 처형당한다고 하셨죠?

증 인: 예.

원 변: 그럼 증인이 직접 처형을 목격한 적은 없습니까?

증 인: 공개적으로 보도되는 것도 없고, 비밀조직이 쥐도 새도 모르게 데려가 없애버린다고 들었습니다. 저는 열성적으로 종교활동을 하지 않아 직접적으로 본 적은 없습니다.

원 변: 비밀조직은 어떤 조직을 말하는가요?

증 인: 기독교로 개종하는 사람들이 늘면서 이런 변화에 적극 저항하는 사람들이 결성한 비밀 종교조직이 있습니다. 종교경찰을 지원하는 조직으로 한두 개가 아닙니다.

원 변: 증인은 원고가 고향에 돌아오면 이러한 종교적인 탄압을 받을 것이 확실하고 신변의 안전을 보장받지 못할 것이라는 생각이죠?

증 인: 예.

원 변: 부모님도 여전히 원고가 고향에 돌아오지 않고 한국에 있는 것이 안전하다는 생각이시고요?

증 인: 예.

3부

사법 통역 연구

3부에서는 국내외 사법 통역 연구의 주요 내용을 소개하면서 통역 관련 이슈를 보다 심층적으로 살펴보고자 한다. 실무와 연구가 동떨어진 것이라고 생각할 수 있겠지만 실무와 연구는 동전의 양면과 같이 밀접한 관계가 있으며 상호 보완적 작용을 한다. 실무 없이 연구는 불가능하며, 연구를 통해 자신의 실무를 객관적으로 되돌아볼 수 있어 자기성찰적 자세로 실무에 임할 수 있게 하는 장점이 있다. 여기에 소개한 연구 자료는 관계자의 프라이버시를 보호하기 위해 익명 처리 등 정보를 변경한 실제 사례이기 때문에 효과적인 교육 자료로 활용될 수 있다. 외국어가 많고 분석과 설명이 다소 복잡하고 지루하게 느껴질 수 있겠지만 다양한 통역사례를 통해 앞에서 설명한 사법 통역의 원칙이 얼마나 중요한지, 법률적인 절차에서 이루어지는 사법 통역이 어떠한 영향을 미칠 수 있는지 이해하는 데 도움이 되고 공감을 얻을 수 있기 바란다.

11장

사법 통역 주요 연구결과

사법 통역에 대한 실증연구는 사법 통역의 실태를 분석하고 통역이 사법 절차에 미칠 수 있는 영향을 조명해왔다. 상당수의 사법 통역 연구는 대화분석(conversation analysis) 또는 담화분석(discourse analysis) 기법을 사용하여 통역사들이 참여하는 이중언어 신문에서 발생하는 여러 가지 언어적 현상과 의미 변화 등을 중심으로 통역이 법정 커뮤니케이션에 미치는 영향과 통역사의 역할을 세밀하게 분석했다. 그동안 많은 연구가 내용상의 오류뿐 아니라 신문에서 의도적으로 사용된 복잡하고 날카로운 질문을 이해하기 쉽도록 단순하게 통역한다든지, 질문의 어역과 스타일을 바꾸어 격식성을 높이거나 낮춘다든지, 모호성과 화법 등을 바꾸어 통역하는 것을 포함하여 통역의 오역 양상을 다각도로 조명했다(Jansen, 1995; Pym, 1999; Rigney, 1999; Jacobsen, 2003, 2008; Hale, 2004; Lee, 2009b, 2009c, 2010a; Angermeyer, 2009; Ng, 2013 등). 연구결과를 종합해볼 때 증언 내용뿐 아니라 증인의 태도와 말하는 스타일까지 고려하기 때문에 원래 증인이 말한 내용이나 형식과 조금이라도 다르게 통역하는 것은 법률적인 판단에 영향을 미칠 수 있다. 연구에 따르면 사법 통역의 정확성과 충실성이 지켜지지 않은 주요

요인은 사법 통역을 제공하는 사람들의 통역 기술 부족과 역할 인식 부족, 즉 전문성 결여로 요약된다. 연구자들은 사법 통역 전문교육과 자격인증제가 필요하며 올바른 모범 관행 수립을 위해 통역사와 함께 일하는 경찰관, 변호사, 검사, 판사들의 사법 통역에 대한 이해와 협조 역시 매우 중요하다고 강조한다.

미국의 뉴욕시 소액심판소에서 이루어지는 통역에 관한 연구(Angermeyer, 2006)에 의하면 통역이 필요 없는 원어민 소송당사자들은 자유롭게 진술할 수 있는 반면 영어를 구사하지 못하는 당사자들은 진술이 순차통역되면서 중간중간 진술을 멈추게 되어 전반적으로 진술의 논리성이 떨어지고 분절화된 내러티브(fragmented narrative)로 보이는 등 불리한 경우가 많았다. 순차통역으로 시간이 많이 소요되는 것을 참지 못하고 진술을 중간에서 끊거나 통역할 기회를 주지 않는 등 비협조적인 소액사건 심판관들의 태도로 인해 통역사들이 위스퍼링으로 동시통역을 할 수밖에 없는 상황에서 일부 내용이 비원어민 소송당사자들에게 제대로 전달이 되지 않았다(Angermeyer, 2006: 271). 또한 심판관들은 말이 통하지 않는 당사자들을 제쳐두고 대동한 변호사와만 대화를 나누어서 소송 당사자들이 소외되는 경향도 드러났다(Angermeyer, 2006: 251). 요컨대, 통역을 제공함으로써 사법 절차에서 언어로 인한 차별과 부당함을 겪지 않고 공정한 재판을 받도록 했지만 통역에 의존하는 사람들은 실질적으로 불리한 처지에 놓인다는 것이다.

호주 형사법정에서 한국어 통역을 대상으로 한 필자의 연구(Lee, 2009b, 2009c, 2010a)는 통역사들이 언어 · 문화적 차이와 관련된 통역 애로사항에 대해 밝히지 않는 등 개입을 기피하거나 자제하는 경향이 있어 때때로 부정확하게 통역되거나 어색한 영어 표현으로 통역되는 등 문제가 있음을 확인했다. 이 경우 통역된 증언이 일방에 유리 또는 불리하게 해석되면 자칫 한국어를 모르는 배심원 등 재판참가자들이 오해할 가능성이 있다. 이는 통역사들이 자신의 통역 행위가 미칠 영향을 충분히 인식하지 못하기 때문이기도 하다.

한 가지 예를 들자면 언어 관습의 차이 중에 생략 현상이 한국어와 영어 간 사법 통역에서 어려움을 초래했다. 모든 언어에는 보편적으로 경제성을 이유로 한 생략 현상이 있지만 한국어에서는 생략 현상이 문어에서도 매우 흔하고 맥락상 이해가 가능한 경우 주어, 목적어, 동사 등 그 범위도 넓다. 한국어뿐만 아니라 중국어, 일본어, 태국어 등 아시아 언어와 스페인어에서도 이러한 주어 생략이 흔한데 이 경우 맥락 정보의 부족으로 통역할 때 어려움이 있을 수 있다. 한국어로 진행되는 국내 법정절차에서도 잦은 주어 생략으로 증인 신문 과정에서 확인 질문을 하는 경우가 잦다. 일반 증인들은 사건 당사자가 아닌 통역사가 전후 상황을 충분히 알지 못한다는 점을 간과하고 평소 언어 습관대로 주어를 포함한 여러 문장성분을 생략하여 단번에 이해하고 통역하기가 어렵다. 하지만 이러한 상황에서 통역사들은 번거롭게 일일이 허락을 구하고 묻기보다 임의로 추측하여서 문법상 필요한 주어를 넣거나 주어를 밝히지 않고 수동태 형태로 통역하거나, 재판장의 허락을 구하지 않고 직접 증인에게 질문하고 통역상의 어려움을 공개하지 않았다(Lee, 2009b). 법정신문 동안 허락을 구하지 않고 통역사가 증인에게 직접 질문하거나 확인하지 않고 임의로 주어를 넣어 통역하는 것은 부정확하며 부적절하다. 간편하게 처리한다고 증인과 직접 외국어로 묻고 답하면 오해의 소지가 있고, 증인이 추가적인 말을 해서 대화가 길어지는 경향이 있으므로 이를 피해야 한다. 법정에서 언어적인 차이로 인해 확인이 필요한 경우 재판장에게 이를 알리고 확인 후 통역하는 것이 가장 바람직하다. 다른 사법 통역에서도 마찬가지이다. 혹시라도 일단 추측하여 통역한 후 추측이 틀렸음을 알게 되었다면 즉시 이를 밝혀 기록을 바로잡아야 한다. 주어가 명시적이지 않을 때 영어로 통역하면서 수동태로 바꾸는 경우도 많은데, 수동태는 행위 주체가 드러나지 않거나 덜 강조되어 책임을 회피하거나 감추는 느낌을 줄 수 있기 때문에 배심원들에게 의도치 않게 다른 인상을 주지 않도록 주의를 기울여야 한다(Berk-Seligson, 2002; Lee, 2009b, 2010a).

대부분의 사법 통역 연구가 전문성이 부족한 통역사들의 통역 수행과 이에 따른 문제점을 분석한 반면 소수지만 최고 수준의 통역 능력을 갖춘 회의통역사들이 수행한 사법 통역을 분석한 연구도 있다. 스페인열차 폭탄테러사건 재판 연구는 노련한 통역사들의 직무 역할에 대한 인식과 자신감이 재판에 참여한 법률 전문가들의 통역에 대한 이해를 높이는 데 기여했음을 보여준다(Martin & Taibi, 2012). 외국인 전문가 증인들이 참여한 국내 민사재판에서 전문 통역사들과 형사재판에 참여한 비전문가들의 통역 수행이 구술증거 현출 등 신문 진행과 법정커뮤니케이션에 미치는 질적인 차이를 뚜렷이 보여준 연구도 있다(Lee, 2015b). 전문 통역사들은 전문지식을 요하는 어려운 내용까지 신속 정확하게 통역했으며 통역 문제가 발생할 때마다 이를 적절히 해소하여 전문가 증인의 증언을 충실하게 청취할 수 있도록 했다. 반면 비전문가들은 통역 기술의 부족으로 통역이 정확하게 되지 않은 상황에서도 이를 밝히지 않고 소극적인 태도를 취했으며, 언어 능력을 포함한 통역 기술의 결여로 커뮤니케이션 문제가 발생했을 때의 대처 능력이 부족했으며, 전반적으로 정확한 문답 통역이 이루어지지 않아 신문에 어려움이 있었다.

이제 사법 통역 연구 자료인 실제 사례를 중심으로 수사 단계를 포함한 사법 절차에서 통역의 중요성과 통역사의 자질이 증거수집 및 신문 진행에 미치는 영향과 통역사의 공정성 문제, 그리고 이언어 · 문화 간 커뮤니케이션과 통역사의 역할, 말차례와 통역의 품질 등에 대해 차례로 살펴보겠다. 여기서는 일반인 독자가 보기 쉽도록 원래의 논문 형식을 조금씩 편집했고 외국어 자료에 대한 한국어 번역을 [ ] 안에 제공했다.

1. 수사 단계 통역의 중요성

수사기관 통역은 폐쇄적인 환경에서 이루어지는 탓인지 법정 통역에 비해 연구 자료 접근이 상대적으로 용이하지 않아 국내외적으로 실증연구가 많지 않다. 수사 단계는 형사 절차상 첫 단계이자 증거가 수집되는 중요한 단계이기 때문에 이때 통역의 품질이 담보되지 않아 첫 단추를 잘못 끼우면 이후 상황이 매우 어렵거나 꼬일 수 있다. 이는 결국 사건 당사자에게 피해를 주거나 사법정의 구현에 지장을 줄 수 있기 때문에 형사사법 절차의 시작부터 통역 기술을 갖춘 통역사가 담당하여 통역이 제대로 이루어지게 해야 한다. 아무리 성실하게 통역하려고 노력해도 탄탄한 통역 기술이 없으면 사법 통역의 품질을 보장하는 것은 불가능에 가깝다. 앞서 언급한 바와 같이 통역 기술 외에도 수사 단계에서의 신문 전략 또는 면담 기법에 대해 통역사가 어느 정도 이해하고 있으면 더욱 효과적으로 통역할 수 있다(7장 1절의 '신문 기법과 질문 유형' 참조).

1) 참고인 신문에 미치는 영향

여기서 살펴볼 사례 연구는 통역 기술이 부족한 비전문가에 의한 통역이 증거 수집과 기록에 어떠한 영향을 미칠 수 있는지 잘 보여준다. 아래 예문은 외국인 참고인이 통역을 통하여 경찰서에서 참고인 신문을 받고 있는 상황이다. 이 참고인은 미성년자로, 자신의 어린 딸을 살해한 혐의로 수사를 받는 외국인 피의자의 전혼자녀이다. 어느 날 밤 갑자기 의붓동생이 아파트 1층에서 주검으로 발견되고, 엄마는 살인혐의를 받는 등 참고인에게 여러모로 어려운 상황이다. 예문 1은 참고인 신문이 시작한 지 얼마 안 되는 시점에 신문을 담당하는 경찰관이 참고인에게 거짓말을 해선 안 된다고 당부 겸 주의하는 부분부터 시작한다.

예문 1[1]

1 경　찰: 여기, 지금 거짓말하면 안 된다고 얘기해요. 엄마를 보호해주는 것도 좋지만, 거짓말 하면 안 된다고 해요.

2 통역인: Нельзя лгать. Это точно, потому что потом накажет. [거짓말하면 안 돼. 그건 확실해. 왜냐하면 나중에 처벌할 거야.]

3 참고인: Я не лгу. [거짓말 안 해요.]

4 경　찰: 우리 경찰에서 본인도 그렇게 생각하겠지만, 동생이 베란다로 올라갈 수도 없었고, 또 베란다 문도 못 여는데, 떨어져 죽을 만한 이유가 없는데 죽은 건 엄마가 많은 용의점이 있으니깐 그렇게 생각하는데, 본인은 어떻게 생각하고, 거기에 대해서 우리가 집중적으로 추궁한다고 묻는 대로, 아는 대로 다 대답을 해 줘봐. 이거는 사람이 죽은 사건이기 때문에 정확하게 이야기를 해

1　예문 1과 2는 동일한 살인 사건의 참고인에 대한 신문 영상녹화자료에서 발췌해왔다(Lee, 2017).

줘야지 모든 게 풀리는 것.

5 통역인: Сначала это, самое главное, точно, честно говори, пожалуйста. Хорошо? [먼저, 가장 중요한 건, 정확하게, 솔직하게 말해줘. 알았지?]

6 참고인: (고개 끄덕임) Честно говорю. [솔직하게 말하고 있어요.]

7 통역인: Но, твоя сестра уже умерла, да? Но, только 4 года. Она не смогла сама прыгнула. Это точно, потому что ей 4 года, только 4 года. Да? Ну, как вы, как ты считаешь, твоя мама так бросала своего ребенка, да? [그런데, 너의 여동생은 이미 죽었어, 그렇지? 그런데, 그런데, 4살밖에 안 됐어. 걔가 혼자서 떨어질 수가 없었어. 그건 확실해. 왜냐하면 걔는 4살, 4살밖에 안 됐으니까. 그렇지? 그렇다면, 당신은, 너는 어떻게 생각해? 너희 엄마가 자기 아이를 그렇게 던졌다고 생각해?]

당시 참고인신문의 영상녹화자료를 보면 이 통역인은 러시아어 구사력은 물론이고 통역 기술이 말할 나위 없이 부족하다. 통역인은 참고인의 말을 즉각 전달하지 않을 뿐더러 정확하게 통역하지 않고 있다. 통역인은 경찰관의 말 일부 "엄마를 보호하는 것도 좋지만"을 생략하고, "나중에 처벌할 거야"라는 말을 덧붙여서 통역했다(2번 참조). 처벌을 언급한 통역인의 발언은 경찰조사를 받는 긴장된 상황에서 참고인에게 위압적으로 들릴 수 있다. 이 예문만 보더라도 참고인이 자신은 거짓말하지 않는다는 말을 두 차례(3, 6번) 했으나 모두 통역해주지 않았다.

신문을 담당한 경찰관은 참고인에게 아는 대로 답해달라는 말을 하면서 사안의 중요성에 대해 설명을 덧붙였다(4번 참조). "본인도 그렇게 생각하겠지만"이라며 참고인도 수긍하지 않느냐는 암시를 하면서 경찰관은 베란다로 올라갈 수 없는 어린애가 떨어져 죽을 이유가 없다고 말한 다음 참고인이 사건에 대해 아는 대로 답해달라고 말한다. 신문자와 피신문자 간의 라포 형성이 매우 중요한 단계이나 원활하지 않은 통역은 신문 기법 및 전략 활용에 걸림돌이 된다. 경찰관의 말(4번)을 통역한 것을 보면 문법적인 문제도 많지만 무엇보다 내용상 큰 차이가 있다(5, 7번 참조). 통역인으로서 역할을 망각하고 직접 신문을 하려는 것 같은 부적절한 언행이 여러 차례 보인다. 경찰관은 "엄마가 많은 용의점이 있으니깐 그렇게 생각하는데, 본인은 어떻게 생각하고…"라며 조심스럽게 물었는데(4번 참조) 통역인은 "너의 동생은 이미 죽었어. 그렇지? 그런데 그런데 네 살밖에 안됐어. 걔가 혼자서 떨어질 수가 없었어. 그건 확실해…너희 엄마가 자기 아이를 그렇게 던졌다고 생각해?"라며 매우 민감한 질문을 단도직입적으로 말했다(7번 참조). 이는 경찰관의 신문 순서와 신문전략을 무시한, 참고인의 진술과 신문에 영향을 미칠 수 있는 매우 위험한 발언으로 통역이라고 하기조차 어렵다.

또한 이 통역인은 참고인에게 자주 불필요한 질문을 하는 등 러시아어로 대화를 나누고 이를 한국어로 통역해주지 않았기 때문에 신문을 담당한 경찰관들은 두 사람이 무슨 말을 하는지 알 수 없었다. 이 사례를 보면 경찰관들 역시 통역을 통한 적절한 신문방식을 훈련할 필요가 있음을 알 수 있다. 경찰과 마찬가지로 통역인도 진술을 강요할 수 없다. 통역인이 참고인과 대화하는 것을 내용 확인을 위한 과정이거나 통역의 일부라고 생각해서 그랬을 수 있지만 경찰이 통역인에게 너무 많은 통제권을 넘겨주고 있는데, 이는 통역의 정확성을 위해서뿐 아니라 효과적 신문을 위해서도 부적절하다. 아래 예문 2에서도 경찰관들은 통역인에게 신문의 상당한 권한을 넘겨주다시피 하며 보조수사관으로 역할을 맡도록 방임하는 모습을 볼 수 있다. 질문과 답변을 바로 통역하게 하여 모든 정보를 즉각적으로 듣는 것이 경찰관이 주도권을 쥐고 원활하게 신문 진행을 하는 동시에 통역이 정확하게 이루어지도록 하는 효과적인 진행 방식이다. 또한 경찰관은 자신이 이해하지 못하는 언어로 대화할 때 무슨 대화를 나누었는지 통역해달라고 요청해야 하며, 통역인이 자신의 의견을 보태거나 설명을 할 때에도 의견을 섞지 말고 통역만 해달라고 요청함으로써 통역사의 역할을 환기할 필요가 있다.

예문 2 [2]

1 경찰: 알고 있는 사항에 대해서 자세하게 진술해달라고.

2 Lee(2017: 197-198)에서 발췌했다.

2 통역인: Подробно расскажи, пожалуйста, о вчерашнее происшествие. [어제 사고에 대해서 자세히 얘기해줘.]

3 참고인: Ну, я же вчера ушла в школу. Мама с маленькой осталась дома. Видимо, мама отводила ее в садик и ушла на работу. Вечером я…это..забрала ну, забрала маленькую, пошла домой, ну посидели, я ее покормила…это…посмотрели телевизор, вот…потом легли спать. [전 어제 학교 갔잖아요. 엄마는 애기랑 집에 있었어요. 아마 엄마는 걔를 어린이집에 데려다주고, 일하러 갔던 것 같아요. 저녁에 저는…그…애기를 데리고 집에 가 있었어요. 전 걔 밥을 먹이고…그…TV를 봤어요. 그리고…나중에 잠자리에 들었어요.]

4 통역인: Ты спала, да? [넌 잤어?]

5 참고인: Да, я с маленькой легли спать. Вот потом мама чуть попозже подошла, маленькая услышала то, что мама пришла, ну обрадовалась, это…ну потом встали, короче, посидели, посмотрели телевизор. Я потом, мама пришла с мороженым, и мы съели мороженое. Я пошла спать, маленькая осталась телевизор смотреть, дальше я не знаю. Мама потом будит меня с тревогом, ≪Иди иди иди≫ ≪Просыпайся, просыпайся! Не могу найти, не могу найти…≫ в панике, в панике, блин. Я испугалась, одела штаны, кроссовки и мы начали искать ее. Мама бежала…это…с фанариком смотрела, сначала дом весь обсмотрела, все шкафы и все все все везде. Потом побежала, а нет. Позвонила Наташе и сказала, чтобы она приехала. [네, 전 애기랑 잠자리에 들었어요. 그런 후에 엄마가 조금 뒤에 왔고, 애기가 엄마가 도착한 소리를 들었고, 기뻐했어요…그런 다음 일어나서, 그러니까, 앉아 있다가, TV를 봤어요. 저는 그런 다음, 엄마가 아이스크림을 사들고 와서, 우리는 아이스크림을 먹었어요. 전 자러 갔고, 애기는 TV 본다고 남았어요… 그 다음은 저는 모르겠어요. 좀 있다 엄마가 걱정스럽게 저를 깨우며, "가자 가자 가자, 일어나, 일어나! 못 찾겠어, 못 찾겠어…" 패닉 상태에서, 패닉에 빠져서. 전 놀라서 바지를 입고, 운동화를 신고 걔를 찾기 시작했어요. 엄마는 뛰어가고, 그…손전등을 들고 살펴봤어요. 먼저 집 전체를 모조리 다 둘러보고, 서랍장도 다 뒤지고 이곳저곳 샅샅이 뒤졌어요. 그런 후에 뛰어갔지만, 없었어요. 나타샤한테 전화해서 오라고 말했어요.]

6 통역인: Вчера вечером, да? Позвонила, да? Подруге, да? [어제 저녁에? 전화했다고? 친구한테?]

7 참고인: Да. Ну вот…Ну вот, она и типа ≪Не паникуй! Я сейчас приеду. Подожди. Ничего не решай.≫. Вот…она, короче, подошла, Наташа подъехала, вот они пошли искать. С фанариком пошла вниз искать. Наташа пошла к этому…ну который у нас…ммм. охранник, к охраннику, вот. А я пошла к этому, к…к соседке спросить, может быть Лярька сбежала, может, побежала к ней. Я пошла к ней, спросила, она говорит ≪Нет≫ типа ≪Нету≫. Вот…потом мама такая, ага, на лифте такая, как раз открывается и говорит типа ≪Я нашла ее только≫, типа, ну это блин, разревелась, расплакалась и это, страдать начала прямо, я ≪успокойся! успокойся! Успокойся! Все! Сейчас скорую вызову, скорую вызову≫. Это, скорую вызывала и полицию, вот. Они приехали, короче, мама там хотела, короче, ну она же, получилось так, что она упала там, где цветы растут, там нет лестницы, нет ничего для прохода. Вот, она хотела просто спрыгнуть, там же высоко, опасно. Ну, дядя какой-то залез, тоже помог ей, вот. Она, короче, увидела ее как она …реветь, кричать. Потом приехала, ну короче, достали ее там потом на скорую помощь в больницу нас вот всех троих и малую. [네. 그러니까…그러니까, 나타샤가 "정신차려! 내가 지금 갈게, 기다려. 아무것도 결정하지마." 라는 식으로 (말했고) 그래서, 나타샤가 왔고, 나타샤가 도착해서 그들은 찾으러 갔어요. (엄마는) 손전등을 들고 아래로 찾으러 내려갔어요. 나타샤는 그…우리…음…경비원, 경비원한테 갔어요. 저는 그…이웃 여자한테 물어보러 갔어요, 혹시나 동생이 그 집으로 뛰어갔나해서요. 저는 이웃 여자한테 가서 물어봤어요, 그 여자가 없다고 없다는 식으로 말해서…그후에 엄마가, 아!, 엘리베이터를 타고, 마침 그때 엘리베이터 문이 열리고 말하길 "찾았어, 그런데…" 하고 심하게 소리내서 울었고, 그…고통스러워하기 시작했어요. 제가 "진정해! 진정해! 진정해! 괜찮아! 지금 구급차 부를게, 구급차 부를게."라고 말했어요. 그리고 구급차를 불렀고 경찰을 (불렀어요). 그들이 도착했고, 그러니까, 엄마는 거기서…, 엄마가 꽃들이 피어 있는 그곳에 떨어진 거예요. 거긴 계단도 없

고, 그쪽으로 지나갈 수가 없었어요. 그래서 엄마는 그냥 거기서 뛰어내릴려고 했고, 그런데 거기가 높고 위험했어요. 그런데 어떤 아저씨가 기어들어가서, 엄마를 도와줬어요. 엄마는 걔를 발견했고…울면서 비명을 질렀어요. 그런 다음에 도착해서, 간단히 말해, 걔를 들고 나와서 우리 셋과 애기는 구급차를 타고 병원으로 갔어요.]

8 통역인: Сначала твоя мама искала это ребенка и потом она знала это внизу, да? [처음에 너희 엄마가 애기를 찾아보고 그다음에 엄마가 그걸 밑에서 안 거야?]

9 참고인: Нет, она сначала дома… [아니요. 엄마는 먼저 집에서…]

10 통역인: Когда, когда ты знала и твоя мама знала это умер, смерть это… [언제, 언제 너는 알았어, 그리고 너희 엄마는 그…죽었…죽음을 (언제) 알았어…]

11 참고인: Мама на лифте приехала, там умерла, ну она типа ≪Она там лежит и валяется и ничего не это не это≫. Она достать ее не смогла, а потом спустились и она начала ее доставать… вот… [엄마는 엘리베이터를 타고 왔고, 거기 죽…, "애가 거기 누워서 널브러져 있어. 아무것도." 엄마는 걔를 들고 나오지 못해서, 그런 다음 내려가서 데리고 나오기 시작했어요… 그렇게…]

12 통역인: Вчера она- твоя сестра ходила, да? В детский сад, тоже, да? [어제 네 동생은 다녀왔지? 어린이집에, 그렇지?]

13 참고인: Да, потом я ее забрала. [네, 나중에 제가 데리고 왔어요.]

14 통역인: Вечером, да? Хорошо. Спасибо. [어제, 응? 좋아. 고마워.] 일단 어제, 장황하게 이야기를 하는데, 일단은 어제도 유치원에 갔다 왔다 하거든요 애가. 이제 유치원에. 자기도 학교를 갔다 왔고. 그래서 이제 학교 갔다 와서 일단 자기 여동생 데리고 갈려고 유치원에 직접 로자…애가 데리고 왔다네요, 자기 여동생을. 유치원가서 데리고 와서 집에서 TV 보고 그러고 있으니까 자기 엄마가 와가지고, 왔을 때 애는 반갑게 자기 엄마 맞이하고, 그리고 아이스크림 이래 먹으면서 이야기하다가 그렇게 자기 어떻게 하다가. 애는 TV 보고 있었고 그렇게 하다가 이제 자기는 잠이 들었다 하거든요. 잠이 들었는데, 좀 자고 있으니까 갑자기 자기 엄마가 억수로 비극적인 일이 발생해가지고 잠이 깼는데. 자기 엄마가 막 소리치고 자기 아기 어디 있냐고 이런 식으로 막 찾고 있다는… 자기가 발견했다고 하네요. 그리고 나서 전화를 걸려고 자기 엄마 친구, 나타샤

라는 사람한테 전화를 해서 오라고 해가지고 왔대요. 그래 가지고, 뭐, 아까 뭐 주위 봤지 않습니까. 경찰님하고. 장롱 찾아보고 이래가지고 나중에 또 알고 봤더니 밑에 떨어져 있어가지고 옆집 사람한테도 전화하고 뭐, 구급차하고 경찰한테 연락해가지고 그렇게 됐다. 그 정도로 이야기하고 있거든요.

위 예문 1과 예문 2를 보면 경찰관은 통역인에게 말해달라는 간접적인 커뮤니케이션 방식을 사용하고 있다(각 1번 참조). 통역을 거쳐 질문하게 되지만 신문을 할 때에는 1인칭 화법을 사용하여 이를 통역하게 하는 것이 바람직하다. 질문 유형이 개방적이냐 폐쇄적이냐에 따라 답변이 달라질 수 있고 통역인에게 물어봐 달라고 간접질문을 하는 것은 통역인에게 신문에 대한 통제권을 어느 정도 넘겨준 것과 같기 때문에 이를 피하려면 직접적인 커뮤니케이션 방식을 사용하는 것이 좋다. 신문인들이 증인에게 1인칭으로 직접질문을 하기보다 통역사에게 통역해달라는 식으로 간접질문을 많이 하는 것으로 확인되었는데(이지은, 2011b: 140), 되도록 1인칭 화법을 사용하여 직접적인 커뮤니케이션 효과를 추구할 필요가 있다.

예문 2의 시작 부분에서 경찰관은 참고인이 알고 있는 사항에 대해 자세히 진술해달라고 말했다(1번 참조). 이와 같은 자유구술은 풍부한 정보를 얻어낼 수 있는 중요한 신문 기법이다. 자유구술을 허용하여 최대한 흐름을 끊지 않고 개입하지 않음으로써 참고인이나 피의자의 진술을 오염시키지 않아야 한다. 물론 자유구술을 정확하게 통역하려면 순차통역 기술이 필요하다. 그런데 이 통역인은 참고인의 답변을 듣고 즉시 통역하지 않고, 참고인에게 계속 질문을 하고 있는데, 이는 통역하는 데 필요한 확인질문으로 보기 어렵다(4, 6, 8, 10. 12번 참조). 통역인은 이해력과 통역 기술이 부족해서인지 외국인 참고인에게 계속 질문하면서 참고인과 대화를 나눈 후 통역을 하는데, 그 결과 통역해야 할 정보가 바로바로 통역하는 것보다 점점 많아졌다. 한편 신문을 진행하는 경찰관들은 러시아어로 무슨 대화가 오고가는지 알 수 없는 상태로 소외된 것이나 마찬가지이다.

참고인의 사건 당일 저녁 상황에 대한 진술(5번)을 보면 자고 있던 자신을 엄마가 걱정스럽게 깨우면서 패닉 상태에서 한 말을 직접화법으로 진술하고 있다("가자 가자 가자. 일어나 일어나! 못 찾겠어, 못 찾겠어.”). 직접화법은 생동감 있게 원화자의 말에 가깝게 그대로 전달하는 방식이다(11장 3절에서 ‘직접화법과 간접화법 통역’ 참조). 상당한 분량의 중요한 정보가 진술을 통해 나왔음에도 통역인은 즉시 통역하지 않고 마지막 진술부분에 관해 다시 질문을 했다(6번 참조). 참고인의 추가 진술이 이어지기 전에 재빨리 통역했어야 하는데 이 질문을 받고 참고인은 이후 상황에 대해 진술을 이어갔다(7번 참조). 이렇게 진술이 길어지면 전문 통역사가 아니면 긴 내용을 정확하게 순차통역을 하는 것이 어려워진다. 참고인은 당시 상황에 대해 나타샤와 엄마가 말한 부분을 생생하게 직접화법으로 진술했다(7, 11번 참조). 또다시 통역인은 통역하는 대신 피고인이 애기를 찾아보고 아이가 아래 있다는 것을 어느 시점에 알았는지 질문했다(8, 10번 참조). 이는 참고인의 진술을 듣고 정리하여 통역하는 것으로 자신의 역할을 잘못 이해했거나 청해력이 부족하여 내용을 거듭 확인해보는 것인 듯하다.

사실에 대한 정보를 수집하는 중요한 참고인 진술임에도 이 통역인은 노트하기보다는 자신의 기억에 의존해서 통역을 했는데, 그 과정에서 누락과 생략, 왜곡이 빈번하게 일어났다. 이처럼 오랫동안 참고인의 자유진술과 통역인의 추가 질문이 이어지면서 혐의를 받고 있는 피의자의 당시 행동에 대한 참고인의 중요한 진술을 경찰관이 제대로 확인할 수 있게 통역이 이루어지지 않았다.

참고인이 여러 차례에 걸쳐 진술한 내용을 통역한 것(14번)을 보면 심각할 정도로 부정확한 통역이 이루어졌음을 알 수 있다. 직접화법의 실종, 중요한 내용의 누락과 왜곡 등 요약통역된 내용에 오류가 많다. 이와 같이 중요하고 민감한 참고인의 진술은 통역 기술이 부족한 비전문가가 정확하게 통역하기에는 무리가 있다. 결과적으로 참고인이 말한 내용 가운데 엄마가 자신을 깨우면서 한 말, 아이를 찾는 과정, 그리고 엄마가 아이를 발견한 뒤 울면서 비명을 질렀다는 내용이 제대로 전달되지 않았고, 특히 딸을 깨우면서 피의자가 ‘억수로 비극적인 일이 발생해가지고’(14번의 밑줄 친 부분)라고 말한 부분은 거듭 잘못 통역되었다. 이는 전적으로 통역인이 자의적으로 추가한 내용이며 참고인의 진술이 아님에도 경찰의 참고인 진술 조서에 기록되었고, 제대로 시역되어 참고인에 의해 확인되지 않은 채 공문서로 남아 증거로 채택되었다. 증인의 부인에도 불구하고 이 진술 조서는 사건 직후 현장에 있었던 핵심 증인의 중요한 증언으로 1심 및 항소심 법원의 판결문에 인용되는 등 피고인에게 매우 불리한 증거로 작용했다(Lee, 2017).

연구대상이 된 본 사건의 피의자와 참고인에 대한 경 · 검찰 조사는 전부 한 사람이 통역했다. 통역인 확보의 어려움 등 실질적인 이유가 있겠지만 단계별로 다른 통역사가 통역하게 하는 것이 통역된 구술증거의 정확성을 높일 수 있는 하나의 장치가 될 수 있다. 이 통역인은 언어 능력의 부족으로 통역이 원활하지 않고 서로 이해하는 데 어려움이 있을 때에도 소통의 어려움을 밝히지 않아 다른 한국인들은 통역의 문제가 있었음을 알기 어려웠다.[3] 또한 진술 조서 내용 확인 역시 시역이 제대로 이루어지지 않아 참고인은 자신의 진술이 어떻게 통역되었는지 알 수 없었다(Lee, 2017).

2) 피의자 권리 보호에 대한 함의

여기에서는 바로 위에 살펴본 외국인 피의자 사건이 검찰로 송치된 후 동일한 통역인이 통역한 피의자 신문 조서 작성과정 일부를 살펴보겠다. 형사소송법에 따라 피의자 신문에 앞서 검사는 피의자에게 조사받는 이유와 진술거부권, 변호사선임권 등에 대해 알려주어야 한다. 피의자 및 피고인의 진술거부권 고지는 기본권 보장과 관련된 중요한 법률적 절차이기 때문에 정확하게 통역해주는 것은 적정절차 구현에 필수적이다(이지은, 준비 중). 일단 통역을 제공하여 권리에 대한 피의자 이해 여부를 확인했기 때문에 겉으로는 피의자 권리 고지 절차가 적절하게 이루어졌다고 생각하기 쉽다. 그러나 아래 예문 3을 살펴보면 오역으로 인해 피의자의 권리가 제대로 보호되었는지 의문이다. 이 사례는 통역의 품질이 피의

---

3 피의자 신문 조서 영상녹화기록에 의하면 통역인은 국내 대학에서 러시아어를 전공한 후 언어학으로 러시아 유학을 다녀온 경력으로 지역의 경찰, 검찰 통역을 해오고 있다. 그의 러시아어 능력은 사법 통역을 하기에는 턱없이 부족하여 당사자들에게 불이익을 끼칠 수 있지만 해당 언어를 모르는 사람들은 이 사실을 알기 어렵다.

자의 권리 고지와 이해도에 크게 영향을 미치며 피의자 권리 보호에 중요한 기능을 한다는 것을 잘 보여준다.

예문 3[4]

1 검　사: 진술거부권하고 변호인 선임권을 행사할 수 있어요.

2 통역인: Вы можете отказаться ваше показание и можете нанимать своего адвоката. [당신은 당신의 진술을 거부할 수 있고 자신의 변호인을 고용할 수 있습니다.]

3 검　사: 귀하는 일체의 진술을 하지 아니하거나 개개의 질문에 대하여 진술을 하지 아니하실 수 있다.

4 통역인: Вы можете отказаться ваше показание. Вы можете…право на молчание, право на молчание. [당신은 당신의 진술을 거부할 수 있습니다. 당신은…침묵권을, 침묵권을…할 수 있습니다.]

5 검　사: 귀하가 진술을 하지 아니하더라도 불이익을 받지 아니합니다.

6 통역인: Если вы не отвечаете на этот вопрос, вы…вам не выгодно. Вам понятно? [만약 당신이 이 질문에 대답을 하지 않는다면, 당신은…당신에게는 유리하지 않습니다. 이해되나요?]

7 피의자: Я понимаю. [이해합니다.]

8 통역인: 이해하고 있습니다.

9 검　사: 귀하가 진술을 거부할 권리를 포기하고 행한 진술은 법정에서 유죄의 증거로 사용될 수 있습니다.

10 통역인: Сегодня ваше слово, ваш ответ, все это потом, после того в суде это…улика улика…показатель. Понимаете? [오늘 당신은 말, 당신의 답변, 모두는 나중에, 후에 법정에서 그것은…증거 증거…보임입니다. 이해하세요?]

11 피의자: Не понимаю. [이해가 안 돼요.]

12 통역인: Не понимаете, да? Сейчас вы…сегодня ваше слово, отвечать, да? в

4　예문 3은 (이지은, 준비 중)에서 발췌해왔다.

се сегодня мы записываем все. Поэтому вот это диск у нас. Вот это диск это улика. После того в суде, в суде можно это они.. суд пони мают вот это улика, доказательство, доказательство. Понимаете? Д а? [이해가 안 돼요? 네? 지금 당신은…오늘 당신의 말, 대답하는 거 있잖아요? 오늘 우리가 모두 기록합니다. 그렇기 때문에 바로 이 디스크가 우리한테 있어요. 바로 이 디스크가 증거예요. 후에 법정에서, 법정에서 이것을 그들이…법원이 바로 이것을 증거, 증거, 증거로 이해해요. 이해가 돼요, 네?]

13 피의자: Да. [네.]

14 통역인: 이해하고 있습니다.

15 검 사: 귀하는 이와 같은 권리들이 있음을 고지 받았나요?

16 통역인: Только что я вам это сказал, да? Об этом вы слушали, да? [방금 제가 당신에게 이것을 말했잖아요? 그것에 대해 당신은 들었죠?]

17 피의자: Да. [네.]

18 통역인: 예, 그렇습니다.

검사의 진술거부권 고지는 몇 차례에 나누어 이루어지고 있다(1, 3, 5, 9번 참조). 처음 1번의 진술거부권과 변호인선임권에 대한 고지는 완벽하지 않지만 대강이나마 통역되었다(2번 참조). 하지만 이후 구체적인 진술거부권에 대한 내용은 매우 부정확하게 통역되어 사실상 진술거부권의 상세 내용이 고지되지 않았다. 통역인은 매우 어눌한 러시아어로 법원에서 증거로 사용된다는 내용만 통역했고(4번 참조), 진술을 거부하더라도 불이익을 받지 않는다는 권리는 통역을 통해 피의자가 질문에 답하지 않으면 유리하지 않다며 정반대로 통역했다(6번 참조).

이어서 검사는 법률이 정하는 바에 따라 피의자가 진술거부권을 포기하고 진술하면 어떠한 법적결과가 따르는지 피의자에게 고지했다(9번 참조). 피의자가 진술을 거부할 권리를 포기하고 행한 진술은 법정에서 본인에게 불리한 증거로 사용될 수 있다는 중요한 대목인데 통역된 내용(10번 참조)을 보면 문법과 통사구조가 맞지 않은 비문(非文)으로 알아듣기 어렵다. 통역인이 피의자가 이해했는지 묻자 피의자는 이해하지 못했다고 답했다(11번 참조). 그렇지만 피의자가 이해하지 못했다는 것을 통역하여 검사가 다시 알려주든지 하여 대처하도록 하지 않고 통역인이 아는 대로 설명해주는데, 이는 내용면에서나 문법적으로 부정확하다(12번 참조). 체면을 포함하여 여러 가지 이유로 이해하지 못하고도 그냥 넘어가는 경우가 있는데(Lee, 2013) 이 피의자 역시 통역인의 말을 이해하기 힘들었을 텐데도 이해했다고 답했다(13번 참조). 마지막으로 검사는 피의자의 권리를 고지 받았다는 사실을 다시 확인받고자 했다. 이때 '피의자의 권리'라는 표현 대신 검사는 '이 같은 권리들'이라는 간접적이고 비명시적인 표현을 사용했는데 이는 피의자에게 권리라는 의미가 전달되었는지 확인하기에 효과적이지 않다(15, 16번 참조). 앞의 내용이 제대로 통역되었다면 '이와 같은 권리들이 있음을 고지 받았나요?'라는 말로도 가능했겠지만 위 예문 3과 같이 통역 품질이 보장되지 않는 상황에서 이 말만 가지고서는 권리에 대한 이해 여부를 확인하기 어렵다. 게다가 통역인은 '권리'라는 말을 아예 사용하지 않고 통역인 자신이 피의자에게 말해준 것을 듣지 않았냐고 통역했다(16번 참조). 결과적으로 피의자는 자신의 권리가 무엇인지, 진술거부권이 어떤 의미가 있는지, 진술거부권을 포기하고 진술하는 것이 자기에게 법적으로 어떠한 의미가 있는지 이해하지 못한 채 답한 것이다.

많은 법언어학자들은 피의자가 진술거부권 고지를 이해한다고 답하더라도 반드시 이해했다는 뜻이 아닐 수 있으며 진술권 고지는 그리 간단한 문제가 아님을 강조해왔다(Shuy, 1997; Gibbons, 2001 등). 위 예문 3에서와 같이 통역이 제공되었고 피의자의 입에서 고지받았다는 확인도 받았지만 이 피의자가 과연 피의자로서의 권리를 제대로 고지받았다고 할 수 있을까? 사실 진술거부권은 처음 접하는 사람이 쉽게 이해하기 어렵다. 통역교육 석사과정에 막 입학한 신입생들을 대상으로 아무런 준비 없이 진술거부권을 듣고 통역하게 했을 때 정확하게 통역한 학생은 절반도 채 되지 않았다(이지은, 준비 중). 이중언어 구사력이 우수해도 피의자 권리 고지와 같은 생경한 법률적인 내용을 정확히 통역하기 쉽지 않다는 연구 결과를 볼 때 사법 통역을 위한 전문적인 교육과 훈련은 반드시 필요하다. 우수한 통역인 확보도 중요하지만 진술거부권을 포함한 피의자 및 피고인 권리 고지와 증인선서문 등은 언어별로 표준 번역문을 마련하여 두는 것도 통역인에 의한 자의적 해석과 들쑥날쑥한 통역에 의존하는 것을 방지하는 안전장치가 될 수 있다.

이 연구에서 드러난 수사기관 통역에서 오역의 가장 직접적인 원인은 통역사의 능력 부족이지만 통역사만 탓할 수는 없다. 통역사의 자질과 품질을 보장할 수 있는 검증 메커니즘을 강구하지 않은 수사기관의 책임과 제도적 문제도 있다. 사법 통역 인증제도와 통역품질 검증이 부재하고, 통역인뿐 아니라 법률가와 사법기관 종사자들의 통역과 사법 통역사의 역할에 대한 정확한 이해가 부족한 상황에서 사법절차 전반에 걸쳐 적절한 통역이 이루어지지 않을 가능성은 상존하기 마련이다. 이제는 단기적인 미봉책이나 임시방편이 아닌, 보다 종합적이고 체계적인 사법 통역제도 마련을 강구해야 한다.

2. 통역이 법정신문 진행 및 사실인정에 미치는 영향

지금까지 이 책을 읽은 독자들이라면 사법 통역이 다른 통역보다 사실인정과 법률절차 및 결과에 직접적으로 영향을 미칠 수 있다는 점을 충분히 이해할 수 있으리라 생각한다. 다각도에서 질문하고 확인에 확인을 거듭해도 통역 기술이 부족한 통역인의 통역은 부실할 수밖에 없고, 결과적으로 미스커뮤니케이션과 오해를 피하기 어렵다. 이제 법정에서 통역사의 자질 부족으로 인해 부적절하고 부정확한 통역이 이루어지고 미스커뮤니케이션이 발생하는 사례들을 살펴보자.

1) 신문 통역의 부정확성

예문 4 [5]

1 검 사: 그 그 피고인 그 피해자 김은영이 술집에서 다른 사람의 싸움을 말리다 뒤로

5 예문 4는 (이지은, 2012a: 154)에서 발췌했다. 의문문임에도 물음표가 없는 것은 하강어조를 표시한 것이다.

넘어져 등쪽에 상처 입은 사실 알고 있습니까.

2 통역인: Вы знаете о том, что госпожа Ким Ын Ён получила контузию на спине, который получила тогда она в баре по службе? [김은영 씨가 바에서 근무하다가 등에 '타박상'을 입은 것을 알고 있나요?]

3 피고인: Нет.(아니요.)

위 예문 4는 성폭행으로 기소된 외국인 피고인에 대한 검사의 신문 일부이다. 검사는 피해자가 술집에서 다른 사람의 싸움을 말리다 넘어져 상처가 생긴 것을 알고 있는지 물었다(1번 참조). 앞서 진행된 증인 신문을 통해서도 김은영이 그날 술집 손님으로 있다가 싸움을 말리다 넘어져 다친 것이라는 진술이 나왔고 검사의 질문도 이 상처에 관한 것이었는데, 통역 과정에서 '싸움을 말리다가 뒤로 넘어져서 생긴 상처'가 '근무하다가 발생한 상처'로 바뀌었고(2번 참조) 등에 난 상처가 구체적으로 특정되지 않았음에도 타박상이라고 통역되었다. 이 질문을 듣고 피고인은 이에 대해 부인했다(3번 참조). 하지만 엄밀히 말해 원래 질문과 통역에 차이가 있다 보니 피고인의 답이 검사의 질문에 대한 부정이라고 하기 어렵다.

이처럼 정확하게 신문사항이 전달되지 않았음에도 해당 언어를 모르는 사람들은 어떤 통역 오류가 있었는지 알 수 없기 때문에 피고인이 그 사실을 모른다고 답한 것이라 생각할 수밖에 없다. 이와 같이 통역에 의해 신문내용이 달라지고, 진행이 영향을 받는 등 사실인정과 법리적 해석이 달라질 수 있다.

아래 예문 5는 사기사건 외국인 증인 신문의 일부다. 이 증인은 영어로 증언했다. 영어 원어민이 아니었지만 공용어로 영어를 사용하는 지역 출신이기 때문에 증언 가운데 과거시제를 현재형으로 답하는 등 문법 오류가 보였다(3번 참조). 해당 증인 신문을 통역한 법원 통역인은 영어 실력이 부족했고, 문답이 비교적 단순한 내용이었음에도 신문 내내 아래와 같이 문답을 정확하게 옮기지 못하는 경우가 빈번했다.

예문 5 [6]

1 변호인: 예. 그 피고인 가족이 6년 정도 살았다고요. 그 정도 이 지역에 살면서 증인과 그 지역 토지 소유주들의 신임을 얻게 된 것인가요? 토지 소유주들의- 이렇게 같이 살았기 때문에 그 지역 토지 소유주들의 신임을 얻게 된 것인가요?

2 통역인: Uh defendant Kim lived six years there, and you and uh…its aborigine's owner, landowner, and then how much did you trust each other. [어 피고인 김은 거기 6년 살았습니다. 그리고 증인은 어…그거의 원주민 소유주, 토지 소유주는 그렇다면 당신은 서로 얼마나 신뢰했나요?]

3 증 인: We trust Mr. Kim one hundred percent. [우리는 김씨를 100% 신뢰합니다.]

4 통역인: One hundred percent. [100%]

5 증 인: One hundred percent. [100%]

6 통역인: What about residents, aborigine. [주민들은요, 원주민?]

7 증 인: Aboriginals yeah one hundred percent. [원주민들 예 100%]

8 통역인: 백프로 신임이 있었다 합니다.

변호인은 피고인 가족이 그 지역에 6년간 살았다는 이전 답변을 재확인하고, 그러면서 증인을 포함한 지역의 토지 소유주들의 신임을 받게 된 것인지 여부를 묻고 있다(1번 참조). 단순한 가부의문문을 사용한 질문이었음에도 제대로 통역하지 않았다. 1번을 살펴보자면 변호인의 '예'는 답을 들었다는 간단한 신호이자 다음 질문을 하겠다는 담화표지로 'yeah' 또는 'okay' 정도로 처리 가능함에도 통역인은 주저하는 '어'로 통역을 시작하면서 담화표지를 누락했다. 이는 연구 자료에 나타난 다른 오류에 비하면 사소한 오류에 속한다. 변호인의 질문(1번)에는 피고인 가족이 거주했다는 내용이 있는데 피고인 김씨가 거주한 사실만 통역되었다. 또한 원래 질문은 '토지 소유주들'이라는 복수를 사용했지만 통역 과정에서 단수인 'landowner(토지 소유주)'로 바뀌었다.

---

6 예문 5는 (Lee, 2010b: 345)에서 발췌해왔다. -는 말이 중단된 것을 표시한다.

뿐만 아니라 통역인이 의문문의 유형을 바꾸어 질문의 의미가 달라졌다. 가부의문문을 설명의문문으로 바꾸어 통역함으로써 가부의 확인 대신 100% 신뢰했다는 증언이 나왔다. 이 예만 보더라도 증언을 듣고 구술증거를 수집하는 신문과정에 통역이 영향을 미칠 수 있음을 알 수 있다. 또한 통역 과정에서 증인이 얼마나 신뢰했는지 물었기 때문에 추가적으로 원주민들은 어떠했는지 질문하여 원래 변호사의 질문(1번)에 대한 답을 얻어내려고 노력하고 있다(6번 참조). 증인은 이를 설명의문문으로 이해하고 100% 신뢰했다고 답했다(7번 참조). 주신문 상황의 맥락에서는 의문문 유형과 내용의 변화가 원래 의도와 크게 빗나가지는 않았지만 반대신문이었다면 신문자의 의도를 비껴나가거나 비효율적인 진행이 되어버릴 수 있었다(이지은, 2011a).

아래 예문 6에서는 자원봉사자 통역인이 난민소송에서 신청자 본인 신문을 통역하고 있다. 이 통역봉사자는 기본적인 언어 능력조차 부족하여 통역에 어려움을 겪었고 이로 인해 신문이 매우 비효율적으로 진행되었다. 원고는 아프리카 출신 난민 신청자로서 그의 영어구사력 역시 위의 증인과 마찬가지로 시제를 포함한 문법오류를 보이나 이해하기 어려운 정도는 아니다.[7]

예문 6[8]

1 피고소송대리인: 원고는 한국 사증을 받았을 때 입국 목적을 뭐라 적으셨나요.

2 통역인: He wanna know when you when you are when you were in the procedure when you were in the procedure to get Korean visa from visa agent, then you should explain the purpose to visit, right? The purpose to visit Korea. Then what is the purpose you explained. [남자가 알고 싶어 해요. 당신(원고)이 지금 당신이 당신이 당신이 절차에 있었을 때 증인이 한국 비자 비자

---

7 =는 말차례가 쉼 없이 바로 연결되는 표시이며, ***은 지명을 밝히지 않은 표시이며, 대문자는 크게 말한 표시이다.

8 예문 6은 (이지은, 2012b: 221)에서 발췌해왔다.

대행인으로부터 받는 절차에 있었을 때, 그때 당신은 방문 목적을 설명해야 합니다. 맞죠? 한국 방문하는 목적. 그때 설명한 목적이 무엇입니까?]

3 원 고: I want= [난]

4 통역인: =purpose to visit [방문 목적]

5 원 고: I want to escape from **** because of these militants. I want to run away from them so they would not kill me. [난 이 민병대들 때문에 ****에서 탈출하고 싶습니다. 난 그들이 날 죽이지 못하게 그들로부터 달아나고 싶습니다.]

6 통역인: The- so but…that's what you explained to him? that I mean it's not explain to us…so yeah at that time THAT is the purpose to visit, escape? [그- 그래서 하지만…그게 당신이 그 사람에게 설명한 겁니까? 그게 무슨 말이냐면 그게 우리에게 설명 아닙니다…그래서 예 그때 바로 그게 방문, 탈출 목적입니까?]

7 원 고: The moment I went to visa agent. [내가 비자대행인에게 갔을 순간에]

8 통역인: Mmm yeah yeah. [음 예 예]

9 원 고: Yeah. [예]

10 통역인: 예 그 말씀드린 대로 저는 이제 탈출하지 않으면 안전이 위협하기 때문에 민병대로부터 위협을 받아서, 한국으로 가고 싶다고 목적을 적었습니다.

예문 6은 피고 소송대리인이 원고를 신문하는 도중 원고에게 한국에 오는 비자를 신청할 때 방문목적을 무엇이라고 적었는지에 관한 질문이다(1번). 통역인은 1인칭이 아닌 3인칭 간접화법으로 질문을 다소 비격식적인 스타일로 통역하기 시작한다('He wanna know…' 2번 참조). 원래 입국 목적에 대한 간단한 질문인데도 언어 능력이 부족하다 보니 여러 차례 수정을 하면서 문법에 맞지 않게 장황하게 통역했다. 그럼에도 불구하고 통역된 질문은 본래 취지와 달리 사증 종류에 관한 질문이 아닌, 비자 대행인에게 방문 목적을 어떻게 설명했는지 묻는 질문에 가깝다. 이를 듣고 원고는 본국에서 빠져나오고 싶다고 답했다(5번 참조). 그런데 통역인은 이를 즉시 통역하지 않고 '그렇게 비자대행사에 서명한 것인지, 우리에게 설명하지 말라면서, 그게 방문 목적이냐, 탈출 맞냐'고 추가 질문을 한 후 원고의 진술을 통역했다(6~10번 참조). 이와 같이 비전문가에 의한 통역에는 문답이 한 번에 통역되지 않고 여러 차례 수정과 질문을 거치는 공통적인 특징이 있다. 그렇다고 확인질문 없이 문답이 순조롭게 이루어진다는 것만으로 통역이 잘 되고 있다고 안심할 수는 없다. 다음에 소개할 사례의 통역인은 위의 경우들처럼 자주 질문하거나 신문 중 빈번하게 대화를 나누지 않았지만 중대한 오역을 자주 했다.

2) 성폭행 사건 통역 사례

이 성폭행사건의 피의자와 고소인은 모두 외국인이었다. 이 사건은 검찰의 불기소 결정에 대해 고소인이 검찰에 공소제기하도록 결정을 내려줄 것을 관할지역 고등법원에 요청한 재정신청건이었다. 성폭행사건은 사법 통역 경험이 없는 통역사에게 특히 당혹스러운 경험이 될 수 있다. 사건 통역을 잘 하기 위해서는 당연히 범죄와 관련된 성적 표현을 양쪽 언어로 잘 알아야 한다. 필자가 법정에서 관찰한 바에 의하면 통역인의 전문성 부족으로 이 건의 법정절차에서는 법률적인 개념은 물론 중요한 행위와 정황이 정확하게 전달되지 않았다. 그중에서 몇 가지만 소개하겠다.[9]

재정신청사건의 담당 판사는 먼저 재정신청 상황에 대해 준강간을 당했다는 고소가 있었고 수사결과 검사의 불기소처분이 있었는데 고소인이 이 처분을 부당하다고 생각하여 법원에 재판을 신청했다는 배경을 피의자에게 설명했다. 이를 통역하는 과정에서 통역인은 검사의 불기소 처분과 이를 부당하다고 판단한 고소인의 입장 등 일부 내용을 누락했다. 법률적인 용어와 개념을 법률 전문가가 아닌 통역인이 알기 어려운 점은 어느 정도 이해할 수 있으나 피의자 입장에서 자신이 참여하는 법률절차를 이해하기에는 부실한 통역이었다. 구체적 예를 들자면, 수사기관을 'police(경찰)'라고만 통역하여 검찰을 포함시키지 않은 것이나 수사와 신문의 차이를 모르는지 법정신문을 'investigate(조사/수사)'라고 통역한 것은 사

9 본 연구 자료는 녹음 자료가 아닌, 법정 관찰하면서 기록한 노트에 의존했다.

법 통역에 대한 지식의 부족을 보여준다. 무엇보다 이 사건에서 핵심적인 죄명에 해당하는 '준강간'을 처음에 'semi-assault'[10]로 통역했다. 이에 다른 협박 사건으로 고소를 당한 적이 있는 피의자는 무슨 말인지 정확한 용어를 사용해달라고 말했다. 이때 영어를 전공한 재정신청인의 변호사가 'quasi-rape(준강간)'은 정상적인 심신상태가 아닐 때 성관계를 함으로써 성립하는 것이라고 영어로 설명해주었다. 그후에도 통역인은 준강간을 'semi-rape'라고 줄곧 통역했다.

문제는 피의자 신문보다 재정신청인에 대한 신문에서 통역 오류가 더 심각해졌다는 것이다. 예를 들면 변호사가 사건 이전 피의자하고 단둘이 식사한 적이 있는지 재정신청인에게 질문했는데 간단한 내용이지만 '단둘이'를 빼고 통역함으로써 질문의 의미가 바뀌어 예상했던 답이 나오기 어려웠다. 또 고소인이 아침에 모텔 방에서 눈을 뜨고 보니 남자는 옷을 입고 있는데 자신은 벗고 있었으며 자신은 택시를 타고 돌아왔다고 진술했는데 피해자가 12시간 만에 깬 후에 발견한 상황과 두 남녀의 언행에 관한 진술이 상당 부분 누락된 채 통역되었다. 여러 문장으로 답변이 길어지자 통역 기술이 부족한 통역인이 정확하게 통역을 하지 못한 것으로 파악된다. 특히 사건발생 후 피해자가 깬 당시 자신이 '마약한 것 같이 기분이 매우 고조된 상태(I was high)'였다고 진술한 내용에 대해 첫 번째는 이 부분을 빼고 통역했고, 두 번째로 피해자가 같은 내용을 진술할 때에는 오역을 했다. 피의자가 피해자에게 약물을 마시게 한 것을 의심하던 상황에서 환각상태를 말하는 피해자의 진술을 빠짐없이 옮기는 것은 당시 상황을 이해하는 데 중요한 요소였지만 아쉽게도 정확하게 통역되지 않았다.

또한 피해여성이 멍든 부위를 보여주는 증거 사진을 제출했는데 조작한 사진 아니냐는 질문에 대해 고소인은 멍든 부위가 자기 손이 닿지 않는 신체 부위라고 답했는데 이를 '개인적인 부분'이라고 한국말로 부정확하게 통역했다. 여러 가지 표현의 문제가 있었는데 그중에서도 '이성으로서 호감'을 통역하는 데 어려움이 있었다. 변호사가 피해자에게 사건 이전 그리고 당일에, 피의자에 대해서 이

10 굳이 번역하자면 준폭행, 반폭행이라 할 수 있다.

성으로서 호감을 가지고 있었는지 질문하자 이를 'What was your feeling toward him as sexual partner?(성적 파트너로 그에게 어떤 기분이었나요?)'로 표현하여 틀리게 통역했다. 이성에 대한 좋은 감정이 아닌, 성적 파트너로 느낌이 뭐였냐는 질문이 되어 고소인이 질문을 이해하지 못하자 다시 통역해주어야 했다. 고소인은 항상 피의자가 연락해서 먼저 만나자고 제안했다는 의미로 'He was initiating all the time'이라고 답했는데 이를 '그 사람이 항상 사귀자고 얘기했다'고 부정확하게 통역했다. 또한 주량에 관한 질문으로 변호사가 '피해자는 평소, 통상적으로, 어느 정도까지 술을 마셔도 괜찮은 편인가요?' 라고 물었으나 'How much drink is good for you to lose your mind?(어느 정도의 술이 미치기에 좋은가)'라고 엉뚱하게 통역했다. 또한 변호사가 고소인에게 이성과 즉흥적으로 성관계를 갖는 경향이 있는지 물었는데 이를 통역하면서 'different sexual partner(다른 섹스 파트너)와 성적 관계를 맺는 것'으로 통역하여 즉흥적인 성관계를 묻는 질문의 의도를 정확히 전달하지 않았다. 이와 같이 복잡하지 않은 일상적인 대화 수준의 문답도 정확하게 통역되지 않아 피해사실과 당시 정황을 정확하게 법원에 알려야 하는 고소인에게 불리하게 작용할 수 있었다.

피의자는 오히려 고소인이 자신의 'private parts(음부)'를 사람들이 있는 공공장소에서 만지는 등 자신을 추행했다고 주장했다. 'private part'는 은밀한 부위 즉 성기를 가리키는 점잖은 표현인데 통역인은 '개인적인 부분'이라고 유화적으로 표현했다. 이후 고소인에 대한 신문 시간에 변호인이 피의자의 주장대로 피의자의 성기부분을 만진 적이 있는지 '성기'라는 표현을 사용하며 질문을 했다. 이때에도 통역인은 성기(genital) 대신 'family treasure(가보)'라는 은유를 사용했다. 이는 잘 쓰지 않는, 아이한테나 쓸 수 있는 은유적 표현으로 정확한 통역이 아니다. 성에 관해 통역하는 것이 불편하다고 해서 완곡한 표현이나 은유적 표현으로 바꿔 통역해서는 안 된다.

또한 이 통역인은 휴정시간에 피의자 옆에 앉아 웃으며 대화를 나누는 모습으로 고소인을 몹시 불편하게 만들었고, 통역인에 대한 신뢰를 더욱 잃게 만들었다. 통역사의 중립성과 통역 능력이 얼마나 중요한지를 여러모로 보여주는 사례였다.

3. 직접화법과 간접화법 통역

인간의 기억은 완전하지 않기 때문에 남의 말을 듣고 완벽하게 기억하기는 쉽지 않다. 대부분 증인들은 자신이 들은 말을 옮길 때에 아무리 정확하게 옮긴다 해도 핵심적인 내용을 전달, 재생하는 것에 불과하다. 증인의 기억과 세계관에 걸러지고 상당한 뉘앙스가 사라진 다음 남은 기억에 불과하기 때문에 인용의 정확성은 언제나 불완전하다(Solan and Tiersma, 2005: 99). 여기에다 통역을 통해 증언하는 증인의 경우는 통역사에 의해 또 다시 한 꺼풀 덧입혀지거나 변화, 왜곡될 가능성이 있다(Lee, 2010a).

정확한 사법 통역을 위해서는 앞서 말한 대로 1인칭 직접화법을 사용하여 말 그대로 통역하여야 하며 화법 역시 보존하여 통역해야 한다. 화법에는 직접화법과 간접화법이 있다. 직접화법은 다른 사람의 말을 원래 말한 그대로 옮기는 것이다. 직접화법은 생생한 묘사를 위해 또는 정확하고, 실감나게 말을 전할 때 사용된다. 한국어의 경우 글에서 직접화법은 따옴표를 사용하여 직접인용하는 것으로 인용 내용 뒤에 직접인용표지 '라고'가 사용된다. 말은 구어의 특성상 문어와는 조금 차이가 있지만 말투와 시점이 보존된다는 특징으로 구분 가능하다. 간접화법은 남의 말을 자기 말로 고쳐서 전달하는 방식으로 '고'라는 간접인용표지가 사용된다(전영우, 2003: 40). 대개 의미만 보존하여 인용하는 화자의 시점에서 옮긴다는 차이가 있다. 아래 1번은 직접화법이고, 2번과 3번은 간접화법이다.

1. 의사가 아버지에게 "힘드시면 약 안 드셔도 됩니다."라고 말씀하셨어요.
2. 의사가 아버지에게 힘드시면 약 안 드셔도 된다고 말씀하셨어요.
3. 의사가 아버지 힘들면 약 안 드셔도 된대요.

아래 예문 7은 예문 4와 동일한 성폭행사건의 피고인 신문 일부이다. 피고인은 고소인이 자신의 등을 차면서 소파에 누운 채 말한 것을 직접화법으로 말했는데 통역되는 과정에서 고소인의 언행과 태도를 담은 중요한 정보가 누락되었다(3, 4

번 참조). "가서 마실 거 사 와, 술 먹고 싶어." 라는 직접화법 대신 여자가 술이 더 마시고 싶다고 말했다고 간접화법으로 옮기면서 자세한 내용이 빠졌다. 또 피고인이 돈이 없어서 옷을 갈아입기 시작했고 옷을 다 갈아입고 사단이 났다고 답했는데 통역인은 이를 '술이 없다고 얘기했고 옷을 갈아입기 시작했다'고 통역하여 '옷을 갈아입은 뒤 사단이 났다'는 내용이 누락되었다.

예문 7[11]

1 변호인: 예. 그 이태원 술집에 있다가 김은영 씨와 함께 피고인 집에 돌아온 뒤에 피고인은 자신의 방에서 일단 옷을 갈아입었죠.

2 통역인: Когда вы вернулись домой с девушкой, вы переодевали одежду? [당신이 아가씨와 집에 들어왔을 때, 당신은 옷을 갈아입었죠?]

3 피고인: Да. Я пришёл, она легла на диван, как бы пинала меня сзади, на диван легла, как пинала ногой ≪Иди купи, выпить хочу≫, но как ≪Спиртное иди купи≫, тогда я нет денег куплю не стал, начал переодеваться, переоделся, тогда вещь разлр адился. [네. 우리가 도착하자 그녀는 소파에 누웠고, 나를 등 뒤에서 차더니… 소파에 누운 채로 나를 차더니, "가서 마실 거 사 와! 술 먹고 싶어!" 라고, 그러니까 술을 사오라고 했습니다. 그런데 나는 돈이 남아 있질 않아서, 그냥 옷을 갈아입기 시작했고, 옷을 다 갈아입자 사단이 난 겁니다.]

4 통역인: 예 집에 돌아와서 김은영 씨께서 제 침대에 누웠고 술을 더 마시고 싶다고 얘길 했습니다. 근데 저는 그때 술이 없다고 얘기를 했고 옷을 갈아입었습니다.

모든 사건이 그렇지만 특히 성폭행사건은 주로 다른 사람이 없는 상황에서 발생하기 때문에 당시 주고받은 말과 행동 등을 빠짐없이 전달하는 것이 매우 중요하다. 위와 같이 피고인에게 유리할 수 있는 피고인의 진술과 진술에 포함된 직접

11 (이지은, 2012a: 167)

화법이 빠진 것은 중대한 통역 오류에 해당한다.

호주 뉴사우스웨일즈 형사재판에서 통역사의 직·간접화법 처리를 분석한 연구결과 증인 신문에서 직접화법을 선호하는 관행을 의식한 한국어 통역사들이 증언을 통역하면서 원발화의 간접화법을 직접화법으로 바꾸는 경향이 확인됐다(Lee, 2010a). 한국인들은 일반적으로 간접화법을 많이 사용한다. 심지어 말과 글에 의존하는 언론보도와 법률담화에서마저 100% 직접인용을 찾아보기는 어렵다. 이 때문에 호주 법정에서 가급적이면 직접화법을 사용해서 들은 대로 진술해 줄 것을 요청받음에도 불구하고 한국인 증인들은 대개 간접화법 위주로 또는 간접화법과 직접화법을 섞어 진술했다. 이 연구에서 한국인 증인들이 사용한 직접화법은 전체 인용의 6%에 불과했고 대부분은 원래 언어 습관대로 간접화법을 사용했다. 문제는 통역사들이 증인들의 간접화법을 법원이 기대하는 직접화법에 가깝게 통역하면서 원래 진술과 달리 부정확하게 전달되었다는 것이다(Lee, 2010a).

구체적인 예를 들어 설명하겠다. 아래 예문 8에서 호주 형사법정에서 한국인 증인은 과거 조카사위였던 피고인에 의해 납치되어 폭행을 당한 피해자로 조카(메리)와 조카사위(벤 김) 사이의 일에 대해 조카로부터 들었던 내용을 증언하고 있다.

예문 8[12]

1 검사: Tell the court exactly what Mary told you. [메리가 말한 내용을 정확하게 법정에서 진술하세요.]

2 통역인: 어 메리가 뭐라 그랬는지 정확하게 얘기해주십시오.

3 증　인: 어 메리가 그 벤 김이 어 그 깊은 그 사정은 인제 잘 모르지만은 돈을 돈을 달라 그 없다 그러니까 인제 벤이 서로 인제 서로 목소리 높아지고 어 그러면서 인제 나중에는 서로 몸싸움을 하면서 칼을 들고 <u>막 어 죽는다 그러고 죽인다</u> 그러고 그러니까 결국에는 서로 헤어져서 도망을 나오게 되었고, 그리곤 이제 (다른 집으로)

12　예문 8은 (Lee, 2010a: 76)에서 발췌해왔다.

4 통역인: (잠깐만요) 잠깐만요. 음 어 Mary Mary told me that Ben Kim uh ask her some money, and she says she didn't have it. and then they started arguing and then the voice was raised, and then um they were fighting physically, they were wrestling physically. At the same stage Ben used a knife and uh she ran away from the place and of course I didn't know the uh details of what happened and why it happened. [메리가 메리가 나한테 말하기를 벤 김이 어 돈 달라 했다, 그런데 메리가 돈이 없었다고 했다. 그리고 말다툼이 시작되었고 목소리가 높아졌다. 그리고 몸싸움을 하고 있었고, 엉겨 붙어서 싸웠다고 했습니다. 그때 벤이 칼을 사용했습니다. 그리고 메리는 거기서 도망나왔고요. 저는 당연히 무슨 일이 있었는지 왜 그런 일이 일어났는지 자세한 건 몰랐습니다.]

검사는 증인에게 들은 내용을 정확하게 말해달라고 한다(1번 참조). 그런데 증인의 진술을 보면 다소 모호한 부분이 있다(3번 참조). 문장성분의 생략이 잦고 밑줄 친 부분은 애매모호한 간접화법이라 누가 칼을 들고 죽인다고 말했는지 불확실하다. 피고인이 위협한 것일 가능성이 농후하지만 죽음에 대한 말은 몇 가지 해석이 가능하다. 벤 김이 메리를 위협하면서 메리가 죽는다고 말했을 가능성, 메리나 벤 김 둘 중의 하나가 둘 다 또는 둘 중 하나가 죽는다고 말했을 가능성, 그리고 벤 김이 자해해서 죽겠다는 협박일 가능성이 있다. 또한 도망한 주체는 주어로 명시되지 않았지만 역시 정황상 도망한 것은 메리일 가능성이 높다. 증인의 말이 길어지자 통역사는 증인의 말을 끊고 통역할 기회를 잡았다(4번 참조). 이때 증언을 통역한 통역사는 간접화법을 유지하고 수동태를 사용하여 누가 어떤 말을 했는지는 빼고 통역했다. 3번의 밑줄 친 모호한 증언을 벤이 칼을 사용했다고 간단히 처리하고 메리가 도망했다고 통역한 결과 죽음을 위협하는 간접인용된 내용이 통역에서 빠졌다.

통역사에 따라 화법과 통역 방식에 조금씩 차이가 있지만 거의 무조건 직접화법으로 바꾸는 통역사도 있었다. 아래 두 개 예문은 호주 형사법정에서 증언하는 성폭행 고소인에 대한 증인 신문의 일부이다. 볼드체는 크게 강조해서 말한 표시이다.

예문 9 [13]

1 검　사: And what happened when Richard called you, what was said? [그다음 리처드가 전화했을 때 무슨 일이 일어났나요? 무슨 말을 했습니까?]

2 통역인: 이 리처드가 전화를 했을 때 무슨 말이 오고 갔습니까?

3 증　인: 자기가 택시값이랑 술을 사줄 테니까 나오라고 했습니다.

4 통역인: He said, "I will pay for taxi fare, and I will buy you a drink, please come out." [그가 말했습니다. "내가 택시비 낼게. 그리고 내가 너 술 살게. 꼭 나와."]

5 검　사: And what happened then. [그런 다음 어떤 일이 있었습니까?]

6 통역인: 그다음에 무슨 일이 생겼죠?

7 증　인: 그리고 자기가 택시값을 내겠다고 해서 저는 그대로 저는 나갔습니다.

8 통역인: And he said, "I'll pay for the taxi fare." So I went out. [그리고 그는 "내가 택시비 낼게. 그래서 나갔습니다."라고 말했습니다.]

(중략)

9 증　인: 그리고 제게 어 진짜 돈이 없었구나 했습니다. 오랜만이라 했습니다.

10 통역인: And then he said to me **oh you you** really didn't have money oh I haven't seen you for a long time. [그리고 나서 그는 저에게 말했습니다. **오 너 너** 진짜 돈이 없었구나. 오 너 오랜만에 본다.]

검사는 증인에게 피고인 리처드와 나눈 대화에 대해 질문했다(1번 참조). 증인은 간접화법으로 피고인의 말을 전하고 있다(3번 참조). 하지만 통역사는 증인이 간접화법으로 말한 것을 직접화법으로 바꾸어 통역한다(4, 8번 참조). 심지어 증인이 리처드가 한 말을 간접인용한 것을 감탄사까지 첨가하면서 원래 진술에 없던 내용을 더하여 생생한 느낌이 나게 통역하고 있다(10번 볼드체 참조). 이렇게 대부분의 간접화법을 직접화법으로 화법을 바꾸어 통역한 것이 나중에 보면 피고인에게 유리하게 작용했다. 아래 예문 10부터 살펴보자.

13 예문 9는 (Lee, 2010a:73-74)에서 발췌해왔다.

예문 10[14]

1 검　사: And do you remember he said anything else? [그리고 증인이 기억하는 피고인이 한 다른 말 있습니까?]

2 통역인: 그가 또 다른 말을 한 것이 있습니까?

3 증　인: 자기 페니스가 서지 않는다고 저한테 제 저보고 자기 페니스를 핥아달라고 그랬습니다.

4 통역인: He said, it was said, "I cannot have erection. Now my penis is not getting up. Uh would you please suck suck or lick my penis?" [그가 말했습니다. 이렇게 말했습니다. 나 발기 안 돼. 지금 내 페니스가 서지 않는다. 어 내 페니스를 빨아 빨아주겠니 또는 핥아주겠니?]

검사는 사건 당일 호텔에서 피고인이 한 말을 기억하는지 질문했다(1번 참조). 이때에도 증인은 발기에 어려움을 겪던 피고인이 한 말을 간접화법으로 진술하고 있다(3번 참조). 그런데 통역된 증언을 보면 통역사는 증인이 원래 사용한 어역을 바꾸어 '서지 않는다'를 처음에 '발기가 안 돼'로 바꾸었다가 다시 서지 않는다고 원래 증인이 한 말에 가깝게 수정했다(4번 참조). '핥아달라'고 한 말이 'would you please suck or lick(빨아주겠니 또는 핥아주겠니)'라는 정중한 표현의 직접화법으로 바뀐 것이다. 바로 위 예문 9에서 리처드가 증인더러 나오라고 한 것을 이 통역사가 'please come out(꼭 나와)'으로 직접화법을 쓴 것과 같이 여기서도 통역사는 'please'를 첨가했는데 성폭행을 주장하는 상황에서 'please'는 강압성을 떨어뜨리는 표현이기 때문에 이후 반대신문에서 피고인의 변호인이 사건 당일 밤 피고인이 증인을 절대 강압적으로 대하지 않았다고 주장하는 근거가 되었고, 고소인에게는 불리하게 작용했다(아래 5절) '효과적인 이언어 · 문화 간 커뮤니케이션' 참조).

14　예문 10은 (이지은, 2010a: 75)에서 발췌해왔다.

4. 통역사의 편파성

사법 통역의 원칙상 정확하고 중립적인 통역이 강조되어왔다. 이는 결국 통역의 공정성과 같은 의미이다. 앞서 살펴본 예문들에서도 통역사가 중립성과 공정성이 결여된 통역을 한 모습을 볼 수 있다. 자신이 수사기관의 보조자라는 생각을 할 때 중립성을 잃기 쉬운 한편 통역해주는 사람을 동정할 때에 공정성을 잃을 수 있으므로 주의해야 한다.

난민재판에서 통역인의 행동이 원고의 진술에 미치는 영향을 잘 보여주는 예문 11은 당사자신문 중에서도 법무부 소송 수행자가 난민 신청자인 원고에 대해 반대신문을 하고 있는 상황이다. 아프리카 출신인 여성 난민 신청자가 사용하는 언어와 한국어를 직접 통역할 수 있는 통역인이 없는 관계로 영어를 거쳐 릴레이통역(이중통역)이 되고 있었다. 그래서 아래 예문에는 두 명의 통역인이 통역을 하고 있다. 통역A는 영어와 한국어를, 통역B는 난민 신청자의 언어와 영어 간에 통역했다. 실제 통역B와 원고는 아프리카 지역어를 사용했지만 여기에서는 한국어(기울임체)로 번역하여 제시했다. xxx는 잘 들리지 않는 부분을 표시한 것이다.

예문 11

1 피고소송 수행자: 왜 그런 사실을 진술서나 난민 인정 신청서에 작성한 자필 진술서나 면담 시에는 진술하지 않았나요?

2 통역A: Why didn't the plaintiff mention such uh such incident when when she was interviewed when she was being interviewed, when she wrote the statement original statement? [왜 원고는 그런 어 그런 사건을 그때 면담할 때, 면담했을 때, 진술서, 자필 진술서 썼을 때 언급하지 않았나요?]

3 통역B: *그럼 왜 인터뷰할 때나 진술서에 이 사실을 언급하지 않았나요? 잊어버렸다고 말해요.*

4 원 고: *겁먹었고 저를 인터뷰한 여자가 매우 터프해서 긴장한 데다가 몸도 좋지 않*

왔어요. 전부 다 말 못해요 그리고 끝내요. 너무 심해요.

5 통역B: She say that she forgot some of the things and you know like. She's talking about tension because the interview sometimes very very very tough and serious so she's like scared. She got to remember when= [원고가 일부는 잊어버렸다고 말해요. 알잖아요. 지금 긴장에 대해 말하고 있어요. 면담이 때로 매우 매우 매우 터프하고 심각해 겁먹은 거 같았어요. 기억해야 했는데 그 때.]

6 원 고: *=제가 겁을 먹었기 때문에 많이 잊어버렸어요.*

7 통역B: 뭐요?

8 원 고: *xxx 사람들이 겁났고, 무서웠어요.*

9 통역B: The interviewer was so tough she was so scared and she forgot most some of the things. [면담자가 너무 터프해서 원고가 겁을 많이 먹었어요. 그래서 상당 부분 잊어버렸어요.]

10 통역A: 면담 시 긴장이 되었고 면담자가 어 면담자의 태도가 강- 강경해서 거기에 무서움을 느꼈기 때문에 몇 가지 일들은 잘 기억이 나지 않았습니다.

난민 신청자인 원고는 법무부면담에서 밝히지 않은 강간사건에 대해 법정에서 진술을 했고 이에 대해 피고 소송 수행자는 원고가 왜 심사 당시 면담이나 자필 진술서에 그러한 내용을 진술하지 않았는지 질문했다(1번 참조). 이때 원고의 언어를 구사하는 통역인(통역B)는 원고에게 매우 우호적이었고, 원고에게 도움을 주기 위해 옹호자 내지 대변자의 입장에서 통역하려는 모습이 드러난다. 이 예문에서 보면 원고가 강간당했던 상황을 난민 인정 절차상 밝히지 않았던 이유를 묻는 반대신문사항을 통역한 후 잊어버렸다고 말하라고 원고에게 알려준다(3번 참조). 원고가 통역인이 시킨 대로 잊어버렸다는 말을 하지 않았음에도 영어로 통역하면서 이 통역인은 '잊어버렸다고' 통역했다(4, 5번 참조). 한편 원고가 그때 당시 몸이 안 좋았다고 말한 것은 통역에서 누락되었다. 이미 영어통역이 이뤄지고 난 후 원고는 자신이 잊어버려서 말하지 않았다고 덧붙였다(6번 참조).

이 통역인은 위 예문에서 드러난 것 외에도 통역사로서의 중립성을 지키지 못하고 난민 신청자를 돕기 위해 원고에게 유리하다고 생각되는 대로 임의로 진술을 제안하거나 대신 말했다. 이러한 통역인의 행동은 설사 난민을 돕기 위한 선량한 의도였다 하더라도 사법 통역에서 금기다. 이러한 옹호 행위는 다른 재판 참가자들이 이해하지 못하는 언어로 이뤄졌기 때문에 재판 당시에는 알 수 없었다. 통역인이 마음대로 판단하여 일방을 유리하게 통역하거나 본연의 역할을 망각하고 대변인이나 조력자로 통역에 임하는 것은 매우 위험하다. 통역인이 마음대로 통역하거나 신청자가 순간적으로 통역인이 시킨 대로 답하면 원고 진술의 일관성이 없어 보이는 등 의도와 달리 좋지 않은 결과로 이어질 수 있다는 점을 유념해야 한다.

사법 통역은 법원 외부에 진행될 수도 있는 국제중재사건에도 필요하다. 국제상사분쟁을 복잡한 민사소송 대신 보다 효율적으로 해결하고자 하는 국제중재에서는 중재관의 결정이 법률적 효력을 가진다. 국제중재에서 중재관이나 당사자의 의뢰로 독립적인 통·번역사가 통역 또는 번역을 하는 경우 증인에게 의존하는 측이 통·번역사를 선정하고 사례를 지급하거나 쌍방이 공동으로 통·번역비를 부담한다(Zitawi and Wahab, 2014: 361). 국제중재에서 통·번역사의 책임과 의무에 대한 명확한 규정은 없지만 일반 사법 통역과 같은 윤리규범이 적용된다고 보면 된다. 여기서는 국제중재에서 아랍어-영어 통역의 공정성과 정확성이 문제된 사례들을 소개하겠다.

첫 번째 살펴볼 사례는 호텔 경영과 관련된 중재건으로 호텔 소유주가 자신이 모르고 참석하지도 않은 상태에서 감사가 이루어져 피해를 입었다고 주장하며 호텔 경영 계약위반으로 배상을 청구했던 건이다(Zitawi and Wahab, 2014). 호텔 소유주 대리인이 기록 감사에 참석했는지의 여부를 확인해주기 위한 증인이 소환되었다. 호텔 오너가 신청한 증인은 호텔 전지배인으로 감사에 참석했던 인물이었다. 중재절차는 영어로 진행되었는데, 중재관이나 대리인들은 아랍어 사용자였고 증인의 모국어 역시 아랍어였기 때문에 증인은 아랍어로 진술하기를 희망했고 통역을 통해 증언이 이루어졌다. 증인은 호텔 소유주나 대리인이 감사에 참여했는지 질문을 받고 다음과 같이 답했다(Zitawi and Wahab, 2014: 366-367).

‘كان هنالك العديد من الناس، ولكن لم ألاحظ ما إذا كان هنالك ممثلين عن المالك.’
[많은 사람이 있었고 오너 대리인이 있었는지 알지 못했습니다.]

그런데 호텔 오너측이 선정한 통역인은 이 진술의 중요성을 알고 있었기에 이 말을 'There were many people, but there were no representatives of the owner (많은 사람이 있었습니다만 오너의 대리인은 없었습니다.)'라고 통역했다. 이와 같이 부정확한 통역 때문에 다음의 확인 질문이 나왔고, 다시 질문이 통역된 다음 아래와 같이 답변이 나왔다.

'Are you sure?' [확실합니까?]
‘هل أنت متأكد؟’. [확실합니까?]
‘أعتقد ذلك’. [그런 것 같습니다.]
'Absolutely.' [확실합니다.]

통역을 듣고 이 증인이 확신을 가지고 증언을 했다고 판단한 중재관들은 증인의 진술을 받아들여 최종 결정을 내렸다. 통역사가 자기를 고용한 측에 유리하도록 증언을 왜곡하여 통역한 매우 부적절한 행동이다.

또 다른 중재 사례는 건설관련 분쟁으로 배상액과 관련된 법률원칙에 대해 증언하기 위해 법률 전문가 증인이 소환되었다(Zitawi and Wahab, 2014). 중재는 영어로 진행되었고, 중재관들과 법률대리인들 모두 영어 구사자였지만 전문가 증인 중 한 명인 이집트법률 전문가는 모국어인 아랍어로 증언하기를 희망하여 통역을 통해 신문이 이루어졌다. 이 전문가 증인은 문서로 된 감정서를 제출한 상태에서 이집트법에 관해 반대신문을 받게 되었다. 그가 제출한 의견에 따르면 이집트법은 간접적인 손해에 배상을 허락하지 않지만 관습법과 반대로 수익손실은 간접손실로 간주되지 않는다는 것이다. 전문가 증인의 의견서를 번역한 번역사는 고용한 측의 부탁을 받고 수익손실에 대한 부분을 누락하여 번역했다. 한편 전문가 증인에 대한 신문은 통역을 통해 이루어졌고 전문가 증인은 아랍어로 증언했다. 특정한 유형의 손실이 간접손실로 인정되는지 질문을 통역할 때 통역인은 '간접손실'을 아랍어로 ضرر غير مباشر라고 맞게 통역했는데 문제의 '손실'에 대해 증인이 ضرر مباشر غير متوقع라고 답하면서 개인적인 판단이 개입되었다. 증언은 직역하면 '예상치 못한 직접 손실' 정도이다. 그런데 이때 통역을 맡은 통역인은 법률공부를 한 사람으로 이 증언의 중요성을 알았기 때문에 이를 영어로 'a consequential loss(결과적 손실)'라고 통역했다. 이는 간접손실로 간주되기 때문에 중재관들은 배상청구를 인정하지 않는 쪽으로 결정을 내렸다. 이 경우 역시 법률적인 지식을 사용하여 중요한 용어를 일방에 유리하게 통역하여 공정성을 잃은 부적절한 통번역에 해당한다.

또 다른 건설 관련 중재건에서 전문가 증인이 분쟁에 관련된 건물의 구조적 안정성에 대해 증언을 하게 되었다. 영어로 진행된 중재심판에서 전문가 증인인 엔지니어는 아랍어로 증언을 했고, 중재관이나 법률대리인 누구도 아랍어를 이해하지 못하는 상황에서 통역이 이루어졌다. 전문가 증인이 건물 준공시기에 대해 질문을 받자 통역사는 증인에게 질문의 의도가 하자보수 책임기간 만료 여부를 확인하려는 것 같다는 말을 첨언하여 증인의 주의를 환기했다. 이러한 정보 추가는 질문의 의도까지 해석해주어야 한다는 통역사의 지나친 책임감 내지 잘못된 역할 인식에 기인한 것으로 증언에 영향을 주는 부적절한 행위이다(Zitawi and Wahab, 2014: 371). 이와 같이 국제중재에서도 사법 통역과 마찬가지로 정확하고 중립적인 통번역이 요구되지만 아직 이렇다 할 통번역 관련 규제가 없는 상태에서 오역과 통번역이 부적절하게 이루어지는 경우가 종종 있다는 것이 연구를 통해 알려졌다.

5. 이언어·문화 간 커뮤니케이션

통역은 다른 언어와 문화에 속한 사람들의 커뮤니케이션을 중개하는 것이므로 통역사는 효과적인 이언어 · 문화 간 커뮤니케이션을 위해 노력해야 한다. 위에서 살펴본 통역 사례들과 같이 언어 특유의 담화관습과 문법적 차이, 그리고 언어의 중의성 내지 모호성 때문에 때때로 확인 없이는 정확하게 통역하기 어려운 상황이 발생하며 이때 통역사의 개입이 필요하다(Lee, 2009b, 2009c). 하지만 문화 차이를 극복하기 위한 사법 통역사의 중재나 개입에는 상세한 지침이 없고 상황에 따른 전문적인 판단이 요구되기 때문에 함부로 개입하는 것은 위험하다. 이와 같이 사법 통역사는 불필요한 개입을 자제해야 한다는 원칙이 강조되다 보니 정작 통역사의 중재가 필요할 때 중재가 이루어지지 않는 경우가 있고, 반대로 중재가 불필요함에도 부적절하게 개입하는 경우도 있다. 사법 통역에서 통역사에게 의견을 묻거나 문화적 설명을 요구하는 것은 가급적 피해야 하지만 효과적인 이언어 · 문화 간 소통을 위해 적절한 중재와 개입에 대한 안내와 교육이 필요하다(Lee, 2009a; Hale, 2014).

언어적으로 정확한 통역을 하더라도 문화적 프레임이 상이한 당사자 간의 의사소통에는 어려움이 있을 수 있고, 오해가 발생할 소지가 있다(Kalin, 1986; Monnier, 1995; Maryns and Blommaert, 2001; Maryns, 2006; Good, 2007; Jacquement, 2011). 특히 사법 통역 가운데 난민 통역과 관련된 문화 간 소통 문제가 관심을 끌었던 것은 다양한 문화 · 언어 · 사회경제적 배경을 가진 난민 신청자들의 소통방식이 서구의 난민심사관들과 맞지 않아 난민 신청에 부정적인 영향을 미쳤던 사례가 알려지면서부터이다. 난민심사관과 난민 신청자 간의 문화관습 및 언어적 차이는 의사소통을 저해하고 심사관의 결정에 영향을 미칠 수 있다. 예를 들어 영국의 난민심사관리와 심판소는 음력을 사용하는 타밀 출신 난민 신청자가 말한 일자에 관한 진술이 모순된다고 생각하고 이들의 난민 신청을 거절했다(Good, 2007: 173). 시에라 레온 출신 난민 신청자가 살던 곳의 주소와 도로명을 제대로 말하지 못하는 것을 본 벨기에의 담당 공무원이 진술의 신빙성에 대해 의심한 것도 그의 문화 프레임이 아프리카 부족 마을의 주소나 거주지 개념과 사뭇 다르기 때문이다(Maryns, 2006: 299). 마찬가지로 자기 가족이 있었던 병원 이름을 모른다고 말하는 아프리카 출신 난민 신청자의 진술을 미국의 판사가 신뢰할 수 없다고 생각하는 것도 일종의 문화적 오해의 산물이다(Bohmer and Shuman, 2007: 156). 그래서 서구적인 논리와 문화 프레임에 맞게 자신의 스토리를 제시하는 난민 신청자들이 그렇지 않은 신청자들보다 유리한 심사결과를 받는 경향이 없지 않다는 지적이 있다(Barsky, 1996; Good, 2007). 앞서 문화적 차이와 중재에 대해 어느 정도 설명했기 때문에(4장 3절 '사법 통역사의 역할과 중재') 여기서는 주로 언어적 차이로 인한 커뮤니케이션의 어려움을 살펴보고자 한다.

아래 예문 12는 위 예문 9, 10과 동일한 성폭행사건의 고소인이 피고인에게 전화를 걸어 녹음한 녹취물의 전사번역문이다. 원래 한국어 대화이지만 호주 법원에 제출되면서 영어 번역전사본만 증거로 법정에 제출되었다.

예문 12 [15]

1 여: … I just don't understand. I want to know the reason. Did you have the condom? [난 이해가 안돼요. 이유를 알고 싶어요. 그 콘돔 했어요?]

2 여: Hello?

3 남: Yeah… [응]

4 여: Did you have the condom on? [그 콘돔 했어요?]

(소음)

5 여: Uh? [네?]

6 남: It was…on that day… [그게… 그날]

7 여: What? I asked you whether you had condom on, on that day? [뭐요? 그 그날 콘돔 했었냐고 물었어요]

8 남: On that day [그날]

15 예문 12는 (Lee, 2009c: 392)에서 발췌해왔다. 필자는 호주 경찰로부터 전사번역본만 입수하고 녹음테이프는 소재불명으로 입수하지 못하여 전사번역의 정확성을 확인할 수 없었다. 예문 12의 한국어는 필자가 영어를 한국어로 역번역(back-translation)한 것이다. 녹음 기록이 없어서 존댓말 사용 여부는 확인할 수 없지만 남녀 간의 9살 나이 차이를 감안하여 여자가 '해요'체를 사용한 것으로 처리했다.

여기서 주목할 것은 2번과 4번에서는 'the condom'(그 콘돔)인 반면 7번에서는 정관사가 빠진 'condom(콘돔)'인 점이다. 특정한 사물이나 대상을 지칭하지 않는 한 '그'를 쓰지 않는 한국어 사용 관습상 통화 맥락에서 '그 콘돔'이라는 표현은 자연스럽지 않다. 7번에서 정관사가 없는 것이 번역사의 문법실수일 가능성도 있지만 2, 4번에서는 여성 고소인이 망설이면서 말한 '그'가 전사번역되는 과정에서 지시 관형사 '그'로 해석되어 '그 콘돔(the condom)'으로 번역된 것이라 생각된다.

사소해 보일 수 있는 정관사 사용은 재판에서 반대신문 때 고소인을 난처한 지경에 빠뜨렸다. 피고인의 변호인은 증인에게 사건 당일에 콘돔 사용에 대해 이야기 나눴는지 질문했고 증인은 그런 사실이 없으며 콘돔에 대해 아는 바 없다고 부인했다. 하지만 영어의 정관사는 서로 아는 것을 지칭할 때 사용하는 것으로 당시 여자가 콘돔을 알았다는 것을 뜻한다. 증인이 부인한 바로 얼마 뒤 변호인은 이 예문 12의 녹취자료 번역문을 인용하면서 '그 콘돔(the condom)'을 힘주어 말했다(예문 13의 3번 참조). 변호인은 고소인이 이렇게 말한 것은 콘돔에 대해 알고 있었던 증거라고 말하면서 그날 호텔에서 일어난 성관계는 성폭행이 아니라 서로 합의한 것이라는 논리로 케이스를 유리하게 끌고 갔다.

예문 13[16]

1 변호인: Mm when you spoke to Richard on the phone you said **this** to him. [음 증인은 리처드에게 전화로 **이렇게** 말했습니다.]

2 통역인: 당신이 리처드하고 통화할 때 당신은 이 말을 리처드한테 했었습니다.

3 변호인: I'm still upset and angry. I wanted to go. Why did you do that? then you said I just don't understand I want to know the reason. Did you have **the** condom **on**? [난 속상하고 화나요. 난 가고 싶었어요. 왜 그랬어요? 그리고 증인은 이렇게 말했습니다. 이해가 안 된다. 이유를 알고 싶다. 그 콘돔 썼나요?]

16 예문 13은 (Lee, 2009c: 391)에서 발췌해왔다.

이 예만 보더라도 전사번역이 얼마나 주의를 요하는 작업인지 알 수 있다. 이 사건 재판에서는 영어와 한국어의 차이 때문에 통역이 쉽지 않은 순간이 여러 차례 있었는데 그중 앞서 살펴본 통역사의 화법 처리와 'please' 추가는 언어 간 커뮤니케이션의 어려운 점을 잘 보여주는 예이다.

예문 14[17]

1 변호인: You gave evidence yesterday that on a number of occasions when he was asking you to cooperate with him, [he] asked **please**. [어제 증인이 증언한 바로는 여러 차례 피고인이 증인에게 협조해달라고 요청했을 때 **플리즈**를 사용해서 요청했습니다.]

2 통역인: 당신이 어저께 증언을 대기로 그 남자가 당신한테 여러 번 도와달라는 말을 했고, 이 그 남자가 이 플리즈라는 말을 즉 도와달라는 말을 아니면, **해주세요**라는 의미의 말을 했다고 어저께 증언을 대잖아요.

3 증 인: "해주세요."라고 하지 않았고 하라고 했는데요.

4 통역인: It was not said, "Please do it." It was said, "**Do** it." ["해주세요 플리즈."라고 말을 한 게 아니고 "하라."라고 말했습니다.]

5 변호인: That's not true, is it. Miss Joo. That's simply not true, is it. [그건 사실이 아닙니다, 그렇죠. 미스 주. 그건 단순히 사실이 아니에요. 그렇죠.]

6 통역인: 그건 사실이 아니잖아요. 그건 사실이 아니죠?

예문 14는 예문 13이 있은 얼마 후 계속된 증인에 대한 반대신문의 일부이다. 변호인은 앞서 주신문에서 피고인이 자기에게 자기 성기를 핥아달라고 했다는 증언을 상기시키며 이는 강압이 아닌 피고인의 공손한 요청이었다며 통역된 진술에 있었던 'please'를 강조했다(1번 참조). 사실 증인은 간접화법으로 말했지만 통역사가 'please'를 넣어 직접화법으로 통역해버린 탓에 피고인측에 유리하게 인용되

17 예문 14는 (Lee, 2009d:103)에서 발췌해왔다.

었다(13, 14 참조). 영어와 한국어는 공손성 표현 방식이 다르다. 영어의 공손법도 여러 가지가 있지만 'please'가 대표적인 공손성 표지이다. 영어에서는 명령문에 'please'를 추가하면 공손한 표현이 되어 큰 차이가 생긴다. 고소인은 '핥아달라'고 피고인이 말했다고 진술했고 이것이 '핥아라'보다 공손한 표현인 것은 사실이지만 통역사가 통역한 대로 'would you…please?'와 같이 정중한 표현인지 정확한 확인이 이루어지지 않았다.

영어의 언어적 특성상 한국어의 존댓말과 차이가 있다는 점을 감안하더라도, 문제는 증인의 진술 내용에 대한 확인조차 쉽지 않다는 것이다. 복잡하게 꼬여버린 미스커뮤니케이션 상황을 살펴보자. 변호인의 말을 듣고 통역사는 'please'를 일단 '해주세요'로 높임말을 사용한 것으로 통역했다(1, 2번 참조). 이에 대해 증인은 피고인이 '해주세요'라고 하지 않았고 '하라'고 했다고 진술했다(3번 참조). 이를 통역사가 영어로 통역할 때에는 'please' 없는 명령조인 'do it'으로 통역했고, 이 때문에 증인이 자신이 어제 한 말을 번복하는 것처럼 들렸다(4번 참조). 이를 놓칠세라 변호인은 증인에게 증인의 말은 사실이 아니라고 반박한다(5번 참조). 자신이 한 말을 다음날 부인하는 증인은 진술의 일관성이 없어 보인다. 통역사의 적절한 개입 없이 통역 문제를 풀어가는 일이 쉽지 않은 상황에서 통역사는 계속 'please'를 '해주세요'로만 통역했다. 통역사가 증언을 직접화법으로 통역하면서 'please'를 사용한 점을 의식했는지 여부는 알 수 없다. 결국 'please'와 관련된 통역 때문에 증인의 말은 신뢰감을 잃을 위기에 놓였다. 계속해서 아래 예문 15를 보자.

예문 15[18]

1 변호인: And he didn't just say, "Lick my penis." **Please** lick my penis, didn't he?
[그리고 피고인은 내 페니스 빨아라 그렇게 말하지 않았습니다. 플리즈를 사용하여 페니스를 빨아달라고 말했습니다. 그랬잖아요.]

---

18 예문 15는 (Lee, 2009d: 104-105)에서 발췌해왔다.

2 통역인: 그가 내 성기를 빨아라 이렇게 말하지 않고 내 성기를 빨아줘요, 하고 그렇게 말을 했죠, 빨아주세요, 하고.

3 증　인: 존댓말 안 했는데요.

4 통역인: He did not said the words, the respectable to the respective the respectable term, please. [존경하는, 존경스러운 경의의 표현 플리즈, 그런 말들을 쓰지 않았습니다.]

5 변호인: What does a word please mean in Korean? [한국어로 플리즈 단어가 무슨 뜻입니까?]

6 통역인: 이 한국말로 해주세요 이 플리즈 해주세요를 어떤 의미가 있습니까? 한국말에서는?

7 증　인: 제발.

8 통역인: Please means like please, please do, like please as in please do, do it. [플리즈는 플리즈의 의미입니다. 해주세요. 해달라 그거 해달라는 요청입니다.]

9 변호인: It means does it not that you have a **choice**. [그렇죠. 당신에게 **선택권**이 있다는 말입니다.]

10 통역인: 그 제발이라는 말의 의미는요 그 플리즈라고 하는 제발이라고 하는 단어의 의미는 당신은 상대방은 선택의 여지 있다 상대방은 선택의 여지가 있다 그런 의미가 담겨 있지 않습니까?

11 증인: 그런데 제발 해달라는 말은 안했는데요. 제발이라는 말은.

12 통역인: He did not say, he never said he did not say the word, please do it. [그는 말하지 않았어요. 절대 안 했어요. 그 플리즈라는 말을 써서 하라고 하지 않았습니다.]

변호인은 직접화법으로 부정확하게 통역된 증언('please lick my penis')(예문 14 참조)을 사용하며 증인이 이렇게 증언했다며 증인을 압박하고 있다(1번 참조). 'please'를 통역사가 '-주세요', '-줘요' 등으로 통역하자(2번 참조) 증인은 피고인이 존댓말을 하지 않았다고 답변했다(3번 참조). 이것이 다시 어색하고 부자연스럽게 통역되면서 'please'와 같은 그런 단어를 사용하지 않았다고 전해졌다(4번 참조). 다시 확인을 위해 변호인은 한국어로 'please'의 뜻을 증인에게 질문한다(5번 참조). 그러자 증인은 '제발'이라는 사전적 정의를 제시한다(7번 참조). 증인은 말꼬리를 올렸는데 이는 약간 확신이 부족하다는 뜻이다. '제발'은 간절히 바라거나 역으로 몹시 꺼릴 때 쓰는 경우도 있어 틀린 말이라고 할 수 없지만 'please'를 제발이라고 통역하면 어색하기 짝이 없다. 'please'에 해당하는 한국어가 '제발'이라는 증언을 다시 영어로 통역해야 하는 이 통역사는 8번에서와 같이 설명을 덧붙였다. 이 과정에서 다시 한국어의 존댓말 표현과 '제발', 그리고 'please'에 어떤 유사점과 차이점이 있는지 쉽게 드러나지 않았다.

이에 영어의 'please'와 한국어 표현 간의 의미 차이가 없다고 생각한 변호인은 증인에게 그러한 표현은 피고인이 선택권을 준 것이라며 질문을 이어갔고, 증인은 피고인이 '제발'이라는 말을 사용하지 않았다고 거듭 주장했다(9~11번 참조). 역시 이때에도 증인이 '제발'이라고 말한 것을 통역사가 'please'를 사용하여 다람쥐 쳇바퀴 돌듯 질문이 반복되고 의사소통이 원활하지 않았다. 그럼에도 통역사는 언어적 차이로 인한 통역 내지 소통의 어려움에 대해 밝히지 않았다. 증인의 부인은 자신의 진술을 부인한 것이라기보다는 언어문화적 차이로 야기된 증언 통역에 대한 부인이었다. 하지만 한국어를 모르는 호주인 배심원들에게는 증인이 자기가 어제 한 말을 뒤집는 것으로 보일 뿐이다. 이런 상황에서 통역사의 행동은 언어 · 문화적 차이에 대한 민감성 부족을 보여준다. 재판장에게 양해를 구하여 통역에서 'please'가 사용된 이유 또는 한국어 통역에서는 자신이 이를 존댓말로 처리했다는 점을 포함하여 증인이 자신의 진술을 부인하는 상황에서 충분히 개입할 여지가 있었던 상황으로 보인다.

위 예문들에 나타나는 것처럼 심각한 미스커뮤니케이션 상황에서도 말을 아꼈던 이 통역사는 한편 아래 반대신문에서는 '흐느끼다'는 동사를 통역한 것이 만족스럽지 않은지 장황하게 설명했다. 예문 16에서 변호인은 고소인이 사건 다음날 아침 호텔 리셉션에서 울지 않았다며 신문하고 있다(1번 참조). 사실 바로 몇 분 전 증인은 다음날 아침 호텔을 나갈 때 자신이 울었다고 이미 증언했지만 피고인의 변호인은 증인이 울고 있지 않았다고 반박하고 있다.

예문 16[19]

1 변호인: But you didn't cry when you went past Richard at the reception, did you. [그런데 증인은 리셉션에서 리처드 옆을 지나갈 때 울지 않았습니다.]

2 통역인: 근데 당신은 리처드가 리셉션에 있었을 때 지나 옆을 지나가면서 울지 않았죠?

3 증　인: 그때 흐느끼고 있었는지 눈물을 흘리고 있었는지 기억이 안 나는데요.

4 통역인: I cannot recall whether I was at the time **crying** or or I was making the **moaning** sound of low low moaning sound of crying. Excuse me your honour. [제가 그때 **울고** 있었는지 또는 아니면 제가 **신음** 소리, 낮은 낮게 우는 신음소리를 내고 있었는지 기억할 수 없습니다. 죄송합니다만 재판장님.]

5 재판장: Yeah.[예.]

6 통역인: Despite the fact that it may not look very professional, the Korean word this witness is using the Korean word *hunukkita*, what it means in English language it means when a woman or child is like making a this kind of sound like if wh-when they are upset they sort of not cry out loud, however they sort of make the low lowly sort of very quiet types of roaring very low voice of crying type ss-sand voice of usually tough child so makes this kind of low tone crying sound. that's what she this witness is using the Korean word. [프로페셔널답지 않게 보일 수 있음에도 불구하고, 한국어 단어, 증인이 쓰고 있는 한국어 단어 흐느끼다는 영어로 의미하는 것이, 그게 무슨 뜻이냐면 여자나 아이가 이런 종류의 소리를 내는 것이 마치 언짢을 때 크게 울지 않으려고 내는, 매우 낮은 조용한, 매우 조용한 종류의 포효, 매우 낮은 소리로 우는 것 같은 스- 대개 고집스런 아이가 내는 나지막한 울음소리 그래서 이런 낮은 톤의 우는 소리입니다. 그것이 바로 여자분, 증인이 쓰고 있는 한국어 단어입니다.]

증인은 자신이 흐느꼈는지 눈물을 흘렸는지 기억이 나지 않는다고 답했다

19 예문 16은 (Lee, 2009d: 114-115)에서 발췌해왔다.

(3번 참조). 통역사는 이를 소리 내어 우는 것을 뜻하는 'crying'과 신음소리인 'moaning'이라는 두 단어를 사용하여 부정확하게 통역했다(4번 참조). '흐느끼다'를 표현하기 어렵다고 생각했는지 통역사는 판사에게 양해를 구하고 '흐느끼다'는 단어를 설명하기 시작했다(4, 6번 참조). 문제는 자신의 표현력을 보완하기 위한 통역사의 설명이 매우 부정확하고도 부적절하다는 데 있다. 흐느끼다는 표현이 언짢을 때 내는 소리라든지, 고집스런 아이가 내는 소리같다든지 하는 설명은 근거가 없다. 이 사례는 섣부른 통역사의 중재나 개입을 경계해야 하는 이유를 잘 보여준다(Lee, 2009a: 43). 앞에서 강조한 바와 같이 통역사의 개입은 정확한 통역과 소통을 위한 것이어야 하며 공정성과 정확한 정보 제공이 전제되지 않으면 부적절한 개입이 될 수 있다. 통역사는 문화적인 관습이나 개념, 표현 등에 대해 주의를 환기할 때 중립성을 유지하도록 주의해야 하며 자신이 문화 전문가가 아님을 명심해야 한다. 자칫 쟁점과 관련된 정보를 제공하다보면 자신의 발언이 당사자 일방에게 유 · 불리하게 작용할 수 있기 때문에 유의해야 한다.

위 재판에서 피고인을 통역한 통역사가 중간에 다른 통역사로 교체되었다. 피고인이 이 사건 후에도 고소인이 자신을 여전히 오빠라고 부른다며 이는 자신들이 애인 사이임을 말하는 것이라 주장했고, 이에 대해 피고인을 통역했던 통역사가 전문가 증인으로 소환되어 한국어 '오빠'의 의미에 대해 증언하게 된 것이다. 이 통역사는 한국어로 오빠는 친오빠 아니면 남자 애인을 뜻한다고 말했다. 하지만 친척오빠나 자기보다 나이 많은 남자 지인을 친밀하게 오빠라고 부르기도 하며, 남자친구를 오빠라고 부르던 사람이 결혼 후 남편을 계속 오빠라고 부르는 등 전문가 증인이 답한 두 가지 경우 외에도 '오빠'의 다른 쓰임새가 있다. 그런 의미에서 이 전문가 증인의 증언은 부분적인 사실에 불과하다. 전문가 증인의 이러한 증언을 포함하여 본 건 재판에서는 고소인에게 불리하게 작용한 통번역 문제가 적지 않았다(Lee, 2009c).

아래 예문 17은 종교적 이유로 난민지위불인정처분을 받은 원고가 법무부를 상대로 제기한 행정소송에서 원고측 증인에게 판사가 보충신문을 통해 원고의 국가의 문화와 제도에 관해 확인하고 있는 상황이다. 원고는 개종으로 인해 사회적으로는 물론 집안 형제들의 극심한 탄압과 위협 등을 포함한 종교적 박해를 받아 난민 신청을 한 사례였다. 증인은 원고의 형제로 이 예문 직전에 원고의 다른 형제가 이슬람원리주의를 신봉하는 민병대 바시지 소속이고 직업이 판사라는 증언을 했다. 예문의 기울임체는 원래 페르시아어를 한국어로 번역해놓은 것을 표시한다.

예문 17[20]

1 재판장: 그럼 지금은 판사네요.
2 통역인: 지금은 판사예요.
3 재판장: 지금은 바시지가 아니고?
4 통역인: *그럼 지금은 바시지가 아닌가요?*
5 증　인: *아니요. 바시지 맞아요.*
6 통역인: 판사 대신에 이제 바시지도 할 수 있습니다.
7 재판장: 예? 어떻게요?
8 통역인: 이란에 이렇게,
9 증　인: *바시지는 다른 거예요.*
10 통역인: 제가 이렇게 설명을, 할 수, 제가 이렇게 설명하면 조금씩 안 좋은 게 있는데…
11 재판장: 지금 그러니까 두 가지 역할을 다 하는…
12 통역인: …그럼요, 할 수 있습니다. 예, 이거는 우리나라 특별법이라 그래서 그게. *두 가지 일을 모두 할 수 있나요? 판사도 될 수 있나요?*
13 증인: *네, 그럼요. 할 수 있어요.*
14 통역인: 한국 사람 판사 되면 바시지도 할 수 있습니다. 바시지 되면 판사를 또 할 수 있습니다. 그런데 판사 하려면 공부를 또 해야 돼요… 그런 겁니다.

재판장은 보충신문을 통해 원고를 핍박하는 그 형제가 지금은 판사인지 질문했

20 예문 17은 (이지은, 2012b: 229)에서 발췌해왔다.

다(1번 참조). 이 질문은 증인에게 통역되어야 하지만 방금 통역한 내용에 대해 확인하는 것이라 생각해서인지 통역인이 지금 판사라고 답해버렸다(2번 참조). 재판장은 직업이 판사라면 더 이상 바시지가 아닌지 추가 질문을 했는데 이에 대해 증인은 바시지가 맞다고 답했다(3～5번 참조). 재판장이 통역인을 바라보았기 때문인지 통역인은 재판장의 추가 질문을 증인에게 통역해주는 대신 직접 설명하려고 했다(7, 8번 참조). 그 사이 증인의 말은 통역되지 않았고 통역인은 자기가 설명하는 것이 부적절하다는 것을 인식하는 듯한 발언을 했다(9, 10번 참조). 통역인은 일단 답한 후에 증인에게 질문을 통역했는데(12번 참조) 뒤늦게라도 증인에게 통역해줌으로써 증인이 증언하도록 한 것은 올바른 결정이었다. 증인은 이에 대해 가능하다고 답했다(13번 참조). 하지만 통역을 보면 통역인이 아는 내용(14번 '판사하려면 공부를 또 해야 된다')을 덧붙였다. 이와 같이 비전문가의 통역은 진술이나 증언에 절대 가감부언하지 말고 말한 그대로 옮겨야 한다는 원칙에서 자주 빗나간다. 통역인은 언어 차이로 인한 커뮤니케이션의 장애가 없도록 하는 역할에 머물러야 하며 신문 중 지리, 사회, 문화 등 언어와 관련되지 않은 내용에 관한 질문은 증인에게, 혹은 필요하다면 다른 지역 전문가에게 묻는 것이 가장 바람직하다.

6. 말차례 관리

앞서 설명한 대로 말차례 관리 능력은 대화통역의 기술에 속한다. 통역할 타이밍을 잡지 못하면 통역해야 할 정보량이 많아지고 통역이 지체되면서 통역 품질에도 영향을 미칠 수 있다. 여기서 살펴볼 사례는 법정신문에서 법률 전문가들이 통역의 방식과 기술에 대해 잘 알지 못하기 때문에 통역할 기회(말차례)를 내어주지 않았고, 그 결과 문답이 한동안 진행된 이후 외국인 피고인에게 통역이 제공된 상황이다. 이 사건은 같은 회사 숙소에서 지내던 중국인과 한국인 동료 사이의 폭행사건으로 둘 다 피고인으로 재판을 받고 있다. 아래 예문 18은 중국인 피고인의 변호인이 상피고인인 한국인 증인을 신문하고, 중국인 피고인은 통역을 통해 그 내용을 듣고 있는 상황이다.

예문 18[21]

1 변호인: 구체적으로 얘기해보시라구요. 무슨 얘길 들었냐구요.

2 증　인: 그러니까 구체적으로 제가 자세하게 제 얘기해서 인제 정확하게 제가 기억나는 것은 잘 알지도 못하면서 잘난 체한다.

3 변호인: 알지 못하면서 잘난 체한다 직접 들은 거예요, 그 옆방에서 하는 것을?

4 증　인: 근까 처음에 얘기했을 땐 제가 컴퓨터를 해서 헤드셋을 끼고 있어서 몰랐었는데 나중에 인제 컴퓨터를 사용하다 헤드셋이 갑갑해서 벗어놨었거든요. 그때 이제 얘기를 들어가지고 제가 인자 큰방에 있는 OO 씨를 불렀다구요. 왜냐면 다른 사람 있으니까 그런 얘기 뭣하니까 잠깐만 저랑 같이 자니까 제가 불렀어요. 작은 방으로 오라고 같이 인제 둘이 두 사람이서 작은 방에서 같이 잠을 잤거든요. 근데 이제 오라고 불렀는데 니가 뭔데 오라 마라 하냐 니가 와라 저보러 오라 그러더라구요.

5 변호인: 그래서 들어간 거예요.

6 증　인: 예.

7 변호인: 예, 알겠습니다.

8 통역인: 首先被告人他, 证人的意识是, 就是当天你说你对他说了坏话, 那到底这坏话坏话的内容是什么? 那问他说他说平时也没什也不知道什么东西也非常骄傲, 这样跟他讲坏话, 那后来他又 听到他用电脑用电脑以后, 电脑不用的时候就听到这些坏话, 然后, 一开始时叫你到隔壁房间来, 但是, 你就跟他讲说, 你为什么叫 我来, 叫我来就来不来就我就不来吗? 这样之后, 他就到了你的 房间, 你叫他过来所以, 他就过去你的房间. [저 피고인… 증인의 뜻은 바로 그날 당신이 저 사람한테 험담을 했다고 말했다는데 도대체 그 험담 내용이 뭡니까? 이렇게 저 사람한테 물으니까 저 사람이 평소에 뭔지는 잘 모르겠지만 매우 잘난 척했다고 저 사람한테 험담을 했답니다. 그후에 저 사

21　예문 18은 (이지은, 2012a: 181-182)에서 발췌해왔다.

람이 듣기로는 저 사람이 컴퓨터를 사용한 후, 컴퓨터를 안 쓸 때 이런 험담을 들었답니다. 그 뒤에 처음엔 당신보고 옆방으로 오라고 했습니다. 그러나 당신이 저 사람한테 왜 날 보고 오라고 하느냐 내가 오라고 하면 오고 오지 말라고 하면 안 오냐? 이렇게 한 후 저 사람이 당신 방에 왔습니다. 당신이 오라고 해서 저 사람이 당신 방에 갔습니다.]

변호인은 중국인 피고인이 자기에 대해 험담하는 것을 듣고 화가 났다고 말한 한국인에게 변호인은 무슨 말을 들었는지 다툼의 직접적인 원인에 대해 질문했다(1번 참조). 그런데 한국어로 신문하다 보니 한국인 증인의 답변에 대한 후속 질문을 몇 차례 한 다음 중국어로 통역이 이루어졌다. 위 예문 18에서는 세 차례 질문과 답변이 오간 후에 중국어로 피고인에게 통역이 제공되었다(8번 참조). 여러 차례의 문답을 한 번에 통역할 때 어디부터 어디까지가 질문이고 어디부터 어디까지가 증인의 답변인지 설명하지 않으면 혼동하기 쉽고 부자연스럽다. 이때에는 1인칭 통역이 아니라 '변호인은 이렇게 말했고', '증인은 이렇게 말했다'는 식으로 간접화법으로 화자를 밝혀야 하는 상황이 되고, 위 예문에 나오는 것처럼 다소 부정확하게 요약통역이 되기 쉽다. 증인의 답변과 통역된 내용을 비교해보면 증인은 처음에는 헤드셋을 끼고 컴퓨터를 하느라고 옆방에서 피고인이 자기에 대해 험담하는 것을 못 듣다가 헤드셋이 갑갑해서 빼놓았을 때 들었다고 말했는데 '컴퓨터를 사용하지 않을 때 피고인이 증인에게 직접 험담하는 것을 들었다'는 취지로 통역되었다. 증인이 피고인 이름을 사용하면서 3인칭으로 호칭했으나 통역사는 피고인 옆에 앉아서 통역하면서 피고인을 2인칭으로 바꾸는 등 시점을 바꾸어 통역했다. 두 사람이 회사 숙소 룸메이트라는 사실 등 증인의 일부 진술내용도 통역 과정에서 누락되었다. 이와 같이 문답 후 바로바로 통역되지 않고 지연되면서 증언 내용의 정확하게 전달되지 않는 등 외국인 피고인이 접하는 정보의 질과 양에 차이가 발생했다(이지은, 2012a: 182). 물론 사건 당사자가 이미 알고 있는 내용이고 의미를 이해하는 데 큰 무리는 없었으리라 생각할 수 있으나 피고인이 자신에게 불리할 수 있는 증거를 듣고 효과적으로 반대신문할 수 있어야 한다는 점에서 볼 때 지체되고 정확성이 떨어지는 통역 제공은 피고인의 적극적인 방어권 행사에 불리하게 작용한다고 할 수 있다.

통역사는 적당한 시점에서 통역할 시간을 달라고 요청함으로써 충실하고 정확하게 통역을 제공해야 한다. 한국인 신문이어서 증인이나 피고인 진술을 직접 통역하는 상황이 아니라면 절차를 효율적으로 진행하기 위해 동시통역 기술을 갖춘 전문 통역사가 피고인 옆에서 위스퍼링으로 한국인 증인 신문을 통역하는 것도 가능하다. 하지만 지금 활동하고 있는 대다수의 사법 통역사가 전문 통역사가 아닌 상황에서 이들에게 동시통역을 요구하면 정보 손실과 왜곡이 심각할 수 있다. 따라서 순차통역으로 공판 절차를 통역하게 하되 통역이 즉각 이루어질 수 있도록 통역할 기회를 주어야 하고, 통역사 역시 말을 멈춘 시점 또는 휴지(pause) 시점에 빨리 통역함으로써 순조롭게 진행될 수 있도록 해야 한다.

앞서 본장 1절의 '피의자 권리 보호에 대한 함의'에서 검찰의 피의자 권리 고지를 통역하는 대목을 살펴보았는데, 여기서는 경찰의 피의자 권리 고지 통역 연구를 통해 말차례 관리가 피의자 권리 고지 통역의 정확성에 영향을 주는 요소임을 함께 살펴보겠다(Russell, 2000; Nakane, 2007). 먼저 호주 경찰의 피의자 권리 고지 통역 자료를 통해 말차례 관리에 대해 살펴보겠다.[22]

예문 19[23]

1 경찰관: I must caution you that you do not have to say or do anything. (나는 피의자/당신에게 진술이나 행동을 거부할 수 있다는 점을 고지해야 합니다.)

2 통역사: あのもしいいたくないことばがあればですね'(음, 혹시 하고 싶지 않은 말이 있다면)

3 피의자: はい.(예.)

---

22 원래 Nakane(2007)의 연구논문에는 일본어가 로마자 표기로 제시되었으나 여기에는 간지로 바꾸어 제시한다.

23 예문 19는 (Nakane, 2007: 101)에서 발췌해왔다.

4 통역사: いわなくてもけっこうです.(말하지 않아도 됩니다.)

5 경찰관: unless you wish to do so and anything you do say or do may later be given in evidence. (당신이 그렇게 하고 싶지 않다면요. 그리고 당신의 말이나 행동은 후에 증거로 제출될 수 있습니다.)

6 통역사: それで, いったんおしゃべりになったことばは, あとになってですね,(그리고 일단 하신 말씀은 나중에)

7 피의자: はい.(예.)

8 통역사: しょうことなってのこりますので,(증거로 남기 때문에)

9 피의자: はい.(예.)

10 통역사: そのてんにちゅういしてこたえてください.(그 점에 유의해서 대답해주십시오.)

11 피의자: はい.(예.)

경찰관은 "I must caution you that you do not have to say or do anything(나는 당신에게 진술이나 행동을 거부할 수 있다는 점을 고지해야 합니다.)"고 말한 후 통역할 기회를 준다(1번 참조). 통역이 끝난 후에 경찰관은 'unless'로 시작하는 말을 이어가는데(4번 참조) 'unless…'는 '…하지 않는 한' 또는 '…하지 않는다면'의 조건부 부사절로 한국어나 일본어에서 부사절은 뒷부분보다 말을 시작하는 앞부분에 있는 것이 자연스럽다. 경찰관이 'I must caution you that you do not have to say or do anything unless you wish to do so.(당신이 원해서 하는 것이 아니라면 어떠한 진술이나 행동을 하지 않아도 된다.)'까지 말한 후 통역하게 했으면 더 자연스러운 통역이 가능했을지 모른다. 위 예문 19의 통역사는 진술만 아니라 어떤 행동을 하지 않아도 된다는 내용을 빠뜨리고, 'unless…' 부사절의 내용도 누락하는 등 중대한 통역 오류를 범하고 있다.[24]

---

24 이 예문의 통역사는 NAATI 전문 통역사(Professional Interpreter)보다 한 등급 아래의 준전문 통역사(Paraprofessional Interpreter)다. 호주에서는 가급적 전문 통역사 이상의 인증자격을 가진 통역사들이 법정 통역하는 것을 권고하지만 통역사 확보가 어려운 경우 준전문 통역사도 기용하고 있는 실정이다. 실제 경찰 통역에서는 준전문 통역사가 많이 활동하고 있다.

절(節) 단위로 짧게 끊어서 통역하게 하는 것이 무조건 좋다고 할 수 없고, 반대로 순차통역 기술이 부족한 통역인에게 통역할 말차례를 주지 않고 길게 말하는 것도 정보 손실이나 왜곡을 초래할 수 있다. 아래 예문 20에서 볼 수 있듯 복잡하고 법률적인 의미가 내포된 피의자 권리 고지를 적절한 시점에서 끊지 않고 길게 다 말하는 것도 정확한 통역에 도움이 되지 않을 수 있다. 아래 예문의 경찰관은 피의자에게 진술거부권을 한 번에 고지하고 있다(1번 참조).

예문 20 [25]

1 경찰관: I'm going to ask you some further questions in relation to this matter, however before I do I now caution you, that you are not obliged to say or do anything, or any- or answer any of my questions unless you wish to do so. As anything you do say or do will be recorded on the tape recorder, as the interview takes place. And may be given in evidence. (난 이 건에 대해 피의자/당신에게 몇 가지 질문들을 더 할 겁니다. 그렇지만 그 전에 지금 당신에게 고지를 합니다. 당신이 원하지 않는다면 어떤 말이나 행동을 해야 할 의무가 없다는 점, 또는 전혀, 나의 질문에 일체 답하지 않아도 됩니다. 신문이 진행되는 동안 당신이 말하거나 행동하는 것은 무엇이든 녹음기에 기록될 겁니다. 그리고 증거로 제출될 수 있습니다.)

2 통역사: あの このけんにかんして,え もう,あの もっとさらに あの くわしくしつもんしていくことになりますが,(어, 이 건과 관련해서 음, 더, 어, 좀 더 어, 구체적으로 질문할 건데요.)

3 피의자: はい.(예.)

4 통역사: こちらのほうでしつもんをしますことがらにたいして,かならずしも,おこたえなければ,へんとうしなければならないというぎむはございません.(우리가 질문하는 내용들에 대해서, 반드시 답하지 않으면, 답변해야만 할 의무는 없습니다.)

---

25 예문 20은 (Nakane, 2007: 103-104)에서 발췌해왔다.

5 피의자: はい.(예.)

6 통역사: あ,ですが あの こちらのしつもんにおこたえしていただきましたことはすべて,テープレコーダーにろくおんされまして,(아, 그런데 음, 우리 질문에 답하신 내용은 모두 테이프에 녹음되어서)

7 피의자: はい.(예.)

8 통역사: しょうことしてのこりますので.(증거로 남을 겁니다.)

9 피의자: はい.(예.)

이 예문에 나오는 통역사는 전문 통역사 인증자격이 있지만 익숙하지 않은 권리 고지 내용을 충실히 전달하지 못하고 있다. 일어 통역을 보면 피의자 신문 중 말과 행동을 포함한 모든 답변 내용이 녹음되고 증거로 사용될 수 있다는 핵심적 내용 중 위 다른 통역사와 마찬가지로 '행동'을 빠뜨렸다. 또한 위 예문의 두 통역사 모두 경찰관의 '고지(caution)'행위를 누락하고 통역했다. 경찰관의 고지는 피의자에게 이러한 권리가 있으니 이를 알고서 질문에 답하거나 처신하라며 주의를 환기하는 내용이다. 그렇지만 해당 법률절차의 의미를 통역사들이 충분히 인식하지 못한 탓인지 두 명 모두 '고지' 또는 '주의'라는 핵심어를 통역하지 않았다. '고지한다(caution)'는 말을 해야 피의자 권리 고지로서 완결성이 있다.[26]

위 예문들에 나타난 바와 같이 사법 통역은 법률 절차에 여러 가지로 영향을 미칠 수 있다. 통역사뿐 아니라 통역 서비스를 이용하는 모든 법률 전문가들과 사법기관 종사자들도 통역을 통해 진행되는 사법 절차와 단일 언어로 진행되는 절차의 차이, 통역으로 인한 잠재적 영향 등 통역 커뮤니케이션의 특징을 인식할 필요가 있다. 수사기관을 포함한 사법기관 종사자들과 법률 전문가들이 통역 업무에 대해 이해하고 협조해야만 정확한 통역 제공이 가능하다.

26 이를 언어학적 용어로 화행(speech act)이라 한다. 이는 언어를 통해 이루어지는 행위로, '선서합니다.' 또는 '맹세합니다'라는 말을 해야 선서가 효과를 발한다. 마찬가지로 법관의 판결선고가 있어야 비로소 재판이 종결되고 성혼선언이 있어야 결혼식이 완결되는 것이다.

나오는 말

지금까지 사법 통역의 올바른 이해에 도움이 될 만한 기본적인 법률 지식을 소개하고, 통역사의 역할을 포함한 사법 통역 원칙과 직업 윤리를 중심으로 기초 통역 이론을 설명한 후 통역 실무에 대비하여 연습할 수 있는 자료를 제공했다. 그리고 마지막 부분에는 실무에 참고할 만한 국내외 사법 통역 연구의 주요 내용을 소개했다.

책에서 누누이 강조했듯이 사법 통역은 전문성을 요하는 업무이다. 사법 통역사는 법률 분야에서 언어 · 문화 간 소통을 가능하게 하는 전문 직업인이다. 사법 절차상 이들을 통한 전문적인 통역 서비스가 제공되어야 한국어를 잘 구사하지 못하는 사람도 사법 절차 접근성과 절차의 공정성을 보장받을 수 있다. 최근 들어 다문화인구의 증가와 법률서비스의 국제화로 많은 사건에서 통역이 불가피한 현실이 되었고 우수한 전문인력이 절실히 필요한 실정이다. 수화통역의 경우도 마찬가지다. 언어 구사가 자유롭지 못한 농인과 청각장애인의 권리 보호와 복지를 위해 사법 통역 교육을 받은 수화통역사가 통역을 제공해야 하지만 아직까지 전문적인 수화 사법 통역도 교육과 인증이 미비한 상황이다.

이 책의 여러 연구 사례를 통해 살펴본 것과 같이 전문적인 사법교육을 받지 않은 비전문가가 통역할 경우 본인도 자각하지 못하는 오역으로 법률적인 판단과 결정에 영향을 미쳐 뜻하지 않게 관련 당사자들의 권익을 침해할 수 있다. 법률

분야에서는 통역 기술과 법률적인 소양, 그리고 직업윤리의식이 투철한 통역사에게 통역을 맡겨 신속하고 정확한 통역으로 의사소통을 원활하게 하고 언어적 소수자들의 권익 보호에 앞장서야 한다. 법률 전문가들과 통역사들이 서로의 업무에 대해 이해하고 협조할 때 통역사들이 현장에서 사법 통역의 원칙을 지키고 올바른 역할을 수행하여 사법정의와 적정절차 구현에 보탬이 될 수 있다. 모쪼록 통역 제공이 원활하지 않은 수사 단계와 교정 단계, 그리고 출입국관련(외국인보호소 및 출입국항 난민 신청 포함) 영역에 이르기까지 사법 절차 전반에 걸쳐 신뢰할 만한 수준의 통역 서비스 시스템이 구축되어 한국어를 잘 이해하거나 구사하지 못하는 사람들이 불이익을 당하거나 부당한 대우를 받지 않기를 희망한다. 바라건대 해외 선진 사례와 같이 정부기관과 사법기관이 믿고 공유할 수 있는 사법 통역 자격 인증 및 교육프로그램, 그리고 전문 통역인력 운영관리 시스템이 조속히 도입되어 효율적인 서비스 제공 및 품질 향상이 이루어졌으면 한다. 척박한 환경에서 애쓰는 통역인들에게 조금이나마 도움이 되기를 바라며 이 책을 끝맺는다.

대개 고소 및 고발과 함께 형사사건 수사가 시작된다. 다음은 각각 성폭력 사건, 사기사건과 허위 혼인신고와 관련된 사건의 고소장에 대한 예시다.

1) 고소장의 예(성폭력 사건)

고 소 장

고소인: 니키 더닝(Nikki Dunning)
피고소인: 장무식(Moo Shik Chang)

고소사실

1. 2016년 4월 29일 학원 동료들과 사바나 클럽에서 회식을 마치고 밤 11시 50분 경 동교동 로터리 근처에서 택시를 잡으려고 기다리는데 피고소인이 운전하는 QM3가 와서 섰습니다. 피고소인은 같은 학원 강사입니다. 창문을 내리고 집이 어디냐며 태워주겠다고 했습니다.
2. 저는 잠시 망설였지만 술을 좀 많이 마신데다 시간이 늦었고 같은 직장 동료니까 택시보다 낫겠다 싶어서 피고소인의 차를 탔습니다. 자정을 지나 자유로를 빠져 나갈 때쯤 피고소인은 계속 야한 농담을 하면서 평소에 내가 섹시하게 보였다고 말하더니 차를 인적이 드문 골목길에 세우고 갑자기 저에게 키스를 했습니다.
3. 저는 놀라서 내리겠다고 했지만 차문이 잠겨있어서 문을 금방 열지 못했습니다. 피고소인은 전부터 날 지켜봐왔고 내가 매력적이라며 오늘밤 같이 자자고 말했습니다. 자기는 곧 학원 그만둘 거니까 "Now or never."라며 자신이 헤픈 남자는 아니지만 오늘은 특별한 기회라고 말했습니다. 저는 관심 없다고 싫다고 말했지

만 피고소인은 저를 안고 한 손으로 저의 가슴을 만지며 옷을 벗기려 했습니다. 저는 술이 취했지만 그대로 있으면 위험하겠다 싶어서 여기서 이러지 말고 호텔에 가자고 설득했습니다.

4. 피고소인은 저의 말을 믿고 백석동 근처에 있는 네모모텔로 차를 운전해갔고 저는 카운터에 들어가자마자 도움을 구하며 "Help Help!"라고 소리쳤습니다. 카운터에 있던 직원이 무슨 일이냐며 저한테 괜찮냐고 물었고, 피고소인이 모텔 직원에게 한국말로 뭐라고 했는지 모르겠지만 저의 어깨를 감싸고 제가 자기 여자 친구인 것처럼 구는 것 같았습니다.
5. 저는 네모모텔 직원에게 "Call the police! Police 112!"라고 말하며 경찰에 신고해 달라고 했습니다. 그랬더니 피고소인은 맘 변했으면 알겠다며 괜히 일 만들지 말고 집에 가자며 달래기 시작했고, 제가 거부하자 자기 차를 타고 가버렸습니다.
6. 피고소인은 그날 새벽 저에게 문자를 보내기 시작했습니다. 처음엔 사과를 했지만 제가 고소하겠다니까 "Fucking bitch(씨발년)"을 포함하여 심한 욕을 했습니다. 제가 기지를 발휘해서 호텔로 가자고 해서 도움을 청하지 않았다면 저는 아마 차 안에서 강간을 당했을 것입니다. 이러한 성폭행 사건은 응당 법의 처벌을 받아야 마땅하기에 피고소인을 처벌해주시기 바라며 본 고소장을 제출합니다.

증거자료

추후 조사 시에 제출하겠습니다.
-네모호텔 직원 강은교의 증언
-피고소인에게 온 휴대폰 문자

본 고소장에 기재된 내용은 고소인이 알고 있는 지식과 경험을 바탕으로 모두 사실대로 작성했으며, 만일 허위 사실을 고소했을 때에는 형법 제156조 무고죄로 처벌 받을 것임을 서약합니다.

2016년 4 월 30 일

위 고소인: Nikki Dunning (인)

서울지방경찰청 귀중

2) 고소장의 예(사기사건)

고 소 장

고소인: 김철수 (인)

피고소인: 홍길동, 김찬수

고소취지

피고소인들은 아래와 같은 방법으로 고소인을 기망하여 금 500만 원을 편취한 사실이 있습니다.

고소사실

1. 피고소인들은 서울시 구로구 독산동 000-00번지 소재 코스모스빌딩 2층에 상상유통이라는 회사를 운영하면서 저를 포함한 조선족들을 상대로 취업사기극을 벌여왔습니다.
2. 고소인은 지인을 통해 소개받은 피고소인 김찬수의 "성실하게만 하면 월 300만 원을 보장해주겠다. 홍길동 사장에게 내가 잘 말해주겠다."는 감언이설에 속아 2016년 2월 12일 14시경 위 상상유통을 방문하여 홍길동사장과 면접을 보고 그 자리에서 채용되었습니다. 피고소인 홍길동 사장은 "하루 서너 시간만 시간을 내어 관리사원으로 일할 경우 수당과 보너스를 포함하여 월 300만 원 이상을 받을 수 있다."는 말로 저를 현혹했습니다. 다만 소개비조로 100만 원을 내고 물품대급조로 400만 원을 먼저 내야 한다는 조건이었습니다.
3. 한국에 와서 2개월 이상 일자리를 구하지 못하고 있던 고소인은 피고소인들의 말에 솔깃해 중국에서 가져온 500만 원을 2016년 2월 13일 11시경 사무실에서 피고소인 김찬수에게 주고, 400만 원에 해당하는 고가의 건강보조식품과 건강용품 등을 수령해왔습니다.

4. 수령 받은 물건을 다 팔거나 다른 지인을 끌어들여 물건을 사도록 해야만 소정의 수당과 보너스를 받을 수 있기에 고소인은 알고 있는 조선족 친구들과 지인들에게 접촉하여 보았으나 상상유통에서 가져온 물건은 비싼 가격에 비해 매우 조잡해서 고소인은 단 하나의 물건도 팔지 못했습니다. 물건을 팔려고 만난 지인들에게 상상유통은 다단계회사로 제가 속은 거라는 핀잔을 들었습니다.
5. 고소인은 2016년 4월 11일 상상유통 사무실에서 피고소인들에게 항의하고 환불을 요구했으나 물건 포장이 훼손되었거나 반품 기한이 지났기 때문에 반품이 불가능하다며 한 푼도 돌려주지 않아 금전적 피해를 보게 되었습니다.
6. 관리직 사원이라 속여 취업사기를 벌이고 또한 불량물품을 강권하여 재물을 편취하려는 피고소인들을 고소하게 되었으니 엄밀히 조사하셔서 의법조치해주시기 바랍니다.

입증방법

1. 피고소인들과 전화 녹취 2건
2. 회원가입서 1매
3. 상상유통 제품 카탈로그 1권

2016 년 6 월 1 일

위 고소인: 김철수 (인)

서울지방검찰청 귀중

3) 고소장의 예(공전자기록등불실기재와 불실기재공전자기록등행사 사건)[1]

고소장

고소인:
주소:
주민등록번호:
전화번호:

피고소인:
주소:
주민등록번호:
전화번호:

고소취지

피고소인은 중국거주 조선족 여성의 위장결혼을 중개하면서 허위의 혼인신고를 했으므로 이를 엄중히 처벌해주시기 바랍니다.

고소사실

피고소인은 중국내 조선족 여성들이 한국에서 취업하기 위해 고액의 대가를 지불하고 위장결혼을 통해서라도 적법한 체류자격을 얻어 한국으로 입국하려 한다는 사실을 이용하여 그들을 상대로 결혼을 하지 않았거나 이혼하여 혼자 살고 있는 한국 내 남자들과 혼인한 것처럼 가족관계등록부에 등재하여 한국에서의 체류 허가를 받을 수 있도록 하여주고 그 대가를 챙기는 방법으로 중국내 여자들과 한국내 독신남들과의 위장결혼을 중개하기로 했다.

---

1 허위 혼인신고로 인한 형법 위반사건의 경우는 형법 제228조 제1항의 범죄가 친고죄가 아니므로 고소, 고발이 없어도 내사를 통한 인지로 수사 후 기소할 수 있다. 위장결혼 브로커들이 허위 혼인신고를 알선하는 경우가 다수 발생하고 있어 관할 출입국관리사무소에서 인지 후에 수사하여 적발, 검찰로 송치하는 사례가 있는데 이 경우 관할 출입국관리사무소는 특별사법경찰의 기능을 하게 된다.

1. 2016. 1. 초순 일자불상경 충남 당진시 당진시외버스터미벌 1층 커피숍에서 고소외 김준호에게 중국 조선족 여자와 위장결혼을 하여 가족관계등록부에 처로 등재시켜주면 그에 필요한 경비 일체를 부담하고 중국 관광을 시켜주며 사례비로 금300만 원을 주겠다고 제의하고, 이를 승낙한 김준호와 공모하여 동인과 함께 2016. 3. 1.경 중국 저장성 혼인공증처에 중국내 조선족 여자인 고소외 리목련와 찍은 결혼사진을 첨부하여 혼인신고를 하고 결혼증을 발급받아 주중 한국대사관에서 그 확인을 받은 다음 2016. 4.28. 당진시청 가족관계등록계 사무실에서 담당공무원에게 리목련과 결혼한 것처럼 허위 내용의 혼인신고를 하여 그 공무원으로 하여금 공정증서원본과 동일한 공전자기록인 가족관계 등록정보 시스템에 허위 혼인신고 사실을 입력케 하는 등 공무에 대하여 허위 신고를 하여 공전자기록인 가족관계 등록부 전산파일에 불실의 사실을 입력하게 했다. 나아가 위와 같이 허위 사실을 신고하여 그 정을 모르는 담당공무원으로 하여금 공전자기록인 가족관계 등록정보 시스템에 불실의 사실을 저장하게 하여 이를 행사했다.
2. 2016. 1. 말 일자불상경 예산군 예산읍 소재 상호불상의 주점에서 고소외 홍재엽에게 위와 같이 제의하여 이를 승낙한 홍재엽과 공모하여 동인과 함께 2016. 4. 초순 중국 사천성 혼인공증처에 중국내 조선족 여자인 진만옥과 찍은 결혼사진을 첨부하여 혼인신고를 하고 결혼증을 발급받아 그 시경 한국대사관에서 그 확인을 받은 다음 2016. 6. 예산군청에서 가족관계등록 담당공무원에게 진만옥과 결혼한 것처럼 허위 내용의 혼인신고를 하여 그 공무원으로 하여금 공정증서원본과 동일한 공전자기록인 가족관계 등록정보 시스템에 허위 혼인신고 사실을 입력케 하는 등 공무에 대하여 허위 신고를 하여 공전자기록인 가족관계 등록부 전산파일에 불실의 사실을 입력하게 했다. 나아가 위와 같이 허위 사실을 신고하여 그 정을 모르는 담당공무원으로 하여금 공전자기록인 가족관계 등록정보 시스템에 불실의 사실을 저장하게 하여 이를 행사했다.

이와 같은 사실을 고소하오니 엄중히 수사하여 법에 따라 처벌하여 주시기 바랍니다.

2016. 9. 10.

고소인 유재한(인)

예산경찰서장 귀하

부록 II 공소장

검사의 기소는 법원에 공소장 제출과 함께 이루어지는데 공판 관행상 대체로 검사는 공소장 전체를 낭독하지 않고 주요 범죄사실과 죄명을 간단히 밝히는 것으로 모두진술을 한다. 다음은 각각 뺑소니 교통사고와 금융사기사건 관련 공소장의 예이다.

1) 공소장의 예

○○지방검찰청

2016. 0. 00.

사건번호 2016년 형제000호
수신자 ○○지방법원
제목 공소장

검사 ○○○은 아래와 같이 공소를 제기합니다.

I. 피고인 관련 사항

피고인 마이클 브라운(Michael Brown) 910000-5000001, 24세
직업 강사, 010-000-1234
주거 경기 군포시 **** **** 101-505
국적 외국 미국
죄명 특정범죄가중처벌등에관한법률위반(도주차량), 도로교통법위반(사고후미조치), 도로교통법위반

적용법조 특정범죄가중처벌등에관한법률 제5의3의 제1항 제2호, 형법 제268조, 도로교통법 제148조, 제54조 제1항, 제151조, 형법 제40조, 제37조, 제38조

구속여부 불구속

변호인 이혜리

II. 공소사실

피고인은 군포시 ** 소재 학원 원어민 강사로 피고인의 여자 친구인 이제인 소유 19노2000호 아반테 승용차량의 운전 업무에 종사하는 사람이다.

피고인은 2016. 5. 19. 03:10경 위 아반테 승용차를 운전하여 군포 산본전철 교각 3차로 중 3차로를 따라 교각 남단 방면에서 북단 방면으로 진행하던 중 전후좌우 주시의무를 태만히 한 채 3차로에서 2차로를 거쳐 1차로로 차선을 변경한 과실로, 1차로상에서 진행주이던 피해자(김혜선 여, 47세) 운전의 32조 9999호 카니발 승합차의 앞 범퍼 부분을 피고인 운전의 아반테 승용차의 뒷 범퍼로 들이받아 그 충격으로 위 스타렉스 승합차가 중앙분리대에 설치된 가로등을 충돌하여 피해자를 차내에 부딪치게 했다.

이와 같은 피고인의 과실로 피해자 김혜선은 약 10주간의 치료를 요하는 제7흉추 압박골정, 두상골 골절 등의 중상해를 입게 함과 동시에 위 카니발 승합차 및 가로등 수리비 6,777,338원 상당이 들도록 손괴하고도 곧 정차하여 피해자를 구호하는 등의 조치를 취하지 아니하고 그대로 도주했다.

III. 첨부

1. 변호인 선임서 1부
2. 외국인피의자국어사용여부조사보고서1부

검사 ○ ○ ○ (인)

2) 공소장의 예

○○지방검찰청

2016. 11. 11.

사건번호 2016년 형제000호

수신자 ○○지방법원

제목 공소장

검사 ○○○은 아래와 같이 공소를 제기합니다.

I. 피고인 관련 사항

피고인	이찬가 오케케(Ichanga Okeke) 860000-5000000, 31세
직업	무직, 010-000-5432
주거	일정하지 않음
등록지준지 불상	
국적	외국 나이지리아
죄명	위조유가증권수입, 사기, 사기미수, 여신전문금융업위반
적용법조	형법 제217조, 제214조 제1항, 제347조 제1항, 제352조, 여신전문금융업법 제70조 제1항 제2호, 형법 제37조, 제38조, 제48조 제1항
구속여부	2016. 11. 2 구속 (2016. 10. 31 체포)
변호인	정명훈

II. 공소사실

1. 위조유가증권수입

피고인은 2016. 10. 4. 아랍에미리트연합에서 가나인인 이노마(이하 불상)로부터 위조된 아메리칸 익스프레스 인터내셔(American Express International Inc.) 발행의 미화 100달러권 여행자수표 1매를 교부받아서, 같은 해 10. 5. 인천광역시 중구 운서동에 있는 인천국제공항으로 위 수표 10매를 갖고 입국했다.
이로써 피고인은 행사할 목적으로 위조된 유가증권인 여행자수표 10매를 수입했다.

2. 여신전문금융업법위반, 사기 및 사기미수
피고인은 2016. 10.경 위조된 신용카드를 대한민국에서 사용하기로 마음먹고, 불상지에서 불상의 방법으로 위조된 시티은행 발행의 신용카드(카드번호 5000-1000-0000-0000) 등 총 11매의 위조된 신용카드를 대한민국에서 사용할 목적으로 소지하여 같은 해 2016. 10. 5경 대한민국에 입국했다.

가. 피고인은 2016. 10. 10. 서울특별시 용산국 이태원동 1번지에 있는 월드텔레콤에서 휴대전화기 및 국제전화카드를 구입하기 위하여 위조된 신용카드(카드번호 4400-1000-0000-0000)를 사용하는 등 별지 범죄일람표1과 같이 11매의 위조된 신용카드를 60회에 걸쳐 사용했다.

나. 피고인은 2016. 10. 10. 위 가항 기재 장소에서 업주인 피해자 치미창가 아게도에게 위조된 신용카드(카드번호 2344-0000-0000-0000)를 제시하여 기망하고, 이에 속은 피해자로부터 즉석에서 시가 250만 원 상당의 휴대전화기 및 국제전화카드를 교부받는 등 범죄일람표2와 같이 35회에 걸쳐 피해자들을 기망하여 이에 속은 피해자들로 즉석에서 시가 합계 12,979,100원 상당의 물품 등을 교부받았다.
이로써 피고인은 피해자들을 기망하여 재물을 교부받았다.

다. 피고인은 2016. 10. 9. 위 가항 기재 장소에서 위조된 신용카드(카드 번호 4400-1000-0000-0000)를 제시하는 방법으로 피해자 치미창가 아게도를 기망하고, 이에 속은 피해자로부터 즉석에서 시가 88만 원 상당의 휴대전화기 및 국제전화카드를 교부받으려 했으나 신용카드 회사로부터 카드 결제를 승인받지 못하여 미수에 그치는 등 범죄일람표3과 같이 17회에 걸쳐 피해자들을 기망하여 이에 속은 피해자들로부터 즉석해서 6,825,900원 상당의 물품 등을 교부받으려 했으나 미수에 그쳤다.

이로써 피고인은 피해자들을 기망하여 재물을 교부받으려 했으나 미수에 그쳤다.

Ⅲ. 첨부

1. 체포영장 1부
2. 긴급체포서 1부
3. 구송영장(체포된피의자용) 1부
4. 국선변호인선정결정서 1부
5. 피의자석방보고서 1부
6. 피의자수용증명서 1부
7. 외국인피의자국어사용여부조사보고서1부

검사 ○ ○ ○ (인)

부록 III 이혼소장

다음 1) 이혼소장 서식은 기본 서식으로 실제 소장과 약간의 차이가 있지만 어떠한 내용이 소장에 기재되는지 참조할 수 있도록 여기에 소개한다. 2)는 실제 소장의 예시에 해당한다.

1) 이혼소장 서식

소 장

(이혼, 위자료, 재산분할, 미성년자녀에 대한 양육비지정 등)

원고　　○○○○
　　　　전화 000-0000
　　　　주민등록번호 000000-000000
주소　　(주민등록상 주소)
송달장소 (우편물 수령가능 주소)
등록기준지 (등록기준지는 가족관계증명서 및 혼인관계증명서 맨 앞장 위에 기재되어 있으므로 이를 참고하여 기재하시고, 외국인일 경우에는 국적을 기재하시면 됩니다.)

피고　　△△△
　　　　전화 000-0000
　　　　주민등록번호 000000-0000000
주소　　(주민등록상 주소)
송달장소 (우편물 수령가능 주소)

등록기준지 (등록기준지는 가족관계증명서 및 혼인관계증명서 맨 앞장 위에 기재되어 있으므로 이를 참고하여 기재하시고, 외국인일 경우에는 국적을 기재하시면 됩니다.)

□ 별지 당사자표시서에 기재 있음

사건본인(미성년자녀)
1. 성명: ○○○
주민등록번호: 000000-0000000
주소
등록기준지
2. 성명: ○○○
주민등록번호: 000000-0000000
주소
등록기준지

□ 별지 당사자표시서에 기재 있음

청구취지

> 청구하고자 하는 부분의 □ 안에 V표시를 하시고, 부분은 필요한 경우 직접 기재하시기 바랍니다.
> 피고가 여러 명인 경우, 배우자 이외의 피고에 대한 청구취지는 별지로 작성한 후 첨부하시면 됩니다.

1. 원고와 피고는 이혼한다.
2. □ 피고는 원고에게 위자료로 ___원 및 이에 대하여 이 사건 소장 부본 송달일 다음날부터 다 갚는 날까지 연 20%의 비율로 계산한 돈을 지급하라.
3. □ 피고는 원고에게 재산분할로 다음과 같이 이행하라.

가. □ ___원 및 이에 대하여 이 판결 확정일 다음날부터 다 갚는 날까지 연5%의 비율로 계산한 돈을 지급하라.

나. □ 아래 기재 부동산(□전부/□지분___)에 관하여 이 판결 확정일 재산분할을 원인으로 한 소유권이전등기절차를 이행하라.

부동산의 표시:

다. □ 기타:

4. □ 사건본인(들)에 대한 친권자 및 양육자로 (□원고/□피고)를 지정한다.

(기타:)

5. □ (□ 원고/□ 피고)는 (□ 원고/□ 피고)에게 사건본인(들)에 대한 양육비로 다음과 같이 지급하라.

가. □ ________부터 사건본인(들)이 (각)성년에 이르기 전날까지 매월 __일에 사건본인 1인당 매월 ___원의 비율로 계산한 돈

나. □ 기타:

6. □(□ 원고/□ 피고)는 다음과 같이 사건본인(들)을 면접교섭한다.

	일 자	시 간
□	매월 ___째 주	__요일 __시부터 __요일 __시까지
□	매주	__요일 __시부터 __요일 __시까지
□	기타:	

7. 소송 비용은 피고가 부담한다.

청구원인

유의사항

1. 이혼소송은 가사소송법 제50조 제2항에 따라 재판을 받기 전에 조정절차를 거치는 것이 원칙이고, 많은 사건이 조정절차에서 원만하게 합의되어 조기에 종결됩니다.
2. 서로의 감정을 상하게 하거나 갈등을 고조시켜 원만한 조정에 방해가 되지 않도록 조정기일 전에는 이 소장 외에 준비서면 등을 더 제출하는 것을 삼가주시기 바랍니다.

3. 구체적인 사정은 조정기일에 출석하여 진술할 수 있고, 만일 조정이 성립되지 않아 소송절차로 이행할 경우 준비서면을 제출하여 이 소장에 기재하지 못한 구체적인 청구원인을 주장하거나 추가로 증거를 제출할 수 있습니다.

1. 원고와 피고는 ___년 ___월 ___일 혼인신고를 마쳤다.

원고와 피고는 (□ 동거 중/□ ___년 ___월 ___일부터 별거중/□기타:______)

2. 이혼 및 위자료

가. 원고는 아래와 같은 재판상 이혼원인이 있어 이 사건 이혼 청구를 했다(중복 체크 가능, 민법 제840조 참조).

□ 피고가 부정한 행위를 했음(제1호)

□ 피고가 악의로 원고를 유기했음(제2호)

□ 원고가 피고 또는 그 부모로부터 부당한 대우를 받았음(제3호)

□ 원고의 부모가 피고로부터 부당한 대우를 받았음(제4호)

□ 피고의 생사가 3년 이상 불분명함(제5호)

□ 기타 혼인을 계속하기 어려운 중대한 사유가 있음(제6호)

☞ 아래 나.항은 이혼 및 위자료에 관하여 상대방과 합의를 기대/예상하는 경우에는 기재하지 않아도 됩니다.

나. 이혼의 계기가 된 결정적인 사정 3~4개는 다음과 같다.

□ 배우자 아닌자와 동거/출산 □ 배우자 아닌 자와 성관계 □ 기타 부정행위

□ 장기간 별거 □ 가출 □ 잦은 외박

□ 폭행 □욕설/폭언 □무시/모욕

□ 시가/처가와의 갈등 □ 시가/처가에 대한 지나친 의존

□ 마약/약물 중독 □ 알코올 중독 □ 도박 □ 게임 중독

□ 정당한 이유 없는 과도한 채무 부담 □ 정당한 이유 없는 생활비 미지급

□ 사치/낭비 □ 기타 경제적 무책임

□ 가정에 대한 무관심 □ 애정 상실 □대화 단절

□ 극복할 수 없는 성격 차이 □ 원치 않는 성관계 요구

□ 성관계 거부 □ 회복하기 어려운 성적 문제

□ 회복하기 어려운 정신질환 □ 배우자에 대한 지나친 의심 □ 범죄/구속

□ 과도한 음주 □ 전혼 자녀와의 갈등 □ 종교적인 갈등 □ 자녀 학대

□ 이혼 강요 □ 국내 미입국 □ 해외 거주

□ 기타(배우자 아닌 피고의 책임 있는 사유도 여기에 기재하시기 바랍니다):

____

____

☞ 아래 3.항은 재산분할청구를 하는 경우에만 기재하시기 바랍니다.

3. 재산분할청구

분할하고자 하는, 현재 보유 중인 재산은 별지 "재산내역표"에 기재된 것과 같다. 다음과 같은 사정(중복 체크 가능)을 고려하여 볼 때, 위 재산에 대한 원고의 기여도는 %이다.

□ 원고의 소득활동/특별한 수익

□ 원고의 재산관리(가사담당 및 자녀양육 포함)

□ 원고의 혼전재산/부모의 지원/상속

□ 피고의 혼전 채무 변제

□ 피고의 재산 감소 행위

□ 기타: ______________________________________

☞ 아래 4.~6.항은 미성년 자녀가 있는 경우에만 기재하시기 바랍니다.

4. 친권자 및 양육자 지정에 관한 의견

사건본인(들)에 대하여 청구취지 기재와 같이 친권자 및 양육자 지정이 필요한 이유는 다음과 같다(중복 체크 가능).

□ 과거부터 현재까지 계속하여 양육하여 왔다.

□ (현재는 양육하고 있지 않으나) 과거에 주된 양육자였다.

□ 별거 이후 혼자 양육하고 있다.

□ 사건본인(들)이 함께 살기를 희망한다.

□ 양육환경(주거환경, 보조 양육자, 경제적 안정성 등)이 보다 양호하다.

□ 기타: ______________________________________

5. 양육비 산정에 관한 의견

(현재 파악되지 않은 상대방의 직업, 수입 등은 기재하지 않아도 됩니다)

가. 원고의 직업은 , 수입은 월 원(□ 세금 공제 전/□ 세금 공제 후)이고, 피고의 직업은 , 수입은 월 원(□ 세금 공제 전/□ 세금 공제 후)이다.

나. (과거 양육비를 청구하는 경우) 과거 양육비 산정 기간은 ____부터 ____까지 ___년 ___개월이다.

다. 기타 양육비 산정에 고려할 사항: ____

____

6. 면접교섭에 관한 의견

희망 인도 장소: 사건본인(들)을 _____에서 인도하고 인도받기를 희망한다.

면접교섭 시 참고사항: ____

____

첨부서류

1. 원고의 기본증명서, 혼인관계증명서, 가족관계증명서, 주민등록등본 각 1통
2. 피고의 기본증명서, 혼인관계증명서, 가족관계증명서, 주민등록등본 각 1통
3. 원고 및 피고의 각 주소변동 사항이 모두 나타나있는 주민등록초본 각 1통
(원, 피고 중 일방의 주소가 서울이 아닌 경우에만 제출하시면 됩니다.)
4. 입증자료 (갑 제__호증 – 갑 제__호증)
(입증자료는 "갑 제1호증", "갑 제2호증"과 같이 순서대로 번호를 기재하여 제출하시면 됩니다.)

※ 소장에는 판결문, 진단서 등 객관적이고 명백한 증거만 첨부하여 제출하시고, 특히 증인진술서는 증거제출을 삼가주시기 바랍니다. 기타 필요한 나머지 증거는 이후 소송절차에서 제출하시기 바랍니다.

※ 상대방의 재산내역 파악 등을 위해 필요한 경우, 별도로 금융거래정보 제출명령 등을 신청하시기 바랍니다.

20○○. ○. ○.

원고 인/서명

서울가정법원 귀중

2) 이혼소송청구의 예

이혼소송청구

원고 최 미 리(전화 010-0000-0000)

주민등록번호 000000-0000000

주민등록지

실제사는 곳

등록기준지

피고 송 세 모(전화 010-1111-1111)

주민등록번호 000000-0000000

주민등록지

실제사는 곳

등록기준지

사건본인 송 나 리

주민등록번호: 000000-0000000

주소

등록기준지

청구취지

1. 원고와 피고는 이혼한다.
2. 피고는 원고에게 위자료로 금 10,000,000원과 이에 대한 이 사건 소장이 피고에게 송달된 다음날부터 다 갚는 날까지 연 20%의 비율에 따른 금원을 지급하라.
3. 피고는 원고에게 재산분할로 금 50,000,000원과 이에 대한 이 사건 판결확정일로부터 다 갚는 날까지 연 20%의 비율에 따른 금원을 지급하라.
4. 사건본인 송나리의 친권자로 원고를 지정한다.

5. 피고는 원고에게 사건본인의 양육비로 이 사건 소장이 피고에게 송달된 다음날부터 2027. 5. 4.까지 매월 말일에 월 금 500,000원을 지급하라.
6. 소송 비용은 피고의 부담으로 한다.
7. 제2항, 제5항은 각 가집행할 수 있다.
라는 판결을 구합니다.

청구원인

1. 재판상 이혼 청구

가. 원고와 피고는 2014. 12. 12. 혼인신고를 마친 법률상 부부로서 그 사이에 사건본인을 두고 있습니다. 원고는 후천성 청각 장애인으로서 위 피고와의 혼인이 초혼이나 위 피고는 재판상 이혼 경력이 있습니다.

나. 피고는 2015년 여름부터 원고 몰래 소외 ○○○과 사귀면서 부정한 관계를 계속해왔습니다. 피고는 원고가 위 ○○○와의 관계를 문제삼으면 아이 앞에서도 폭행과 욕설을 하곤 했고, 외박이 잦았습니다.

다. 그러다가 2016년 봄 피고는 가출했습니다. 원고가 피고의 행적을 수소문한 결과 위 피고가 회사 근처 ○○○의 오피스텔에서 동거하고 있음을 알아냈습니다.

라. 이와 같은 사실을 종합하여 볼 때 원고와 피고의 혼인관계는 피고의 부정행위 및 악의의 유기로 회복할 수 없을 정도로 파탄되었다고 할 것이므로 원고는 민법 제840조 제1호, 제2호, 제6호를 사유로 이혼청구를 합니다.

2. 위자료 청구

위와 같이 원고와 피고의 혼인생활은 피고의 부정한 행위와 가출, 원고에 대한 심히 부당한 대우 등 피고의 귀책사유로 파탄되었다 할 것이므로 원고가 받은 고통에 대한 위자료를 지급할 의무가 있다고 할 것인 바, 위자료의 금액은 1천만 원이 상당합니다.

3. 재산분할 청구

피고 명의의 시가 3억 원 상당의 아파트 전세보증금이 있고, 피고는 오렌지메디컬기기의 과장으로서 월 500만 원의 월급을 받고 있습니다. 원고가 결혼 전 번역을 하여 모은 돈 3,500만 원을 합하여 보증금 1억 6,000만 원의 전셋집에서 신혼살림을 시작했고, 결혼 이후 원고가 알뜰하게 살림하며 영어 번역을 하여 번 돈으로 생활비를 대고 피고의 월급을 고스란히 저축하여 3억 원의 전셋집에서 살게 되었으므로 위 재산 형성에 대한 원고의 기여도는 50%로 봄이 상당합니다. 이에 원고는 재산분할로 아파트 전세보증금 3억 원의 2분의 1에 해당하는 금 1억 5천만 원을 청구합니다.

4. 친권행사자 지정 및 양육비 청구

피고의 가출 이후 원고 혼자 사건 본인을 양육하고 있고, 현재 사건본인은 만 4세의 어린 나이로 어머니의 보살핌이 절대적으로 필요한 나이이므로 사건본인의 원만한 성장과 복지를 위하여 원고를 사건본인의 친권자로 지정하여주시기 바랍니다. 현재 사건본인의 양육비로 유아원 비용, 식대, 의류대 등으로 매월 50여만 원의 돈이 필요한 실정입니다. 피고는 원고에게 사건본인의 양육비로 사건본인이 성년에 이를 때까지 월 50만 원씩 지급함이 마땅합니다.

5. 결론

위와 같은 사유로 원고는 청구취지 기재와 같은 판결을 바랍니다.

입증방법

1. 갑 제1호증	가족관계증명서
1. 갑 제2호증	혼인관계증명서
1. 갑 제3호증	주민등록등본
1. 갑 제4호증	가출인신고접수증
1. 갑 제5호증	장애인등록증

그밖의 것은 변론 시 필요에 따라 제출하겠습니다.

첨부서면

1. 소장부본	2통
1. 위 입증방법	각 1통
1. 위임장	1통
1. 납부서	1통

20○○. 4. 5.

원고 최 미 리 (인)

서울가정법원 귀중

부록 IV 판결문

1) 1심 재판 판결문의 예

○○지방법원

제○○형사부

판결

사 건	20○○고합○○○ 강간상해
피 고 인	○○○○
	주거 서울 용산구 ******* *******
	등록기준지 **** *****
검 사	김기수(기소), 박병호(공판)
변 호 인	법무법인(가나다) 담당변호사 강변호, 고소왕
판결선고	20○○. ○. ○○.

주 문

1. 피고인을 징역 2년 6월에 처한다.
2. 다만 이 판결 확정일부터 4년간 위 형의 집행을 유예한다.
3. 피고인에게 80시간의 성폭력 치료강의 수강을 명한다.
4. 피고인에 대한 정보를 5년간 정보통신망을 이용하여 공개 및 고지한다.

이 유

범 죄 사 실

피고인은 2015. 12. 12. 19:30경 서울 은평구 독바위역 1번 출구 앞에서 피해자 이○○(여, 30세)을 소개팅으로 처음 만나 근처 주점에서 피해자와 함께 술을 마시고 난 뒤, 술에 취한 피해자에게 술 좀 깨고 쉴 수 있는 조용한 곳으로 가자고 말하며 서울 은평구 연신내 ***에 있는 갤럭시 모텔 204호로 피해자를 데리고 들어갔다.
피고인은 위 모텔 방 안에서, 술에 취해 침대에 누워 있던 피해자에게 키스를 하고, 피해자의 가슴을 만진 다음 강간하려 했으나 때마침 정신이 든 피해자가 "싫다"고 소리치며 반항하자, 피해자의 양 팔목을 손으로 누르고 주먹으로 피해자의 왼쪽 눈 부위를 때려 반항을 억압하려 했으나, 피해자가 "토할 것 같다"고 핑계를 대며 화장실로 피신한 뒤 화장실 문을 잠그는 바람에 그 뜻을 이루지 못했다.
이로써 피고인은 피해자를 강간하려다가 미수에 그치고, 피해자에게 35일 이상의 치료를 요하는 좌안 안와 내벽 골절 등의 상해를 가했다.

증거의 요지

1. 피고인의 법정진술
1. 피해자 이○○에 대한 검찰 진술 조서
1. 피해자 이○○에 대한 각 경찰 진술 조서
1. 박○○의 진술서
1. 수사보고(피해자상처부위사진, 첨부된 사진 4매 포함), 수사보고(전화조사, 첨부된 사진 8매 포함), 수사보고(112 신고사건 처리내역서 첨부), 각 수사보고(전화조사),
1. 피해자 제출 녹취록, 112신고내역, 녹취록
1. 상해진단서

법령의 적용

1. 범죄사실에 대한 해당법조 및 형의 선택
   형법 제301조, 제300조, 제297조, 유기징역형 선택
1. 작량감경
   형법 제53조, 제55조 제1항 제3호(아래에서 보는 피고인에게 유리한 양형요소 참작)
1. 집행유예
   형법 제62조 제1항(아래에서 보는 피고인에게 유리한 양형요소 거듭 참작)
1. 수강명령
   성폭력 범죄의 처벌 등에 관한 특례법 제16조 제2항 본문, 제3항 본문
1. 공개명령 및 고지명령
   성폭력 범죄의 처벌 등에 관한 특례법 제47조 제1항, 제49조 제1항, 아동 · 청소년의 성보호에 관한 법률 제49조 제1항 제2호, 제50조 제1항 제2호

신상정보 등록 및 제출의무

판시 범죄사실에 대하여 유죄판결이 확정되는 경우 피고인은 성폭력 범죄의 처벌 등에 관한 특례법 제42조 제1항에 의하여 신상정보 등록 대상자에 해당하게 되므로, 같은 법 제43조에 따라 관할기관에 신상정보를 제출할 의무가 있다.

양형의 이유

1. 권고형량범위

[유형의 결정]　　성범죄 〉상해의결과가 발생한 경우 〉13세 이상/상해치상 〉제2유형(일반강간)

[특별양형인자]

- 감경요소 : 상해결과가 발생했으나 기본범죄가 미수인 경우 처벌불원

[권고영역의 결정]　　특별감경영역

[권고형의 범위]　　　　　1년3월~5년

[집행유예 여부]

- 주요참작사유 : 상해결과가 발생했으나 기본 범죄가 미수에 그친 경우 처벌불원

2. 선고형의 결정

피고인은 이 사건 범행 직후 자신의 범행을 은닉하기 위하여 피해자로부터 신고하지 않을 것이라는 녹음을 받는 등 그 죄질이 불량한 점 등을 피고인에게 불리한 양형요소로, 피고인이 이 사건 범행을 인정하고 반성하는 점, 강간행위 자체는 미수에 그친 점, 피해자와 합의한 점, 피고인이 동종 전과는 없고, 재물손괴죄로 1회 벌금형의 처벌을 받은 외에 중한 처벌을 받은 전력은 없는 점 등을 피고인에게 유리한 양형요소로 각 참작하고, 그 밖에 이 사건 범행의 동기, 수단, 범행 후의 정황, 위 피고인의 연령, 성행, 환경 등의 양형요소를 모두 고려하여 주문과 같이 형을 정한다.

재판장 판사 ○○○

판사 ○○○

판사 ○○○

2) 항소심 재판 판결문의 예[1]

부 산 고 등 법 원

제 2 형 사 부

판 결

사건 2015노711 마약류관리에관한법률위반(향정)

피고인 ○○○

항소인 피고인

검사 ○○○(기소), ○○○(공판)

변호인 ○○○

원심판결 부산지방법원 2015. 11.6. 선고 2015고합456 판결

판결선고 2016. 3. 16.

주 문

피고인의 항소를 기각한다.

이 유

1. 항소이유의 요지

피고인에 대한 원심의 선고 형량(징역 2년 6월 등)이 너무 무거워서 부당하다.

1 본 판결문은 대법원 홈페이지 전국법원 주요판결에 익명화하여 공개된 판결문이다.

2. 판단

살피건대, 피고인이 이 사건 범행을 모두 자백하고 깊이 반성하는 점, 피고인이 밀수입한 필로폰이 모두 압수되어 국내에서 유통되지 아니한 점, 피고인에게 동종의 범행전력이 없는 점, 피고인의 건강상태가 좋지 못하고 부양해야 할 미성년의 자녀들이 있는 점 등은 피고인에게 유리한 정상이나, 한편 마약류를 밀수입하는 범행은 국민의 건강 및 사회적 안전을 해할 위험성이 높고, 피고인이 밀수입한 필로폰 성분은 다른 마약류에 비해 중독성이나 폐해가 큰 점, 피고인이 밀수입한 필로폰의 양이 9.92g으로 330명이 투약할 수 있을 정도의 많은 양인 점, 원심에서 이미 피고인이 주장하는 유리한 정상들을 충분히 참작하여 작량감경을 한 법률상 최하한의 형을 선고한 점, 그 밖에 피고인의 연령, 성행, 가족관계, 범행 후의 정황 등 이 사건 변론에 나타난 여러 양형조건들을 종합적으로 고려해 보면, 원심의 선고 형량이 너무 무거워서 부당하다고는 보이지 않는다.

3. 결론

그렇다면, 피고인의 항소는 이유 없으므로 형사소송법 제364조 제4항에 의하여 이를 기각하기로 하여, 주문과 같이 판결한다.

재판장 판사 ○○○
판사 ○○○
판사 ○○○

1) 보호관찰 사회봉사 수강명령 대상자의 준수사항 고지

○○지방법원

제○○형사부

보호관찰 · 사회봉사 · 수강명령 대상자의 준수사항

사 건　2015고합OOO 강간

피 고 인　OOO

판결내용　징역 1년, 집행유예 3년, 보호관찰, 수강명령 80시간, 사회봉사 160시간

피고인에게 선고된 보호관찰, 사회봉사 및 성폭력 치료강의 수강을 명하는 판결이 확정되면, 피고인은 판결이 확정된 날로부터 10일 이내에 피고인의 주거지를 관할하는 보호관찰소에 출석하여 서면으로 이를 신고하여야 하고, 보호관찰관의 지도 · 감독을 받으며 아래의 준수사항을 지키고 스스로 건전한 사회인이 되도록 노력하여야 하며, 보호관찰관이 집행하는 사회봉사명령 및 수강명령을 성실히 이행하여야 합니다. 아래의 준수사항을 위반하는 때에는 구인될 수 있고, 나아가 집행유예가 취소될 수 있습니다.

일반준수사항

1. 주거지에 상주하고 생업에 종사할 것

2. 범죄로 이어지기 쉬운 나쁜 습관을 버리고 선행을 하며 범죄를 저지를 염려가 있는 사람들과 교제하거나 어울리지 말 것.
3. 보호관찰관의 지도 · 감독에 따르고 방문하면 응대할 것
4. 보호관찰관의 사회봉사명령 및 수강명령 집행에 관한 지시에 따를 것.
5. 주거를 이전하거나 1개월 이상 국내외 여행을 하고자 할 때에는 미리 보호관찰관에게 신고할 것.

재 판 장 판사 ○○○

2) 신상정보 등록 대상자 고지

신상정보 등록 대상자 고지서

◯◯지방법원

제◯◯형사부

사 건 : 20**초기**** 공개 · 고지명령
피공개 · 고지명령청구자 : ○○○

□ 피공개 · 고지명령청구자(이하 '피청구자'라고 합니다)는 이 사건 결정이 확정되면, 서울서부지방법원 2009고합224, 266(병합), 2009전고4(병합) 사건에 관하여 「성폭력 범죄의 처벌 등에 관한 특례법」(이하 '법'이라 한다.) 부칙(법률 제11556호, 2012. 12. 18.) 제7조, 법 제42조 제1항에 따라 신상정보 등록대상자가 됨을 알려드립니다.
□ 피청구자는 이 사건 결정이 확정된 날부터 30일 이내에 별지에 첨부된 신상정보 제출서를 피청구자의 주소지를 관할하는 경찰관서의 장에게 제출하여야 합니다.

□ 다만, 피청구자가 교정시설 또는 치료감호시설에 수용된 경우에는 그 교정시설의 장 또는 치료감호시설의 장에게 신상정보를 제출함으로써 이를 갈음할 수 있습니다.

□ 피청구자는 신상정보를 제출할 때에 관할경찰관서의 장 등이 실시하는 피청구자의 정면 · 좌측 · 우측 상반신 및 전신 컬러사진 촬영에 응하여야 합니다.

□ 피청구자는 법 제43조 제1항에 따라 제출한 신상정보가 변경된 경우에는 그 사유와 변경내용을 변경사유가 발생한 날부터 20일 이내에 관할경찰관서의 장 등에게 제출하여야 합니다.

□ 피청구자는 최초 등록일부터 1년마다 주소지를 관할하는 경찰관서에 출석하여 피청구자의 정면 · 좌측 · 우측 상반신 및 전신 컬러사진을 촬영하여야 합니다. 다만, 피청구자가 교정시설 등에 수용된 경우에는 석방 또는 치료감호 종료 전에 피청구자의 정면 · 좌측 · 우측 상반신 및 전신 컬러사진을 새로 촬영합니다.

□ 피청구자가 정당한 사유 없이 신상정보를 제출하지 아니하거나 거짓정보를 제출하는 경우, 또는 위 사진촬영에 정당한 사유 없이 응하지 아니한 경우에는 1년 이하의 징역 또는 500만 원 이하의 벌금을 부과 받을 수 있습니다.

□ 덧붙임 : 신상정보 제출서 1부. 끝.

20**. *. **.

재판장 판사 ○○○ (인)

참고문헌

건국대학교 법학연구소(2006). 『법의 이해 II: 절차법편』. 건국대학교출판부.

금태섭(2012). 「선전담변호사 제도의 검토」. 『형사소송 이론과 실무』. 4(1): 191-215.

김이선 · 마경희 · 선보영 · 최호림 · 이소영(2010). 『다문화가족의 해체문제와 정책과제』. 여성가족부 용역연구과제 보고서.

김종철 · 양혜우 · 이병렬 · 이호택 · 한태희 · 황필규 (2008). 『국내 난민 등 인권 실태 보고서』. 국가인권위원회.

김진아(2008). 「사법통역의 실태와 향후과제」. 『통번역학연구』. 11(2): 21-37.

박용철(2010). 「진술거부권 불고지에 대한 소송법적 문제」. 『형사법연구』. 22(1): 97-124.

법무부(2015). 『난민인정자, 인도적체류자, 난민신청자를 위한 난민인정절차 가이드북』.

법원행정처(2012). 『법정통역인편람』. 법원행정처.

사법연수원(2015). 『검찰서류작성례: 법률실무과목』. 사법연수원 출판부.

사법정책연구원(2015). 『각급 법원의 중고등학생 법원체험 프로그램용 모의재판 시나리오 및 지도안』. 사법정책연구원.

서울고등법원(2012a). 『형사항소심 안내서』. 서울고등법원.

__________(2012b). 『민사항소심 안내서』. 서울고등법원.

서울중앙지방법원(2006). 『형사사법통역인 교육자료』. 서울중앙지방법원.

안성훈 · 이지은(2012). 『형사사법절차상 사법통역의 개선방안 연구』. 한국형사정책연구원.

이재석(2016). 『성폭력 재판절차에서의 피해자 증인신문: 재판참고사항에 관한 연구. 사법정책연구원 연구총서 2016-5』. 사법정책연구원.

이지은(2011a). 「법정신문에 사용되는 질문유형과 통역」. 『통역과 번역』. 13(2): 127-146.

_____(2011b). 「사법인들과 통역인들의 사법통역규범에 관한 인식 연구」. 『번역학연구』. 12(3): 197-224.
_____(2012a). 『다문화사회의 사법통역』. 집문당.
_____(2012b). 「난민재판 통역의 질에 대한 고찰: 통역인의 역할에 관한 사례연구를 중심으로」. 『통역과 번역』. 14(1): 213-236.
_____(2014). 「이주여성 경찰통역인들의 경찰통역에 대한 인식: 사례조사를 중심으로」. 『통번역교육연구』. 12(1): 157-186.
_____(2015a). 「커뮤니티 통역사의 역할에 관한 논의」. 『통역과 번역』. 17(1): 89-124.
_____(2015b). 「경찰통역 실태와 경찰관의 인식 조사 사례연구」. 『T&I Review』. 5: 93-120.
_____(준비 중) 「적정절차와 사법통역: 피의자 진술거부권과 변호인선임권 고지의 통역에 관한 사례연구」. 『번역학연구』. 18(1).
이지은 · 장원경(2015). 「사법통역인의 순차통역 평가 사례 연구」. 『언어학연구』. 20(1): 99-118.
_____(2016). 「사법통역 제도개선을 위한 소고」. 『이화여대 법학논집』. 20(1): 251-277.
이지은 · 최문선 · 배의철(2014). 『난민전문통역인 교육 컨텐츠 개발 및 통역인 운용방안』. 법무부 용역연구과제 보고서.
임병락 · 오태곤(2007). 「피의자 신문시 피의자 권리의 문제점과 개선방안에 관한 연구」. 「법학연구』. 26: 333-352.
임창호(2008). 「외국인 범죄 수사의 실태분석 및 개선방안」. 『한국공안행정학회보』. 17(4): 283-329.
장준철(2015). 2015년 5월 이화여대 통역번역대학원 사법통역전문가 기초과정 강의자료.
장진영(2011). 《신동아》 2011년 1월호 기사 〈장진영 변호사의 알아두면 돈이 되는 법률지식 ⑩ 민사와 형사 구별하기〉 (http://shindonga.donga.com/3/all/13/109934/1)
전영우(2003). 「표준 화법의 문제와 개선 방향」. 『새국어생활』. 13(1): 39-50.
정용신(2015). 「다문화가정과 가정법원의 역할: 사법통역을 위한 가사사건 개괄을 중심으로」. 2015년 5월 이화여대 통역번역대학원 사법통역전문가 기초과정 강의자료.
주호노(2014). 「변호인선임권과 접견교통권에 관한 비교법적 고찰-국제인권법의 관점에서」. 『경희법학』. 49(4): 255-284
차준호(2006). 『국내 피의자 권리 고지 실태 및 일반 청소년과 소년범의 피의자 고지 이해도에 관한 연구』. 한림대학교 대학원 심리학석사학위논문.
최철(2009). 「법정통역의 법적 의의와 제도화에 관한 고찰-미국 판례와 적정절차의 원칙을 중심으로」. 『통번역학연구』. 12(2): 257-270.

한국형사정책연구원(2016). 『한국의 범죄현상과 형사정책』. 형사정책연구원.

Angermeyer, P. S.(2006). *'Speak English or what?': Codeswitching and interpreter use in New York City Small Claims Court*. Unpublished Ph.D. Dissertation, New York University.

__________(2009). Translation style and participation roles in court interpreting. *Journal of Sociolinguistics* 13(1): 3-28.

Bancroft, M. A., Beyaert, S. G. and Allen, K. (2015). *Community Interpreter: An International Textbook*. Columbia, MD: Culture & Language Press.

Barsky, R. F. (1995). "The Construction of the Other and the Destruction of the Self: The Case of the Convention Hearings". In Brinker-Gaber, G. *Encountering the Other*(s)(ed.) NY: SUNY P, 79-100.

______(1996). The interpreter intercultural agent in convention refugee hearings. *The Translator* 2(1): 45-63.

Berk-Seligson, S.(2000). Interpreting for the police: Issues in pre-trial phases of the judicial process. *International Journal of Speech Language and the Law* 7(2): 212 - 237.

__________(2002). *The Bilingual Courtroom: Court interpreters in the judicial process* (2nd edn). Chicago: The University of Chicago Press.

__________(2012). Linguistic issues in courtroom interpretation. In P. Tiersma, and Solan, L. (eds.), *The Oxford Handbook of Language and Law*. Oxford: OUP.

Bernstein, S. (2002). The meaning of 'I Go Bankrupt': An essay in forensic linguistics. In J. Cotterill (ed.), *Language in the Legal Process*. Basingtoke, NH: Palgrave Macmillan, 213-227.

Bohmer, C. and Shuman, A. (2007). *Rejecting Refugees: Political asylum in the 21st century*. London: Routledge.

Braun, S. (2013). Keep your distance? Remote interpreting in legal proceedings: A critical assessment of a growing practice. *Interpreting* 15(2): 200-228.

________(2014). Comparing traditional and remote interpreting in police settings: quality and impact factors. In M. Viezzi, & Falbo, C (eds.), *Traduzione e Interpretazione per la Società e le Istituzioni*. Trieste: Edizioni Università di Trieste, 161-176.

Camayd-Freixas, E. (2008). Interpreting after the largest ICE raid in US history: A personal account. (http://graphics8.nytimes.com/images/2008/07/14/opinion/14ed-camayd.pdf)

Colin, J. and Morris, R. (1996). *Interpreters and the Legal Process*. Winchester: Waterside Press.

Combos, N. (2010). *Fact-finding Facts without Facts: The uncertain evidentiary foundations of international criminal convictions*. Cambridge University Press. 66-78.

Cotterill, J. (2003). *Language and Power in Court: A linguistic analysis of the O. J Simpson trial*. Basingstoke: Palgrave Macmillan.

Coulthard, M. (2002). Whose voice is it? Invented and concealed dialogue in written records of verbal evidence produced by the police. In J. Cotterill (ed.), *Language in the Legal Process*. Hampshire: Palgrave Macmillan, 19-34.

Coulthard, M. and Johnson, A. (2007). *An Introduction to Forensic Linguistics: Langauge in Evidence*. Abingdon: Routledge.

Dando, Coral, Geiselman, R. Edward, MacLeod, Nicci, and Griffiths, Andy (2016). Interviewing adult witnesses and victims. In G. Oxburgh, Myklebust, T., Grant, T. Milne, R. (eds.), *Communication in Investigative and Legal Contexts: Integrated Approaches from Forensic Psychology, Linguistics and Law Enforcement*. Wiley-Blackwell, 79-106.

de Jongh, E. M. (1992). *An Introduction to Court Interpreting: Theory & Practice*. Lanham, MA: University Press of America.

________(2008). *Court Interpreting: Linguistic presence v. linguistic absence*. The Florida Bar Journal 82(7): 20-36.

Edwards, A. B. (1995). *The Practice of Court Interpreting*. Amsterdam/Philadelphia: John Benjamins.

Fowler, Y. (2013). Business as usual? Prison video link in the multilingual courtroom. In C. Schaffner, K. Kredens and Y. Fowler (eds.), *Interpreting in a Changing Landscape.: Selected papers from Critical Link 6*. Amsterdam: John Benjamins, 225-248.

Gibbons, J. (2001). Revising the language of New South Wales police procedures: Applied linguistics in action. *Applied Linguistics* 22(4): 439-469.

Gile, D. (2009). *Basic Concepts and Models for Interpreter and Translator Training*. Amsterdam: John Benjamins.

Gonzalez, R., Vasquez, V. and Mikkelson, H. (1991/2012). *Fundamentals of Court Interpretation: Theory, Policy and Practice* (2nd edn). Durham: Carolina Academic Press.

Good, A. (2007). *Anthropology and Expertise in the Asylum Courts*. London: Routledge.

Grisso, T. (1980). Juveniles' capacities to waive Miranda rights: An empirical analysis.

California Law Review 1134: 152-53.

Gudjonsson, G. H. (2003). *The Psychology of Interrogations and Confessions: A handbook*. Chichester: Wiley.

Gumperz, J. J. (1982). Fact and inference in courtroom testimony. In J. J. Gumperz (ed.), *Language and Social Identity*. Cambridge: Cambridge University Press, 163-195.

Hale, S. B. (2004). The Discourse of Court Interpreting. Amsterdam: John Benjamins.

_________(2014). Interpreting cultures: Dealing with cross-cultural issues in court interpreting. *Perspectives* 22(3): 321-331.

Hatim, B. and I. Mason. (1997). *The Translator as Communicator*. London/New York: Routledge.

Hayes, A. and Hale, S. (2010). Appeals on Incompetent Interpreting. *Journal of Judicial Administration* 20: 119-130.

Irvine, J. T. (2001). 'Style' as distinctiveness: the culture an ideology of linguistic differentiation. In P. Eckert and Rickford, J. R. (eds.), *Style and Sociolinguistic Variation*. Cambridge: Cambridge University Press, 44-56.

Jacobsen, B. (2003). Pragmatics in court interpreting. In L. Brunette, Bastin, G. Hemlin, I. and Clarke, H. (eds.), *The Critical Link 3: Interpreters in the community*. Amsterdam/Philadelphia: John Benjamins, 223-238.

_________(2008). Interactional pragmatics and court interpreting: An analysis of face. *Interpreting* 10(1): 128-158.

_________(2012). The significance of interpreting mode for question-answer dialogues in court interpreting. *Interpreting* 14(2): 217-242.

Jacquemet, M. (2011). Crosstalk 2.0: Asylum and Communicative Breakdowns. *Text and Talk* 31(4): 475 - 497.

Jansen, P. (1995). The role of the interpreter in Dutch courtroom interaction: The impact of the situation on translational norms. In J. Tommola (ed.), *Topics in Interpreting Research*. Turku: University of Turku, 11-36.

Kalin, W. (1986) Troubled Communication: Cross-Cultural Misunderstandings in the Asylum-Hearing. *International Migration Review* 20(2): 230 - 241.

Lai, M, Heydon, G. and Mulayim, S. (2015). Vicarious trauma among interpreters. *International Journal of Interpreter Education* 7(1): 3-22.

Laster, K. and Taylor, V. L. (1994). *Interpreters and the Legal System*. Sydney: The

Federation Press.

Lee, J. (2009a). Conflicting views on court interpreting: examined through surveys of legal professionals and interpreters. *Interpreting* 11(1): 35-56.

_______(2009b). Interpreting inexplicit language during courtroom examination. *Applied Linguistics* 30 (1): 93-114.

_______(2009c). When linguistic and cultural differences are not disclosed in court interpreting. *Multilingua* 28 (4): 379-402.

_______(2009d). *Issues and Challenges in Interpreter-Mediated Courtroom Examination: A discourse-analytic study*. Unpublisehd PhD thesis, Macquarie University.

_______(2010a). Interpreting reported speech in witnesses' evidence. *Interpreting* 12(1): 60-82.

_______(2010b). A case study of an untrained interpreter's court interpreting. 「번역학연구」 11(1): 339-359.

_______(2013). A study of facework in interpreter-mediated courtroom examination. *Perspectives* 21(2): 82-99.

_______(2014). A pressing need for the reform of interpreting service at asylum settings: A case study of asylum appeal hearings in South Korea. *Journal of Refugee Studies* 27: 62-81.

_______(2015a). Court interpreting. In J. Renee, and Mikkelson, H. (eds.), *The Routledge Handbook of Interpreting*. London: New York: Routledge, 186-201.

_______(2015b). Evaluation of court interpreting: A case study of metadiscourse in interpreter-mediated expert witness examinations. *Interpreting* 17(2): 167-194.

_______(2015c). How many interpreters does it take to interpret the testimony of an expert witness?: A case study of interpreter-mediated expert witness examination. *International Journal for the Semiotics of Law* 28(1): 189-208.

_______(2017). A case study of interpreter-mediated witness statement: police interpreting in South Korea. *Police Practice and Research* 18(2): 194-205.

Lee, J. and Choi, M. (2015). Recommendations for the training of interpreting in asylum interview settings: A South Korean case. *The International Journal of Interpreter Education* 17(2): 39-54.

Lor, M. (2012). Effects of client trauma on interpreters: An exploratory study of vicarious trauma. *Master of Social Work Clinical Research Papers*.

(http://sophia.stkate.edu/msw_papers/53)

Martin, A. and Taibi, M. (2012). Complexities of high profile interpreting: The case of the Madrid train bomb trial. *Interpreting* 14(2): 154-168.

Maryns, K. (2006) *The Asylum Speaker: Language in the Belgian asylum procedure*. Manchester: St. Jerome.

Maryns, K. and Blommaert, J. (2001) Stylistic and thematic shifting as a narrative. resources: Assessing asylum seekers' repertoires. *Multilingua* 20:61-84.

Metropolitan Police Service. (2010). *Working with Interpreters & Translators Policy*. (http://www.met.police.uk/foi/pdfs/policies/interpreters_and_translators_policy.pdf)

Mikkelson, H. (2000). *Introduction to Court Interpreting*. Manchester: St Jerome.

Monnier, M.-A. (1995). The hidden part of asylum seekers' interviews in Geneva, Switzerland: Some observations about the socio-political construction of interviews between gatekeepers and the powerless. *Journal of Refugee Studies* 8(3): 305-325.

Morris, R. (1999). The gum syndrome: Predicaments in court interpreting. *Forensic Linguistics* 6(1): 6-29.

__________(2015). Courtroom interpreting. In F. Pöchhacker (ed.), *Routledge Encyclopedia of Interpreting Studies*. London: Routledge, 91-93.

Mulayim, S. Lai, M. and Norma, C. (2015). *Police Investigate Interviews and Interpreting: Context, challenges, and strategies*. Boca Raton, FL: CRC Press.

Muller, R. T. (2013). Vicarious trauma and the professional interpreter: An interpreter shares her experiences. (https://www.psychologytoday.com/blog/talking-about-trauma/201308/vicarious-trauma-and-the-professional-interpreter)

Nakane, I. (2007). Problems in communicating the suspect's rights in interpreted police interviews. *Applied Linguistics* 28(1): 87-112.

NAJIT (2012). National Association of Judiciary Interpreters & Translators Code of Ethics and Professional Responsibilities. (http://www.najit.org/resources/the-profession)

Ng, E. (2013). Who is speaking: Interpreting the voice of the speaker in court. In C. Schäffner, Kredens, K and Fowler, Y (eds.), *Interpreting in a Changing Landscape: Selected papers from Critical Link 6*. Amsterdam/Philadelphia: John Benjamins, 249-266.

Pöllabauer, S. (2004). Interpreting in asylum hearings: Issues of role, responsibility and power. *Interpreting* 6(2): 143-180.

Pym, A. (1999). "Nicole Slapped Michelle": Interpreters and theories of interpreting at the

O.J. Simpson Trial. *The Translator* 5(2): 265–283.

Rigney, A. (1999). Questioning in interpreted testimony. *Forensic Linguistics* 6(1): 83–108.

Rock, F. E. (2001). The genesis of a witness statement. *International Journal of Speech, Language and the Law* 8(2): 44–72.

Royce, T. (2005). Case analysis: The negotiator and the bomber. *Negotiation Journal* 21(1): 5–27.

Russell, S. (2000). "Let me put it simply...": The case for a standard translation of the police caution and its explanation. *Forensic Linguistics* 7(1): 26–48.

________(2002). Three's a crowd: Shifting dynamics in the interpreted interview. In J. Cotterill (ed.), *Language in the Legal Process*. Palgrave Macmillan, New York, 111–26.

Schollum, M. (2005). *Investigative Interviewing: The literature*. Wellington: New Zealand Police.

Shuy, R. W. (1997). Ten unanswered language questions about Miranda. *Forensic Linguistics* 4(2): 175–195.

Solan, L. and Tiersma, P. (2005). *Speaking of Crime: The language of criminal justice*. Chicago: University of Chicago Press.

Stern, L. (2004). Interpreting legal language at the International Criminal Tribunal for the Former Yugoslavia: Overcoming the lack of lexical equivalents. *The Journal of Specialised Translation* 2: 63–75.

UNHCR (2009). *Interpreting in a Refugee Context*. Geneva: UNHCR.

Zitawi, J. I. and Wahab, M. S. A. (2014). Translating and interpreting to win: the foreign language witness testimony dilemma in international arbitration. *The Translator* 20: 356–376.

찾아보기(주요 용어)

ㅇ

ㅊ

ㅎ

2018 세종도서 학술부문 선정도서

사법 통역의 이론과 실제

경찰 통역에서 난민 통역까지

펴낸날 1판 1쇄 2017년 3월 14일
3쇄 2024년 12월 10일
지은이 이지은
펴낸이 주소현
펴낸곳 이화여자대학교출판문화원
주소 서울특별시 서대문구 이화여대길 52(우 03760)
등록 1954년 7월 6일 제9-61호
전화 02) 3277-2965(편집), 362-6076(마케팅)
팩스 02) 312-4312
전자우편 press@ewha.ac.kr
홈페이지 www.ewhapress.com
책임편집 양지하
디자인 정혜진

ISBN 979-11-5890-203-2 93700
값 25,000원